놓치기 쉬운

성경 이야기

놓치기 쉬운 성경 이야기

초판 1쇄 발행 2024년 12월 20일

지은이 박길서
펴낸이 장길수
펴낸곳 지식과감성#
출판등록 제2012-000081호

교정 김은지
디자인 신은하, 강샛별
편집 강샛별
검수 한창희, 이현
마케팅 김윤길, 정은혜

주소 서울시 금천구 벚꽃로298 대륭포스트타워6차 1212호
전화 070-4651-3730~4
팩스 070-4325-7006
이메일 ksbookup@naver.com
홈페이지 www.knsbookup.com

ISBN 979-11-392-2330-9(03230)
값 25,000원

지식과감성#
홈페이지 바로가기

놓치기 쉬운

성경 이야기

박길서 지음

"내 백성이 지식이 없으므로 망하는도다" (호 4:6)

성도는 성경을 바로 아는 일에 목숨을 걸어야 한다.
성경을 바로 알아야
성경에서 제시하는 참 하나님을 만날 수 있다.
잘못 알고 있는 성경 지식이 없는지 점검해 보자!

★★★★★
성경지식을
점검하는
필독서

지식과감성#

책의 구성

구약성경 바로 알기 편

들어가면서

성경은 하나님께서 자신의 뜻을 그의 영으로 감동시켜 사람의 손으로 기록케 한 책이다. 그래서 성경을 하나님의 말씀이라 한다. 성경은 하나님의 감동을 받은 약 40여명의 저자들이 1600년 이상의 기간에 걸쳐 기록한 장엄한 하나님의 작품이다.

하나님이 성경을 우리 인간들에게 주신 이유는 허물과 죄로 죽은, 지옥 가야 할 인간을 구원하고자 하시는 하나님의 의도를 보여주기 위해서다. 그렇기 때문에 구약 39권, 신약 27권, 도합 66권의 성경은 하나님의 인간에 대한 구원이라는 진리를 알려주기 위해 기록했다는 본질적 성격을 올바로 파악하지 못하면, 성경에 기록된 무수히 많은 사건들을 올바르게 이해할 수 없고, 성경을 바로 알기 어렵다. 단순히 개별적 사건만을 조명해 성경이 이런 책이니 저런 책이니 하며, 성경에 나타난 많은 사건들 특히 구약의 창조나 홍수사건, 신약의 동정녀 탄생, 그리스도의 생애, 그리스도의 죽음과 부활 등의 내용들은 수많은 신화 가운데 하나이거나 혹은 그런 신화를 모방한 내용에 불과하다는 잘못된 결론을 내리는 것은 매우 어리석은 일이다.

성경은 하나님, 인간, 사탄의 삼각 구도 안에서 인간을 멸망시키려는 사탄의 세력을 무너뜨리고 인간이 영원히 살 수 있는 유일한 대안은 하나님께로 돌아오는 것임을 가르치는 것이 핵심 주제며, 이러한 돌아옴은 예수 그리스도를 통해서만 가능하다는 사실을 기록하고 있다. 이 핵심을 놓치지 않고 성경을 대할 때에만 성경에서 안내하는 여러 의문스러운 사건이나 가르침들을 이해할 수 있고, 하나님에 대한 올바른 시각을 가질 수 있다.

성경은 하나님을 따르는 모든 사람들의 신앙 안내서며 삶의 지침서다. 성도는 성경을 통해 모든 것을 판단해야 하고, 성경을 통해 모든 것을 해석해야 한다.

성도에게 있어 성경은 그 자체가 생명이며 성경을 떠나서는 올바른 신앙적 삶을 살 수 없다. 특히 성도들이 경험하는 다양한 영적 현상이나 신비적 경험도 성경을 통해 분별해야 하며, 성경의 틀을 벗어난 모든 영적, 신비적 현상은 성도를 파괴하고 교회를 파괴하려는 사탄의 작품임을 알아야 한다. 그렇기 때문에 성도는 성경을 바로 아는 일에 목숨을 걸어야 하고, 성경을 바로 알 때 성경에서 계시하는 참 하나님을 만날 수 있게 된다.

현재 우리나라에 있어 개신교의 분열은 세인의 지탄 대상이 되고 있고, 기독교의 정체성마저 무너뜨리는 무서운 독소로 자리 잡고 있다.

교회와 교회 간의 불신, 성도와 성도 간의 불신 등, 이 모두가 교회분열의 결과다.

2019년 현재 대 교단 아래 조그마한 군소 교단까지 합치면 우리나라에 있어 개신교 교단은 약 500여개 이상을 헤아린다. 현실이 이러하다 보니 기독교를 가장한 수많은 이단들이 곳곳에서 기독교적 색채를 띠고서 성도들을 미혹하고 교회를 무너뜨리고 있는 실정이다.

종교개혁 이후 성경 해석이 사제 중심에서 개인에게로 옮겨졌고 그 결과 누구나 성경을 해석할 수 있는 자유가 주어졌다. 그러다 보니 한 성경을 통해 무수히 많은 해석이 나오면서 해석상의 문제를 가져오게 되었고, 급기야 이 해석의 결과에 따라 다양한 교파들이 발생하게 되어 오늘날까지 내려오고 있다.

성경 해석의 다양성으로 인한 많은 교파들의 발생 그 자체가 잘못된 것은 아니지만, 만약 성경 가르침의 근본적 안내를 잘못 이해해 심각한 교리적 대립과 싸움으로 교파가 나뉘고 교단이 분열되었다면 우리는 성경을 올바로 지도하고 바르게 가르치는 곳으로 가야 한다. 그리고 열린 마음으로 성경을 대함으로써 올바른 성경의 가르침을 찾기 위해 부단한 노력을 해야 한다.

성경을 바로 알지 못하면 신앙이 무너지고, 신학이 무너진다. 성경을 바로 알지 못하면 성경의 하나님을 믿지 않고 자신이 만든 하나님을 믿게 된다. 성경을 바로 알지 못하면 자기의 뜻을 하나님의 뜻이라 고집하고, 개인의 여러 경험이나 체험을 중시하며 일종의 신비주의로 빠지게 된다.

과거나 지금이나 우리 교회와 성도들의 근본 문제는 성경을 바로 알지 못한 데서 기인한다. 그러므로 성경을 바로 알고, 성경에 대한 올바른 이해를 바탕으로 성도의 삶이 이 세상에 나타날 때, 우리 교회와 성도들의 미래가 있다고 확신한다.

필자는 본서를 통해 우리가 잘못 이해하거나 혹은 오해하기 쉬운 중요한 내용들을 검토하고, 거기에 대한 신학적 대립 등을 간단히 밝혔다. 그럼으로써 올바른 성경의 가르침을 좇아 성경 중심의 신앙으로 돌아와 마지막 시대를 잘 준비하는 지혜로운 성도의 삶을 살기를 간절히 소망하는 마음으로 부족한 글을 써 가고자 한다.

아무쪼록 이 책이 하나님 앞에서 성경 중심의 삶과 성경을 바로 알기 원하는 모든 주의 백성들에게 미약하지만 하나의 빛이 되길 바란다.

본서는 책 분량을 고려해, 우리 성도들이 잘못 알고 있거나 오해하고 있는 성경 내용 중, 구약과 신약의 일부를 선별해 다루어 보았다. 우리 모두가 익숙히 들어 알고 있거나, 한두 번쯤은 고민해 본 내용 들이다.

잘 알고 계신 분들은 한 번 더 공부하는 마음으로 읽어가길 원하며, 아직 잘 알지 못하는 분들이라면 이번 기회에 주님 말씀에 좀 더 다가가는 귀한 계기가 되었으면 한다.

비록 부족한 책이지만, 이 책을 접하는 모든 이들에게 하나님의 거룩한 은총이 함께하길 기도하며, 혹 필자가 잘못 알고 실수한 부분이 있다면 언제든지 독자들의 귀한 조언을 부탁해 본다.

본서는 교회를 처음 다니는 초신자들에겐 좀 어려운 책이 될 수 있다. 성경에 대한 기본적 안내보다는 성경 상에 나타나는 여러 의문스러운 말씀들에 대한 내용을 중심하다보니 아주 기본적인 안내를 하고 있지는 않다.

성경의 기초적인 부분에 관련한 안내들은 인터넷이나 수많은 도서를 통해 조금의 노력만 기울인다면 충분히 알 수 있을 것이다.

그러나 교회를 다니고 말씀을 사랑하면서 성경을 바로 알기를 원하는 독자들에게는 본서가 좋은 안내서가 될 수 있을 것으로 확신한다.

구약성경 바로 알기 편 목차

제1장
창조

첫째 날의 빛과 넷째 날의 빛(해, 달, 별)은 무슨 차이가 있을까?

성경은 **"태초에 하나님이 천지를 창조하시니라"**(창 1:1)라는 장엄한 문장으로 시작한다.

우리는 그렇게 성경을 읽어가다 하나님의 창조기사에서 수많은 의문점을 발견하고도 아무런 문제의식 없이 무심코 한 장 한 장 읽어나간다. 그러면서 생기는 많은 의문점이 전혀 문제가 되지 않는 듯 너무도 쉽게 우리는 성경에 기록된 내용들을 믿음으로 받아들이며, 그 믿음이 우리 그리스도인들의 모든 삶의 중심을 이루고 있다. 필자도 그중의 한 사람이다.

때때로 성경의 기록에서 수많은 의문점들을 발견하며 그것들에 대한 정확한 답을 얻지 못하더라도, 성경에 과오가 있다거나 잘못된 것이라고 단 한 번도 생각한 적이 없으며 지금도 그렇게 믿고 있다.

의문점들이 있긴 있되 그 자체가 잘못된 것이 아니며 단지 의문이 있다는 것뿐이지, 그것이 우리 그리스도인들의 믿음과 신앙 행위에 치명적 영향을 미치지 않는다. 우리 인간들의 지식과 이해 그리고 자료의 부족으로 사실 입증이 어렵다거나 불가능할 뿐이지, 성경에 기록된 모든 내용 들은 하나님의 감동으로 기록되었기 때문에(딤후 3:16)[1] 추호의 잘못이 있을 수 없다.

그러나 그렇다고 우리가 조금 자세히 보고 노력하여 연구하면 알 수 있는 부분들마저도 이런 식으로 넘어간다면 그것은 성경의 잘못이 아니라 우리의 잘못이다.

무조건 받아들이는 신앙도 좋지만, 그러나 자칫 잘못 알고 있는 것들을 바르게 알고 있는 것으로 믿고 받아들이고 있다면 심각한 문제를 충분히 야기할 수 있다.

대부분 이단이나 기독교 계통의 사이비 종교들의 공통점은 성경을 잘못 알고, 잘못 믿고 있는 내용 들을 자신들은 바르게 알고 있고, 바르게 믿고 있다는 착각에 빠져 있다는 데에 있다.

정확한 성경 해석에 대한 그 어떠한 지침이나 해답이 없기 때문에 자신이 이해하고, 경험하고, 깨달은 내용 그 자체를 성경과 결부시켜 하나님께서 주신 말씀으로 이해해 자신들의 교리들을 확립함으로써 거짓 기독교를 만들어 간다. 그렇기 때문에 우리는 성경을 더욱더 자세히 읽고 바르게 알아야 한다. 많이 읽는 것도 중요하지만, 단 한 번을 읽더라도 자세히 읽고, 바르게 아는 것이 더욱더 중요한 일이다.

---

1) 모든 성경은 하나님의 감동으로 된 것으로 교훈과 책망과 바르게 함과 의로 교육하기에 유익하니(딤후 3:16)

하나님의 창조기사는 성경에서 나타나는 여러 신비적 사실 가운데 가장 오묘막측한 내용이다. 인간의 상상이나 짐작 그리고 그 어떠한 과학적 근거를 가지고도 하나님의 창조 사실에 대한 정확한 설명이나 해석은 불가능하다. 그러다 보니 여기에 대한 해석이나 설명이 천차만별이며 그 수 또한 헤아릴 수 없이 많이 있음을 볼 수 있다.

성경은 하나님께서 세상을 6일 동안 창조하셨다고 선포하고 있다. 이러한 하나님의 창조 사역에 수많은 의문을 제기하며 불신자들은 하나님의 창조 사역에 대해 거부하고 성경을 받아들이지 않으며 하나님을 믿지 않는다. 심지어 기독교 내에서도 진화적 창조론을 받아들여 과학적 연대와의 일치를 위해 하나님의 6일간의 창조 사역에 대해 의문을 갖고 있는 학자들도 많이 있다. 성경에서 안내하는 창조와 과학에서 안내하는 창조가 너무 다르기 때문이다.

일반과학에서는 우주의 탄생과 지구 탄생 연도를 달리 보고 있다. 우주의 탄생은 대략 140억 년에서 150억 년 전으로 보고 있으며, 지구는 약 46억 년 전으로 보고 있다. 그리고 지구에서의 생명체 탄생은 약 40억 년 전으로 보고 있고, 인간의 활동 시기는 약 1,500만 년 전으로 추정한다.

이상과 같은 우주와 지구, 인간의 창조 혹은 등장에 대한 과학적 연대는 성경에서 제시하는 내용과는 크게 차이를 가지고 있으며, 과학적 근거를 통해 성경이 잘못되었다는 사실을 입증하는 도구로 사용하기도 한다.

그러다 보니 기독교 내에서 다양한 이론들이 나오기 시작했고, 그 이론들을 뒷받침하기 위해 성경을 인용해 잘못된 주장을 하는 무리들도 많이 있음을 살펴볼 수 있다. 대표적 주장이 재창조설이다.

재창조설

'재창조설'이란 다른 말로 '파멸 재구조설(The ruin and Reconstruction Theory)', '아담 이전 대격변설(The Pre-Adamic Cataclysm Theory)'이라 부르기도 하는 소위 '간격설(Gap Theory)'이라는 이론이다.

'간격설'은 창세기 1장 1절과 2절에 있어 1절이 창조의 대전제로 선포된 말씀이 아니라, 1절의 창조 이후 2절이 등장, 1절과 2절 사이에 새로운 창조가 있기까지 무한한 시간이 흘러갔다는 이론이다.

창세기 1장 1절과 2절 사이에는 무한한 시간적 간격이 있었으며, 하나님께서 먼저 창조하신 세상이 그 어떤 외부적 혹은 다른 요인에 의해 파괴된 것을 하나님이 다시 재창조하였다는 주장이다.

이런 주장은 우선적으로 창세기 1장 1절부터 2절 사이의 히브리어 문장에 따른 문법적 구분에 의하면, 1절이 주절이 아니고 2절이 주절이며, 1절은 2절에 따라오는 하나의 종속된 절로 보기 때문이다. 이렇게 되면 창세기 1장 1절과 2절의 번역이 다음과 같이 된다. "땅이 공허하고 혼돈(형체가 없음)하며 흑암이 깊음 위에 있었고 하나님의 신이 수면을 운행하고 있었다. 그때에 하나님께서 천지를 창조하셨다"라는 번역이 된다.

이 번역대로라면 이미 공허한 땅, 혼돈한 땅, 흑암이 깊음 위에 있는 땅이 존재하는 곳에 하나님의 신이 운행하셨고 이렇게 먼저 혼돈되고, 공허하며, 흑암이 깊은 지구를 하나님이 다시 질서 있게 창조하셨다라는 번역이 가능한 것이다. 즉 하나님이 지구를 재창조했다는 해석이다.

이 주장은 스페인계 유대인 주석가인 이븐 에즈라[2](Ibn Ezra)에 의해 주창되었다.

그리고 이와 유사한 다른 견해는 2절이 주절이 아니라 3절이 주절이며 2절은 1절과 3절 사이의 괄호 안에 있는 말씀이라는 것이다.

이 주장 또한 프랑스계 유대인 주석가인 라쉬(Rashi)에 의해 주장된 내용이다. 이 둘의 주장은 약간의 차이가 있긴 하나 근본적으로 하나님의 창조는 '무에서 유'의 창조가 아니라 '유에서 유'의 창조라는 재창조설과 일치한다.

---

2) 이븐 에즈라는 11세기 스페인계 유대인으로 사라고사 토후국 투델라(현 스페인의 나바라)에서 출생했다. 그는 시인이자 철학자, 천문학자, 성경 해석학자로 널리 알려진 사람이다. 성경 해석에 있어 정통적인 해석을 거부하고 자신만의 독특한 해석을 한 사람으로 알려지고 있다. 성서주석으로는 욥, 시편, 다니엘, 모세오경 등의 주석서들을 편찬하였다(다음백과).

이들의 이러한 주장을 학적으로 증명하여 간격설로 제안한 것은 1814년 Thomas Chalmers(1780-1847)에 의해서이며, G. H Pember와 세대주의자인 Scofield가 만든 The Scofield Reference Bible에 의하여 널리 알려지게 되었다.

세대주의를 극찬하고 킹제임스 성경만이 하나님이 주신 유일한 성경이라고 주장하는 말씀보존학회의 주장을 보자. 이 내용은 말씀보존학회의 홈페이지에 나오는 내용이다.

> "창세기 1:1-3을 주의 깊게 읽기 바랍니다. 『1 태초에 하나님께서 하늘과 땅을 창조하셨느니라. 2 땅은 형체가 없고 공허하며 어두움이 깊음의 표면에 있으며 하나님의 영은 물들의 표면에서 거니시더라. 3 하나님께서 말씀하시기를 "빛이 있으라." 하시니, 빛이 있더라.』 창세기 1:1과 1:3 사이의 2절 말씀은 창조된 세계가 하나님의 창조 질서에서 벗어나 있는 혼돈의 상태에 있음을 기록하고 있으며, 1절과 3절 사이에 어떤 큰 변화가 있었음을 알려 주고 있습니다.
> 창세기 1:1-3의 창조의 순서는 성경에 기록된 대로 다음과 같습니다. 첫째, 하늘과 땅이 창조되었습니다(창 1:1). 이것은 "최초의 창조"입니다. 둘째, 사탄의 반역으로 처음 창조된 하늘과 땅에 심판이 있었는데, "땅"은 형체가 없고 공허하며 "어두움"이 "깊음"(물들)의 표면에 있었습니다(창 1:2). 셋째, 심판 이후에 하나님께서 빛을 시작으로(창 1:3) 현재 있는 하늘과 땅을 포함한 만물을 창조하셨습니다. 이것이 "재창조"입니다(창 1:3-31)."

이들이 이렇게 주장하는 강력한 근거는 창 1:28의 '충만하라'의 영어 킹제임스 성경의 번역에 있다.

대부분의 세대주의자들은 창 1:28의 '충만하라'를 '다시 채워라'로 번역함으로써, 하나님께서 사람을 만들고 난 후 그들에게 이 지구를 '다시 채우라'는 명령에서 처음 지구를 만들어 채웠던 것들은 파괴, 혹은 사라졌기 때문에 너희들이 다시 채워야 한다는 의미로 받아들여 재창조설을 주장한다.

그리고 '충만하라'는 말이 창 9:1에서도 나오는데 이 역시 '다시 채우다'로 번역하고 있다. 한글개역과 영어 킹제임스 성경을 살펴보자. 그리고 말씀보존학회에서 번역한 한글 킹제임스를 보자.

> 하나님이 그들에게 복을 주시며 그들에게 이르시되 생육하고 번성하여 땅에 충만하라, 땅을 정복하라, 바다의 고기와 공중의 새와 땅에 움직이는 모든 생물을 다스리라 하시니라
>
> (창 1:28 한글개역)

> And God blessed them, and God said unto them, Be fruitful, and multiply, and replenish the earth, and subdue it: and have dominion over the fish of the sea, and over the fowl of the air, and over every living thing that moveth upon the earth.
>
> (창 1:28 영어 킹제임스)

하나님께서 그들에게 복을 주시고, 하나님께서 그들에게 말씀하시기를 "다산하고 번성하며 땅을 다시 채우고 그것을 정복하라. 그리고 바다의 고기와, 공중의 새와, 땅 위에서 움직이는 모든 생물을 다스리라." 하시니라.

(창 1:28 한글 킹제임스)

하나님이 노아와 그 아들들에게 복을 주시며 그들에게 이르시되 생육하고 번성하여 땅에 충만하라

(창 9:1 한글개역)

And God blessed Noah and his sons, and said unto them, Be fruitful, and multiply, and replenish the earth.

(창 9:1 영어 킹제임스)

하나님께서 노아와 그의 아들들에게 복을 주시며 그들에게 말씀하시기를 "다산하고 번성하여 땅을 다시 채우라

(창 9:1 한글 킹제임스)

이 내용은 간단한 번역에 의해 이단과 정통으로 구별되는 아주 중요한 말씀으로, 단 한 구절의 말씀만으로도 이단이 될 수 있고, 정통이 될 수 있는 내용이다.

한글 개역성경의 '충만하라', 킹제임스의 '다시 채워라'의 히브리어 원어는 "마레"라는 단어를 사용한다.

마레의 기본어근은 '채우다, 충만하다'로 번역되는 단어며, 문자적, 상징적으로는 '성취하다, 확인하다, 그리고 봉헌하다, 끝나다, 기간이 끝나다, 울타리로 막히다'라는 많은 의미와 폭넓게 '완성하다, 가득하다, 만족시키다', 그리고 '다시 채우다' 등의 의미를 갖고 있다. 마레라는 의미 가운데 폭넓은 의미로 '다시 채우다'는 의미를 갖고 있긴 하지만 이렇게 번역을 하는 경우는 거의 없다. 항상 가장 가까운 번역을 하는 것이 단어 번역의 우선인데, 마레의 기본적 의미는 그냥 '충만하다'는 의미이다.

세대주의자들이 주장하는 다시 채우다의 영어 'replenish'에 대해 살펴보도록 하자.

영어 re-라는 접두어는 그 용례에 있어 '다시'라는 의미도 있으나, 강세형으로 '더욱더'라는 의미도 있다. 그렇기 때문에 'replenish'에 있어 re-의 의미는 '다시' 혹은 강세형으로 '더욱더'라는 의미도 갖게 된다. 두 번역 모두 가능하다. 채우는 것을 가득히 채워라는 의미 즉 충만하라는 의미도 가능하고, 혹은 채우라를 다시 채우라는 의미로도 번역이 가능한 것이다.

그렇다면 성경, 창 1:28 이나 창 9:1에 나타나는 '마레'를 번역한 영어 킹제임스의 'replenish'는 어느 번역이 옳은 번역인지를 분명히 찾아야 하며 이 번역에 의해 정통이냐 이단이냐는 중요한 문제에 놓이게 된다.

우선 우리가 알아야 할 중요한 사실은 단어의 의미의 변천에 대한 문제다.

현대에 사용하는 단어의 의미를 과거에도 똑같이 사용했다는 생각은 옳지 않다. 단어는 세월이 지남에 따라 그 의미가 첨가, 혹은 변천되는 경우들이 많기 때문이다. 그러므로 특정단어의 정확한 의미를 알기 위해선 그 단어가 사용된 당시의 시대로 돌아가 그 단어의 의미가 어떻게 사용되었는지를 찾아야 한다. 성경을 정확히 해석하는 데 있어서 어려운 문제들이 바로 여기에 있다. 여러 가지의 의미를 지니고 있는 단어에, 어떤 의미를 적용해야 할지에 대한 문제가 생기는 것이다.

영어 Replenish의 의미에 있어서도, 21세기 즉 현재의 의미만이 전부라는 생각은 옳지 않으며, 그것도 다른 의미들은 아예 무시하고 자기 주장을 뒷받침하기 위한 의미만을 찾아내어 주장하는 것은 잘못된 것이다. 최소한 객관적으로 이 단어를 사용한 영어 킹제임스가 나올 때 그 의미가 어떠했는지를 찾아 그 의미를 정확히 밝혀야 한다.

1611년 발행된 영어 킹제임스 성경에 '충만하라'는 단어로 'replenish'를 사용했다.

현대 영어사전에 나타나는 'replenish'의 의미는 '다시 채우다'라는 뜻이 분명히 들어 있다. 그러나 '다시 채우다'만이 있는 것이 아니라, '충만하다'는 의미도 같이 들어 있다. 오히려 '충만하다'는 의미가 먼저 나온다. 그렇기 때문에 하나만 주장하면 안 되고 둘 다 비교해 가면서 정확한 원 의미를 밝혀야 한다.

영어 단어의 어원과 기원을 밝히며 만들어진 옥스포드 영영사전[3](OED)에 의하면, 'replenish'라는 단어는 최소한 킹제임스 성경이 나올 때는 단순히 '충만하다'라는 의미로만 사용되었다고 밝히고 있고, 'Replenish'라는 단어가 '다시 채우다'로 번역되기 시작한 것은 1612년부터였다는 사실을 그 용례를 들어 정확히 알려주고 있다. 'replenish'가 시기별로 사용된 용례는 다음과 같다. 킹제임스 성경이 나올 때까지만 살펴보자.

1. 충만하다 (1340년부터 나옴)
2. 가득 차 있다 (1374부터 나옴)
3. 물질적으로 사물, 사람 등이 가득 차 있다 (1490년부터 나옴)
4. 충만한 (1400년부터 나옴)
5. (타동사로) 가득 채우다 (1386년부터 나옴)
6. 차지하다 (1400년부터 나옴)
7. 음식 등으로 채우다 (1450년부터 나옴)
8. 무엇인가로 채우다 (1477년부터 나옴)

---

3) OED는 12세기 중엽(또는 그 이전)부터 영어권에서 사용되어온 단어의 총목록이다. OED는 모두 옥스퍼드의 클레어런던출판사에서 발간했다. OED는 어의(語義)를 역사적인 발생 순서에 따라 배열하고, 영어 문헌과 기록에서 약 500만 개의 시기별 인용문을 뽑아 용례를 들었다. 1933년판에 따르면 이 사전의 목표는 영어 어휘를 형성해 온 단어들을 기록상 최초의 시기부터 현재까지 알파벳순으로 정리하고, 그 어형과 역사적으로 변천되어 온 단어의 의미 및 어원과 관련한 제반 사실들을 수록하는 것이다.

9. 다시 채우다 (1612년부터 나옴)

OED에서 확실히 'replenish'의 의미가 더욱더 많이 나타나고 있지만, 최소한 이 단어는 킹제임스 성경이 나온 1611년까지는 '다시 채우다'라는 의미가 전혀 없었다는 것이며, 비록 1612년부터 '다시 채우다'라는 의미가 들어갔지만 이 단어가 '다시 채우다'로 번역된 경우는 18세기 초까지는 거의 없었다.

그러므로 1611년 킹제임스 성경에 사용된 이 단어는 '다시'라는 의미가 아니라 강세 접두형으로 보아 '더욱더' 혹은 '가득'이라는 의미가 첨가된 것으로서 '충만'으로 번역하는 것이 옳은 번역이다.

말씀 보존학회와 더불어 킹제임스 성경의 유일성을 주장하는 사랑침례교회 정동수 목사는 이 부분에 있어 말씀보존학회와 의견을 달리해 다행히 'replenish'를 '충만하다'로 번역하고 있다.

실제로 영어 'replenish'는 1828년의 웹스터가 내린 정의처럼, 1611년부터 1828년까지 200년 이상 오직 '채우라'는 뜻으로만 사용되었다. 당시의 그 어떤 주석서에서도 창세기의 replenish를 '재창조'의 근거로 제시한 학자는 아무도 없었다.

그리고 초대 교회 이후, 세대주의에 의해 간격설 이론이 나타나기 전까지는 재창조설에 대해 인정하는 성도도 거의 없었다. 이븐 에즈라나 라쉬 같은 학자들이 개인적으로 주장을 하긴 했으나 이것이 19세기 초까지는 학적 사실로 받아들여진 경우도 없었다. 그리고 이븐 에즈라나 라쉬 같은 사람들은 'replenish'라는 단어에 의해서 주장을 한 것이 아니라, 문장의 배열에 의해 재창조설을 주장했을 뿐이다.

앞에서 밝혔지만 재창조설은 간격설이라 하여 1814년 Thomas Chalmers[4]에 의해서 그 사상이 확립되었고, G.H.Pember와 세대주의자인 Scofield가 만든 The Scofield Reference Bible에 의하여 널리 알려지게 되었는데, 이는 'replenish'라는 단어를 잘못 번역한 결과이다.

'replenish'라는 영어 단어가 '다시 채우다'라는 '다시'의 의미가 들어가 번역이 가능해진 것은 19세기 초 이후이다.

그렇기 때문에 1611년에 발간된 영어 킹제임스 성경에 사용된 'replenish'는 '다시 채우다'가 아니라 '충만하다'가 더욱더 정확한 의미이고, 킹제임스 영어 성경 번역 당시에 히브리어 '마레'를 재창조설에 대한 개념을 가지고 번역한 번역위원은 아무도 없었다. 당연히 '채우다', '충만하다'라는 의미로 번역을 한 것이다.

이 부분에 대해 좀 더 자세한 내용을 알고 싶으면 다음 카페 양누리 공동체를 참고하면 도움을 받을 수 있다.

(http://cafe.daum.net/yangnuri-ch/)

---

4) 스코틀랜드 자유교회의 초대 의장을 지낸 장로교 목사, 신학자, 저술가, 사회개혁가

사실 재창조설에 대한 문제는 창세기 1장 1절과 2절 그리고 이어지는 절에서 나타나는 단어만 제대로 보더라도 전혀 옳지 않다는 사실을 알 수 있다.

우리 성경에는 빠져 있지만 원어에는 1절과 2절 그리고 이어지는 창조에 대한 절들에 '그리고'라는 단어가 모두 들어간다. 정확히 살펴보면 '태초에 하나님이 천지를 창조하셨다. 그리고 땅은 형체가 없었다. 그리고 공허했다. 그리고 흑암이 깊음 위에 있었다. 그리고 하나님의 신은 수면 위를 운행하셨다.' 킹제임스 영어 성경에도 분명히 그렇게 기록되어 있다.

1 In the beginning God created the heaven and the earth.
2 And the earth was without form, and void; and darkness [was] upon the face of the deep. And the Spirit of God moved upon the face of the waters.
3 And God said, Let there be light: and there was light.
4 And God saw the light, that [it was] good: and God divided the light from the darkness

'그리고'라는 이 단어가 가볍게 넘어갈 수 있는 경우도 있지만, 최소한 이 본문에서는 가볍게 넘길 수 없는 단어다. 성경에 나타나는 모든 언어는 단어 하나하나까지 하나님의 감동으로 기록되어진 것이다. 그렇기 때문에 단어 하나하나에도 주의를 기울여야 한다. 특히 본문의 경우는 더욱 그렇다.

'그리고'라는 단어는 앞의 문장과 뒤의 문장을 연결해 주는 아주 중요한 역할을 하는 대등접속사의 의미를 가진다. 앞의 내용을 더욱더 보충해 주거나 자세히 설명, 혹은 동등관계를 알려 주는 역할을 한다.

창세기 1장 2절 처음에 나타나는(우리 성경에는 빠져 있음) '그리고'는 1절의 내용에 대한 보충적 성격으로 1절의 하나님의 천지창조 내용을 좀 더 구체적으로 표현해 주며, 1절에 이어지는 연속성을 갖게 해 주는 단어다. 이하 3절과 4절도 마찬가지다. 그렇기 때문에 1절과 2절은 분리된 것이 아니라 연결된 것으로서 재칭조에 대한 그 어떤 단서도 주는 것이 아니다.

재창조설 주장이 우리에게 강력한 호소력을 갖게 되는 것은 문장의 배열이나 문법적 성격, 그리고 단어의 문제라기보다는 인간의 상상에 근거한 설명이 더욱더 설득력이 있기 때문이다. 이단들은 성경에 나타난 정확한 사실들을 이야기할 때 인간적 상상을 자극하여 믿도록 하는 그러한 방법을 많이 사용하고 있다. 그 내용은 다음과 같다.

"하나님께서 최초로 지구를 포함해 온 우주를 만들었을 때 수많은 시간들이 흘러갔다. 하나님께서 우리 인간이 살 수 있는 지구를 만들기 전에 육의 모습을 갖지 아니한 천사들을 만들어 그들로부터 영광을 받고 찬양을 받고 계셨다. 그러나 그 중 한 교만한 천사가 자신을 추종하는 무리들과 연합하여 하나님께 반역을 하게 되고 하나님께 대적을 하면서 하나님께서 만드신 이 우주의 질서가 파괴되기 시작했다. 이때 지구도 파괴되면서 그 상태가 공허하고 혼돈하게 되었으며 흑암이 깊음 위에 있게 된 것이다. 이러한 이 우주와 지구를 다시 정비하고 지구를 통해 재창조의 역사를 이루어 가시며 이제는 천사가 아닌 하나님의 형상을 가진 인간을 만들어 영광을 받기 위해 인간들이 살 수 있는 지구를 만들었다."

이상의 내용이 성경에는 전혀 언급된 부분이 없으나 우리를 설득하기에는 충분한 힘을 가지고 있다.

창조에 있어 이런 인간의 상상에서 만들어진 이야기가 설득력을 얻게 되는 중요한 이유는, 지구나 우주의 연대측정 문제 때문인 것으로 보인다.

과학적 자료에 의하면 지구의 연대는 우리가 생각하는 그런 6천 년 정도의 역사가 아니고 수십억 년까지 거슬러 올라가게 된다.

간격설은 지구의 연대가 수십억 년 정도 되었다는 과학적 사실에 근거를 제시하기 때문에, 지구 창조 연대에 대한 문제를 별 어려움 없이 쉽게 해결할 수 있다.

그러나 성경을 이런 식으로 이해해서는 곤란하다. 물론 때에 따라 우리는, 우리의 상상력을 총동원해 더욱더 성경적 사실에 가깝게 다가갈 수도 있다. 그러나 먼저 성경 내용에 대한 실제적 검토가 이루어질 수 있다면 그렇게 하는 것이 우선 되어야 한다.

하나님의 말씀은 축자 완전 영감[5]으로 기록된 말씀이다. 그래서 단어 하나하나에도 하나님의 영감이 깃들여 있음을 우리에게 알려 주고 있다.

창세기 1장 1절에 나타나는 단어 중 창조에 해당되는 단어는 בָּרָא(바라)를 사용하고 있다.

히브리어 단어 중 '만들다', 혹은 '창조하다'라는 단어는 위의 "바라" 외에도 עָשָׂה(아사) 혹은 יָצַר(야차르), בָּנָה(바나) 등의 단어들을 사용하고 있는데, 특별히 '창조'라는 단어를 쓸 때 "바라"가 사용된 것은 이 단어가 창조에 대한 절대적 사실을 입증하며 특별한 의도가 없는 한 하나님께서 지구를 창조하실 때 무에서부터 유로의 창조를 뒷받침하는 강력한 증거가 되기도 한다. 왜냐하면 다른 세 단어들은 모두 유에서 유로 만들어질 때 사용되는 단어이기 때문이다.

하나님의 창조는 그 어떤 재료로부터 시작된, 혹은 이미 만들어졌다 파괴된 우주에 대한 재창조의 역사를 말하는 것이 아니라, 본질적 무로부터 유의 창조를 가리키고 있다.

유대 신비주의인 카발라 사상에 재창조설의 근거를 제시하는 가르침이 존재한다.

---

5) 축자 완전 영감이란 성경에 나타나는 모든 내용뿐만 아니라 단어 하나하나에도 하나님의 영감이 깃들어 있기 때문에 전혀 오류가 없다는 주장이다.

원 하나님의 창조는 그 어떤 문제로 원 창조의 원형이 깨어지면서 수많은 파편으로 산산조각이 난다. 이렇게 산산 조각난 하나님의 피조 세계를 다시 회복해 가는 과정이 재창조의 역사다.

인간 또한 원 형체인 아담 카드몬으로부터 분리되면서 원형을 상실하게 되었고, 이 원형을 찾아가는 작업이 환생과 윤회의 거듭이다. 수많은 윤회와 환생을 거듭하면서 인간은 맨 아래 왕국인 말쿠트에서 맨 위의 신적 왕국이나 신적 성품에 도달할 수 있는 케테르로 가게 된다. 이런 카발라의 사상이 우리 기독교에 들어오면서 재창조설로 둔갑한다.

창조에 대한 학설의 차이도 중요하지만, 더욱 중요한 점은 하나님께서 창세기 1장 1절 말씀을 우리에게 하시는 본질적 목적이 무엇인가를 찾는 것이다. 이런저런 학설의 차이를 분석하여 거기에 대한 변증을 하고 정확한 성경적 사실을 밝히는 것도 무척 필요한 일이라 여겨지지만, 이 말씀에서 전하고자 하는 가장 중요한 메시지는 온 우주의 창조자가 하나님이고 그 창조는 무에서 유의 창조라는 사실이다.

하나님께서 무에서 유로 온 우주를 당신의 말씀으로 창조하셨다는 사실 그 자체를 믿는 것이 신앙이다. 그렇기 때문에 온 우주의 주인은 하나님이시며, 하나님이 통치하시고, 하나님의 섭리 하에 이 우주를 운행하고 계신다. 그리고 그분이 지구를 선정해 인간을 만드시고, 범죄한 인간들을 위해 예수 그리스도를 보내 주셨다. 이런 사실이 믿어지는 것은 인간의 육적 지식이 아니라 영적 지식으로 오직 우리들의 믿음에 의해서다.

6일간의 창조

재창조설 문제에 이어 나타나는 중요한 문제는, 하나님의 창조 기간에 대한 문제다. 이는 재창조설과는 다른 성격이지만, 지구의 연대를 과학과 조화시키려고 한 시도라는 점에서는 재창조설과 맥락을 같이 한다.

성경은 하나님께서 단 6일 만에 온 우주를 창조하셨다고 한다. 6일 만에 지구만 창조했다 하더라도 믿기 힘든 일인데, 온 우주를 6일 만에 창조했다는 것이다. 우리 인간의 상식과 지식 혹은 인간의 모든 학문을 동원하더라도 전혀 이해할 수 없고 인정할 수 없는 사실이다. 그래서 성경은 하나님의 창조에 대해, 믿음만이 그러한 사실을 인정하고 받아들일 수 있다고 말하고 있다.[6]

우리 인생은 하루를 살아도 10년을 산 것 같은 삶이 있는가 하면 10년을 살아도 하루를 산 것 같은 삶이 있다. 각자가 처한 환경과 형편에 따라 우리에게 주어진 시간은 동일하지만 받는 느낌이 다르다. 순간 속에 수많은 기억과 일들을 느끼고 고통을 겪는 사람이 있는 반면, 오랜 시간이 주어져도 그러지 않는 사람들이 있다.

우리는 하나님의 시간 측정법을 알 수도 없으며 그리고 알 필요도 없다.

---

6) 믿음으로 모든 세계가 하나님의 말씀으로 지어진 줄을 우리가 아나니 보이는 것은 나타난 것으로 말미암아 된 것이 아니니라(히 11:3)

사람의 신비함은 이루 말할 수 없으며, 창조주가 아니고서는 절대 밝힐 수 없는 신비에 속한다. 똑같은 여건과 환경 속에서도 한 시간을 하루 이상의 시간으로 사용하는 사람이 있는가 하면, 하루의 시간도 한 시간밖에 사용할 수 없는 사람도 있다. 한 시간이 일 년 이상으로 길게 느껴질 때가 있는가 하면, 일 년이 한 시간처럼 짧게 느껴질 때도 있다.

어린이는 어른이 하는 일의 속도를 따라갈 수 없다. 만약 컴퓨터가 나오지 않았다면 수백 년 이상 걸릴 일들도 컴퓨터가 개발됨으로 단 며칠 만에 작업을 끝낼 수 있다. 인류가 이룬 2,000년의 역사를 불과 몇십 년 만에 이룰 수 있는 시대가 현대의 시대이다.

2030년대가 되면 양자 컴퓨터가 현대의 컴퓨터를 대체한다고 한다. 양자 컴퓨터가 나오면 그 처리 속도가 현대의 컴퓨터보다 상상할 수 없을 정도로 빨라질 수 있다. 몇십 년이 걸려 해결될 일들이 단 몇 시간이면 해결된다. 우리나라에서도 양자 컴퓨터를 개발했는데, 슈퍼컴퓨터로 일만 년 걸일 문제를 3분 만에 해결할 수 있다 한다. 그러나 하나님의 처리 속도는 양자컴퓨터뿐 아니라 이보다 더한 컴퓨터가 나와도 그 속도를 따라가지 못한다. 인간이 수천 년에 걸쳐 완성할 수 있는 일들을 하나님은 단 며칠 몇 시간 만에 완성할 수 있는 분이시다.

하나님께서 세상을 만드신 6일간의 날을 현대의 우리 사고로 이해해서는 안 된다. 우리에게는 100년 이상 걸려서 완성될 일들을 하나님은 단 하루 만에 혹은 더 짧은 시간 안에도 끝내실 수 있는 분이시다.

신의 관점과 신의 시간을 인간의 관점에서 시간이라는 절대성을 따질 수 없다. 그렇다고 인간인 우리가 신의 시간 법을 따른다는 것도 이치에 맞지 않다. 그러므로 육의 세계에 속한 우리 인간들은 별다른 의의가 없는 한 하나님께서 이 세상을 만드신 날들을 우리의 계산법대로 그대로 받아들이는 것이 마땅하다. 그리고 우리가 다르게 받아들여야 할 하등의 이유가 전혀 존재하지 않는다.

'날'이라는 히브리어 단어 יוֹם(욤)의 해석을 둘러싸고 다음과 같은 여러 가지 학설들이 있다.

1. 하루 시대설(The Day-Age Theory)

이 설은 하루를 한 시대로 보는 견해다. 여기서 말하는 시대란 정확하게 알 수 없다. 아주 긴 시간의 기간으로 한 시대를 보고 있는 학설이다.

2. 중간기 개입의 여자적 하루설(The Literal Day-Gaps Theory)

하루를 24시간의 하루로 보나 창세기 1장 1절과 2절 사이에는 긴 중간기가 개입되었다고 보는 견해다. 재창조설의 견해이다.

3. 계시적 하루설(The Revelatory Day Theory)

창세기 1장의 날들은 창조의 일자를 말하는 것이 아니고 창조 사역이 계시된 일자를 말한다고 보는 견해다.

4. 여자적 하루설(The Literal Day Theory)

창세기에 나타나는 창조의 하루를 24시간으로 보는 견해이다. 이런 사실에 대한 근거는 히브리 단어 "욤"의 일반적 사용에 대한 것으로, 다른 특별한 의미가 없는 한 이 단어는 정상적 하루인 24시간을 지칭할 때 사용되기 때문이다. 특히 빛과 어두움, 낮과 밤, 저녁과 아침이란 표현이 각각의 날들을 가리키는 서수와 함께 사용되어 24시간의 하루를 나타내는 것으로 사용되며, 상징적 의미로 이해할 만한 문맥상의 분명한 근거가 없기 때문에 이 날은 여자적 하루로 봐야 한다는 것이다.

그리고 출 20:11의 "이는 엿새 동안에 나 여호와가 하늘과 땅과 바다와 그 가운데 모든 것을 만들고 제 칠일에는 쉬었음이라"는 표현에서 이 날은 여자적 하루로 보아야만 한다는 견해이다. 이것이 올바른 성경적 가르침이며, 성경적 주장이다.

5. 비유적 하루설(The Figurative Day Theory)

David A.Young 교수가 1977년에 발간한 그의 책 "창조와 홍수"에서 주장한 것으로 창세기 1장의 날을 불확정한 기간(비유적 날)이라고 보는 견해다.

이 견해의 주장 근거는 창세기 1장의 구조가 각 날을 분리해서 취급하지 않고 7일을 한 단위로 한, 하나의 창조주간을 말하는데 두며, 일곱째 날이 아직 끝나지 아니한 불확정한 기간일 수밖에 없다는 것이다. 이런 의미에서 창조주간 그 자체가 아직 끝나지 않았다고 본다.

개혁주의 신학의 기초를 마련한 칼빈도 이 문제에 있어 정확한 답을 내리지 못하고 있으며, 첫째 날부터 셋째 날까지는 알 수 없는 시간으로 보고, 넷째 날부터 정상적인 하루였다고 하였다.

이상이 하나님의 창조의 날에 대하여 주장되는 학설들이다. 모두가 나름대로 실제적인 충분한 자료나 근거를 가지고 있지만, 그 어느 것 하나 이것이 정확하게 옳은 학설이라고 말하기는 어렵다. 이미 앞에서 말했듯이 우리의 기준과 관점 그리고 우리가 살아가는 삶의 방편에서 이해하는 것이 옳을 것이다.

이 말은 특별히 다른 의도가 없는 한 성경에서 말하는 하루는 우리의 하루로 받아들여야 한다는 것이다. 그리고 다르게 볼 만한 이유가 전혀 존재하지 않는다. 하나님은 단 6일 만에 온 우주와 지구, 그리고 모든 생명체들을 만드신 분이시다.

첫째 날의 빛과 넷째 날의 빛

창세기 1장의 하나님의 창조 역사를 읽어가다 보니 지금까지의 학적 문제보다 더 실제적 문제로 다가오는 내용이 첫째 날의 빛과 넷째 날의 빛(해, 달, 별)에 대한 문제다. 본문을 한번 보자.

하나님이 가라사대 빛이 있으라 하시매 빛이 있었고 / 그 빛이 하나님의 보시기에 좋았더라 하나님이 빛과 어두움을 나누사 / 빛을 낮이라 칭하시고 어두움을 밤이라 칭하시니라 저녁이 되며 아침이 되니 이는 첫째 날이니라

(창 1:3-5)

그리고 넷째 날 만드신 내용을 검토해 보자.

하나님이 가라사대 하늘의 궁창에 광명이 있어 주야를 나뉘게 하라 또 그 광명으로 하여 징조와 사시와 일자와 연한이 이루라 / 또 그 광명이 하늘의 궁창에 있어 땅에 비취라 하시고(그대로 되니라) / 하나님이 두 큰 광명을 만드사 큰 광명으로 낮을 주관하게 하시고 작은 광명으로 밤을 주관하게 하시며 또 별들을 만드시고 / 하나님이 그것들을 하늘의 궁창에 두어 땅에 비취게 하시며 / 주야를 주관하게 하시며 빛과 어두움을 나뉘게 하시니라 하나님의 보시기에 좋았더라 / 저녁이 되며 아침이 되니 이는 넷째 날이니라

(창 1:14-19)

무척이나 궁금한 내용이었다. 필자뿐 아니라 많은 주의 백성들이 아마 이 내용들을 수십 아니 수백 번도 더 생각해 보았을 것이다.

왜 하나님께서 첫째 날도 빛을 만들고, 넷째 날도 빛을 만드셨을까? 첫째 날의 빛은 무엇이며 넷째 날의 빛은 무엇일까? 등등의 궁금점들

이 꼬리에 꼬리를 물고 늘어서니, 그리고 이 부분을 읽을 때마다 생각나게 만드는 것이기 때문에 그냥 넘어갈 수 없는 부분이었다.

우선 첫째 날 만든 빛의 목적부터 찾아보았다. 성경은 이 부분에 대해서는 정확하게 기록하고 있다. 첫째 날의 빛은 낮과 밤을 나누기 위해 만들어졌다는 것이다. 우선 빛을 만드시고 이 빛에서 빛과 어둠을 나누어 빛을 낮이라 칭하시고 어둠을 밤이라 칭하셨다. 빛이 있는 동안은 낮이 되며, 이 빛이 사라져 어둠이 오면 밤이라 칭하시면서 빛과 어둠이 교차로 진행되는 그 점을 하루라 하셨다. 그래서 빛이 있는 동안은 낮이며, 이 빛이 사라져 어둠이 오면 저녁이 되고 다시 빛이 오면 아침이 되니 이를 첫째 날이라 했다.

우리는 아침에 해가 뜨면 하루를 시작하고 저녁에 해가 지면 하루를 마친다. 그리고 우리는 아침, 저녁, 낮과 밤의 기준을 첫째 날 하나님께서 만드신 빛을 중심으로 하지 않고 넷째 날 만드신 빛 즉 해와 달과 별을 중심으로 해 계산을 한다. 그렇다면 첫째 날의 빛은 무엇 때문에 하나님께서 만드셨느냐는 것이다. 정말 쉽지 않은 그리고 이해하기 힘든 내용이다.

하나님께서 첫째 날 빛을 만드실 때는 단지 밝음(낮)과 어둠(밤)을 만드셨을 뿐이다. 그리고 넷째 날이 오기 전까지는 이 밝음과 어둠이 하루를 결정하는 요인이 된다. 이땐 다른 피조물이나 인간이 만들어지기 전이기 때문에, 인간들을 위한 일자와 사시, 징조와 연한을 규정하는 해, 달, 별이 필요 없을 때다. 그래서 이 빛과 어둠의 기능은 단지 하루를 정하는 그 기능만을 감당할 뿐이다.

이어 하나님은 궁창을 만드시고, 하늘과 땅 그리고 하늘에 살 수 있는 피조물과 땅에 살 수 있는 피조물을 만드셨다. 그런데 이 피조물들은 첫째 날 만들어진 빛에 의해 에너지를 얻는 것이 아니기 때문에 피조물들이 살 수 있는, 다시 말하면 피조물들의 에너지의 근원과 삶의 모든 방편들을 지배하게 될 에너지원이 넷째 날 만들어지게 된 것이다. 이것이 해와 달과 별이 되며, 해는 낮(밝음, 빛)을 주관하도록 하고, 달은 밤(어둠)을 주관하도록 하여 피조물들이 살아갈 수 있는 모든 에너지원과 그리고 삶의 환경들(일자와 징조, 사시와 연한)을 제공하도록 한 것이다.

첫째 날의 빛은 낮과 밤을 가르고 하루를 정하는 기능을 가졌지만, 넷째 날의 빛인 해, 달, 별은 첫째 날의 빛과 그 기능을 완전히 달리하고 있다. 넷째 날의 빛은 인간과 이 지구상의 모든 피조물들이 살아가도록 하기 위한 기능을 담당하는 것으로, 일자와 징조와, 연한과 사시를 이루기 위한 빛으로 주신 것이다. 렘 31:15의 말씀이다.

> 나 여호와는 해를 낮의 빛으로 주었고 달과 별들을 밤의 빛으로 규정하였고 바다를 격동시켜 그 파도로 소리치게 하나니 내 이름은 만군의 여호와니라 내가 말하노라
>
> (렘 31:35)

하나님께서는 해를 낮의 빛으로, 달과 별들을 밤의 빛으로 주시면서

낮의 빛인 해, 밤의 빛인 달과 별들을 아주 조화롭게 만들어 우리 인간들이 살아가는 데 도움을 주도록 완벽하게 해 주신 것이다.

여기서 우리는 하나님의 전지전능하심과 그의 피조물에 대한 사랑을 확인할 수 있다. 첫째 날의 빛과 넷째 날의 해와 달과 별을 만드심에 대한 완벽한 조화, 즉 하루가 맞아지도록 하신 것이며, 우리 피조물들의 삶의 조화와 질서 그리고 에너지를 위해 넷째 날의 해와 달과 별을 만들어 주신 것이다. 이 얼마나 놀라운 사랑인가.

하나님께서 하시는 일은 실수 없이 모두 완벽한 조화를 이룬다. 그 어느 것 하나도 잘못되거나 부실한 것이 없다. 특히 우리 인간들을 위한 그분의 배려는 우리의 상상을 초월한다.

이해가 안 되니 오해를 하며, 인간의 얄팍한 지식으로 하나님을 평가한다. 만약 우리가 조금만 더 하나님 편에 서서 사고한다면 성경을 이해하는 일에 한 걸음 더 가까이 나아갈 수 있을 것이다.

제2장
인간의 타락과 선악과

왜 하나님께서는 선악과를 만들어
인간들이 죄를 짓게 하셨을까?

선악과의 정확한 명칭은 선과 악을 알게 하는 나무의 실과(the fruit of the tree of the knowledge of good and evil)다.

교회를 다니고, 인류의 타락과 하나님의 구속 사역을 배우면서 제일 처음 부딪히는 의문점은 선악과를 따 먹은 우리 인류의 시조에 대한 이야기였다.

선악과를 주제로 해 수많은 책들과 영화에서 여기에 대한 내용이 아주 극적으로, 혹은 지나치리만큼 과대하게 포장되어 나타나기도 한다. 모든 신앙인들이 한 번쯤은 던져 볼 만한, 그리고 던져 본 질문은 아마 다음과 같은 질문일 것이다.

"왜 전지전능하신 하나님께서 하와가 선악과를 따 먹으려 했을 때 막아 주지 아니했을까?"

실제로 이 의문에 있어 성경적 대답이 정확히 없기 때문에 성경 전체를 통해 우리는 추측성 답을 내릴 수밖에 없으나 이 또한 정확하다고는 볼 수 없다.

통속적으로 내려오는 대답은 하나님께서 인간을 만드실 때 기계적으로 복종만 하는 로봇 인간으로 만들지 않고, 인간 스스로가 선택할 수 있는 인격의 자유를 부여하셨기 때문에, 선악과를 따 먹고 따 먹지 않고는 전적으로 인간 의지의 결과라는 것이다.

그렇다면 오늘날 우리의 모든 삶을 세밀히 관찰하시고 지키시며 인도하시는 하나님의 절대주권을 믿고 있는 우리로서는 여기에 대해 다음과 같은 의문을 제기할 수 있다.

만약 하나님께서 원하시는 뜻대로 그의 절대주권 아래 우리 인간의 삶이 결정된다고 믿는다면, 하와가 선악과를 따 먹은 것은 하나님의 절대 주권 밖의 일이 되는 것이며, 그리고 선악과를 따 먹도록 하신 분이 하나님이라는 의혹이 생기게 된다. 왜냐하면 하나님의 절대 주권 속에 선악과를 따 먹지 않도록 할 수 있었기 때문이다.

여기에 대한 교리적 대답은 다음과 같다. 하나님께서 인간들에게 자유의지를 주시되 전부를 주신 것이 아니고, 허용된 자유의지를 주셨다는 것이다. 인간은 하나님의 절대 주권 속에 굴복하되, 허용된 자유의지를 통해 스스로가 어떤 문제에 대해 선택이 가능하다는 것이다.

그렇다면 온 인류를 파괴하고 타락하게 한 죄의 시작이, 이 허용된 자유의지 때문에 그렇게 되었다는 것은 너무 하나님을 욕되게 하는 말이 된다. 하나님의 주권을 이런 식으로 본다면, 이미 하와가 선악과를 따 먹도록 예정되었다는 이상한 결론을 가져오게 된다.

선악과 사건의 진실을 규명하기 위해 인류는 오랫동안 나름대로의 상상력을 총동원하여 성경 해석을 시도해 왔다. 하나님 편에 서서 혹은, 인간 편에 서서, 때로는 사탄의 음모를 가져오면서 여기에 대한 무수히 많은 대답을 내어놓게 되었고, 혹자는 여기에 대한 해석상의 어려움으로 말미암아 아주 엉뚱한 해석을 가져와 우리 기독교에 막대한 피해를 초래한 이단을 만들기도 했다.[7)]

사실 본인도 여기에 대해 여러 차례 수많은 목사님 혹은 교수님들에게 질문을 던져 보았지만, 그들 대부분의 대답도 하나 같이 위에서 밝힌 내용의 범주를 벗어나지 못했다. 그렇다면 인간에게 허락, 아니 허용된 자유의지로 말미암아 선택된 범죄의 결과였다고 한다면, 이는 하나님의 잘못으로 돌릴 수밖에 없게 되는 중요한 문제에 부딪히게 된다.

---

7) 우리 기독교 이단 중 통일교의 타락론에서 다음과 같이 기술한다. "우리는 천사가 간음으로 타락되었다는 사실을 알 수 있다. 그 전에 간음이란 혼자서는 행할 수 없는 범행이다. 따라서 우리는 에덴동산에서 행하여진 천사의 간음에 있어 그 대상이 되었던 존재가 무엇이었던가를 알아볼 필요가 있는 것이다. … 범죄하기 전 그들은 몸을 가리지 않은 채로도 부끄러워하지 않았다. 그러나 그들이 타락한 후에는 벗은 것을 부끄럽게 생각하여 무화과 잎으로 하체를 가리었다(창 3:7). 만일 선악과라고 하는 어떤 과실이 있어서 그들이 그것을 따 먹고 범죄를 하였다면 그들은 필시 손이나 입을 가리었을 것이다. 왜냐하면 인간은 허물을 가리는 것이 그 본성이기 때문이다. …"(통일교 원리강론 타락편)

왜 하나님께서는 이 사건보다 덜 중요한 일에는 많이 개입하시면서 인류 전체의 운명이 걸린 선악과 사건에는 적절하게 개입하지 않으셨을까? 하와가 선악과를 따 먹으려는 그 순간 하나님께서는 여러 가지 방법으로 막을 수 있었을 텐데 왜 그냥 내 버려두셨을까?

학부에서 공부할 때 위의 내용에 대하여 모 교수님에게 질문을 한 적이 있다. 하나님이 잘못하신 것입니까? 아니면 인간이 잘못한 것입니까? 그때 교수님은 여기에 대한 정확한 대답 대신에 아주 적절한 예화를 통하여 이 문제를 해결해 주었다. 내용은 다음과 같다.

> "어느 빵집을 경영하는 동네 아저씨가 하루는 동네 어린이들에게 자기 집에 와서 빵을 먹고 싶은 대로 골라 먹으라는 말씀을 하시고는 잠시 자리를 비우신 적이 있다. 이때 빵집 아저씨는 어린이들에게 여기에 있는 모든 빵은 먹어도 괜찮은데 저기 선반 위에 있는 봉투에 든 빵은 절대 먹어서는 안 된다고 간곡히 부탁을 한 것이다. 그런데 그중 한 짓궂은 어린이가 선반 위로 올라가서 그 봉투에 있는 빵을 먹어 버린 것이다."

여기서 우리는 그 빵을 먹어서는 안 된다고 말하고 간 빵집 아저씨의 잘못인가 아니면 어린이의 잘못인가를 따진다면, 당연히 어린이의 잘못이라는 판단을 내리게 될 것이다. 결론부터 이야기하면 선악과를 따 먹은 것은 하나님의 잘못이 아니라 우리 인간의 잘못이다. 이제 여기에 대한 내용을 살펴보자.

만약 우리가 전통적 교리만을 고집하고 주장한다면 여기에 대한 해답을 찾기는 쉽지 않을 것이다. 때때로 우리가 전통을 중요시해 거기에 얽매이다 보면 아주 쉽게 풀 수 있는 문제도 제대로 풀지 못하는 경우가 허다하다.

본인은 장로교 출신이기 때문에 성경 내용보다는 장로교의 교리를 먼저 배웠고, 나 자신도 모르게 장로교적 가르침에 익숙해져 있다. 그러다 보니 모든 성경의 맥을 장로교 교리에 입각해 해석함으로 성경이 우선이 아니라 교리가 우선 되어, 교리에 맞으면 성경은 맞는 것이고 교리에 틀리면 성경은 틀린 것이라고 생각을 했다. 그렇다고 장로교의 교리들이 잘못되어 내가 성경을 잘못 배워 왔다는 말은 아니다. 그만큼 교리에 익숙해져 있다는 의미다.

우리는 성경을 자세히 봐야 할 필요성이 있다. 아니 반드시 그렇게 봐야 한다. 우리가 성경을 자세히 보면 하나님의 본질적 속성을 어느 정도 이해할 수 있는 면들이 많이 있으며, 그리고 우리에게 요구하는 바가 무엇인지 잘 수 있는 경우도 많다. 특히 선악과 사건은 더욱 그렇다. 성경을 좀 자세히 읽고 바르게 이해하면 선악과 사건의 문제가 그렇게 크게 문제시될 것은 아무것도 없다. 그리고 앞에서 던진 그러한 질문조차도 할 필요가 없게 된다.

창세기 1장 26절은 하나님께서 인간을 만드신 목적을 간단히 말하고 있는데 그것은 하나님께서 만드신 피조 세계를 잘 다스리는 일이며, 28절과 29, 30절은 하나님께서 인간에게 주신 복들을 간단히 설명하고 있다.

하나님이 가라사대 우리의 형상을 따라 우리의 모양대로 우리가 사람을 만들고 그로 바다의 고기와 공중의 새와 육축과 온 땅과 땅에 기는 모든 것을 다스리게 하자 하시고 / 하나님이 자기 형상 곧 하나님의 형상대로 사람을 창조하시되 남자와 여자를 창조하시고 / 하나님이 그들에게 복을 주시며 그들에게 이르시되 생육하고 번성하여 땅에 충만하라, 땅을 정복하라, 바다의 고기와 공중의 새와 땅에 움직이는 모든 생물을 다스리라 하시니라 / 하나님이 가라사대 내가 온 지면의 씨 맺는 모든 채소와 씨 가진 열매 맺는 모든 나무를 너희에게 주노니 너희 식물이 되리라 / 또 땅의 모든 짐승과 공중의 모든 새와 생명이 있어 땅에 기는 모든 것에게는 내가 모든 푸른 풀을 식물로 주노라 하시니 그대로 되니라

(창 1:26-30)

여기서 우리는 하나님의 명령 중 모든 생물을 다스리라는 말씀을 먼저 기억하도록 하자.

그리고 하나님께서는 우리 인간들을 위해 따로 동방의 에덴에 동산을 만드시고 거기에 그 지으신 사람들이 살도록 두셨다. 그 동산에는 여러 먹기에 좋은 나무들이 많이 있었는데, 동산 중앙에는 생명나무와 선악을 알게 하는 나무도 있었다. 하나님께서는 이 동산으로 사람을 이끌어 다시 그들에게 다음과 같은 말씀을 하셨다.

여호와 하나님이 그 사람을 이끌어 에덴동산에 두사 그것을 다스리며 지키게 하시고 / 여호와 하나님이 그 사람에게 명하여 가라사대 동산 각종 나무의 실과는 네가 임의로 먹되 / 선악을 알게 하는 나무의 실과는 먹

지 말라 네가 먹는 날에는 정녕 죽으리라 하시니라

(창 2:15-17)

위 말씀은 너무도 중요한 말씀이며, 우리 성도들이 절대 잊어서는 안 되는 말씀이다. 그리고 이 말씀은 성경 전체에서 가르치는 하나님의 대표적 속성 중, 아주 중요한 속성 하나를 우리에게 교훈하고 있는데, 그것은 "복과 화의 길" 모두 우리에게 처음부터 주셨다는 것이다. 우리 인간이 처음 지음을 받았을 때 복만 보장 받은 것이 아니라 화도 같이 주어진 것이다. 다시 말하면 단편적 예정(일방예정)이 아니라 이중적 예정(쌍방예정)이 동시에 주어졌다는 말이다.

위의 말씀을 자세히 살펴보면, 하나님께서는 인간들을 에덴동산으로 이끄시고 그들에게 그 동산을 다스리고 지켜야 하는 의무를 주셨으며, 동시에 선과 악을 알게 하는 나무의 실과는 절대 먹어서는 안 된다는 명령을 하시면서, 만약 선악을 알게 하는 나무의 실과를 먹을 경우에는 반드시 죽을 것이라고 전제를 하셨다. 이 말은 다시 말하면 하나님의 명령 즉 말씀에 순종하면 영원히 사는 것이지만 그러지 않을 경우에는 죽는다는 것이다.

그렇다고 이 말씀을 그리스도가 오신 뒤의 믿음 구원이 틀렸고 행위 구원이 맞다는 식으로 이해해선 안 된다. 선악과 사건과 그리스도를 통한 구원문제는 다르다.

우리는 이 말씀 안에 하나님이 인간에게 선택의 자유를 주었음을 알 수 있다. 선악과를 너희가 먹을 수도 있고, 안 먹을 수도 있다는 사실이며, 그리고 그 선택에 대한 책임이 인간에게 있음도 분명히 하고 있다. 아담과 하와가 하나님의 백성이기 때문에 이 명령을 어겨도, 하나님의 말씀에 불순종하여도 용서를 받아 죽음을 면하게 된다는 내용은 그 어디에서도 찾아볼 수 없다.

이러한 하나님의 속성에 대한 성경원리는 전체 성경의 흐름과도 일치되며, 복과 화를 동시에 던져 주신 하나님의 이중적 예정에 대한 이의를 우리 인간은 항변할 수 없다. 우리 인간이 선악과를 따 먹든 따 먹지 않든 그것은 하나님께 대한 그 어떠한 책임 전가와는 상관이 없다. 그리고 선악과를 먹는 순간 먹지 못하도록 하나님께서 왜 막지 않으셨느냐에 대한 문제도 일체 항변의 대상이 되지 못한다. 최초에 인간들에게 약속하신 그분의 약속은 변함없이 그대로 적용이 되기 때문이다(창 2:17). 즉 먹으면 죽고 안 먹으면 산다는 것이다.

우리가 이 문제를 구원과 연결 시켜 행위 구원을 주장하면 안 되는 것은, 인간의 범죄 즉시 하나님은 그리스도를 통한 구원의 길을 따로 주셨기 때문이다.

인간 타락 과정을 자세히 살펴보도록 하자.

창세기 3장 1절에 보면 인간이 타락하는 데 있어 결정적으로 사용된 동물이 나오는데, 그것은 뱀이라는 동물이다. 뱀이 사람에게 접근해 하와를 미혹하는 데 성공했다. 우리는 앞에서 하나님께서 인간에게 주신 말씀 가운데 "모든 생물을 다스리게 하자"라는 말씀에 주의하기로 하였다. 그리고 이 말씀은 창 2:17에 다시 한번 강조하되 "다스리고 지킬 것"을 명하였다.

인간의 일차적 잘못은 모든 생물을 다스리며 지켜야 하는데 뱀을 제대로 다스리지 못한 것이며 그 책임 또한 회피할 수 없다. 뱀이 사람에게 접근해 사람을 미혹하도록 방임한 책임 또한 아주 크다. 그 결과 선악과를 따 먹는 엄청난 죄악을 짓게 된 것이다. 물론 이 뱀은 사탄이 이용한 것임에 틀림없다. 그렇다고 인간의 책임이 감해지는 것은 아니다. 왜냐하면 뱀을 지켜 사탄의 공격으로부터 막아야 하는 것도 인간의 책임이기 때문이다.

뱀의 유혹을 받은 하와는 선악과의 실과를 따 먹고 함께한 남편에게도 주어 그로 하여금 같은 죄를 범하도록 하였다.

어릴 때 이 부분을 배우면서 나는 하와가 선악과를 먼저 따 먹고, 조금의 시간이 지난 뒤 그 남편에게 가서 그 과일을 먹게 하여 같은 죄를 지은 것으로 배웠고 또 오랫동안 그렇게 알고 있었다. 그러면서 왜 하와보다 남편인 아담에게 모든 책임을 지우는가에 대한 의문이 항상 나의 마음속에 자리 잡고 있었다.

세월이 지나, 성경을 다시 자세히 읽어가면서 나는 왜 아담이 하와보다 죄에 대한 책임이 더 큰 것인가를 이해하게 되었고 분명히 알게 되었다. 남자이며 대표이기 때문에 그런 것이 아니라, 아담은 하와가 선악과를 따 먹을 때 바로 곁에 있었다는 사실이다. 창세기 3장 6절 말씀을 한번 보자.

> 여자가 그 나무를 본즉 먹음직도 하고 보암직도 하고 지혜롭게 할 만큼 탐스럽기도 한 나무인지라 여자가 그 실과를 따 먹고 자기와 함께한 남편에게도 주매 그도 먹은지라
>
> (창 3:6)

여자가 먼저 실과를 따 먹고 자기와 함께한 남편에게도 주었다 했다. 물론 이 말씀을 다르게 해석해 자기 곁에 다시 말하면 현재, 지금의 의미가 아니라 단지 자기와 함께 있는 혹은 거하는 남편으로 해석을 할 수도 있을 것이다. 그러나 하나님의 아담과 하와에 대한 동시 징벌과 성경의 문맥을 볼 때, 하와가 선악과를 따 먹을 때 바로 곁에 있는 남편에게도 주었다는 것이 더욱더 명백하다. 그렇다면 선악과를 따 먹은 하와의 잘못보다는 따 먹도록 방조한, 아니면 자신이 그렇게 하고 싶었지만 하지 못하여 여자에게 그렇게 하도록 했다면 남자의 책임과 잘못이 더욱더 큰 것이 된다. 하와를 제대로 지키지 못한 책임도 있다.

우리가 성경에 정확히 나와 있지 않기 때문에 정확한 해답을 찾긴 어려우나, 어쩌면 남자도 암묵적 동의를 했거나 아니면 은근히 유도한 것일 수도 있다. 그렇기 때문에 그도 그 실과를 받아먹은 것이 아닌가. 만약 아담이 하와와 그때 같이 없었다면, 하와가 말하지 않는 이상 자기가 먹은 열매가 선악과인지 아닌지 알 수 없었을 것이다. 그리고 하와가 과일을 주면서 선악과라고 말하지도 않았을 것이다. 왜냐하면 선악과라 말하면 아담이 먹지 않을 가능성이 많기 때문이다. 그렇기 때문

에 하와가 뱀의 유혹으로 선악과를 따 먹을 때 아담도 같이 있었으며, 하와의 그런 행동을 아담이 묵과한 것으로밖에 볼 수 없다고 여겨진다. 뱀 즉 사탄의 공격으로부터 하와를 지키지 못하고 하와의 행동을 막지 않은 아담의 잘못도 선악과를 직접 딴 하와 이상으로 큰 것이다.

우리는 이러한 인간의 행위를 타락이라 부른다. 타락이란 영어로 'fall'이란 단어를 사용하는데 이 단어는 명사로는 "가을"이지만 동사로는 "떨어지다"라는 의미를 나타내고 있다. 즉 타락이란 있어야 할 위치로부터의 이탈[8)]을 말하는 것으로 볼 수 있다. 다시 말하면 아담이 있어야 할 자리, 하와가 있어야 할 자리, 하나님의 말씀을 지키고 그 말씀으로부터 떨어져서는 안 될 자리에서 떨어진 것이다. 우리 인간이 떨어진 위치로부터 다시 제자리로 돌아오는 과정을 우리는 중생이라 부르며, 이 중생은 유일하신 독생자 예수 그리스도를 통해 이루어진다.

우리는 창세기 3장에 나타나는 인간의 타락에 앞서 인간을 이용하는 사탄의 무서운 전략을 살펴볼 필요가 있다. 왜냐하면 최초로 인간을 유혹한 사탄의 전술은 그 이후도 계속되며 동일한 방법으로 우리를 미혹하기 때문이다. 사탄의 공격 방법은 다음과 같이 나타나고 있다.

1. 이용물 포착(3:1) – 뱀

사탄이 직접적으로 우리 인간을 미혹하는 경우는 많지 않다. 마태복

8) 또 자기 지위를 지키지 아니하고 자기 처소를 떠난 천사들을 큰 날의 심판까지 영원한 결박으로 흑암에 가두셨으며(유 1:6)

음 4장에 나타난 예수님에 대한 시험을 제외하고는 직접적으로 나타난 경우는 거의 없다.

사탄은 항상 자신의 일을 수행하기에 적합한 대상을 찾아 그 대상을 이용해 하나님의 백성들을 미혹하여 파멸로 이끈다. 사탄이 찾는 대상은 상황에 따라 달라질 수 있지만, 일반적으로 우리 신앙인이 가지고 있는 가장 취약한 부분을 찾아 넘어뜨리는 그러한 방법을 사용하며 거기에 적합한 대상을 찾는 것이다. 이 대상은 때로는 광명한 천사로 나타나기 때문에[9] 발견하기가 좀처럼 쉽지 않다. 만약 무서운 귀신의 모습으로 아니면 괴물 같은 짐승의 모습으로 나타난다면 모두 도망가 버릴 것이다.

오늘 하와에게 나타난 사탄의 수종자는 뱀이다. 모르긴 해도 우리의 시조가 범죄하여 타락하기 전, 뱀은 무척 아름다운 동물이며 지혜가 있는 것으로 나타나고 있다.

예수님 당시 민간 속담에 뱀처럼 지혜롭고, 비둘기처럼 순결하라는 말이 있다. 예수님은 이 속담을 전도자들에게 주시면서 뱀처럼 지혜롭고 비둘기처럼 순결하라는 말씀을 하셨다. 이 말씀 속에 나타나는 뱀은 사탄의 의미가 아니라, 민간 속담에 나오는 지혜를 상징한다.

사실 뱀을 보면 무척 아름답다. 그러나 우리는 이 뱀을 혐오하며 무

9) 이것이 이상한 일이 아니라 사단도 자기를 광명의 천사로 가장하나니(고후 11:14)

서워한다. 그 이유는 아마 우리 인간을 미혹하해 파멸로 이끈 사탄의 하수인이었기 때문이 아닌가 판단된다. 사탄이 사용하는 대상물은 무서운 강도나 살인자, 혹은 사악한 짐승의 모습으로 나타나기도 하지만, 우리의 시조들을 속일 때는 감히 거역하기 힘든 아름다운 모습으로 나타난 것이다. 그렇기 때문에 깊은 영적 신앙의 자리에 가지 못하면 좀처럼 발견하기가 어려운 것이 사실이다.

무척이나 아름다운 모습으로 나타난 사탄은 우리의 시조를 넘어뜨리기에 충분했다. 그리고 성공을 거두었다. 이후 사탄은 계속해서 하나님의 중요한 사역을 방해하기 위해 끊임없이 적절한 대상을 이용해 공격해 왔고 지금도 하고 있다. 우리 신앙인들의 가장 취약한 부분을 충족시켜 줄 그런 아름다운 대상을 접근시켜 우리를 넘어뜨리는 것이다. 그것은 사람이 될 수 있으며 때로는 물질 그리고 명예나 권세 등이 될 것이다.

요한 사도는 이런 세상의 도전을 육신의 정욕, 안목의 정욕, 이생의 자랑으로 말하기도 했다.

2. 접근(3:1)

이제 사탄은 자신의 일을 수행하기 위한 하수인을 미혹할 상대방에게 접근 시킨다. 뱀은 하와에게 접근을 시도해 하와를 미혹하기 시작한다. 사탄은 아담보다는 하와가 자신의 공격대상으로 더 적절함을 알고 아담보다는 하와를 먼저 공격한다. 사탄은 접근할 때 무조건 아무에게

나 접근하는 것이 아니다. 일단 약한 자에게 먼저 접근을 시도하여 그의 반응을 살핀 후 다음 단계로 진행한다.

우리 성도들이 혼자서 믿음 생활을 잘해 나가기는 쉽지 않다. 자신의 믿음을 도와주고, 기도해 주는 동역자나 친구들이 꼭 필요하다. 늘 강할 수만은 없기 때문에 혹 내가 약해 넘어지려 할 때, 나를 돕는 신앙의 친구들이 얼마나 중요하고 또 힘이 되는지 우리는 잘 알고 있다. 약한 성도를 향해 오는 사탄의 공격을 믿음의 동역자나 친구들이 막아주고 지켜 주어야 할 것이다. 그러니 좋은 믿음의 동역자나 친구를 만나는 것은 아주 큰 축복이라 할 것이다.

3. 미끼를 던진다(3:1) ― 가장 대표적 미끼는 의심이다

사탄은 공격 대상자를 찾으면 그 대상자를 향해 유혹의 미끼를 던진다. 사탄이 던지는 미끼 중 최상의 미끼는 "의심"이다. 상황에 따라 여러 미끼를 사용하기도 하지만, 결국 최종 미끼는 의심이라는 미끼를 사용한다. 의심이라는 미끼는 너무 강력한 힘을 가지고 있어, 우리 가정과 사회 그리고 아름다운 인간관계를 모두 파괴하기도 하며, 때로는 교회의 분열과 파멸까지도 가져오는 무서운 무기다. 나의 주위에도 이런 의심으로 말미암아 실족 된 가정이나 성도들이 많이 있다. 일단 의심의 미끼를 물어 버린 이들에게는 다른 그 어떤 약도 효과를 발휘하지 못한다. 사탄은 이것을 우리의 시조에게 이용한 것이다. 사탄이 우리 시조에게 던진 의심의 미끼를 보자.

"하나님이 참으로 너희더러 동산 모든 나무의 실과를 먹지 말라 하시더냐"

정말 기막힌 질문이다. "하나님이 참으로 너희더러 동산 모든 나무의 실과를 먹지 말라 하시더냐"의 물음은 실제로 별말이 아닌 것 같으나 아주 무서운 복선을 깔고 묻는 말이다.

세 단어에 주의하라. 하나는 "참으로"라는 말이고, 다른 하나는 "너희"라는 말이고, 그리고 "모든"이라는 말이다. "참으로"라는 말은 하나님의 사랑과 명령에 대한 의심을 던지는 말이요, "너희"라는 말은 하와뿐 아니라 아담도 같이 넘어뜨리려는 의도를 가지고 한 말이며, "모든"이라는 말은 하와의 하나님 말씀에 대한 정확한 인식을 시험해 보기 위한 말이다.

하나님의 사랑에 대한 의심과 하와의 하나님 말씀에 대한 실제적 인식의 깊이를 가늠한 후, 다음 단계를 취하겠다는 사탄의 무서운 음모가 이 말 속에 들어있는 것이다. 무서운 사실은, 사탄은 항상 하나님의 말씀을 가지고 우리를 미혹한다는 사실이다. 예수님을 시험할 때도 그렇게 하지 않았는가.

4. 상황을 살핀다(3:2-3)

미끼를 던진 후 사탄은 여자의 상황을 살핀다. 그것도 아주 세밀히 모든 생각과 행동 그리고 말 하나하나를 아주 철저히 관찰하고 살피며 약점을 찾아 공격의 방향을 결정한다. 이미 사탄은 충분한 계산하고 있었음이 틀림없다. 여자의 대답 방향에 따라 자신이 어떻게 행동할 것에 대한 계산이다. 여자의 대답은 사탄이 바라던 대로 나왔다.

> "여자가 뱀에게 대답하되 동산 나무의 실과를 우리가 먹을 수 있으나 동산 중앙에 있는 나무의 실과는 하나님의 말씀에 너희는 먹지도 말고 만지지도 말라 너희가 죽을까 하노라 하셨느니라"

사탄의 기대처럼 여자는 하나님의 말씀을 정확히 알고 있지 않았다. 하나님의 말씀을 잘못 알고 있음으로 인해 두 가지의 치명적 공격로를 만들어 주게 되었다. 이 기회를 사탄은 절대 놓칠 수 없다. 여자는 하나님의 말씀을 부분적으로는 바르게 알고 있었으나 정확히 알지 못하고 있었으며, 정확히 알지 못한 그 말씀에 자기 생각을 첨부시키는 무서운 잘못을 범하고 있었던 것이다.

오늘날 성도가 넘어지고 이단들이 무섭게 활개를 치는 것도 하나님의 말씀을 정확히 알지 못한 데서 일어나는 일이다. 사탄은 하나님의 말씀을 정확히 알지 못하는 성도들을 향한 공격의 고삐를 늦추지 않는다. 그러므로 하나님의 말씀을 바르게 알고 확신하는 것은 성도의 생명을 지키는 것과 같이 중요한 일이 된다.

오늘날 우리는 하나님의 말씀을 많이는 알고 있지만, 정확히 알지 못하는 경우가 무척 많이 있다. 심히 조심해야 할 것이다.

여자는 하나님의 말씀 중 두 가지 사실을 왜곡되게 알고 있었고, 잘못 알고 있는 하나님의 말씀을 정확한 하나님의 말씀인 것으로 착각하고 있었다. 하나님의 말씀과 여자의 말을 비교해 보자. 하나님의 말씀은 다음과 같다.

> 여호와 하나님이 그 사람에게 명하여 가라사대 동산 각종 나무의 실과는 네가 임의로 먹되 선악을 알게 하는 나무의 실과는 먹지 말라 네가 먹는 날에는 정녕 죽으리라 하시니라
>
> (창 2:16-17)

사탄에게 한 여자의 말은 다음과 같다.

> 여자가 뱀에게 말하되 동산 나무의 실과를 우리가 먹을 수 있으나 동산 중앙에 있는 나무의 실과는 하나님의 말씀에 너희는 먹지도 말고 만지지도 말라 너희가 죽을까 하노라 하셨느니라
>
> (창 3:2-3)

여자는 "동산 나무의 실과는 우리가 먹을 수 있으나"라고 하였는데 이 말은 하나님의 말씀과 같은 것이다. 그러나 이어 나타나는 "동산 중앙에 있는 나무의 실과는 하나님 말씀에 너희는 먹지도 말고 만지지도 말라"라고 했는데 하나님의 말씀 가운데서 "먹어서는 결코 안 된다"는 말씀은 있되 "만지지 말라"는 말이 없음을 알아야 한다. 잘못 알고 있는 하나님의 말씀에 자신의 말을 첨가하여 이것을 바른 하나님의 말씀으로 착각을 한 것이다.

우리가 하나님의 말씀을 그대로 받고 믿어야 하며, 또 바르고 정확하

게 알아야 한다는 것에 있어 그 중요성을 새삼 다시 말할 필요도 없을 것이다. 전부는 아니지만 단 몇 단어, 몇 마디의 말이 우리의 영적 삶에 치명적 영향을 미칠 수 있다. 앞장에서 살펴보았듯이 “충만하라”는 단어를 “다시 채우라”로 잘못 번역하면서 재창조설을 주장하는 것과 같은 경우다.

우리는 여자가 저지른 것과 같은 동일한 잘못들을 무수히 많이 저지르고 있다. 하나님의 말씀에 자기 생각을 첨부하는 그런 어리석은 일들을 피하도록 하자.

자기 생각을 첨부함으로써 하나님의 말씀을 더욱더 강화하는 의도로 하와가 사탄에게 말한 것일 수도 있다. ‘먹지도 말고’ 여기에 자기 생각을 더해 ‘만지지도 말라’는 말, 분명히 첨가된 이 말은 하나님의 원 말씀을 더욱더 강화하는 말이 될 수 있다. 그러나 하나님의 말씀에 대한 잘못된 첨가는 하나님의 말씀을 강화하는 것이 아니라 사탄의 도구가 될 수 있음을 유념해야 한다.

이어 여자는 다음과 같은 말을 하면서 하나님의 말씀을 변개해 버렸다.

“너희가 죽을까 하노라” 하셨느니라

(창 3:3)

하나님께서는 선악과를 따 먹으면 “죽을까 하노라” 하신 것이 아니라, “반드시 죽는다”고 했다. “네가 먹는 날에는 정녕 죽으리라”가 하나님의 말씀이다. 먹으면 죽는 것이다. 죽을지 안 죽을지에 대한 추측이 아니라 반드시 죽는다는 단언이다. 사탄은 이러한 여자를 그냥 둘 리 만무하다. 바로 다음 단계로 넘어간다.

5. 공격한다(3:4) – 주로 하나님의 말씀을 이용한다

여자의 말을 들은 사탄은 이미 여자가 하나님의 말씀에 대한 정확한 지식이 없음을 알았으며 충분히 여자를 무너뜨릴 수 있다는 확신을 하게 된다. 그리고 곧바로 여자를 공격하였는데, 사탄은 영생이라는 달콤한, 그러면서도 하나님과 같아질 수 있다는 무서운 공격 무기를 가지고 나왔다.

> 뱀이 여자에게 이르되 너희가 결코 죽지 아니하리라 너희가 그것을 먹는 날에는 너희 눈이 밝아 하나님과 같이 되어 선악을 알 줄을 하나님이 아심이니라
>
> (창 3:4-5)

사탄의 무서운 속성을 이 부분에서 우리는 다시 한번 발견할 수 있다.

분명 지금 사탄은 여자와 이야기하고 있는데, 여자 한 사람만을 겨냥한 것이 아니라 남자도 동시에 겨냥하고 있으며, 여자를 미혹하여 남자마저 파괴시키려는 의도가 위의 말에서 나타나고 있다. 뱀이 여자에게 "너는 절대 죽지 않을 것이다."라고 말한 것이 아니고 "너희는 절대 죽지 않을 것이다."라고 말한 것이다.

2인칭 단수를 사용한 것이 아니라 2인칭 복수를 사용한 것이다. 이것은 인간 심리의 전문가인 사탄은 너도 선악과를 먹고 너의 남편에게도 주어도 괜찮다는 안정된 심리를 가지도록 만드는 것이며, 너만 먹어서는 안 되고 함께 한 너의 남편도 먹게 만들어야 한다는 것으로 유도하는 고도의 심리전이 된다. 그리고 '죄를 지어도 같이 짓게 되니 덜 외롭지 않겠는가?' 하는 참으로 무서운 심리적 공격이다.

하나를 통해 둘을, 둘을 통해 여럿을, 여럿을 통해 전체를 파괴하려는 것이 사탄의 작진임이 여실히 드러나고 있다. 교회 내의 여러 문제들에서도 한 사람으로 시작해 두 사람, 네 사람 그리고 여러 무리가 모여 시험 들게 함을 우리는 잘 알고 있다. 이러한 전술은 이미 사탄이 만들어 놓은 함정임을 잘 알고 슬기롭게 대처해야 할 것이다.

사탄이 던지는 유혹의 미끼는 실로 대단한 것이다. 영생과 그리고 하나님과 같아짐에 대한 감히 거역하기 힘든 미끼를 던져 놓은 것이다.

> 뱀이 여자에게 이르되 너희가 결코 죽지 아니하리라 너희가 그것을 먹는 날에는 너희 눈이 밝아 하나님과 같이 되어 선악을 알 줄을 하나님이 아심이니라
>
> (창 3:4-5)

사탄은 하나님과 같아지고자 하는 이루지 못한 자기 욕심[10]을 인간에게 그대로 전가하고 있다.

사탄은 영생이라는 우리가 거역하기 힘든 절대적 미끼와 하나님과 같아질 것이라는 미끼, 두 가지를 동시에 던지고 있다. "너희가 결코 죽지 아니하리라" 그렇다. 우리 인간은 하나님께서 주신 복으로 영생을 상속할 수 있는 사람으로 지음받았다. 그러나 그것은 하나님 말씀에 순종하고 따를 때 가능한 것이지, 하나님 말씀에 불순종하고 하나님을 떠나면 결코 이루어질 수 없는 일이다. 여기서 사탄이 결코 "죽지 아니하리라"고 한 말은 "자네가 선악과를 따 먹어도 결코 죽지 않는다"는 것이다. 하나님 말씀에 정면으로 도전하는 말이며, 심리적으로 하나님에 대한 의심과 불만을 가지도록 해 하나님의 말씀을 거역하도록 충동질하는 사탄의 놀라운 공격방법이다.

이미 사탄은 하와의 모든 약점을 파악했고, 하나님의 말씀을 정확하게 알지 못하고 있다는 사실을 알았기 때문에, 이처럼 하나님의 말씀에 강한 도전을 해도 하와는 그 어떠한 반항이나 의심 없이 사탄의 그런 유혹에 넘어가게 된 것이다. 사탄은 이렇게 우리 인간을 미혹하고 공격하며 하나님의 말씀을 거역하도록 한다.

---

10) 너 아침의 아들 계명성이여 어찌 그리 하늘에서 떨어졌으며 너 열국을 엎은 자여 어찌 그리 땅에 찍혔는고 네가 네 마음에 이르기를 내가 하늘에 올라 하나님의 뭇 별 위에 나의 보좌를 높이리라 내가 북극 집회의 산 위에 좌정하리라 가장 높은 구름에 올라 지극히 높은 자와 비기리라 하도다(사 14:12-14)

우리 인간은 하나님이 허락하시지 않는 이상 그 어떠한 영생도 얻을 수 없으며, 피조물인 사탄이나 인간이 하나님과 같아진다는 일은 있을 수 없는 일이며, 그렇게 되려고 시도하는 그 자체는 하나님의 심판을 절대 피할 수 없다는 사실을 알아야 한다.

현대에 들어 인간들이 하나님과 같아지려는 시도를 계속하고 있다. 신의 절대 고유영역인 인간에 있어 복제인간을 만들려는 시도가 계속 이루어지고 있고, 유전자변형 동물과 식품, 인공지능 등의 도전들, 이 모두가 결국 하나님과 같아지고자 하는 인간의 욕심으로 결국 하나님의 심판을 받게 될 것이다.

6. 의식전환의 시도(3:5) — 사실을 거짓으로 위장하여 시도한다

사탄의 공격은 결국 처음 가지고 있던 순수한 인간의 마음과 생각을 바꾸어 자신이 잘못 알고 있었구나 하는 의식전환을 시도하게 된다. 이 의식전환은 사실을 거짓으로 위장하여 시도하며, 너희가 속고 있었다는 반감을 가져다주게 되고, 결국 하나님께 도전하게 만든다.

오늘날 나타나고 있는 다양한 신 사도적 프로그램들이 올바른 성도의 의식을 전환 시키는 무서운 거짓 복음으로 자리 잡고 있다. 신 사도적 프로그램에 물들게 되면, 우리가 과거에서부터 목숨을 걸고 지켜 왔던 모든 교리가 무너진다. 예배가 파괴되고, 올바른 찬양이 사라진다. 그러면서도 의식이 바뀌어버리면 그런 줄 전혀 모른다. 오히려 더욱더 신 사도적 운동에 동참하는 사탄적 행위를 자연스럽게 행하게 된다. 무서운 일이다. 이미 의식전환의 단계에 들어서면, 결국 하나님의 말씀을 어기게 되고 사탄의 덫에 빠져 벗어나기가 어렵게 된다.

하와는 사탄의 교묘한 유혹에 넘어가 하나님에 대한 의식이 완전히 바뀌게 되었다.

7. 파멸로 이끈다(3:6) — 그리고 사라진다

여자의 의식전환에 성공한 사탄은 이제 자신의 목표를 성취하고 사라진다.

여자는 사탄의 달콤한 말에 미혹되어 예전에 느끼지 못했던 이상한 감정을 선악과에 대해 느끼게 되고, 별생각 없이 지나쳤던 선악과나무 아래서 열매를 바라보았을 때 먹음직, 보암직, 탐스러움이라는 원초적인 인간의 욕망이 솟아오름을 억제하지 못하였다. 이미 사탄에 의해 의식이 변화된 여자는 선악과를 먹게 되었고, 함께 한 남편에게도 주어 사탄의 계획에 부분적으로 동참함으로써 사탄에게 승리를 가져다주는 역할을 하게 되었다.

우리 성도들이 기억해야 할 중요한 사실은 마지막 시대는 물이 없어 기갈이 아니요 먹을 양식이 없어 기근이 아니라, 살아 계신 하나님의 말씀이 없어 기갈과 기근을 당한다[11]고 하신 것이다.

---

11) 주 여호와께서 가라사대 보라 날이 이를지라 내가 기근을 땅에 보내리니 양식이 없어 주림이 아니며 물이 없어 갈함이 아니요 여호와의 말씀을 듣지 못한 기갈이라(암 8:11)

오늘날 무수히 등장하는 신비적 현상들이 결코 이 말씀과 무관하지 않을 것이다. 마지막 시대를 살아가는 성도에게 있어 가장 중요한 것은 하나님의 말씀을 바르게 그리고 정확히 아는 것이다.

하나님께서는 우리 인간들을 위해 에덴동산을 만들어 주셨으며 그리고 각종 실과들을 주셨다. 그러나 우리 인간은 하나님께서 주신 복을 던져 버리고 사탄이 던져준 과실을 먹고 말았다. 우리 인간이 하나님께서 금하신 선악과를 먹은 것, 그 자체도 심각한 잘못이지만, 더 크고 중요한 잘못들은 하나님의 말씀에 대한 불순종이며, 들어야 할 말을 듣지 않고 듣지 말아야 할 말을 들으며, 지켜야 할 말씀은 지키지 않고 버려야 할 사탄의 말을 따른 데 있다. 이러한 인간의 행위는 "이제 우리는 하나님의 말씀을 듣지 않고 사탄의 말씀을 듣겠습니다"라고 말하는 것과 동일한 행위가 된다.

우리 시조가 선악과를 먹고, 먹지 않고는 하나님의 소관이 아니라, 선택권이 주어진 우리 인간 선택의 결과다. 이미 하나님께서 말씀하셨듯이, 순종하면 영생과 복이지만 불순종하면 죽음과 저주가 우리 앞에 놓이게 되는 것이다. 이것은 우리 인간과 약속하신 하나님, 그분의 약속이며 그분의 법이다. 하나님과의 약속 불이행에 대한 책임은 전적으로 인간에게 있으며, 우리 인간이 책임을 져야 한다. 하나님께서 어떠한 형벌을 내리시더라도 우리는 달게 받아야만 한다. 하나님의 모든 예정은 일방이 아니라 이중으로 내려옴을 잊어서는 안 될 것이다.

그렇다면 왜 하나님께서 선악과를 만들어 인간이 범죄할 수밖에 없는 그런 유혹을 받도록 하셨을까?

하나님께서 선악과를 만드신 것은 우리 인간을 위해 만드신 것이다. 에덴동산에 만들어진 모든 과실들은 하나님 편에서는 별 의미 없다. 모두 인간들을 위해 만들어 주신 것이다. 생명과도 그렇고 선악과도 그렇다. 우리 인간이 생명과를 먹고 선악과를 먹지 않았다면 영생을 얻을 수 있을 것이라는 생각을 우리는 많이 했다. 그러나 아무리 생명과를 많이 먹는다 하더라도, 단 한 번 선악과를 먹는다면 그 영생을 상실하게 된다. 왜 그럴까?

선악과는 하나님과 인간 사이에 있어 언약의 상징이다. 선악과를 중심으로 하나님과 인간의 언약이 이루어지고, 선악과를 중심으로 하나님과 인간의 구분이 분명해진다. 선악과가 있음으로 하나님과 인간의 차이가 분명히 존재하게 된다. 선악과를 통해 하나님의 하나님 되심을 알게 되고, 인간의 인간 됨을 알게 된다. 이는 인간은 절대 하나님과는 같은 존재가 될 수 없으며, 인간은 하나님께서 만드신 존재로서 하나님의 은혜로 말미암아 살아가야 된다는 것을 자각시키는 근거가 된다.

선악과는 하나님의 상징적 의미가 되는 중요한 나무가 되며, 하나님의 말씀을 기억하게 하는 귀한 도구가 된다. 그러므로 선악과는 인간의 인간 됨, 즉 인간의 한계를 알도록 하기 위해, 그리고 하나님과의 아름다운 관계 지속을 위해 주어진 귀한 선물이다. 그러나 인간은 자신의 한계를 무시하고 하나님의 영역으로 뛰어들어, 하나님과 같아지고자 했다. 이러한 인간의 행위에 있어 사탄의 강력한 유혹에 넘어질 수밖에 없었던 인간의 한계라고 스스로 위안해서는 안 된다. 하나님께서는 사탄의 유혹을 이길수 있는 길도 주었고, 유혹에 넘어질 수 있는 길도 같이 주셨는데, 그러한 선택은 인간 스스로가 한 것이다.

선악과를 먹었다는 것은 사탄과의 연합을 의미하며, 사탄의 종이 되겠다는 묵시적 응답이 된다. 하나님 말씀을 버리고 사탄의 말을 따르겠다는 인간 편에서의 의지적 결정으로 나타난 행위다. 그렇기 때문에 하나님의 용서 없이는 절대로 인간은 하나님의 언약적 심판을 피할 수 없다.

왜 하나님께서 선악과 사건이 일어날 때 침묵했을까 하는 의문도 든다. 그러나 이는 괜한 생각이다. 하나님께서 개입할 이유가 전혀 없기 때문이다. 만약 이 사건에 있어 하나님이 개입한다면 처음부터 선악과를 만들지도 않았을 것이고, 인간과 선악과를 두고 그 어떠한 언약 또한 하지 않았을 것이다.

하나님께서는 인간을 만든 처음 순간 선악과에 대한 경고와 언약을 선포했다. 그리고 이는 선악과에 대한 선택의 자유를 인간에게 전적으로 부여한 것이기 때문에 그에 대한 책임은 인간에게 있을 수밖에 없다.

그리고 인간이 타락하자마자, 바로 구원의 길을 만드셨으며, 이 구원의 길은 선악과와는 달리, 인간의 선택사항이 아니라 주의 백성들에게 주신 전적 하나님의 은혜의 선물이다.

사탄 배상설

사탄 배상설, 일반 성도들에게는 생소한 용어가 될 수 있다. 교회에서 쉽게 사용되지 않는 용어기 때문에, 그 내용에 있어 잘 모르는 성도들이 대부분이다. 그러나 성경을 좀 더 알고 싶어 하는 분들은 반드시 알아야 하는 내용이며, 사탄 배상설을 주장해 이단이 된 무리도 있기 때문에 주의해야 한다. 사탄 배상설이라는 용어는 접하지 않았더라도, 그 내용이 사탄 배상설인지 아닌지도 모른 채 그 사상에 자신도 모르게 동조한 성도들이 의외로 많이 있다는 것은 주지의 사실이다.

사탄 배상설은 초대 교회때 유행했던 속죄이론으로 "범죄한 인간의 구속을 위해 하나님과 사탄의 합의하에 그리스도가 죽음으로 사탄으로부터 인간의 해방이 이루어진다"는 내용이다.

즉 하나님이 인간을 구원하기 위해 사탄과 모종의 합의를 했는데, 합의 내용은 사탄이 그리스도의 처형을 조건으로 인간을 해방하여 준다는 것이다. 이러한 사탄과의 합의하에 하나님은 배상물로 그리스도를 처형하게 되었고, 이렇게 죽은 그리스도를 부활시킴으로써 사탄으로부터 승리하게 되었다는 주장이다. 대표적인 인물로, 이레니우스, 오리겐 등의 교부들이 있다.

이러한 사탄 배상설은 결국 사탄을 멸하기 위해 오신 그리스도로 강조되어 '사탄 결박권'이라는 용어도 등장했다. 요한일서 3장 8절을 인용해 이러한 주장을 하는데, 이는 그리스도의 오심에 대해 전적으로 오해하여 성경을 잘못 인용한 주장이다. 내용은 다음과 같다.

> 죄를 짓는 자는 마귀에게 속하나니 마귀는 처음부터 범죄함이니라 하나님의 아들이 나타나신 것은 마귀의 일을 멸하려 하심이니라
>
> (요일 3:8)

이 구절을 인용해 하나님의 아들인 그리스도가 나타나신 것은 "마귀의 일을 멸하려 하심이라" 면서 예수님이 사탄을 결박하고 마귀의 모든 일을 멸하셨다고 강조한다.

예수님이 사탄의 일을 멸한 것은 지극히 당연하다. 그리고 강조해야 하는 것도 옳다. 그러나 여기서 중요한 것은 마귀의 일에 대한 해석이다.

사탄 배상설을 주장하거나 잘못된 귀신론을 주장하는 사람들은 마귀의 일을 우리가 저주를 받고, 실패하고, 병나고, 사고 나고, 각종 문제가 발생하는 일로 보고, 예수 그리스도가 사탄을 결박해 이겼기 때문에, 예수의 이름으로 이러한 모든 일을 결박해 실패에서 성공하고, 병 고침 받고, 각종 문제 해결을 받아야 한다는 식으로, 저주를 주는 사탄을 물리쳐야 한다고 가르치고 있다.

정말 듣기 좋은 말이다. 성도의 권세로 마귀를 물리쳐 실패를 성공으로 바꾸고, 각종 질병에서 고침을 받고, 문제 해결을 받고, 각종 저주를 물리치고, 이 얼마나 좋은 말인가.

그러나 요한일서 3장 8절의 말씀은 그러한 내용을 가르치는 말씀이

아니다.

1절부터 보면 죄에 대한 문제를 지적하고, 죄의 모든 원흉은 사탄이며, 주님은 이 죄 문제를 해결해 주기 위해 이 땅에 오셨고, 이 죄 문제를 해결하기 위해서 사탄을 결박했다는 의미로 8절의 말씀을 하셨다. 그래서 8절 전반부에 죄를 짓는 자는 마귀에게 속한다고 먼저 말한 것이다. 이 죄 문제 때문에 하나님의 아들이 이 땅에 오신 것이다.

실패한 사업을 성공시키기 위해 오신 것이 아니고, 질병을 치료하기 위해 오신 것도 아니며, 각종 인간의 문제를 해결하기 위해 오신 것도 아니다. 이런 것들은 부차적인 문제이다. 주님이 이 땅에 오신 것은 인류의 죄 문제 해결을 위한 것이다. 그리고 사탄을 결박함으로 이 죄 문제를 해결하셨고, 주님을 따르는 모든 자는 이 죄로부터 해방되어 구원을 얻게 되는 것이다.

성경과 선악과 사건

왜 성경은 선악과 사건을 기록해 많은 사람으로부터 오해를 받게 하고 있을까? 진지하게 고민을 해 보았다. 차라리 선악과 사건의 기록 없이 성경이 기록되었다면 여러 가지 오해들을 해소할 수 있지 않았을까 하는 생각들이었다. 하지만 선악과 사건의 기록은 바로 인류를 구원하시려는 하나님의 의도와 오시게 될 메시아이신 예수 그리스도에 대한 안내에 있어 결정적 사건, 즉 인류구원에 있어 중심 사건이기 때문에 기록하지 않을 수 없는 사건임을 깨달은 후 이 고민은 해결되었다.

성경은 수많은 내용들을 기록하고 있지만, 그 핵심은 결국 인류구원에 대한 안내서다. 그래서 구원의 이유와 진행 그리고 그 결말들을 알려주기 위해 다양한 사건들을 기록하고 있다. 그 중심에 선악과에 대한 내용이 있고, 그것을 통해 인류의 죄에 대한 문제와 그 해결방법을 우리는 알게 된다.

하나님께서 아담과 하와가 범죄해 무화과 나뭇잎으로 자신들의 부끄러운 부분을 가리고자 했을 때, 친히 짐승을 잡아 가죽옷을 만들어 주셨다. 이는 짐승의 죽음으로 인간의 더러운 죄가 가려진다는 것으로, 짐승은 인간의 구원을 위해 오실 예수 그리스도를 상징하며, 짐승이 죽을 때 흘린 피는 그리스도가 십자가 위에서 죽을 때 흘리신 피를 상징한다.

짐승의 죽음과 피, 그리고 가죽옷을 만들어 주신 분은 하나님이시다. 이 모두를 하나님 한 분이 하신 것이며, 구원에 관한 모든 계획과 진행, 그리고 완성도 하나님 한 분이 하신 것으로 인간이 개입된 것이라고는 하나도 없다. 즉 구원에 있어 인간이 해야 할 일은 아무것도 없으며, 오직 하나님의 은혜로만 가능케 된다는 사실로써 인간의 행위 구원을 절대적으로 배제한다. 인간의 그 어떠한 행위도 하나님의 구원에 영향을 미치지 못한다. 선악과 사건은 이러한 중요한 사실을 알려주는 내용으로, 구원에 대한 하나님의 의도를 알려주는 귀한 사건이 된다.

제3장
가인과 아벨의 제사

왜 하나님께서는 가인의 제사는 받지 않고
아벨의 제사만 받으셨을까?

창세기 4장에 처음으로 제사가 나타난다. 아담의 두 아들인 형 가인과 동생 아벨이 하나님께 제사를 드리게 된다. 그런데 하나님은 가인의 제사는 받지 않고 아벨의 제사만 받으신다. 이에 격분한 가인은 결국 동생인 아벨을 죽이게 되는 내용이다.

성경을 읽거나 이 내용에 대한 설교를 들으면서도, 왜 하나님께서는 가인의 제사를 받지 않고 아벨의 제사만 받으셨는지에 대한 의문이 좀처럼 사라지지 않았다.

기억하기로는 하나님께서 가인의 제사를 받지 않은 것은 정성이 부족한 제사였기 때문이다, 혹은 제물이 좋지 않은 것으로 제사를 드렸기 때문이다,[12] 또 다른 관점에서 하나님 앞에 평소에 가인의 행동이 올바르지 못했기 때문이다, 등등의 이야기들을 들었다. 모두 나름대로 그럴

12) 야살의 책 제1장 15절. 그리고 이 부분에 있어 역사가 요세푸스는 가인의 제물은 탐욕 많은 인간이 고안한 제물이기 때문에 받지 않았다고 기록하고 있다.(유대고대사 1권 2장 54절)

듯한 지적이었다고 생각되지만 무엇인가 빠진 듯한 느낌을 지울 수 없었다. 왜냐하면 가인의 제사가 정성이 없었다, 좋은 제물을 드리지 않았기 때문에 제물이 잘못되었다, 그의 삶에 문제가 있었다 등등의 이야기들은 모두 성경에 나오는 이야기가 아니라 인간의 상상에서 만들어진 이야기들이거나 과거의 문헌 기록을 참고로 한 것들이기 때문이다. 부분적으로는 그 지적들이 옳을지도 모르지만, 성경에서 가르치고자 하는 것이 무엇일까에 대한 의문을 풀기에는 뭔가 아쉬움이 있었다.

사실 성경은 이 의문점에 대해 침묵하는 것이 아니다. 성경은 이 문제에 대해 분명히 우리에게 알려주고 있으며, 하나님이 가인의 제사를 받지 않은 것에 대해 정확히 기록하고 있다.

우선 이 문제를 논하기에 앞서, 성경의 모든 사건이 그런 것은 아니지만, 많은 사건들이 인간을 향한 하나님의 구원방법과 예수그리스도를 통한 구원의 원리들에 연결되어 있으며, 특히 창세기의 전반부(1-11장)에 등장하는 사건들은 더욱더 그러하다.

창세기 전반부에는 인간의 범죄와 그에 대한 하나님의 구원방법과 원리들이 아주 구체적으로 나타나고 있다. 선악과 사건, 그리고 곧 살피게 될 가인과 아벨의 제사, 이어 나타나는 노아 홍수 사건 등 이 모두 하나님의 구원방법과 그리스도를 통한 구원의 원리에 있어 아주 중요한 의미를 담고 있는 사건들이다. 이러한 하나님의 구원에 대한 의도를 잘 알지 못하고 단지 주어진 사건만을 가지고 해석하려고 하다 보니, 다양한 인간적인 상상이나 지식에 의해 왜곡된 해석들이 많이 나오게 된다.

성경은 인간을 위한 하나님의 구원에 대한 책이며, 이 구원을 이루어 가는 하나님의 방법과 그리스도를 통한 구원의 실제를 보여주는 책이기 때문에, 항상 이 부분들을 염두에 두고 성경을 읽어야 한다. 그러면 인간을 향한 하나님의 구원방법이 보이고, 그리스도의 놀라운 은총을 발견하게 된다.

가인과 아벨의 제사도 이러한 하나님의 구원방법과 원리, 그리고 그리스도의 속죄 방편이라는 관점에서 살펴봐야, 왜 하나님이 가인의 제사를 받지 않으셨는지에 대한 확실한 이유를 알게 된다.

그리고 가인과 아벨의 제사에서 제시되는 또 다른 중요한 원리는 예배에 대한 원리다. 하나님이 받으시는 예배가 있고 그렇지 않은 예배가 있다는 사실이다. 이러한 점을 고려해 이 부분을 살펴보자.

하나님께서 가인의 제사를 받지 않으신 이유에 대한 정확한 해답은 4장 7절에 나타나고 있다.

> 네가 선을 행하면 어찌 낯을 들지 못하겠느냐 선을 행치 아니하면 죄가 문에 엎드리느니라 죄의 소원은 네게 있으나 너는 죄를 다스릴지니라
>
> (창 4:7)

하나님께서 가인의 제사를 받지 않으신 이유는 가인의 제사가 선하

지 못한 제사였기 때문이다. 여기서 선하지 않다는 의미는 '바르지 않은', '잘못된', '틀린'이라는 의미이다. '선'을 의미하는 히브리어 "아티브"라는 동사를 '선'으로 번역해 우리 개역 성경은 '선하지 않은'으로 번역했으나, 이 "아티브"라는 단어는 '선하다'라는 의미도 있지만 이보다 우선적으로 '올바르지 않다, 잘못됐다, 틀렸다'라는 의미를 가지고 있다. 영어 킹제임스에는 다음과 같이 기록하고 있다.

> If thou doest well, shalt thou not be accepted? and if thou doest not well, sin lieth at the door. And unto thee [shall be] his desire, and thou shalt rule over him.
>
> (GEN 4:7)

'선하다'라는 의미로 영어 단어 well을 사용했는데, 이는 '잘, 올바른, 나은, 좋은' 이라는 의미로 사용된다. 한글 킹제임스에서는 다음과 같이 번역하고 있다.

> 네가 바르게 행하면 받아들여지지 않겠느냐? 네가 바르게 행하지 아니하면 죄가 문 앞에 엎드리느니라. 죄의 욕망이 네게 있으니 너는 죄를 다스릴지니라." 하시니라
>
> (창 4:7)

그리고 표준새번역에서도 다음과 같이 번역하고 있다.

> 네가 올바른 일을 하였다면, 어찌하여 얼굴을 펴지 못하느냐 ? 그러나 네

가 올바르지 못한 일을 하였으니, 죄가 너의 문에 도사리고 앉아서 너를 지배하려고 하니, 너는 그 죄를 잘 다스려야 한다

(창 4:7)

창 4:7을 개역 성경처럼 번역할 수도 있겠지만 이는 충분한 의미 전달에는 부족하며, 자칫 인간 행위의 악함으로 오해를 줄 수 있는 여지도 가지고 있다. 그러다 보니 혹자는 하나님께서 가인의 제사를 받지 않으신 것은 가인이 악한 자였기 때문이라는 해석을 하게 되는 것이다.

창 3장에서 간략하게나마 하나님의 구원방법을 살펴본 바와 같이, 창 4장에 나타나는 가인과 아벨의 제사도 역시 이 문제와 연결해 볼 때 4:7의 '선'의 의미는 킹제임스 성경이나, 새번역처럼 '올바르지 않은', '잘못된', '틀린'으로 번역하는 것이 옳다고 보여지며, 하나님께서 가인의 제사를 받지 않으신 정확한 이유를 알 수 있게 된다.

하나님께서 가인의 제사를 받지 않으신 이유는 그의 악함이나, 제물의 질이나, 정성의 문제가 아니라 그의 제사가 올바른 제사가 아니었기 때문이다. 그러니까 가인의 삶이나, 재물의 질, 그의 정성 등의 문제로 하나님께서 제사를 받지 않으신 것은 아니라는 것이다.

그렇다고 문제가 다 해결된 것은 아니다. 가인의 제사가 왜 올바르지 못한 제사였는지에 대한 해답을 찾아야 한다. 그 해답은 신약성경에서 친절히 알려주고 있다. 히브리서 11장 4절의 말씀이다.

> 믿음으로 아벨은 가인보다 더 나은 제사를 하나님께 드림으로 의로운 자라 하시는 증거를 얻었으니 하나님이 그 예물에 대하여 증거하심이라 저가 죽었으나 그 믿음으로써 오히려 말하느니라
>
> (히 11:4)

가인의 올바르지 못한 제사는 믿음으로 드리지 못한 제사였기 때문이다. 히브리서 기자는 아벨의 제사는 믿음의 제사였고, 가인의 제사는 믿음이 없는, 아니면 잘못된 믿음의 제사였기 때문이라고 설명하면서, 이 믿음의 정체는 바로 제물이라는 것을 하나님께서 증거하신다고 이어서 설명한다.

결론적으로, 하나님께서 가인의 제사를 받지 않은 것은 가인이 올바르지 못한 제사를 드렸기 때문이며, 이 올바르지 못한 제사는 믿음이 없는 제사였고, 이 믿음이 없는 제사는 그 제물로 증명되는바, 가인의 올바르지 못한 제사는 그 제물이 문제가 된 것이다.

가인이 자신의 제사가 받아들여지지 않자 극도의 분노를 표출한 것은(창 4:5) 자기도 나름대로 최선을 다한 제사였는데 자신의 제사가 거부된 데 대한 분노로 볼 수도 있다. 나름, 정성을 다했고, 비록 땅의 농산물이었지만 최고의 농산물로 제사를 했음에도 불구하고 왜 자신의 제사를 받지 않으셨는가에 대한 분노가 충분히 있을 수 있기 때문이다.

이제 우리는 가인의 제사가 받아들여지지 않음에 있어 왜 제물이 중요한 것인지에 대해 살펴봐야 한다.

아벨이 양을 잡아 그 피를 내고 그 기름으로 제사를 드린 것은 아벨이 알고 드렸던, 모르고 드렸던 그리스도의 속죄에 대한 예표에 해당된다.

히브리서 기자의 증거처럼 '피 흘림이 없이는 사함도 없다'(히 9:22)는 말씀은 가인과 아벨의 제사까지도 적용되며 해당 되는 사항이다. 특히 가인과 아벨의 제사에 있어서는 더욱 그렇다. 아담과 하와가 범죄한 후 에덴에서 쫓겨났지만, 여인의 후손인 메시아에 대한 믿음은 그들을 구원에 이르게 했다. 메시아가 오시기까지 이들은 속죄의 제사를 하나님께 드림으로 구원의 은총을 입게 되고, 이러한 이들의 속죄 제사는 양을 잡아 피를 내어 그 기름으로 하나님께 드려야 했다.

성경에서 우리는 아담과 하와가 하나님께 제사를 드렸다는 내용을 찾아볼 순 없지만, 이들이 이러한 제사를 했음에 대한 단서는 주고 있다. 창세기 4장 3절이다.

> 세월이 지난 후에 가인은 땅의 소산으로 제물을 삼아 여호와께 드렸고
>
> (창 4:3)

여기서 세월이 지났다는 말은 '때가 되매'라는 말로도 번역이 되는 말이다. 이 말은 가인과 아벨도 이제 제사할 때가 되었다는 것이며, 이는 이들도 제사의 원리와 그 방법을 알고 있었다는 강력한 증거가 되는 말씀일 뿐만 아니라, 그들의 부모들도 제사를 드려왔다는 암시를 주는 말씀이 된다.

아담과 하와의 제사를 보면서 자라난 이들은 하나님께 드리는 제사는 어떻게 드려야 바른 제사인지를 충분히 알고 있었다는 사실이다. 그럼에도 불구하고 가인은 이 제사의 원리를 무시하고 자기중심적인 제사를 드리게 되었고, 이러한 제사를 하나님은 받으실 수가 없는 것이다. 좀 더 구체적으로 가인의 제사에 있어 문제점을 지적해 보면 다음과 같다.

하나님의 제사 원리를 스스로 거부한 것이며
이는 그리스도의 속죄 사역을 거부한 행위고
자신의 생각대로 한 자기 중심의 제사였으며
자신의 노력과 방법으로 구원에 이르고자 하는 도전적 행위이다.

가인의 제사는 하나님이 규정하신 제사 원리를 무시한 것으로, 이는 하나님의 구원의 원리와 방법을 거부하는 행위로서, 그리스도의 속죄 사역에 대한 하나님의 의도에 정면으로 대치된다. 그리고 자신의 생각대로 제사를 드린 것은 인간의 행위와 방법 즉 자신의 노력에 의해서도 구원이 주어질 수 있을 것이라고 생각하는 어리석은 행동이다.

하나님께서는 창세기 3장에서부터 자신의 구원 원리와 방법을 알려주셨는데, 그것은 어린 양이 죽어 피를 흘려야 한다는 것이다. 이는 어린 양 되시는 그리스도의 죽음과 피 흘리심으로 구원을 주고자 하시는 하나님의 의도를 보여주시는 아주 중요한 성경의 핵심 내용이 된다.

아담과 하와가 범죄한 후 나뭇잎으로 자기들의 치부를 가린 것은, 인간의 행위로 자신의 죄를 가리는 모습을 말한다. 그러나 나뭇잎은 온전치가 못하다. 쉽게 사라진다. 그래서 하나님은 어린양을 죽여 그 가죽으로 이들에게 옷을 지어 입히면서 이들을 에덴에서 내보내셨다. 이는 어린양 되시는 그리스도의 죽음으로 우리의 죄가 가려진다는 원리를 나타낸다. 구원의 옷을 하나님이 직접 만들어 주신 것은, 구원이란 절대적으로 하나님에 의해서만 가능하며, 인간에 의해 이루어지지 않는 것임을 말하는 귀중한 가르침이다.

가인은 이러한 하나님의 구원의 은총을 거부하고, 자기 스스로 구원에 이를 수 있다는, 즉 자기 생각대로 제사를 드려도 구원을 받을 수 있을 것이라는 망령된 생각을 하게 된 것이다.

구원에 있어 인간이 할 수 있는 일이라고는 일체 없다. 구원의 주체는 전적으로 하나님이시며, 하나님의 은총에 의해 인간의 구원이 결정되는 것이다.

구약시대 제사의 기본 원리는 짐승을 잡아 피를 흘리는 것이다. 물론 제사의 성격상 곡식으로 대체되는 경우도 있지만, 속죄 제사에서는 반드시 짐승을 잡아 그 피를 흘려야 한다. 그런데 레위기 5:11에 보면, 속죄 제물로 고운 가루 에바 십분의 일도 가능하다는 말씀이 나오고 있다. 이 말씀을 통해 자칫 속죄 제물로 곡식도 가능하다는 정당성을 부여하여, 가인의 제사도 제물이 문제 될 것이 없지 않은가라는 논리를 전개하는 경우도 있는데, 이는 성경을 곡해한 것이다.

속죄 제물에 있어 하나님께서는 빈부의 차이에 따라 그 제물의 종류를 나누어 주셨는데, 제사장은 흠 없는 수송아지, 온 회중도 흠 없는 수송아지, 족장은 흠 없는 숫염소, 평민은 흠 없는 암염소나 어린 암양, 그리고 송아지나, 염소, 혹은 양을 잡을 만한 재산도 없는 가난한 자라면 산비둘기나, 집비둘기 두 마리로, 마지막으로 이에도 미치지 못할 정도로 극도로 가난한 자는 고운 가루 에바 십분의 일로 드려도 괜찮다는 것이 하나님의 명령으로 나타나 있다.

하나님께서 속죄 제사에 있어 극히 가난한 자들에 대해 고운 가루 십분의 일 에바로 제사를 할 수 있도록 예외적으로 인정한 것을 보편화하면 안 된다. 그리고 이를 적용하여 가인과 아벨의 경우 가인의 곡식 제물도 정당한 것으로 받아들여서는 안 된다. 가인은 짐승을 제물로 드릴 수 없을 만큼의 극도로 가난한 자가 아니라, 양을 잡아 제사드릴 수 있는 충분한 능력을 갖춘 인물이다. 노력만 하면 동생으로부터 좋은 양을 충분히 구할 수 있는 사람이기 때문이다. 그런데도 그렇게 하지 않은 것은 하나님의 의도와 상관없이 자신의 의지와 뜻대로, 자기의 노력으로 죄도 속해질 수 있다는 잘못된 생각에서 비롯된 것이다. 이는 하나님의 속죄 원리를 무시한 무서운 죄가 된다.

그런데 하나님께서 아벨의 제사를 받으신 것은 피와 기름이라 하였다.[13] 피는 그리스도의 속죄를 예표하기 때문에 당연한 것으로 이해되지만, 왜 기름도 들어가야 했을까 하는 의문이 생길 수 있다. 그리고

---

13) 아벨은 자기도 양의 첫 새끼와 그 기름으로 드렸더니 여호와께서 아벨과 그 제물은 열납하셨으나(창 4:4)

율법 시대의 제사에서도 짐승의 기름은 하나님의 것이라 하였다.[14)]

아벨이 양의 피와 기름으로 제사를 드린 것은 두 가지의 의미를 내포하고 있다고 볼 수 있다. 피는 속죄 즉 그리스도의 대속을 나타내지만, 기름은 하나님의 것으로 하나님에 의해 구별된 사람에게 뿌리는 귀한 의식에서 사용하던 것이다. 이는 기름 부음을 받는 하나님의 종들은 하나님의 것이며, 하나님께 속한 것이라는 의미를 내포한다.

아벨의 제사에 기름을 구별하여 드린 것은, 자신이 하나님의 것이라는 사실을 확신하는 내용으로도 볼 수 있으며, 메시아에 대한 확실한 믿음도 가지고 있는 아름다운 신앙의 표현이다. 메시아란 기름 부음을 받은 자란 의미이며, 이 기름 부음은 하나님의 것인 기름을 하나님이 부어 주셨다는 사실을 알려주는 귀한 의식이다.

창세기 3장의 인간 타락에 이어, 4장에 바로 제사 문제를 기록하시면서 어린양과 농산물을 대조해 제사를 받고 받지 않음에 대한 문제를 제기한 것은 하나님의 구원 원리와 방법의 중요성을 우리에게 알려주는 중요한 교훈이다. 인간에 대한 모든 속죄 제사는 어린 양으로 오신 그리스도가 십자가 위에서 죽어 피를 흘림으로 완성되었고, 이러한 그리스도의 속죄 사역을 믿는 자들에게 구원이 주어짐을 하나님은 분명히 하고 있다.

---

14) 제사장은 그것을 단 위에 불사를지니 이는 화제로 드리는 식물이요 향기로운 냄새라 모든 기름은 여호와의 것이니라 너희는 기름과 피를 먹지 말라 이는 너희 모든 처소에서 대대로 영원한 규례니라(레 3:16-17)

구약의 제사는 오늘날의 예배로 대치되고, 이 예배의 주인은 인간이 아니라 하나님이시며, 우리 위해 피 흘리신 그리스도라는 희생제물이 있어야 그 예배는 올바른 예배가 된다.

그리스도의 희생제물이 빠진 예배는 올바른 예배가 될 수 없다. 우리 위해 십자가 위에서 피 흘려 죽으신 주님을 모시고 그분의 은총에 감사하며 드리는 예배가 되어야 영과 진리의 예배가 된다.

제4장
가인의 아내, 이중 아담론

성경 기록상 아담, 하와, 가인, 아벨 외엔 사람이 없었는데
과연 가인의 아내는 누구일까?

가인은 동생 아벨에 대한 시기심으로 아벨을 죽이는 범죄를 저지르고 하나님의 저주를 받게 된다. 그래서 가인은 여호와 앞을 떠나게 되는데, 창 4:16에 가인이 여호와 앞을 떠나 에덴 동편 놋 땅에 거하였다고 기록하고, 이어 17절에는 가인이 아내와 동침하여 에녹을 낳았다고 기록하고 있다.

교회를 다니고 성경을 읽으면서 이 부분에 대해 의문을 가져보지 않은 사람은 거의 없을 것이다. 필자 역시 그렇다. 여기에 나타나는 가인의 아내는 과연 누구일까 라는 의문은 성경을 잘 알지 못하던 당시에는 정말 궁금한 내용이었다.

많은 분들에게 질문을 드려 보았으나 속 시원한 대답을 들을 수 없었고 오랜 세월 동안 여기에 대한 의문을 가진 채로 믿음 생활을 했다. 그러던 중 성경을 여러 차례 보았음에도 불구하고 발견하지 못했던 놀라운 내용을 발견하게 되었는데, 창 5:3의 말씀이었다.

창 5:3에 '아담이 일백삼십 세에 자기 모양 곧 자기 형상과 같은 아들을 낳아 이름을 셋이라 하였고'라는 말씀이다.

이 부분은 수십 번, 아니 수백 번도 더 본 구절이었음에도 불구하고 별생각 없이 지나친 부분이었다. 그런데 어느 날 이 구절을 보면서 왜 성경은 아담의 자녀들을 기록하면서 아담이 가인과 아벨을 낳고, 이어 셋을 낳았다고 기록하지 않고, 창 5장에서 아담의 계보를 기록할 때 3절에서 아담의 첫째 아들이 셋인 것처럼 기록했을까 라는 의문이 들면서, 한 줄기의 빛을 보는 것 같은 놀라운 감동을 받게 되었다.

이 구절을 보면서 바로, 가인의 아내에 대한 의문이 자연스럽게 풀렸기 때문이다. 성경은 아담의 모든 가족(다른 가족들도 그렇지만)을 다 기록한 것이 아니고, 하나님의 특별한 섭리에 의해 하나님 백성의 계보를 중심으로 기록한 것이라는 확신이 들었다. 특히 이 부분에서는 더욱더 그렇다는 확신이 들게 되면서, 가인의 아내는 아담의 딸 중의 한 사람이라는 것을 확신하게 되었다.

많은 분들이 가인의 아내나 혹은 아담과 하와 그리고 가인과 아벨 외에도 분명히 사람들이 있었을 것이라는 추측을 하곤 했는데, 특히 창 4:14에 나타나는 가인의 말속에서 그 내용을 확신하기도 한다. 창 4:14은 하나님의 저주를 받은 가인이 이 땅에서 자신을 만나는 자들이 자기를 죽일지 모른다는 두려움의 호소를 하면서 하나님의 도움을 구하는 내용인데 다음과 같다.

> 주께서 오늘 이 지면에서 나를 쫓아내시온즉 내가 주의 낯을 뵈옵지 못하리니 내가 땅에서 피하며 유리하는 자가 될지라 무릇 나를 만나는 자가 나를 죽이겠나이다
>
> (창 4:14)

이 내용 중 '가인을 만나는 자'라는 내용이 나오는데, 여기서 가인을 만나는 자는 과연 누구인가 하는 의문이 드는 것은 사실이다. 그러다 보니 이 내용과 가인의 아내 문제를 해결하기 위해 새로운 학설이 등장하게 되었는데, 그것이 이중 아담론이다.

이중 아담론은 성락교회의 김기동 목사와 특히 신천지 등의 이단에서 강력히 주장하는 내용인데, 창1장에서의 사람과 2장에서의 사람을 다르게 본다.

1장에 나타나는 사람은 영이 없는 사람들이었고, 2장에 등장하는 사람 즉 아담과 하와는 하나님의 영을 가진 최초의 사람이었다고 주장하는 것이다. 신천지에서는 다음과 같이 주장하고 있다.

> 이런 시각에서 볼 때 아담은 영이 산 사람으로 하나님께서 인정하신 최초의 사람이다. 아담 전에도 많은 육체가 있었으나 그들은 하나님을 아는 영도, 하나님의 말씀도 없었으므로 짐승과 다를 게 없었다.
>
> (『천지창조』 보혜사 이만희 저, p.80.)

성락교회 김기동 목사 또한 이와 같은 주장을 하였는데, 그는 창세기

1장 27절의 남자와 여자는 몸과 혼, 즉 인격만 가진 존재이며, 2장 7절의 아담은 영과 혼과 몸을 가진 인간으로 서로 다르다는 것이다. 즉 창세기 1장과 2장의 기사는 서로 다른 사건이며, 창세기 1장의 인간은 "아담"이 아니라 "사람"이며, 창세기 2장의 인간은 "아담"으로서 다르다고 주장하는 것이다. 김기동 목사의 이런 주장은 그의 마귀론 상에서 자세히 설명하고 있으니 참고하기 바란다.

김기동 목사의 신학을 베뢰아 신학이라 하는데 오늘날 많은 건전한 목회자들도 이에 미혹되어 이중 아담론을 주장하는 경우가 있어 실로 우려된다.

성경은 하나님이 아담 외에 다른 사람을 만들었다고 암시하는 내용이 전혀 없다. 오히려 성경은 하나님의 창조물중 사람으로서는 아담이 첫 번째 사람이라는 사실을 명확히 하고 있으며[15)], 아담의 족보를 논하면서도 아담 위로는 하나님이심을 정확히 알려주고 있다.[16)]

창 1:27에 등장하는 '사람'의 히브리어는 '아담'이고, 2장에 등장하는 아담도 '사람'이라는 의미로 같은 사람임을 알려주고 있다. 이러한 사실을 간과하고 나름 좀 더 성경을 깊이 깨달은 양, 성경에 나오지 않는

15) 기록된바 첫 사람 아담은 산 영이 되었다 함과 같이 마지막 아담은 살려 주는 영이 되었나니(고전 15:45), 첫 사람은 땅에서 났으니 흙에 속한 자이거니와 둘째 사람은 하늘에서 나셨느니라(고전 15:47)

16) 그 이상은 에노스요 그 이상은 셋이요 그 이상은 아담이요 그 이상은 하나님이시니라(눅 3:38)

내용에 대해 의문이 든다면서 인간의 상상으로 비성경적인 내용을 성경의 내용이라고 가르치는 것은 위험한 일이다.

카발라의 사상에, 아담 카드몬이란 사상이 있다. 아담 카드몬은 신의 완벽한 형상인 인간의 원형을 그대로 간직한 사람을 말하며, 이후 나타난 사람들은 아담 카드몬이 가졌던 신의 원 형체들이 조각나면서 불완전한 존재가 되었다는 것이다. 이런 불완전한 존재가 다시 신의 성품인 아담 카드몬으로 돌아가는 신인 합일적 사상이 아담 카드몬의 사상인데, 이를 이중 아담론에 적용해 기독교적으로 편집해 만들면 이중 아담론 사상과 거의 흡사하게 된다.

본론으로 들어가, 가인의 아내는 당연히 아담의 딸 중의 하나다. 오늘날의 윤리적 관점으로 보면 근친결혼, 아니 가족 간의 결혼은 일체 용납되지 않는다. 그러나 최초의 사람들은 모두 한 가족일 수밖에 없으므로 가족 간의 결혼이나 이후 나타나는 친족 간의 결혼들이 모두 허용되던 시대다. 따라서 가족이나 친족 간의 결혼에 있어 윤리적 문제 또한 발생하지 않았다.

역사가 요세푸스는 아담의 딸들 중 몇몇의 이름을 기록하고 있는데 다음과 같다.

아담과 이브에게는 두 아들이 있었다. 장남은 가인이었는데, 그 이름은 얻음이라는 뜻이었고, 차남은 아벨이었는데 그 이름은 허무였다. 아담과

이브에게는 또한 딸들도 있었다

(『유대고대사』 플라비우스 요세푸스, 2장 52-53절).

그리고 구약 위경인 쥬빌리 4:1에서는 이 딸들의 이름이 아완과 아즈라로 명명되어 있다고 한다.

우리는 하나님의 성경 기록 목적을 잘 이해한다면, 가인의 아내나 당시의 사람들에 대한 문제를 쉽게 해결할 수 있다.

자신이 하는 모든 일을 우리에게 알려주시기 위해 하나님이 성경을 기록하신 것은 아니다.

성경에 있어 하나님의 역사에 대한 기록은 하나님께서 하시는 수많은 일 중 아주 일부분에 해당하는 것이고, 개략적인 일들에 대해서만 알려줄 뿐이다. 단, 인간의 구원에 관해서는 그렇지 않다. 왜냐하면 이 목적을 위해 성경을 기록하게 하신 것이기 때문이다. 인간의 구원을 위한 하나님의 갈망과, 하나님의 구원의 원리와 방법들을 사람들에게 알려주고, 모든 사람이 이 구원의 원리와 방법을 알고 믿어 죄 용서받고, 하나님의 백성이 될 수 있는 길을 안내하기 위해 성경을 기록하게 하신 것이다.

가인과 아벨, 그리고 셋으로 나타나는 인간 족보는 하나님 백성 그룹과 그렇지 못한 그룹이 존재하며, 이러한 두 그룹 간의 영적 대결에서 결국 하나님의 백성들이 승리하고 하나님의 왕국이 이 땅에 이루어짐을 안내하고 있는 것이다. 그러다 보니 이런 관점에서 중심적 인물들이 기록되는 것이 당연한 이치고, 그 중심에 아담의 자녀인 가인과 아벨 그리고 셋이 존재하며, 그 외 다른 자녀들은 기록할 이유가 없어, 기록되지 않았을 뿐이다. 당연히 가인의 아내와 또는 다른 사람들이 있었다면 그들 모두 아담의 자녀임이 분명하다.

제5장
하나님의 아들들, 사람의 딸들

창세기 6장에 나타나는 하나님의 아들들은
누구를 말하는 것일까?

창세기 1장부터 나타나는 여러 의문은 꼬리에 꼬리를 물고 계속 나타난다. 성경을 사랑하는 모든 주의 백성들도 필자와 마찬가지일 것이다. 창조에 대한 사건, 선악과 사건, 가인과 아벨에 대한 사건 그리고 이어 창세기 6장에 등장하는 하나님의 아들들과 사람의 딸들에 대한 문제 또한 그렇다.

사실 아직까지도 성경의 난제로 남아 있는 창세기 6장의 하나님의 아들들에 대한 정확한 해답은 우리가 밝히기 어렵다. 그리고 개혁주의 신학자 중 많은 사람도 이 부분에 있어 견해를 달리하고 있어, 어려운 숙제임에는 틀림이 없다.

수천 년의 세월이 흘렀음에도 불구하고 여기에 대한 정확한 해답을 제시할 수 없는 것은 성경에서 정확하게 말하고 있지 않기 때문이다. 그러다 보니 여러 가지 학설들이 등장하게 되고 여기에 대한 논쟁 또한 멈추지 않고 있다. 그렇다고 그냥 넘어가기는 무엇인가 아쉬운 부분이다. 우선 여기에 대한 여러 학설들과 그들의 주장들을 먼저 정리해 보자.

1. 하나님의 아들들이 천사라는 주장

하나님의 아들들이 천사라는 주장을 하는 사람들은 성경에 나타난 하나님의 아들들이라는 표현들이 단지 천사들만을 언급하고 있으며(욥 1:6[17], 38:7[18], 시 29:1, 89:7), 특히 유다서 1:6-7에 있어, 이 사건을 언급함이 분명하며, 문맥상 이렇게 보는 것이 당연하다는 것이다.

그리고 욥기 1장의 70인역 번역에 하나님의 아들들을 "하나님의 천사들"로 번역하고 있는 것은 하나님의 아들들이 천사임을 지지하는 것이 분명하다고 한다. 또한 예수님께서 "천사들은 결혼을 하지 않는다"고 하신 것은 "천사들이 결혼을 할 수 없다"는 것을 의미하는 것은 아니라는 것이다.

이상과 같은 증거들을 통해 하나님의 아들들은 타락한 천사들이 분명하다고 주장하는 사람들은 필로, 요세푸스, 저스틴, 암브로스, 외경 에녹서, 루터, 델리취, 드라이버, 카스우토, H. 모리스, 폰라드, 스파이서, 매튜 헨리 등의 쟁쟁한 사람들이다. 그리고 정동수 목사에 의하면 20세기 최고의 강해 설교가인 마틴 로이드 존스 목사도 하나님의 아들들을 천사로 인정했다고 한다.[19]

---

17) 하루는 **하나님의 아들들**이 와서 여호와 앞에 섰고 사단도 그들 가운데 왔는지라

18) 그 때에 새벽 별들이 함께 노래하며 **하나님의 아들들**이 다 기쁘게 소리하였었느니라

19) http://www.keepbible.com/bbs/board.html?board_table=0602&write

그러나 이들의 주장을 반대하는 사람들은 다음과 같은 문제점을 내세우며 하나님의 아들들이 천사라는 주장을 인정하지 않는다.

우선 성경을 이렇게 보면 신화적 경향을 허용하게 되고, 천사들이 앞에서 전혀 언급되지 않고 있으며, 천사들이 악하였는데 왜 인간들이 벌을 받아야 하며, 신약이 지지한다고 하는 것은 의심스러운 데가 있다는 것이다.

사실 이러한 지적들은 조금 억지스러운 면도 있다. 성경에 나타난 문제점을 지적하기 위해서는 성경적으로 지지받을 만한 대안을 들고나와야 하며, 성경 자체 상으로 잘못된 문제점을 지적하는 것이 마땅한데 여러 추측을 통해 문제점들을 지적하는 것은 옳지 않다고 여겨진다.

만약 이 부분을 신화로 본다면, 하나님이 흙으로 인간을 만든 사건, 에덴동산에서의 하와와 뱀과의 대화, 노아 홍수사건, 아브라함과 천사와의 만남, 소돔 고모라 사건, 홍해사건 등등 모두가 신화적 성격을 가진 사건들로 치부될 수도 있다. 그리고 실제로 자유주의 신학에선 성경의 많은 부분에 있어 그렇게 보고 있다.

2. 하나님의 아들들이 경건한 셋 계통의 자녀이며 사람의 딸들은 가인 계통의 자녀로 보는 경우

이들의 주장은 우선 신령한 계통이란 외관상으로 확립이 되어야 하며, 히브리어 문맥은 앞장에서 계속됨을 보여주는 것이며, 여기 나타난 죄는 오경 전체를 통해 공통적 주제가 되기 때문에, 하나님의 아들들은 천사가 아니라 경건한 셋 계통의 자녀로, 사람의 딸들은 불경건한 가인 계통의 자녀로 보아야 한다는 것이다.

그러나 이렇게 주장하는 것은 다음과 같은 면에서 성경적 지지를 받을 수 없기 때문에 인정할 수 없다고 한다.

우선 "하나님의 아들들"이란 용어가 구약의 다른 성경에서 사람으로 지칭하는 경우가 없고 모두 천사들을 지칭하고 있다는 것이며, 경건한 셋 계통의 자녀와 불경건한 가인 계통의 자녀를 구분할 만한 그 어떤 기준이 전혀 없다는 것으로, 만약 이 이론을 따르게 된다면 아담과 하와의 다른 자손들에 대한 설명을 하는 것이 불가능하게 된다.

그뿐만 아니라 하나님은 역사의 진행상 아직 한 계통을 택하여 일하지 않으셨으며, 그때 당시의 의로운 사람은 "하나님의 아들들"이 아니고 노아 한 사람임을 성경은 밝히고 있다. 이마저도 하나님의 은혜를 입었기 때문이라고 성경은 증거한다. 그러므로 하나님의 아들들을 경건한 셋 계통의 자녀로 보는 것은 성경의 문맥뿐만 아니라 전체 성경과도 일체 조화를 이루지 못한다는 주장이다.

구약에 나타난 하나님의 아들들의 개념과 신약에 나타난 하나님의 아들들의 개념은 예수 그리스도를 중심으로 차이점을 갖게 된다. 구약에 나타나는 하나님의 아들들은 대부분이 천사를 지칭하며, 신약에 나타나는 하나님의 아들들은 예수 그리스도를 구주로 받아들인 모든 하나님의 사람들을 지칭하고 있다.

하나님의 아들들이 셋의 후손이라고 주장하게 된 연유는 초대교회 때의 박해자였던 2세기 철학자 켈서스에 의해서였다.

그에 의하면, 예수는 유대인의 촌에서 왔고, 엄마는 가난한 유대인이었는데, 로마 군인과 간통해 목수인 마리아의 아버지가 쫓아내었다고 하였다. 그는 예수가 로마 군인 판테의 아들이라는 거짓 증언도 했다. 예수는 이집트에서 사술을 부리며 하나님이라 했다고도 하였다. 이러한 켈서스는 기독교의 정통성을 말살시키기 위해 창 6:2에 나타나는 '하나님의 아들들'을 셋의 후손이라 하고, '사람의 딸들'을 가인의 후손이라 편집, 창작했다. 이에 줄리언 황제가 동조했고 알렉산드리아의 씨릴이 받아들여 기독교에 보급되고, 어거스틴, 칼빈 등이 받아들이면서 정통신학으로 자리 잡게 되었다고 벤자민 오 목사는 그의 강의에서 주장하고 있다.[20]

하나님의 아들들을 경건한 셋 계통의 자녀로 주장하는 사람들은 류폴드(Leupold), 스티거(Stigers), 어거스틴, 칼빈 등 대부분이 보수주의 신학자들이다.

---

20) http://blog.daum.net/01077308337/529

3. 하나님의 아들들은 어떤 왕조의 통치자들이며 사람의 딸들은 일반 평민의 딸이라는 견해

이렇게 주장하는 근거는 우선 행정관이나 혹은 통치자들은 가끔 신으로 언급된다는 것이며, 왕들은 때때로 신들의 아들들로 불리었다는 것이다. 아람어 탈굼, 라시(Rashi), 람반(Ramban), 야곱(Jacob) 등이 주장한 견해로서 많은 지지를 받지는 못하고 있다.

결국 하나님의 아들들이란 천사를 말하는가 아니면 사람, 구체적으로 경건한 셋 계통의 자녀들을 말하는가에 대한 문제로 요약할 수 있다.

본인은 장로교에서 믿음 생활을 했기 때문에 하나님의 아들들에 대해 경건한 셋 계통의 자녀로 그렇게 배워왔다. 그리고 그것 외에 다른 것들은 일체 생각조차 하지 않았다. 거의 대부분의 장로교 신자들은 아마 본인처럼 배웠을 것이며 또 그렇게 믿고 있을 것이다. 성경을 자세히 연구하거나 공부해 보기도 전에 그렇게 배워왔고, 그리고 그렇게 인정하고 있었다. 그렇다고 그렇게 믿는 것이 잘못되어 지금 거기에 대한 반박을 하고자 하는 것은 아니다. 혹 일부의 극단적 교리주의자들은 이 부분에 있어 자신의 생각과 다른 주장을 하는 사람들에게 이단, 실족자 등의 과격한 단어를 사용하기도 하며, 그 어떤 사탄의 자녀 비슷하게 생각하는 자들을 보아 왔는데, 무척 안타까운 노릇이다.

여기 하나님의 아들들을 어떻게 생각하느냐에 대한 문제는 정통과 이단을 가르는 그 어떤 기준의 근거가 되는 내용은 아니다. 이 부분에 있어 어떤 주장을 믿고 따르든, 그것은 자신이 성경을 연구하고 얻은 결과에 따른 선택의 문제지, 그 이상 다른 아무것도 없다. 물론 잘못 연구해 잘못 믿고 잘못 가르침으로 말미암아 이단이 되는 경우도 있기는 하나 이 부분은 그러한 부분은 아닌 것으로 보인다.

이제 교리적 해석을 떠나 성경 본문으로 돌아가서 한번 연구해 보도록 하자.

> 사람이 땅 위에 번성하기 시작할 때에 그들에게서 딸들이 나니 / 하나님의 아들들이 사람의 딸들의 아름다움을 보고 자기들의 좋아하는 모든 자로 아내를 삼는지라 / 여호와께서 가라사대 나의 신이 영원히 사람과 함께하지 아니하리니 이는 그들이 육체가 됨이라 그러나 그들의 날은 일백이십년이 되리라 하시니라
>
> (창 6:1-3)

에덴동산에서 추방당한 아담과 하와는 두 아들(가인과 아벨)을 낳았지만, 형인 가인이 아벨을 죽임으로 말미암아 다시 다른 아들을 낳게 되는데 그 아들의 이름이 셋이다.

창세기 4장 17절부터 시작해 5장 전체 장은 그동안의 사람들에 대한 족보를 기록하고 있다. 4장은 주로 가인의 후손들을 기록하였고, 5장은 셋의 자손들을 기록하고 있다.

많은 세월이 흘러 사람들이 땅 위에 번성하기 시작했는데, 그때 하나

님의 아들들이 사람의 딸들의 아름다움을 보고 자기들이 좋아하는 모든 자로 아내를 삼게 되었다(창 6:1). 이때 하나님께서 이들의 행위를 보시고 다음과 같은 말씀을 하였다.

> 여호와께서 가라사대 나의 신이 영원히 사람과 함께하지 아니하리니 이는 그들이 육체가 됨이라 그러나 그들의 날은 일백 이십년이 되리라 하시니라
>
> (창 6:2-3)

하나님께서 하나님의 아들들이 사람의 딸들의 아름다움을 보고 자기들의 좋아하는 모든 자로 아내 삼는 행위에 실망하셨으며, 이러한 이들의 행동으로 말미암아 대홍수라는 무서운 심판을 하게 된다.

많은 분들이 하나님께서 홍수로 심판하실 때 심판하시기 전, 3절을 근거로 해 120년간의 유예기간을 인간들에게 허락하신 것으로 알고 있는데, 이는 아주 잘못 알고 있는 것이다.

여기 3절에 나타난 120년의 기간은 하나님께서 홍수계획을 말씀하신 것이 아니며, 그리고 앞으로 120년 뒤에 홍수로 이 세상을 심판하시겠다는 하나님의 예정을 말하는 기간도 아니다. 이 120년의 기간은 하나님의 아들들이 사람의 딸들을 취한 것에 대한 하나님의 심판 내용이 되는 기간으로 보는 것이 문맥상 더 정확한 해석이다.

하나님께서는 하나님의 아들들이 인간의 딸들 취함을 보고 실망하셨

으며, 그리고 계속된 그들의 행위는(6:4[21]) 하나님의 심판을 초래하게 되었다. 그렇다면 여기서 말하는 하나님의 아들들이란 과연 누구를 말하는 것인가?

우리가 성경을 해석할 때 주의해야 할 중요한 사실은 성경 전체와의 조화다. 그리고 문맥상에서 나타나는 문맥적 해석이다.

창세기 6장 2절에 나타나는 하나님의 아들들은 특별한 문제가 없는 한 다른 구약에서 가르치는 것처럼 천사로 해석하는 것이 좀 더 성경에 가까워 보인다. 성경의 다른 부분에서 하나님의 아들들을 천사로 해석하고, 이 본문에서만 사람으로 해석을 해야 하는 것은 쉽게 납득하기 어려운 일이다. 창 6장에 나타나는 하나님의 아들들을 "사람의 아들"로 해석을 해야 한다면 이에 대한 정확한 성경적 근거를 제시해야 마땅한데, 성경 앞뒤 문맥이나 배경 혹은 전체 성경에서 가르치는 사상과의 조화를 찾아보기가 쉽지 않다.

창세기 5장에 나타나는 족보가 셋 계통의 족보기 때문에 바로 이어 나타나는 6장에서의 하나님의 아들들을 경건한 셋 계통의 자녀로 보는 것은 무리가 있어 보인다. 왜냐하면 성경은 셋 계통의 자녀들은 경건하고 가인 계통의 자녀들은 불경건하다고 말하고 있지 않기 때문이다. 그리고 본문의 성격상 하나님의 아들들을 경건한 자녀라고 보기에는 무척 어려운 작업을 거쳐야 한다. 경건의 기준을 어디에 둘 것이며 무엇

21) 당시에 땅에는 네피림이 있었고 그 후에도 하나님의 아들들이 사람의 딸들을 취하여 자식을 낳았으니 그들이 용사라 고대에 유명한 사람이었더라(창 6:4)

을 보고 경건하다고 할 수 있다는 것인지에 대한 설명이 없고, 오히려 성경은 아담 이후 모든 사람들을 다 타락한 불경건한 사람들로 묘사하고 있으며, 이때 당시에 노아만 그 시대의 의로운 사람으로 묘사되고 있을 뿐이다.

본문에서도 하나님의 아들들이 천사들이었음을 밝히는 구절이 있는데 "이는 그들이 육체가 되었음이니라"는 표현이다. 만약 사람의 아들일 것 같으면 하나님께서 이러한 표현을 하지 않으셨을 것이다. 왜냐하면 이미 육체를 갖고 있는 사람이기 때문이다. 그럼에도 불구하고 하나님께서 이러한 표현을 하신 것은 천사로서 육체가 없음에도 불구하고 사람과 결혼함으로 육체를 가지게 되었다는 의미로 받아들이는 것이 옳지 않겠는가. 그리고 그 뒤에 나타나는 "그러나 그들의 날은 일백 이십년이 되리라"는 표현은 천사로서 영원히 살 수 있는 영적 존재이었음에도 불구하고 이들이 범죄하여 인간의 몸을 입음으로 인간의 연수만큼의 생명을 유지할 수밖에 없게 되는 하나님의 심판으로 해석하는 것이 적절할 것이다.

여기 나타나는 하나님의 아들들을 천사로 보는 것이 좀 더 성경에 가까운 이유는 성경의 여러 정황상 그럴 뿐만 아니라, 여러 시대적 배경이나 역사적 정황들이 이런 사실들을 뒷받침해 주고 있기 때문이다.

일반적으로 내려오는 유대인들의 민담에서도 하나님의 아들들이 천사로서 전해 내려왔으며, 특히 원문상의 특성도 하나님의 아들들이 천사임을 강력히 시사하고 있다. 하나님의 아들들의 원문은 브네 하 엘로

힘(בְנֵי-הָאֱלֹהִים)이란 단어를 사용하고 있는데, 이는 천상적 존재들을 지칭하는 고대의 명칭으로 통용되는 단어들이다.

그리고 히브리어 용법에 따르면 "하나님의 아들들"은 단지 "신과 동급의 존재들" 즉 판테온의 구성원들을 의미하는 것으로 알려지고 있다. 이러한 표현은 실제로 라스 샤므라 본문과 아르슬란 타쉬에서 출토한 B.C 8세기경의 가나안 주술과 관련된 것으로 보이는 명각에서도 발견되고 있다.

초대교회 때의 유대인들이나 거의 대부분의 사람들이 하나님의 아들들을 천사로 믿고 있었다는 사실은 이런 사실을 더욱더 확증시켜주는 유력한 증거가 디고 있다. 유대 역사가이며 군인인 요세푸스도 하나님의 아들들을 천사로 인정하는 것 또한 이러한 사실을 뒷받침하는 증거가 되기도 한다.[22)]

신약 유다서 1장 6절에 자기 위치를 지키지 아니하고 떠난 천사들을 큰 날의 심판 때까지 영원한 결박으로 흑암에 가두셨다고 하였는데,[23)] 유다서의 내용상 이 천사들은 노아 홍수 전 지상에 내려와 인간들과 결혼한 천사를 말하는 것으로 보인다. 유다가 이러한 천사를 인용한 것은 그때 당시 유대인들이나 제자들도 그렇게 생각하고 있었다는 사실을 입증한다.

---

22) 요세푸스의 유대고대사 제 1권 3장 73절부터 이 내용이 나온다.

23) 또 자기 지위를 지키지 아니하고 자기 처소를 떠난 천사들을 큰 날의 심판까지 영원한 결박으로 흑암에 가두셨으며(유 1:6)

그렇다면 유다가 말하는 자기 위치를 지키지 않고 떠난 천사를 어떻게 노아 홍수 때 나타나는 하나님의 아들들과 동일한 천사로 볼 수 있느냐가 문제인데, 유다가 예를 든 내용들에서 여기에 대한 근거를 발견할 수 있다.

유다는 잘못된 거짓 선지자들의 심판에 대해 말하면서 여러 구약의 사건들을 인용한다. 출애굽의 이야기, 소돔과 고모라, 에녹 등의 이야기를 하는데, 공통적으로 심판을 말한다. 그 중 하나가 자기 위치를 지키지 아니한 천사에 대한 이야기이다. 이것은 유다가 노아 때의 사건을 생각하며 말한 것으로 보이기 때문이다.

우리가 창세기 6장에 나타나는 하나님의 아들들을 경건한 셋 자손으로 인정하기 힘든 것은, 아무리 경건한 셋 계통의 자녀라 할지라도 그들에게 하나님의 아들이란 명칭은 전혀 어울리지 않으며, 그리고 구약시대 초, 중기 특히 구체적인 하나님의 백성들이 나타나기 전(창 1-11장)까지는 더욱더 이 말을 사람들에게 사용한 예가 없기 때문이다.

이상의 여러 가지 문제로 인해, 창세기 6장에 나타나는 "하나님의 아들들"은 성경에서의 다른 의미가 없는 한 천사로 보는 것이 더 성경적이라 본다.

그렇다고 하나님의 아들들이 천사임이 분명하다고 확정하는 것 또한 옳지 않아 보인다. 왜냐하면, 만약 하나님의 아들들이 천사라면 영적 존재인 천사도 성을 갖고 있다는 말이 되는데, 이는 예수님의 말씀과 정면 대치되기 때문이다. 예수님은 천사라는 존재에 대하여 장가도 안 가고 시집도 안 간다고 했는데, 이는 천사는 성이 없다는 표현이기도 하다.

그런데 하나님의 아들들이 사람의 딸들의 아름다움을 보고 자신이 좋아하는 대로 아내를 삼았다는 것은 천사도 성을 가진 존재, 그것도 남성이라는 결론에 이르게 한다. 이런 주장은 그 어떤 신화나 신비주의로 비칠 수 있다. 그러므로 이 문제에 있어 섣불리 결론을 내려서는 안 된다.

필자는 이 문제에 있어 천사에 더 가깝다는 것이 성경적 안내라고 보고 있지만, 그러나 꼭 그렇다는 단정은 할 수 없음을 덧붙인다. 실제로 이 문제는 주님이 오시기 전까지는 우리의 지혜로 풀기 어려운 숙제임이 틀림없다. 이 문제에 있어 자신의 주장만이 옳다 하여 다른 주장을 하는 자들을 매도하는 것은 옳지 않은 일이라 여겨진다.

필자가 보기엔 하나님의 아들들을 천사로 보는 것이 여러 맥락에서 성경과 가깝다고 보이나, 그렇다고 그것이 절대적으로 옳은 해석이라고 주장하는 것은 아니다. 정확한 해답을 성경은 안내하고 있지 않기 때문이다. 그러므로 이 부분에 관한 지나친 논쟁은 삼가고, 대신에 노아처럼 하나님 앞에서 의롭게 살려는 모습에서 교훈을 받아야 할 것으로 보인다. 이에 대한 주장들을 도표로 정리해 보자.[24]

---

24) 존 H. 왈턴, 구약의 연대기 도표, 안영복 역(서울: 성광문화사, 1983), p.34.

'하나님의 아들들'의 의미(창 6:1-2)

항목	첫째 이론	둘째 이론	셋째 이론
하나님의 아들들	타락한 천사들	경건한 셋 계통의 자녀들	왕조의 통치자들
사람의 딸들	죽어야 할 인간들	가인 계통의 자녀들	평민들
죄	초자연적인 것(천사)과 죽을 것(인간)과의 결혼	신령한 것과 신령하지 못한 것의 결혼	일부다처
지지자	필로, 요세푸스, 저스틴, 외경에녹서, 델리취, 드라이버, 카스토, 모리스, 폰라드, 스파이서 등	레오파드, 스티거스	아람어 탈굼역, 라쉬, 람반, 제이콥
증거	• 하나님의 아들들이란 말은 천사들만을 언급한다(**욥 1:6,** 시 29:1 등). • 유 1:6-7은 아마 이 사건을 언급하는 것 같다. • **욥 1:6**의 70인 역은 '하나님의 천사들'이란 뜻이다. • 이렇게 보는 것이 본문의 분명한 독법이다. • 그리스도는 천사들이 결혼하지 않는다고 하셨지, 결혼할 수 없다고 하지 않으셨다.	• 신령한 계통이란 개념은 외관상으로 확립되지 않는다. • 히브리어는 앞장에서 계속됨을 보여 준다. • 여기 죄는 오경전체를 통해 공통적인 주제가 되는 것이다.	• 행정관들이나 혹은 통치자들은 가끔 신들로 언급된다(출 21:6, 22:8 등). • 왕들은 때때로 신들의 아들들로 불리었다.

문제점	• 신화적인 경향을 허용하는 것이 된다. • 천사들이 앞에서 언급되지 않았다. • 천사들이 악했는데 왜 홍수로 인간이 벌 받았는가? • 신약이 시지한다 함은 의심스럽다.	• 하나님의 아들들이란 용어가 다른 곳에서는 이런 의미를 나타내지 않는다. • 그 계통들이 완전히 계속 분리된 증거가 없다. 이 이론은 아담과 이브의 다른 자손들을 설명하지 못한다. • 하나님은 아직 한 계통만을 통하여 일하지 않으셨다. • 사람들이란 용어는 일반적인 것으로 달리 이해될 수 있는 더 많은 분류를 요할 수 있다. • 노아 시대에 있어서는 노아만이 신령하였다.	• 여하튼 왕직이 표현된 것은 아니다. • 성경은 결코 왕을 신의 아들들로 보지 않는다. • 4절과의 연결을 요한다. 그러나 용사들이란 네피림의 자손들이지, 그 결합의 자식들은 아니다.

제6장
노아 홍수 120년

노아는 정말 120년 동안 방주를 만들면서
하나님의 홍수 심판을 외쳤을까?

노아 할아버지 배를 만든다. 높은 산꼭대기에 배를 만든다.

우리가 주일학교에 다니면서 배웠던 노래다. 아주 경쾌하고 재미있는 노래였다. 아무런 의미 없이 이 노래를 부르면 별문제가 되지 않겠지만, 조금 주의해서 이 노래를 살펴보면 성경에 없는 새로운 내용이 첨가된 것을 발견할 수 있다.

성경에서는 노아가 높은 산꼭대기에서 배를 만든다는 기록은 전혀 발견할 수 없다. 그럼에도 불구하고 우리는 주일학교 때 열심히 이 찬양을 불렀고 가르쳤다, 옳고 그름의 분별도 못한 채.

때때로 우리는 성경을 재미있게 구사하기 위해 여러 다른 재료들을 첨가하거나 유추하여 해석할 수 있겠지만, 그러나 전혀 엉뚱한 내용을 함부로 첨가하거나 혹은 빼거나 유추해서는 안 된다.

노아의 홍수 사건은 무척 재미있는 사건임에 틀림이 없다. 노아 홍수 사건에 대한 내용을 모르는 그리스도인들은 거의 없을 것이다. 예수 그리스도께서도 종말의 비유를 설명하면서 노아의 시대를 언급하실 정도로 우리에겐 아주 익숙한 내용이다. 노아의 홍수사건을 배우면서 아직도 나의 귓전에 맴도는 소리는

"노아 할아버지께서 120년 동안 방주를 만들면서 하나님의 말씀을 전파하였습니다. 그러나 한 영혼도 구원하지 못하고 그의 가족들만 구원을 받았습니다. 우리는 비록 한 영혼도 구원하지 못한다 하더라도 이 노아 할아버지처럼 열심히 하나님의 말씀을 전파하여야 합니다."

라는 내용이다. 이러한 해석은 어떤 거부감이 들거나 성경 상의 오류를 찾기 어려운 내용으로 받아들여진다.

맹목적으로 우리가 배워 왔던 이 노아 홍수의 사건, 120년 동안 외로이 방주를 만들며 하나님의 말씀을 전파하였던 노아의 그 전도 열정, 사도 베드로는 이러한 노아에 대하여 말씀하시기를

옛 세상을 용서치 아니하시고 오직 의를 전파하는 노아와 그 일곱 식구를 보존하시고 경건치 아니한 자들의 세상에 홍수를 내리셨으며

(벧후 2:5)

그리고 히브리서 기자도 다음과 같이 말하고 있다.

믿음으로 노아는 아직 보지 못하는 일에 경고하심을 받아 경외함으로 방

주를 예비하여 그 집을 구원하였으니 이로 말미암아 세상을 정죄하고 믿음을 좇는 의의 후사가 되었느니라

(히 11:7)

이제는 시대를 달리하여 많은 그리스도인들이 성경을 보는 안목이 아주 넓어졌으며, 그리고 자세히 주의하여 보는 분들도 많이 있기 때문에 노아 홍수 심판 유예기간이 120년이 아니라는 사실을 알고 있는 그리스도인들도 많이 있다. 그러나 아직도 많은 그리스도인들이 노아가 방주를 만들고 하나님의 말씀을 전파한 기간을 120년으로 오해하고 있다. 그리고 여러 성경 중 부록에서 인물 편을 다룰 때 노아를 취급하면서, 노아가 방주를 제작한 기간을 120년이라고 기록하고 있으며[25] 여러 성경 주석들도 그렇게 해설하고 있다.

성서교재 간행사에서 발행된 통독용 큰 글자 만나성경 부록(개역), 성경의 주요 인물 편 p.9에서 노아에 대한 부분을 설명하며 "죄악이 관영하던 시대인 노아 나이 480세에 하나님은 인류를 위한 120년의 마지막 유예기간을 선언하셨고"라고 하였다. 그러면서 창 6:3을 그에 대한 근거로 밝히고 있는데, 창 6:3을 살펴보면 전혀 그러한 내용을 발견할 수 없다. 이어서 "하나님께서 노아에게 예언하신 홍수는 120년 뒤에 실현되었다"고 말하고 있다.

톰슨성경 II 주석성경(개역) 창 6:15-16의 해설 부분에서도 "노아의

25) 라이프성경 부록 p.8, 만나성경 부록 p.9, 톰슨II 주석서성경 창 6:3의 해석

선박 제조 기간이 120년"이라 밝히고 있으며 곧이어 6:22의 해설 부분에서도 이 기간을 "노아의 인내와 믿음의 소망이 농축된 기간"이라 하였고 7:10의 해설에서도 "하나님은 아담 타락 후 그 심판의 보응을 오랫동안 유보하셨다. 그러다가 홍수 심판 120년 전에 또다시 노아를 통해 회개할 것을 촉구하셨고"라고 기록하고 있다.

총신대 유재원 교수가 쓴 원어 번역 주석 성경에서도 창 6:3의 해석을 120년으로 보고 있다. 그의 해석을 보면 "혹자는 심판까지의 날이 120년이라는 하나님의 유예기간의 선포가 노아 500세 되던 해에 주어진 것이라고 말하기도 한다. 그렇다면 노아가 600세 되던 해에 홍수심판(7:6 참고)이 있었으므로 홍수 기간이 20년 단축되었다고 추측할 수밖에 없게 된다. 그러나 성경은 이런 추측에 대해서 하등의 실마리를 주지 않는다. 따라서 이 선포는 노아가 480세 때쯤 주어진 것이며 세 아들을 낳기 시작하던 500세(5:32 참고) 되기 20여 년 전에 주어진 것이었으니, 그가 자녀를 낳기 이전에 이미 이 가증한 범죄는 온 세상에 만연하여 선민의 가정을 오염시키고 있었음이 분명해진다. 문두에 '그러나 저의 날들은 …'에서 '그러나'란 저들이 육체가 되었음에도 불구하고 120년의 유예기간이 주어짐에 대한 반의적인 의미를 노출시킨다."라고 하였다.[26)]

어떻게 해서 이런 해석이 나오게 된 것일까? 필자는 여기에 대한 여러 성경 주석과 설명들을 수차례 찾아보고 혹 올바르게 설명한 책이

26) 유재원, 원어번역주석(서울: 도서출판 양문, 1991), p.22.

있는지 살펴보았지만, 거의 대부분이 120년에 동의하고 있었다. 그래서 필자가 오해하거나 잘못 알고 있는 것이 아닌가 하여 여러 차례 연구를 해 보았으나, 하나님께서 노아에게 홍수로 인류를 심판하시겠다고 말씀하신 시점은 절대 노아 나이 480세, 즉 홍수 전 120년의 시점이 아니라는 사실만을 재확증해 줄 뿐이었다.

필자가 생각하기로, 우리가 홍수 전 120년의 기간에 대해 이렇게 알고 있게 된 이유는 첫째는 잘못 배웠기 때문이요, 둘째는 잘못 배운 내용을 성경의 검토 없이 맹목적으로 그대로 받아들였기 때문이며, 셋째는 창 6:3의 잘못된 해석에서 비롯된 것으로 여겨진다. 여기서 첫 번째, 두 번째의 잘못은 우리가 바로 배우고 성경을 좀 더 자세히 보면 된다. 그러나 잘못 알고 잘못 해석한 부분은 거기에 대한 분명한 해석이 필요하다.

창 6:3의 말씀은 하나님의 아들들이 사람의 딸들의 아름다움을 보고 자기들의 좋아하는 모든 자로 아내를 삼은 행위를 보시고 그 행위에 대한 형벌로서 주어진 말씀이다.

> 여호와께서 가라사대 나의 신이 영원히 사람과 함께 하지 아니하리니 이는 그들이 육체가 됨이라. 그러나 그들의 날은 일백이십 년이 되리라 하시니라
>
> (창 6:3)

여기서 우리는 창 6:3의 120년과 노아가 하나님의 명령을 받아 하

나님의 심판을 외친 120년의 기간을 동일시하고 있다. 우리는 이 부분을 다시 한번 검토해 보아야 한다.

창 6:3의 120년 기간과 노아가 하나님으로부터 이 땅에 대한 심판을 120년 뒤에 시행할 것이라는 말씀을 들었다는 것과는 전혀 상관이 없다. 성경 어디에도 이 120년의 기간이 하나님께서 노아에게 말씀하신 홍수에 대한 유예나 혹은 회개를 촉구하는 기간이라 말하고 있지 않다.

대부분의 사람들이 이 부분을 해석하면서 6:3의 120년에 대한 추측이나 혹은 자신의 상상에서 나온 결과로 이러한 스토리가 나온 것이 아닌가 판단된다.

예전에 창조과학회의 모 강사로부터 이 부분에 대한 말씀을 들으면서 이 120년의 기간은 인간 수명으로 주신 기간이라는 말을 들은 기억이 있다. 상당히 의아했다. 왜냐하면 노아 뒤의 많은 성경의 인물들이 120세를 훨씬 넘는 삶을 살았기 때문이다. 그리고 현대는 120세까지 사는 사람은 아주 드물다. 아마 이 강사는 요세푸스의 주장을 그대로 인용하여 그것이 성경의 가르침인 것으로 오해한 것 같다. 요세푸스는 그의 책 유대고대사 1권 제3장 75절에서 "하나님께서 사람의 사악함으로 인해 인간의 연수를 120년으로 정했다"고 말하고 있다. 그러나 이는 잘못된 주장이며 인간의 수명의 한계는 모세가 말한 것처럼 우리의 연수가 칠십이요 강건하면 팔십이라는 말씀이 더욱더 정확한 말씀이다.[27] 이는 인생의 연수가 꼭 칠십, 팔십이라는 의미가 아니라 그만큼 인생의 연수는 짧으며 신속히 지나감을 비유로 하신 말씀이다.

창 6:3의 120년의 기간은 인간의 수명으로 주신 기간이 아니라 하나님의 아들들이 사람의 딸들과 결혼한 것에 대한 심판의 내용이 되는 기간으로, 육체가 된 하나님의 아들들이 인간의 연수만큼 즉 아주 짧게 살 수 밖에 없는 존재가 되었다는 말씀으로 보인다.

노아가 하나님으로부터 이 땅에 대한 홍수심판 계시를 받은 것은 홍수 전 120년이 될 수 없다. 만약 그렇다면 홍수가 난 해는 노아 나이 600세였기 때문에, 노아가 하나님으로부터 홍수 심판을 예고 받을 때의 나이는 노아 나이 480세라는 이야기가 된다. 그러나 성경은 전혀 그러한 단서를 주지 않고 있다.

창 5:32에 보면 노아가 자녀를 낳을 때의 나이는 500세가 된 후라고 말씀하고 있다. 500세가 아니라 500세가 된 후라고 분명히 밝히고 있다는 사실에 주목하라. 그리고 홍수는 노아가 600세 되던 해에 일어났다(창 7:6).[28]

---

27) 우리의 연수가 칠십이요 강건하면 팔십이라도 그 연수의 자랑은 수고와 슬픔뿐이요 신속히 가니 우리가 날아가나이다(시 90:10)

28) 홍수가 땅에 있을 때에 노아가 육백 세라

하나님께서 노아에게 사람들의 타락에 대한 홍수 심판을 계시하신 것은, 노아의 세 아들 모두가 다 결혼을 한 후이다(창 6:18[29]). 필자는 이 부분을 해석할 때 성경의 문맥상 절대 하나님께서 노아가 480세 즉 자녀가 하나도 없었을 때 예언적 성격으로 말씀하신 것이 아니라고 본다. 그리고 그렇게 어렵게 해석할 하등의 이유가 없다.

그렇다면 노아가 하나님으로부터 홍수심판에 대한 계시를 받은 시점은 노아의 세 아들 모두 결혼한 후라는 것이 분명하다. 따라서 하나님으로부터 홍수심판에 대한 계시를 받을 때 노아의 나이는 최소한 500세 이상은 되었다는 결론이 나오게 되고, 그리고 성경은 노아가 500세 된 후에 자녀를 낳았다고 말씀을 하고 있기 때문에 세 아들 중 가장 일찍 결혼을 한 사람이 1살 때 결혼을 했다 하더라도, 홍수 전 노아가 하나님의 계시를 받은 기간은 100년도 되지 않는다. 더군다나 태어나자마자 결혼을 한다는 것은 불가능할 뿐만 아니라 세 아들 모두가 결혼을 한 뒤기 때문에, 우리나라의 대략적 결혼 적령기로 보아도 최소한 약 20년에서 40여 년 정도의 차이는 있을 것으로 여겨진다. 그렇다면 노아가 하나님께로부터 계시를 받은 기간은 길게는 약 80여 년 짧게는 60여 년밖에 되지 않으며 어쩌면 훨씬 더 짧은 기간이 될 수도 있다. 야벳과 함, 그리고 셈의 나이 차이를 연구해 보면 더 정확히 알 수 있을 텐데, 이들의 나이 차이를 알 수 있는 방법이 없다.

그러면 이 부분에 대해 다음과 같은 의문을 던질 수 있다.

---

29) 그러나 너와는 내가 내 언약을 세우리니 너는 **네 아들들과 네 아내와 자부들과 함께** 그 방주로 들어가고

하나님께서 노아가 세 아들을 낳게 될 것을 미리 알고 있었으며 그리고 그의 세 아들 모두 결혼하여 세 자부를 가질 것이라는 것도 이미 알고 계셨기 때문에, 자녀들을 낳기 전 노아 480세에 이 심판을 명하였을 수 있지 않은가 하는 의문이다. 만약 이런 식으로 성경을 해석한다면, 이 해석에 과연 어떤 사람이 동의를 할 것인가? 오히려 억지로 120년에 맞추기 위하여 성경을 갖다 붙인 해석으로만 볼 것이 아닌가?

총신대 유재원 교수는 일부의 사람들이 노아가 500세 되던 해에 이러한 심판에 대한 예고가 주어진 것이라고 말하기도 한다고 하였는데 이것도 잘못된 것이다.

노아 500세 되던 해에 하나님께서 노아에게 홍수 심판에 대한 어떠한 말씀을 하신 내용이 성경에 없을 뿐만 아니라, 그렇게 추론할 만한 근거 또한 전혀 없다. 창 6:3을 통하여 120년을 추론하는 것은 가능하나, 이 부분 또한 하나의 추론일 뿐이지 정확한 답을 제시하는 것은 아니다.

창 6:3의 120년을 홍수 유예기간의 120년과 동일시하여 노아가 480세 때 하나님으로부터 홍수심판에 대한 계시를 받았다고 추측하여 해석하기보다는, 창 6:18의 말씀을 예언적 차원에서의 해석, 다시 말하면 노아 480세 때 말씀하신 예언의 내용으로 보지 않고, 문자 그대로 즉 현재, 지금 주시는 말씀으로 받아들이는 해석이 옳지 않겠는가? 물론 이 부분에 대해 이렇게 항변할 수 있다.

이 부분은 문자 그대로 봐야 하지만, 이 말씀을 하시기 전 노아 나이

480세 때 하나님께서 먼저 노아와 언약을 세운 것을 이제 다시 말씀하실 수 있지 않으냐는 것이다. 물론 그럴 수 있다고 본다. 그러나 지금까지 살펴보았고 앞에서도 언급하였지만, 일부러 그렇게 추측하여 어렵게 그리고 힘들게 성경을 볼 필요는 없다고 본다. 이제 좀 더 구체적으로 이 부분에 대해 살펴보도록 하자.

창 6:10에 "노아가 세 아들을 낳았으니 셈과 함과 야벳이라." 11절에서 13절 말씀에 "온 땅이 하나님 앞에 부패하여 포악이 땅에 충만한지라 하나님이 보신즉 땅이 패괴하였으니 이는 땅에서 모든 혈육 있는 자의 행위가 패괴함이었더라 하나님이 노아에게 이르시되 모든 혈육 있는 자의 강포가 땅에 가득함으로 그 끝날이 내 앞에 이르렀으니 내가 그들을 땅과 함께 멸하리라." 말씀하시며 방주의 제도를 14절에서 16절 사이에 말씀하셨다.

그리고 이어 18절에서 하나님은 "그러나 너와는 내가 내 언약을 세우리니 너는 네 아들들과 네 아내와 네 자부들과 함께 그 방주로 들어가고"라 말씀하셨다. 이 말씀은 하나님께서 노아에게 홍수 심판을 말씀하신 최초의 말씀이다.

우리는 이 말씀을 과연 노아 나이 480세 즉 노아에게 자녀가 한 명도 없었을 때 하나님께서 노아가 낳을 아들들과 그 아들들의 결혼에 관한 부분을 미리 알고 하신 예언적 말씀으로 생각하거나 그렇게 말할 수 있을 것인가? 여기서 "내가 내 언약을 세우리니"라는 하나님의 말씀은 과거에 노아에게 약속하셨던 말씀을 다시 확인시켜 주시는 그러한 말씀이 아니라, 지금 현재 너와 내 언약을 세우겠다는 말씀이며 이 언약은 미래에 하나님께서 반드시 이루시겠다는 의지를 포함하고 있는 말씀이다. 만약 과거에 약속하셨던 말씀에 대한 재확인의 말씀이라면 이렇게 말씀하시지 않고 "너와는 내가 언약을 세웠으니"와 같은 과거 시제의 표현을 하셨을 것이다.

그러나 본문의 의미에서는 전혀 그러한 내용을 발견할 수 없을 뿐만 아니라 또 그렇게 추측해서도 안 된다.

여기에 사용된 "내가 내 언약을 세우리니"라는 말은 이미 하나님께서 120년 전에 노아에게 나타나서 약속하였던 말이 결코 될 수 없음은 본문의 문맥상 명확해진다.

하나님께서 정확한 방주 제도를 말씀하시고 방주에 들어갈 생물들을 구체적으로 언급해 주신 것은 이미 홍수로 멸할 시점이 무척 가까웠다는 것을 암시하기도 하는 것이다. 앞부분에서 하나님의 심판에 대한 약간의 언급이 있음은 우리가 알 수 있으나(창 6:7[30]) 이 부분은 단지 하나님께서 범죄한 사람들을 심판하시겠다는 뜻이지, 노아와 약속한, 즉 노아가 480세 때 노아와 맺은 언약이라고는 볼 수 없다. 그리고 6:13에 나타나는 멸망에 대한 예언도 역시 마찬가지의 성격을 가지고 있다. 단지 이 부분은 노아에게 직접 말씀하셨다는 점만 다를 뿐이다. 그리

30) 가라사대 나의 창조한 사람을 내가 지면에서 쓸어버리되 사람으로부터 육축과 기는 것과 공중의 새까지 그리하리니 이는 내가 그것을 지었음을 한탄함이니라 하시니라(창 6:7)

고 이 부분은 이미 노아가 세 아들을 낳고 난 뒤에 말씀한 것이기 때문에, 절대 노아가 480세 때 하나님과 노아 간에 이루어진 언약의 말씀이 될 수 없는 것이다.

내가 내 언약을 세운다는 것은 노아 나이 480세 때 세운 언약을 재확인하는 것이 아니라, 노아의 현재 상태에서 언약을 세운다는 것이며, 이 말씀의 다음 부분을 볼 때 하나님과 언약을 맺는 그 시점은 노아에게 세 아들과 세 자부가 있는 때임이 분명하다. 그러므로 창 6:3을 통해 홍수심판의 유예기간이 120년이라고 추측하여 해석하기보다는 정확히 기록된 말씀으로 분명한 해석이 가능할 때 그렇게 해야 마땅하다.

홍수 유예기간이 120년이 되어 노아가 120년이라는 장구한 세월 동안 하나님의 말씀을 순종하여 방주를 준비하였든지 아니면 아주 짧은 기간이었든지 간에 이런 기간이 노아의 믿음을 퇴색시키진 않는다.

노아의 믿음을 어떤 연수의 장구함으로 인정하려고 하는 그런 실수는 노아에 대한 결례요 잘못이라 생각한다. 믿음은 연수의 장구함에 있는 것이 아니기 때문이다. 노아의 믿음은 연수의 장구함에 있는 것이 아니라, 주신 하나님의 말씀에 대한 순종에 있었기 때문이다. 따라서 연수의 길고 짧음은 믿음의 좋고 나쁨과 전혀 무관한 것이다.

우리는 성경을 사랑한다. 그리고 기록된 하나님의 말씀이 정확무오하며 일점일획도 틀리지 않음을 인정한다. 그런데 우리 사람들이 이 정확한 하나님의 말씀을 얼마나 자연스럽게 그리고 쉽게 바꾸는지 무척 안타까운 노릇이다.

자신이 발견한 지식을 자랑하듯이, 게다가 그것이 정확한 것인 양 목소리 높여 호소하며 외치고 있다. 무지한 우리들은 그들의 말 혹은 그들의 가르침에 현혹되어 지금까지 얼마나 많은 부분에서 성경을 잘못 알게 되었는지 모를 일이다. 필자도 과거에 무조건 받아들이고 따르며, 배워왔던 대로 가르친 적이 있었다. 성경을 읽긴 읽되 배워온 고정관념에 성경을 맞추어 그렇게 읽고 이해했으며 그 고정관념과 다른 그 어떤 가르침이나 사상도 사실 여부와 상관없이 이단시하였었다. 그러다 세월이 지나 성경을 조금씩 나의 힘으로 이해하는 단계가 오고 여러 성경적 배경이나 시대적 상황과 정황들을 살피며, 대충 읽어오고 보았던 성경을 자세히 검토하며 나의 고정관념이라는 환상을 조금씩 깨면서 말씀들을 살펴보았을 때, 나는 너무 많은 부분에서 충격적 사실들을 발견하곤 하였다. 본 장에서 취급하는 내용도 그 중의 일부이다. 내가 성경을 너무 잘못 알고 있었고 또한 그런 잘못 알게 된 지식을 아무런 검토 없이 가르쳤던 어리석음을 회개하며, 좀 더 성경을 바로 알고 정확히 가르쳐야겠다는 결심을 굳게 하게 되었다.

우리는 성경을 많이 읽고 또 읽어야 하지만 바르게 알고 읽어야 하며, 또한 자주 읽는 것도 중요하지만 바르게 아는 것이 더 중요함을 다시 한번 강조하고 싶다.

노아 홍수 사건과 그리스도의 구원

앞에서도 계속 강조했듯이, 성경의 많은 사건, 특히 창 1-11장 사이에 나타난 사건들은 하나님의 구원에 대한 원리와 방법을 알려주는 귀한 내용을 내포하고 있다. 노아 홍수 사건도 역시 그렇다.

노아 홍수 사건을 통해 계시하시는 하나님의 구원 원리는 앞에서 나타난 사건들보다 좀 더 구체적이다.

이 땅에서의 심판에 대한 계획, 홍수의 계획, 방주의 계획, 노아의 구원 계획, 그리고 그 심판을 피할 수 있는 방법 등이 아주 자세히 설명되어 있다. 이는 하나님의 자녀들에 대한 구원의 원리를 총괄한 것으로, 이 모든 것이 하나님에 의해 전적으로 계획되었고 진행되며, 하나님의 손에 의해 이루어진다. 성도의 구원도 전적으로 하나님의 계획하에 이루어지며, 하나님의 손에 의해 그분만의 능력으로만 가능한 것이다.

노아 방주가 그리스도를 예표 한다는 것은 대부분의 성도가 잘 알고 있다. 노아 시대에 있어 구원의 유일한 길은 방주를 타는 것이다. 그것은 방주에 대한 하나님의 말씀을 철저히 믿는 노아의 믿음에 근거한다. 그리고 방주에 탄 하나님의 백성은 그 어떠한 상황에서도 온전히 보호받는다는 것을 보여주는 귀한 사건이다.

세대주의자들 중 일부는 노아의 홍수 사건을 휴거와 연결시켜 성도는 환난을 당하지 않고 환난 전에 휴거 된다는 비성경적 주장을 하곤 하는데, 노아의 홍수사건은 성도의 휴거와 전혀 상관없는 내용이다.

노아의 홍수 사건은 성도의 구원과 관계된 사건인 동시에, 그리스도의 재림과 관련하여 주님은 주님이 이 땅에 다시 오실 때 이 세상이 노아의 때처럼 악해질 것이라는 말씀을 하셨다.

노아가 방주를 통해 구원받은 것은 전적인 하나님의 은혜다. 마찬가지로 우리의 구원도 전적인 하나님의 은혜로 주어진다. 노아가 방주로 들어간 것도, 하나님의 말씀을 전적으로 믿은 믿음에 의해 들어간 것으로, 우리가 그리스도에게로 들어갈 수 있는 유일한 방법도 전적으로 믿음에 의해서만 가능하다. 그리고 이 믿음조차도 성령에 의해 주어지는 것이라는 사실을 신약은 증거하고 있다.

방주로 들어가는 문을 단 하나만 만든 것도, 우리의 구원은 오직 그리스도 한 분에 의해서만 가능하다는 사실을 알려주는 귀한 대목이다. 이렇게 방주 즉 구원의 문으로 들어선 자는 그의 구원에 있어 절대적으로 보장받게 됨을 이 사건을 통해 알 수 있다. 창 6장 14절을 주목해 보자.

> 너는 잣나무로 너를 위하여 방주를 짓되 그 안에 간들을 막고 역청으로 그 안팎에 칠하라
>
> (창 6:14)

여기서 잣나무로 번역된 나무의 정확한 번역은 고펠[31)]이라는 나무다.

---

31) 우리나라의 잣나무와 비슷하지만, 잣나무가 아니라 실제는 지중해 연안에서 자라는 측백나뭇과의 이태리 편백을 말하는 나무이다.

고펠 나무로 방주를 만들고 그 안팎에 역청으로 칠하라는 말씀이 나온다. 역청이란 도로의 아스팔트를 깔 때나 혹은 외벽과 내벽 방수제, 각종 접착제, 수지 등의 원료로 사용되는 것인데, 노아가 방주를 만들 때 물이 들어오지 않도록 막아 주는 방수제와 나무를 접착하는 접착제로 사용한 물질이다. 이 역청을 안팎에 칠하도록 하나님은 노아에게 명령을 하셨다.

역청으로 번역되는 히브리어는 "헤마르[32)]"라는 단어다. 그런데 창 6:14에 사용된 역청이라는 단어는 "헤마르"를 사용하지 않고 "카파(동사)", 혹은 "코페르[33)](명사)"라는 단어를 사용하고 있다.

성경은 단어 하나하나에도 하나님의 영감이 들어간 축자 완전 영감으로 기록된 책이다. 그러므로 때때로 단어 하나하나 아주 유의해서 살펴보아야 한다. 여기 나타나는 "코페르"라는 단어도 그중 하나이다.

이 단어는 창 6:14의 "역청"을 포함해 약 18번 사용되었는데, 본문의 "역청"을 제외한 다른 17곳에서는 모두 "속죄(속량)"로 번역이 된

---

32) 서로 말하되 자, 벽돌을 만들어 견고히 굽자 하고 이에 벽돌로 돌을 대신하며 역청으로 진흙을 대신하고(창 11:3) 싯딤 골짜기에는 역청 구덩이가 많은지라 소돔 왕과 고모라 왕이 달아날 때에 군사가 거기 빠지고 그 나머지는 산으로 도망하매(창 14:10) 더 숨길 수 없이 되매 그를 위하여 갈 상자를 가져다가 역청과 나무진을 칠하고 아이를 거기 담아 하숫가 갈대 사이에 두고(출 2:3)

33) 출 30:12, 민 35:31, 32, 시 49:7 참조

단어다.[34] 속죄라는 말은 '덮는다'라는 의미를 가진 단어로, 이는 그리스도의 죽음으로 인해 우리의 모든 죄를 덮는다는 의미를 담고 있다.

그리고 덮는다는 것은 보호를 의미하기도 한다. 이는 외부에서 오는 다양한 어려움으로부터의 보호를 의미하는 것이라 볼 수 있다. 방주 안에 있는 노아와 그의 가족들이 하나님의 덮음으로 완전히 보호받은 것처럼, 그리스도 안에 들어온 자들은 그리스도에 의해 완전한 보호를 받게 된다.

역청으로 번역된 코펠이라는 단어는 우리 죄를 위해 죽으신 그리스도의 대속의 피를 연상케 하며, 이 그리스도의 속죄 피로 인해 우리는 그리스도 안에서 언제나 안전함을 발견할 수 있다. 그리스도는 그의 죽음을 통해 우리의 모든 죄를 속하셨으며, 우리는 그분 안에서 언제나 안전하다. 즉 우리의 구원은 절대적으로 안전하다는 것이다.

노아의 사건을 통해 하나님의 구원의 원리를 정리해 보면,

- 인간의 구원에 대한 모든 계획은 하나님에 의해 이루어졌다.
- 구원에 있어 인간이 한 일은 아무것도 없다.
- 이 구원은 하나님의 약속의 말씀을 믿는 믿음으로만 가능하다. 방주를 만든 노아의 행위도 믿음에 따른 행위이다. 노아의 행위가 노아를 구원한 것이 아니라, 노아의 믿음이 노아를 구원했다. 성도의 구원도

34) M.R. 디한, 창세기에 나타난 그리스도의 초상화들(서울: 말씀보존학회, 2008), p.131-132.

행함으로 받는 것이 아니라 믿음으로 받는 것이며, 이 믿음에 의해 신앙의 행위가 나오는 것이다.

- 방주 안의 가족들이 안전히 보호받은 것처럼, 구원받은 성도도 그의 구원에 있어 절대적으로 안전하다.
- 이러한 구원은 하나님의 선물로 주어진 것이다.

구원에 대해 성경은 그 어떠한 것과도 타협하지 않는다. 구원을 위한 인간의 노력과 행위는 하나님에 대한 모독이며, 하나님에 대한 불신의 증거가 된다. 자신이 믿는 하나님을 스스로 불신하는 행위다. 하나님 자신만의 능력으로 우리를 구원하지 못하고 인간과 협력해 구원을 이루어 가는 거짓 신으로 만들어 버리는 용서 받지 못할 죄가, 인간의 행위와 노력이 구원에 영향을 미친다는 무서운 생각이다. 이는 성경이 아니며, 성경은 이렇게 가르치지 않고 있다.

카발라의 핵심 가르침이 되는 생명의 나무에 대한 가르침을 보면, 인간의 노력에 의해 신인합일의 경지로 가는 행위 구원사상이 들어 있다. 이 사상은 모든 종교에 미쳤으며, 모든 종교는 인간의 노력에 의해 구원이 결정됨을 가르친다. 그러나 우리 기독교는 정 반대의 가르침이다. 인간의 구원을 위해 인간이 노력한 것이 아니라, 하나님이 노력한 것이다. 행위구원의 뿌리는 카발라며 이 카발라는 사탄에게서 나온 사상이다.

선악과 사건, 가인과 아벨의 사건, 이어 나타나는 노아 홍수의 사건 등은 모두 하나님께서 인간의 구원을 위해 보여주시는 계시적 성격을 가진 사건들이다.

제7장
바벨탑

마지막 시대의 경고, 최초의 하나로 운동

인류 최초의 하나로 운동은 하나님에 대한 조직적 대항의 세력으로 등장했으며 집단적 우상숭배의 모습으로 나타났다.

하나님의 홍수 심판 후, 노아의 세 아들을 통해 이 땅에는 인류가 번성하게 되는데 이때는 구음(口音)도 하나요 언어도 하나였다. 창 11:1에 "온 땅의 구음이 하나이요 언어가 하나이었더라"고 말씀하고 있다.

사람들이 동방으로 옮겨가면서 시날 평지를 만났다. 그리고 거기서 그들은 벽돌을 만들어 견고히 굽고 그것으로 돌을 대신하고 역청으로 진흙을 대신하여 성과 대를 쌓게 되었다. 그들은 다음과 같이 말하였다.

> 자, 성과 대를 쌓아 대 꼭대기를 하늘에 닿게 하여 우리 이름을 내고 온 지면에 흩어짐을 면하자
>
> (창 11:4)

바벨탑을 건설하게 된 동기와 목적이 분명히 나타나는 말이다. 사람

들이 바벨탑을 건설할 때 여호와께서 인생들의 쌓는 성과 대를 보시기 위하여 강림하셔서 그들의 경영을 보시고 그 경영의 악함을 탄식하시면서 다음과 같이 말씀하셨다.

> 여호와께서 가라사대 이 무리가 한 족속이요 언어도 하나이므로 이같이 시작하였으니 이후로는 그 경영하는 일을 금지할 수 없으리로다 / 자, 우리가 내려가서 거기서 그들의 언어를 혼잡케 하여 그들로 서로 알아듣지 못하게 하자 하시고 / 여호와께서 거기서 그들을 온 지면에 흩으신 고로 그들이 성 쌓기를 그쳤더라
>
> (창 11:6-8)

인류의 하나 됨을 위한 노력을 하나님께서 흩으신 최초의 사건이다.

여기서 우리는 중요한 몇 가지 사실에 대해 의문을 가지게 된다. 왜 하나님께서는 단지 인간들의 탑 쌓는 것을 보시고 그 탑 쌓는 경영을 악한 것으로 여기셨으며, 그리고 그들을 지면에서 흩어 버리셨는가에 대한 의문점이다. 인간들의 탑 쌓는 행위가 어떠했기에 얼마나 악하였기에 이러한 심판을 하게 되었는가. 여기에 대해 우리는 성경만으로는 정확한 해답을 내리기가 어렵다.

대부분의 주석들은 인간들의 탑 쌓는 동기에 대한 문제를 지적하며, 하나님께서 생육하고 번성하며 땅에 편만하라고 하신 그 명령을 지키지 아니하고 이 땅에서 흩어짐을 면하자고 한 불순종과, 하나님의 이름을 높이지 아니하고 자신들의 이름을 내려 한 교만 때문에 이런 심판을 하

셨다고 한다. 뭔가 석연치 않은 부분과 이해하기 힘든 부분들이 있다.

인간이 하나 되어 더욱더 결속하여 생육하고 번성해서 인간이 많아지면 자연히 이 땅을 정복하여 이 땅에 편만하게 되는 것이다. 그리고 자신들의 이름을 높이기 위해 탑을 쌓은 인간의 교만은 하나님을 알지 못하는 사람들에게는 충분히 용납되는 부분이다. 단지 이런 문제로 인간들의 경영을 악한 것으로 여기고 그들의 경영을 금하면서 하나님께서 그들의 언어를 혼잡케 하시고 그들을 지면에서 흩으셨다면 너무 치졸한 하나님이 아닌가?

그렇다면 하나님께서 그들을 심판하신 이유는 어디에 있을까?

기원전 3세기 바벨론의 신관이자 역사가인 베로수스는 민족의 흩어짐과 언어의 나뉨에 대해 다음과 같이 기록하고 있다.

> 최초의 사람들은 자신의 힘을 너무 믿어 신을 경멸하고 자신이 신보다 위대하다고 생각했다. 이들은 오늘날 바벨론이 있는 곳에 높은 탑을 쌓았다. 이 탑이 하늘에 닿으려 할 때에 갑자기 신이 있는 곳에서 바람이 불어오기 시작하여 탑을 무너뜨렸다. 탑의 폐허는 바벨이라는 이름이 붙여졌고 사람들은 이때까지 같은 언어를 사용하였는데 신은 이들로 하여금 다른 언어로 말을 하게 만들어 버렸다.

인간의 바벨탑 건축은 인간의 흩어짐을 면하기 위해서 그리고 그들의 교만으로 말미암아 건축한 것은 사실이다. 그러나 그들이 하나 되어 흩어지지 않으려 했던 목적과 교만의 진의는 무엇이었을까?

바벨탑이 세워진 시날 평지는 메소포타미아 지역에 있는 평지다. 메소포타미아에서는 자신들의 신을 섬기기 위해 여러 탑들을 쌓았다. 이 탑을 “지구라트”라 부른다.

이들은 기원전 3000-500년 사이 자신들의 신을 모시고 숭배하는 수백 개의 지구라트를 쌓았는데, 특히 중요한 도시에는 그 도시 중앙에 거대한 지구라트를 갖추고 있었다. 창세기 11장에 등장하는 바벨탑 역시 이 지구라트의 한 형태이다.

1913년 독일의 콜데바는 바벨론을 발굴하던 중 도시의 중앙에 있는 거대한 탑 유적의 토대에서 기원전 229년에 새겨진 점토판을 발견했다. 이 점토판에 따르면 탑은 7층이며 그 위에 사당이 설치돼 있었다. 몇 가지의 자료를 종합해 조사한 결과 이 탑은 바벨탑이었으며, 이 바벨탑을 세우는데 모두 8천 5백만 개의 벽돌이 사용되었고, 건물의 규모는 가로와 세로, 그리고 높이가 약 90미터에 달했다고 한다.

기원전 479년 바벨탑은 페르시아의 침공으로 철저히 파괴가 된 것으로 알려지고 있는데, 알렉산더 대왕이 바벨론을 점령하였을 때 폐허가 된 바벨탑을 재건하려고 하였지만 1만 여명의 인원이 2개월간 투입된 후 중도에서 포기하였다는 이야기가 있다.

여기서 우리는 하나님께서 인간들의 탑 쌓는 경영을 금하신 분명한 이유를 찾아볼 수 있다. 하나님께서 인간들의 탑 쌓는 것을 금한 이유는 이 탑이 우상을 섬기는 제단으로서의 성격을 갖고 있기 때문이며, 인간들이 하나님을 조직적으로 대항하는 악한 세력이 되었기 때문이다.

바벨탑을 쌓도록 주동한 인물은 노아의 둘째 아들인 함의 자손으로 유프라테스강 유역에서 짐승들을 사냥하는 가장 특이한 사냥꾼이며 최초로 영걸이라 불렸던 "니므롯"으로 알려져 있다. 니므롯은 "마라드"라는 이름에서 유래된 것으로 "그가 반역하였다", "폭동을 일으키다"라는 뜻이며, 하나님과 대적하기 위하여 많은 우상숭배를 성행시키고 자신이 신처럼 군림한 사람이다.

인간이 성과 대를 쌓아 그 꼭대기를 하늘에 닿게 하자라는 욕심은 하나님과 같아지고자 하는 교만의 최고치이며, 인간의 이러한 욕심은 이미 하나님을 반역한 루시퍼의 욕심이었으며 우리의 시조인 아담과 하와의 욕심이었다.

루시퍼도 자신을 따르는 다른 천사들과 하나 되어 하나님께 반역을 했으며, 우리의 시조 아담과 하와도 두 사람이 하나가 되어 하나님의 계명을 어겨 범죄하였다. 바벨탑 역시 이와 같은 성격을 갖고 있다. 하나님은 이러한 사람들의 경영을 결단코 그대로 두지 않으셨다.

그리고 그 탑은 우상숭배를 위한 신전으로 사용되었으며, 특히 자신을 신격화한 니므롯을 숭배하도록 하기 위한 것으로 알려져 있다. 뭇별 위에 앉아 자신의 이름을 높이며 모든 천사들로부터 숭배받기를 원했던 루시퍼처럼, 바벨탑 꼭대기에 앉아 모든 사람들로부터 숭배받고 자신의 이름을 높이려고 한 것이다. 결국 이러한 이들의 하나 됨의 모든 행태는 그 시작에서부터 지면에서 흩어질 때까지 하나님에 대한 조직적 배도요 도전이 되는 최초의 행태가 된 것이다.

바벨탑 사건을 영적 차원에서 현시대에 비추어 볼 때, 현대에 일어나고 있는 대통합의 운동, 즉 정치, 경제, 종교, 언어 등 모든 방면의 통합이 결국은 하나님을 대적하는 무서운 세력으로 나타날 것으로 보인다. 현대의 모든 통합의 이면에는 세속적 부귀영화와 복지가 중심을 이루고 있으며, 특히 종교통합은 우리 기독교의 정체성마저 무너뜨리는 무서운 형태로 나타나고 있다. 새로운 현대판 바벨탑이 재건되는 모습을 보는 것 같은 착각이 들 정도다.

현 우리 기독교는 좌에는 WCC, 우에는 WEA와 로잔이 포진 그리고 로마가톨릭과의 연합, 모두 함께 종교통합의 기수 역할을 하고 있다.

종교통합을 이끄는 자들의 머리엔 딥스[35]가 있으며, 이 딥스를 움직이는 자들이 유대 회복을 꿈꾸는 시온주의자들이다. 빌리그래함을 비롯해 종교통합을 주도한 대부분의 유명 목회자들이 딥스 고위 간부들이며 시온주의자들이다.

이미 종교통합의 길은 자유주의 신학의 발전, 신복음, 신사도 등의 신학적 가세로 인해 상당히 진척되어 있다. 현재 그리스도인이라 하는 대부분의 사람들이 다원주의적 사고를 갖고 종교통합에 긍정적으로 생각하고 있다는 보도는 오래전부터 나온 보도다.

---

35) 딥스란 딥스테이트의 줄임말로, 프리메이슨이나 일루미나티 등의 조직들을 말하며, 보이지 않게 세계를 움직이는 세력들을 총칭하는 말이다.

종교통합은 마지막 시대 교회의 최후, 그리고 최악의 배도가 될 것이다. 이에 가담하는 자들은 하나님의 심판을 각오해야 한다.

바벨이란 언제나 하나님을 대적하는 의미로 사용되는 단어다. 마지막 시대, 새로운 바벨이 건설되어 무너질 것을 계시록에서는 알려주고 있다.

> 힘센 음성으로 외쳐 가로되 무너졌도다 무너졌도다 큰 성 바벨론이여 귀신의 처소와 각종 더러운 영의 모이는 곳과 각종 더럽고 가증한 새의 모이는 곳이 되었도다
>
> (계 18:2)

바벨탑을 통한 인간 최초의 하나 됨이 하나님에 대한 도전으로 나타나게 되고 우상을 섬기는 형태로 나타난바, 오늘날 인간 중심의 하나 됨은 무너진 바벨탑을 재건하는 행위로 나타나게 될 것으로 보인다. 재건된 바벨탑 위에는 인간의 이름이 존중히 여김을 받게 될 것이며 인간의 위대함이 기록될 것이고, 통치자는 신의 자리에 앉아 모든 인류에게 자신을 섬기고 따르도록 강제할 것으로 보인다.

현 인본주의의 하나 됨에 의해 재건되는 바벨탑의 현장엔, 하나님에 대한 도전과 인간이 하나님의 위치에서 하나님처럼 군림하려는 사탄적 욕망이 꿈틀대는 것을 볼 수 있다.

이렇게 재건된 바벨탑은 더이상 올라갈 곳이 없다. 하나님의 창조영역에까지 올라갔으니… 이제 남은 것은 하나님의 심판뿐이다.

제8장
신화와 구약성경

과연 성경의 여러 사건들이 신화에 불과할까?

지금까지 우리는 창세기 1장부터 11장 사이에 나타나는 몇 가지 의문스러운 내용들을 살펴보면서 하나님께서 성경을 기록케 하신 중요한 이유들을 알게 되었다.

이제 잠깐의 틈을 내어 창세기 1장부터 11장 사이의 여러 사건들이 신화에 불과하다고 말하는 자들의 주장을 살펴보고, 성경과 신화의 차이점을 알아보고자 한다.

하나님을 인정하지 않고 성경을 인정하지 않는 대부분의 사람들은, 성경에 나타난 많은 사건들이 고대 근동 시대 때부터 전해 내려오는 신화의 일부를, 이스라엘이라는 나라의 민족 신을 만들기 위해 편집하여 만들어낸 이야기에 불과하다고 한다. 이 말은 성경은 다양한 신화적 내용을 각색 기록한 허구에 불과하다는 것으로 일체 믿을 수 없는 책이라는 것이다. 이들의 주장이 나름 근거가 있는 것처럼 여러 자료들을 제시하며 증거하지만, 이러한 증거들은 단편적 주장일 뿐 아니라 성경을 믿지 못하도록 하려는 사탄의 기만술일 뿐이다.

각 나라에는 신화가 존재한다. 그러나 신화는 전혀 사실성이 없는 인간의 상상에 의해 만들어진 허구적 내용에 불과하지만, 성경은 전혀 그렇지 않다. 구약 성경과 관련된 주요 신화는 창조와 홍수신화가 대표적인데, 이 신화들은 수메르, 아카드, 아시리아, 바벨론 등의 신화들과 비슷해 일반적으로 메소포타미아 신화라고 부른다.

창조기사와 홍수기사에 연관된 대표적인 메소포타미아 신화는 에누마 엘리쉬와 길가메시 서사시, 아트라하시스 서사시 등이 있으며, 에누마 엘리쉬와 길가메시 서사시가 대표적으로 알려져 있다. 그리고 애굽의 신화로서는 요셉과 관련하여, 두 형제의 이야기, 시누헤의 이야기, 웨나문의 보고서 등이 있다.

에누마 엘리쉬

바벨론의 창세기로 알려져 있는 에누마 엘리쉬[36](Enûma Eliš)는 바벨론 또는 메소포타미아 창조 서사시로서, 니느웨 아슈르바니팔의 폐허가 된 도서관에서 조각으로 발굴되었다. 에누마 엘리쉬는 점토판에 기록되어 있었고, 언어는 아카드 언어였다. 7개의 점토판에는 약 1000행 이상의 내용이 기록되어 있었는데, 주요 내용은 마르둑이라는 신의 아들이 신들의 전쟁에서 승리하여 신들의 세계를 평정하는 내용으로, 이는 마르둑을 섬기는 사제들이 마르둑을 칭송하고 높이기 위해

36) 의미는 '높은 곳에서'라는 뜻이다.

쓴 서사시로 보인다. 서두 부분은 다음과 같이 기록되어 있다.[37)]

> "위에 하늘이 아직 불리지 않았고 아래 마른 땅이 이름으로 불리지 않았을 때 신들의 아버지 태초의 압수와 신들을 낳은 모체 티아마트가 자기들의 물을 한데 섞고 있었다. 늪지가 형성되지도 않았고 섬도 나타나지 않았다. 신이 나타나지 않아 이름으로 불리지 않았고 운명이 결정되지 않았다. 그리고 신들이 그들 안에서 생겨났다."

이렇게 시작되는 에누마 엘리쉬는 창세기의 창조와 아주 비슷한 형태를 갖고 있다. 에누마 엘리쉬와 창세기의 창조 내용 중 비슷한 내용은 다음과 같다.[38)]

- 창조의 순서가 유사하다. 가령, 궁창의 창조, 마른 땅의 창조, 광명체의 창조, 인간의 창조가 순차적으로 이루어지고, 그 다음에 안식이 있다.
- 창조 전의 상태가 흑암으로 표현된다.
- 물의 분할과 구획이 이루어진다(궁창 위의 물과 궁창 아래의 물로 나누는 것).
- 태양, 달, 별 등이 창조되기 이전에 빛이 존재한다.

성경을 거부하는 사람들은 성경이 나오기 전 이미 이러한 신화들이

---

37) 다음백과, 에누마 엘리쉬.

38) http://blog.daum.net/koowon/1607632

있었기 때문에[39] 성경은 이런 신화를 모방해 각색한 것, 혹은 또 다른 신화의 일종이라고 치부한다.

하나님 믿기를 거부하고, 성경을 인정하길 거부하는 사람들로서는 좋은 증거자료임에는 틀림이 없다. 그러나 에누마 엘리쉬와 성경의 창조기사는 확연한 차이를 갖고 있다. 약간의 비슷한 면을 가지고 성경이 에누마 엘리쉬를 모방한 작품에 불과하다고 주장하는 것은 학자로서도, 성경을 믿지 않는 사람으로서도 공정성을 상실한 불손한 태도이다.

세계 어느 신화든 약간의 비슷한 점들이 있음을 우리는 간과해선 안 된다. 성경에서 인간은 흙으로 만들어졌다고 기록하고 있다. 그러나 중국의 한나라 때 지어진 「설문해자(設文解字」라는 책의 창세신화를 보면 여와가 사람을 일곱째 날 진흙으로 만들었다고 기록하고 있다. 그리고 계속해서 진흙으로 사람을 만들어 가는 내용이 있다.

그렇다면 성경에서 흙으로 인간을 만들었다는 기록이 중국의 창조신화를 알고 그 내용을 각색했다고는 말하기 어려울 것이다. 물론 바벨론 신화들 중에도 흙으로 인간을 만드는 신화가 전혀 없는 것이 아니다.

세상 모든 신화는 원래 공통점들이 상존하고 있다. 이는 나중에 좀 더 밝히겠지만 하나님께서 행하신 창조에 대한 내용들이 사람들의 입을 통해 전달되면서, 인류분산 후 흩어진 민족들이 전해진 민담들을 그들 나름대로 자신들이 거주하는 지역에 맞게 신화로 만들어낸 것이기

39) 성경의 창조 기록은 B.C 1500년경으로 보나 엘루마 엘리쉬는 이보다 빠른 B.C 1700년 경으로 보고 있다.(안영복 저, 구약 역사 개론(서울: 기독교 문서선교회), p.32.)

때문이다.

길가메시 서사시에 나오는 홍수 사건이나, 다른 나라의 신화 중의 홍수 신화들도 이와 같은 맥락에서 충분히 이해될 수 있다. 에누마 엘리쉬와 성경의 차이점을 도표로 보면 다음과 같다.[40]

성경 창조기사와 에누마 엘리쉬의 비교

창세기 기사	에누마 엘리쉬
하나님은 능력의 궁극적 근원이시며, 피조물을 초월하신다.	마법(마술적 주문)이 능력의 궁극적 근원이며, 신들은 자연에 복종한다.
창조의 적용 범위가 조직적이고, 체계적으로 자연의 일반영역을 내포한다.	식물, 동물 및 빛의 창조를 내포하지 않고 있으며, 이러한 것들의 실제는 가정되고 있을 뿐이다. 달과 별들은 창조되었으나 태양은 그렇지 않다.
창조의 목적은 하나님을 찬양함에 있으며, 하나님을 그같이 인정하고, 하나님의 궁극성과 권위에 찬사를 둔다.	그 목적은 마르둑을 신들 중에 최고, 최강자로 찬송함에 있고, 창조는 우발적으로 이루어졌다.
우리가 실재하는 줄 알고 있는 그 사물 이전에 창조 사역이 시작한다(창 1:1). 하나님께서 창조하실 때 이름들을 주셨다(창 1:5, 8, 10).	하늘과 땅이 호칭되기 전에 창조 사역이 시작한다. 그것들이 실재하기 전의 상황을 상상할 수 없다.
원시적 깊음으로부터 시작한다.	깊음과 염수로부터 시작한다.
시간의 순서가 있는 창조 사역이며, 각 날에 의하여 구분되어 있다(창 1:5, 8, 13).	날들의 연대기적 구조가 없다.
말씀에 의해 창조 되었다(창 1:3, 6, 9, 11, 20).	이미 실재한 물질로부터의 창조가 된다.

40) 안영복, 구약역사개요(서울: 기독교 문서 선교회, 1987), p.32.

물이 궁창으로 말미암아 아래, 위로 나누어졌다(창 1:6-8).	티아맛의 시체가 둘로 나누어져 아래, 위의 물이 되었다.
인간은 피조물을 지배하도록 창조되었다(창 1:28).	인간은 신들에게 봉사하도록 창조되었다. 그러므로 신들은 그렇게 힘들며 일해야 할 것으로 생각지 않았다.
인간은 흙으로부터 창조되었다(창 2:7).	인간은 살해된 영웅의 피로부터 창조되었다.

길가메시 서사시

길가메시 서사시(Epic of Gilgamesh)는 고대 메소포타미아의 서사시로, 수메르 남부의 도시 국가 우루크의 전설적인 왕 길가메시(Gilgaméš)를 노래한 것이다.

19세기 서남아시아 지방을 탐사하던 고고학자들이 수메르의 고대 도시들을 발굴하는 과정에서 발견되었다.[41)]

길가메시 서사시는 창세기 6장에 나타나는 홍수 사건과 비슷한 내용이 있는데, 우루크의 왕인 길가메시가 영원한 생명을 얻기 위해 우트나피시팀을 만나게 된다. 우트나피시팀은 길가메시에게 인간들이 많아지면서 부패해지고 신들을 괴롭게 해서 신들이 인간들을 홍수로 멸했다는 사실을 알려 준다.

우트나피시팀은 홍수로 멸망당하는 인간들이 불쌍하여 모든 인간들

41) 다음백과.

이 멸망당하는 것을 막기 위해 神 에아로부터 선택된 인물이었다. 에아는 우트나피시팀에게 신들이 인간들을 홍수로 멸하려 하니 방주를 만들어 가족과 하인, 가축 등을 태우고 홍수를 피하라고 당부했고, 우트나피시팀은 에아의 말대로 방주를 만들어 가족들과 방주에 탄 모든 생물들과 함께 신의 저주로부터 구원을 받았다. 이후 물이 빠지자 우트나피시팀은 방주로부터 나와 자신을 구원해준 신들에게 감사의 제사를 드리게 된다.

어쩌면 성경의 창세기 6장부터 9장 사이에 나타나는 노아 홍수 사건과 비슷한 면이 많이 있다.

그러나 이러한 신화가 성경의 신화적 성격을 증거하는 것이 아니라, 오히려 성경이 더욱더 참된 하나님의 말씀임을 증거하는 예가 된다.

홍수 후 지상에 사람들이 편만해 지면서, 이들은 바벨탑을 쌓아 하나님의 진노를 받게 된다. 그러면서 이들은 사면으로 퍼지게 되고 이들이 알고 있었던 홍수에 관련한 내용들이 그들의 지역에서 성경과 비슷한 신화로 자리 잡게 된 것이다.

신화는 인간들이 만들어 낸 신들에 관한 이야기일지라도, 이러한 신화의 존재는 최초 하나님을 거역한 인간들의 마음속에 자리 잡고 있는 신적 관계에 대한 증명이 된다. 이러한 신적 관계에서 실제적 사실을 사실대로 알지 못하고, 나름 사실인 듯 묘사하여 신과 인간에 관련한 다양한 이야기들을 만들어내게 된 것이다. 세계적으로 홍수에 관련된 신화들이 존재하는 이유 또한 실제로 있었던 노아 홍수에 대한 사실을 정확히 알지 못하고, 단지 신에 의한 형벌이라는 사실과 전래 되던 여러 이야기들을 자신들이 속해 있는 지역에 맞게 신화적으로 만들어 낸 것이다. 길가메시 서사시 또한 이 범주를 벗어나지 않는다. 성경의 홍수 사건과 길가메시 서사시를 비교하면 다음과 같다.[42]

성경의 홍수기사와 길가메시 서사시의 비교

항목	창세기의 내용	길가메시 서사시
신이 계획함	하나님에 의해 계획됨	신들의 회의에서 계획됨. 아누, 엔릴, 니눌타, 앤누기에아, 이쉬탈
주인공에게 그 계획을 신이 계시	하나님이 노아를 구원하신 이유는 그의 의 때문이었다.	에아가 한 꿈에서 우트나피시팀에게 경고하였다.
홍수의 이유	인간의 죄	신들의 안식을 방해한 인간의 소란
벌	윤리적이며 정당하다.	윤리적으로 모호하고 유감스럽다.
주인공의 구원	하나님의 계획에 내포됨	비밀리에 행해짐
구원받은 생명	가족 8명, 배에 탄 짐승들	모든 생물, 짐승, 몇 가족, 장인 및 기술인의 대표자들
배의 건조	바닥이 평평함, 직사각형, 300×50×30 규빗, 3층, 문, 창문, 역청을 칠함	입방체, 120×120×120 규빗, 7층, 9부류, 문, 창문, 역청을 칠함
홍수의 물리적 이유	매우 이해할 만함. 땅의 격변, 지하의 물, 폭우	비, 바람, 제방들이 무너짐
홍수의 기간	40일 주야	6일 주야
배의 상륙	아라랏 산	니실 산

42) 앞의 책, p.34.

새들을 내어 보냄	까마귀, 비둘기(3번)	비둘기, 제비, 까마귀
예배의 행위	예배의 희생제	신들을 달래기 위한 희생제
주인공이 받은 복	지상적 언약	신, 불사

에누마 엘리쉬나 길가메시 서사시 같은 신화들이 비록 성경과 비슷한 내용들이 있다고 하여 성경이 이들의 신화들을 각색한 것이라고 하는 것은 잘못된 생각이다.

세계에 널리 분포된 신화들 가운데 성경의 내용과 비슷한 내용이 존재한다는 것은 그만큼 성경이 사실이라는 사실을 더욱더 입증할 뿐이다. 성경은 살아계신 하나님이 우리 인간들을 위해 주신 계시의 책이지만, 신화는 신에 관한 인간의 추억들을 그들의 지역적 특성에 맞춰 만든 것이다. 성경은 인간의 흩어짐에 대해 정확히 설명하고 있으며, 이렇게 흩어진 사람들이 나름 신들에 대한 여러 생각을 전하고 기록한 것이 신화가 된 것일 뿐이다. 신화의 존재는 신의 존재를 입증하는 도구이다.

성경과 신화의 차이점들

항목	성경	신화
1	성경은 하나님의 계시를 받은 사실적 기록물이다.	신화는 인간의 신에 대한 추억을 상상으로 만들어 낸 것이다.
2	성경은 많은 고증적 자료들이 있다.	신화는 고증적 자료들을 찾기가 어렵다.
3	성경은 기록된 내용에 있어 객관적 증거들이 많이 나타나고 있다.	신화는 객관적 증거들을 찾기가 어렵다.
4	성경에 나타난 지명들은 지금도 많이 남아 있다.	신화에 있는 지명들은 거의 없다.
5	성경은 역사적 사실로 계속성이 있다. 이는 창세기부터 계시록까지 동일한 주제로 통일되어 있다는 것이다.	신화는 역사적 사실로서의 계속성이 없다.
6	성경에서 계시된 모든 신적 약속들이 성취되었다.	신화에 나타난 신적 약속들은 성취되지 않는다.
7	성경은 그 내용에 있어 사실임을 입증할 자료들이 많다.	신화는 입증할 자료들이 없다.
8	성경은 사실성으로 인해 오늘날 모든 기독교인들에게 신적 말씀으로 경전이 된다.	신화는 사실성이 있다 하더라도 결코 경전이 될 수 없다.
9	성경은 유일하신 하나님을 증거하는 신교(삼위일체)적 성격을 갖고 있다.	신화는 항상 다신교다.

신화와 사탄과의 관계

사탄은 처음부터 하나님의 자리를 노리고 하나님께 반역한 천사 중 하나다.

사탄의 최종목표는 하나님께서 사랑하는 인간들을 미혹해 하나님을 섬기지 못하도록 하는 것이다. 그는 항상 하나님처럼 사람에게 높임과 섬김을 받으려 하고 있으며, 자신이 하나님인 양 행세를 하는 자다. 우리의 시조를 넘어뜨린 유혹도 하나님과 같아질 것이라는 유혹이었다.

인간을 타락시킨 사탄은 하나님의 계획을 방해하고, 하나님의 일을 훼방하는 일들을 지금까지 행하고 있다. 그중 하나가 성경을 모방하거나, 하나님을 모방하는 일이다. 그리고 성경에 나타나는 다양한 사실들을 허구로 만들거나, 아니면 거짓으로 만들어 인간들이 성경을 신뢰하지 못하도록 한다.

성경이 신화를 모방하거나 각색한 것이 아니라, 성경은 우리 인간들에게 진짜 신이 누구이며, 신화에서 말하는 여러 내용의 사실관계가 어떠한가를 바로 보여주는 신의 말씀이다. 인간들이 잘못 알고 있는 신에 대한 지식들을 바로 잡아주고, 떠돌아다니는 많은 신화 속에서 접하는 신의 존재, 세상의 창조, 인간들과 신의 관계, 형벌들이 어떠한 것인지를 올바로 보여주기 위해 주신 책이다.

성경을 무너뜨리면 하나님이 무너지고, 그리스도가 무너지며, 하나님의 백성들이 무너진다. 이런 사실들을 알고 있는 사탄은 성경에서 계시한 앞으로 오실 메시아를 모방하여 다양한 종교들을 탄생시킴으로 메시아에 대한 사실을 기록한 복음서를 허구로 만들고자 했다.[43]

---

43) 조로아스터교, 미트라교 등이 여기에 속한다. 그리고 불교의 법화경 또한 비슷하다.

그리고 인간들을 이용해 만든 종교들을 통해 그리스도가 오기 전 그리스도와 비슷한 신화적 내용들을 만들어 그리스도의 메시아 됨에 대한 진리를 믿지 못하도록 하였다. 성경을 무너뜨리고, 하나님을 대적하는 일의 일체의 주모자는 사탄인 것이다.

성경의 성경 됨은 인간의 판단에 달린 것이 아니라, 하나님의 신실하심에 의한 것이다. 비록 66권의 성경이 여러 사람에 의해 기록되고 여러 시대를 거치면서 편집되었지만, 성경 속에 흐르는 하나님의 가르침은 성경 전체에 일관되게 흐르고 있다. 이는 다른 신화에서는 전혀 찾아볼 수 없는 점이다.

창세기부터 계시록까지 이어지는 놀라운 통일성은 성경이 하나님의 말씀이 아니라면 전혀 가능하지 않은 특성이다. 사탄이 아무리 하나님을 대적해 성경을 무너뜨리려 해도, 결국 이 세상은 하나님의 말씀대로 진행되어왔고, 진행되고 있으며, 앞으로도 그렇게 될 것이다. 성경은 최후로 심판받을 자는 사탄과 사탄을 따르는 무리들로서 하나님을 거부하는 자들임을 명확히 밝히고 있다.

바벨탑과 신화

모든 신화와 종교의 시작점은 바벨탑에서 그 근거를 찾을 수 있다.

바벨탑 사건 이후 신에 대한 추억으로 각종 종교와 신화들이 만들어진다. 문자가 만들어지기 전 창조, 선악과, 가인과 아벨, 노아 홍수, 바벨탑 등의 사건들이 사람들의 입을 통해 구전되어 내려오다 바벨탑 사건으로 사람들은 온 지면에 흩어지게 된다.

온 지면에 흩어진 사람들은 문자를 발명하게 되고, 이들이 전해 들어 알고 있는 창조나 홍수, 바벨탑 등의 이야기들을 사실대로 기록하지 못하고, 살고 있는 지역의 환경, 사람들의 영향, 지역적 특색에 맞게 각색되고, 신들의 이름도 그들의 언어로 다양하게 바뀌면서 이것이 문자로 기록되어 신화로 자리 잡게 된다.

그러다 보니 서술방식이나 배경, 그리고 신의 이름들은 다를지라도 중심적 이야기들 대부분은 기록되어 진다. 동서양의 많은 민족들의 신화에 창조나 홍수 신화가 존재하게 되고, 이러한 이야기들이 현재까지 내려오고 있는 것이다.

인간 타락 이후 하나님 계통의 자손과 그렇지 못한 자손들의 구분이 명확히 갈리면서, 하나님을 중심으로 한 사람들의 집단과 그렇지 못한 집단 간의 대립 현상이 나타나고, 하나님을 믿는 사람들은 하나님을 경외하는 조상들을 통해 하나님과 여러 가지 사건들에 대한 올바른 지식을 정확히 전수해 내려왔다. 아담, 셋, 노아, 셈, 아브라함, 이삭, 야곱, 요셉 등의 경건한 하나님의 백성들은 조상들로부터 들어온 하나님과 창조 이후의 많은 사건들에 대해 신화적 이야기로 만들지 않고 정확히 그대로 전달해 왔다.

그러나 경건치 못한 자들은 이러한 사실들을 자신들의 상황에 맞게 각색하고 여러 신들을 만들어내면서 종교를 만들고, 신화를 만들게 된 것이다. 이러한 배후에는 사탄이 언제나 이들을 조정해 왔음을 알 수 있다.

하나님께서는 하나님의 백성들을 통해 성경에 나타난 여러 사건들이 신화나 종교가 아닌 사실 그대로가 계속 전해지도록 하면서, 모세를 통해 그 사실들을 기록하게 하고, 고대 근동의 신화나 혹은 전 세계적으로 만들어진 신화에 대해 올바른 안내를 할 수 있도록 성경에 기록하도록 하셨다. 이 성경을 통해, 참된 신은 하나님이라는 것, 하나님이 세상을 어떻게 만들었는지, 인간을 어떻게 만들었는지, 인간의 타락과 노아 홍수, 범죄한 인간들에 대한 용서, 그리고 구원에 대한 올바른 안내를 하신 것이다. 따라서 성경이 신화를 모방한 작품인 것이 아니라, 신화는 성경이 사실임을 알려주는 훌륭한 도구가 되고, 인간에 의해 만들어진 신화의 실체를 성경이 바로 가르쳐주고 있는 것이다.

제9장
하나님의 인신제 요구

왜 하나님이 이삭을 제물로 바치라 하셨을까?

사람을 제물로 드리는 인신 제사. 현대에 사는 우리들로서는 상상조차 하기 어려운 일이다. 그러나 현대에도 비밀리에 인신 제사가 행해지고 있음이 경찰에 의해 밝혀졌다. 2012년 3월 31일 멕시코 경찰은 멕시코 북쪽 지역인 소노라에서 '죽음의 성자'로 알려진 Santa Muerte에게 희생 제사로 바치기 위해 두 소년들과 한 여자를 살해한 혐의로 8명의 사람들을 체포하였다고 발표했다. 검찰관계자에 의하면 세 명의 희생자 중에 두 명은 10살로 추정한다고 했으며, 이들은 살해당한 뒤 그 피가 성자의 제단에 바쳐졌다고 했다. 이러한 인신 제사는 사탄 숭배자들에 의해 저질러진 것으로 알려졌다.[44]

잉카제국의 발생지인 멕시코에서 발견된 인신 제사의 흔적은 고대 잉카문명이 성행할 때 자연스럽게 행해진 이들의 풍습이 오늘날까지 사탄 숭배자들에 의해 그 명맥을 비밀리에 이어오고 있는 것이다.

인신 제사의 풍속은 고대 잉카제국뿐만 아니라, 아브라함이 살던 갈

44) http://blog.naver.com/esedae

대아 우르 지역이나 가나안 지역 등의 고대 근동에서도 자연스레 행해지고 있었다. 이러한 인신 제사는 동서고금을 막론하고 행해졌다는 증거들이 속속 나타나고 있는데, 그 이유를 정확히는 알 수 없지만, 자신들이 섬기는 신에게 자신들의 가장 귀한 것, 즉 생명을 드리는 것이 각종 저주를 쫓고, 그들의 신으로부터 복을 받는 것이라 생각했기 때문일 것이다. 특히 아브라함이 살던 우르 지역에서는 자신이 섬기는 신에 대한 최고의 헌신이 자신의 자녀를 바치는 행위였다고 알려져 있다.

그러나 성경은 이러한 인신 제사에 대해 강력히 반대하고 있으며, 이런 행위는 하나님을 모욕하는 행위로 규정하고 있다.[45]

하나님께서 이스라엘 백성들에게 이방인들이 행하는 그들의 관습을 철저히 버릴 것을 말씀하신 것은 이러한 잘못된 풍속들이 이들에게서 행해지고 있었기 때문이다.

이방인들은 자신들의 신을 위한 것이라 하여 사람을 죽여 자신들의 신에게 드리는 것을 하나의 종교의식으로 행해 왔지만, 인간을 사랑하는 하나님은 이러한 이들의 행위를 철저히 배격하신다. 그런데도 이스라엘민족은 하나님을 배역하면서 자녀들을 우상에게 바치는 인신 제사

45) 너는 결단코 자녀를 몰렉에게 주어 불로 통과케 말아서 네 하나님의 이름을 욕되게 하지 말라 나는 여호와니라(레 18:21)

를 했다고 성경은 증거하고 있다.[46]

그런데 우리는 성경을 읽으면서 인신제를 철저히 배격하시는 하나님께서 아브라함에게 인신제를 요구하신 것을 발견하게 된다. 창세기 22장 2절을 보자.

> **여호와께서 가라사대 네 아들 네 사랑하는 독자 이삭을 데리고 모리아 땅으로 가서 내가 네게 지시하는 한 산 거기서 그를 번제로 드리라**
>
> (창 22:2)

하나님께서 아브라함에게 자신의 목숨보다 더 사랑하는 그의 독자 이삭을 데리고 하나님이 지시하시는 산에 가서 번제로 드리라는 명령을 하는 내용이다.

---

46) 이스라엘 열왕의 길로 행하며 또 여호와께서 이스라엘 자손 앞에서 쫓아내신 이방 사람의 가증한 일을 본받아 자기 아들을 불 가운데로 지나가게 하며(왕하 16:3) 또 자기 자녀를 불 가운데로 지나가게 하며 복술과 사술을 행하고 스스로 팔려 여호와 보시기에 악을 행하여 그 노를 격발케 하였으므로(왕하 17:17) 또 그 아들을 불 가운데로 지나게 하며 점치며 사술을 행하며 신접한 자와 박수를 신임하여 여호와 보시기에 악을 많이 행하여 그 진노를 격발하였으며(왕하 21:6) 또 힌놈의 아들 골짜기에서 분향하고 여호와께서 이스라엘 자손 앞에서 쫓아내신 이방 사람의 가증 한 일을 본받아 그 자녀를 불사르고(대하 28:3) 또 힌놈의 아들 골짜기에서 그 아들들을 불 가운데로 지나게 하며 또 점치며 사술과 요술을 행하며 신접한 자와 박수를 신임하여 여호와 보시기에 악을 많이 행하여 그 진노를 격발하였으며(대하 33:6) 힌놈의 아들 골짜기에 도벳 사당을 건축하고 그 자녀를 불에 살랐나니 내가 명하지 아니하였고 내 마음에 생각지도 아니한 일이니라(렘 7:31) 그들이 자녀를 죽여 그 우상에게 드린 당일에 내 성소에 들어와서 더럽혔으되 그들이 내 성전 가운데서 그렇게 행하였으며(겔 23:39)

번제는 제물 전체를 완전히 태워 드리는 제사를 의미한다. 즉 아브라함에게 그의 아들 이삭을 완전히 태워 자신에게 제물로 드리라는 명령인 것이다. 그리고 우리는 이러한 하나님의 명령에 아무런 저항 없이 순종하는 아브라함의 모습을 보고, 그의 믿음 좋음을 강조하면서 우리도 우리의 생명을 바쳐 하나님을 섬겨야 한다는 말을 많이 한다.

아브라함이 자신의 독자 이삭을 바치라는 하나님의 명령에 순종해 그의 아들을 바칠 수 있는 믿음은 우리가 본받아야 할 것임에는 틀림없는 사실이다. 그러나 이 부분에 대해 좀 더 면밀히 관찰해야, 하나님께서 왜 아브라함에게 자신의 사랑하는 독자 이삭을 바치라고 하는 명령을 하셨는지에 대해 이해할 수 있다.

많은 안티 기독인들은 하나님께서도 인신제를 즐기고, 인간의 피를 좋아한다면서 아브라함의 사건이나 입다의 사건을 예로 들어 하나님에 대한 도전을 겁 없이 하고 있다. 이런 자들의 주장은 성경을 올바로 알지 못한 아주 무지한 소치에서 비롯된 것이다.

아브라함이 살던 지역에는 자신이 섬기는 신에 대한 최고의 헌신과 충성을 평가하는 기준으로, 자신의 가장 사랑하는 자녀를 자신이 섬기는 신에게 바치는 행위였다. 이런 풍습이 일반적으로 행해졌던 지역에 아브라함이 살고 있었기 때문에, 아브라함은 여기에 대한 지식을 분명히 갖고 있었을 것이다. 이런 이유로 인해 아브라함은 하나님께서 자신의 아들을 바치라 하신 명령에 대해 전혀 이의를 제기하지 않았고, 오히려 하나님을 사랑하는 자신의 헌신과 충성의 표현으로 이삭을 주저 없이 드리려는 마음을 갖고 있었을 것이라 보인다. 물론 이러한 아브라함의 행위 또한 하나님에 대한 믿음이 뒷받침이 되지 않는다면 행해질 수 없는 일이다.

그러나 문제는 아브라함이 이삭을 바친 믿음에 있는 것이 아니라, 왜 하나님께서 자신이 금하신 인신제(물론 이것은 후에 기록되었다)를 아브라함에게 요구하셨는가에 있다.

성경은 하나님께서 어떤 방법으로 인간을 구원해 주실 것이며, 그리고 그의 방법이 어떻게 이루어졌는가를 기록하고 있는, 구원에 관한 책이다. 앞에서도 여러 차례 강조했지만, 성경에 나타나는 중요한 사건 중 많은 부분이 하나님의 구원 방법을 안내하고 있다. 이 사건도 역시 그렇다.

하나님께서 아브라함에게 그의 유일한 독자, 그것도 자신의 목숨보다 더 사랑하는 아들을 바치라 하신 것은, 실제로 이삭을 죽여 번제로 바치라는 의도가 아니다. 앞으로 오실 메시아는 하나님이 가장 사랑하는 유일한 독자이며, 이 메시아는 인류의 죄를 사하기 위해 번제물로 죽게 될것임을 그림자적 사건으로 우리에게 보여주시기 위해 아브라함에게 아들 이삭을 바치라 명하신 것이다.

하나님이 아브라함에게 아들 이삭을 바치라고 명하신 이 사건에 관해, 우리는 아브라함의 믿음만을 강조하는 경향과 그 믿음의 결과로 아브라함이 복을 받게 되었다면서 복에 대한 이야기를 즐겨 하는 경향이 있다. 그러나 실상 이 사건은 인류를 위해 죽음까지 내모는 아들에 대한 아버지의 아픔과 함께, 우리 인간을 사랑하여 우리 인간의 죄를 용서하실 목적으로 아들인 예수 그리스도를 죽음까지 내모는, 범죄한 우리 인간을 향한 하나님의 절절한 사랑을 보여주시는 내용이다.

아브라함으로 묘사된 하나님, 이삭으로 묘사된 예수 그리스도, 우리 죄를 위해 아들을 아낌없이 주시면서까지 사랑하신 하나님의 사랑, 그리고 아버지의 말씀에 전적으로 순종하여 죽음까지 당하면서도 우리의 잘못은 사해 달라 기도하신 예수님의 헌신적 순종의 죽음으로 우리의 구원이 이루어진 것이다. 하나님의 아브라함에 대한 인신 제 요구, 그것은 바로 자기 아들을 죽여서라도 우리를 살리시려는 하나님의 사랑의 결정체를 보여주는 한 사건이다.

제10장
에서와 야곱

야곱은 정말 교활하고 꾀가 많은 자였을까?

어릴 때 교회에서 야곱과 에서에 관련된 말씀을 들으면서 참으로 재미있었고 흥미로웠다. 기억나는 내용 중 하나는, 에서는 형으로서 기질이 남자다워 사냥꾼이 되었고, 반대로 야곱은 조용한 성격의 사람이라 장막에 거하면서 어머니를 돕는 사람이었다. 그러다 보니 아버지 이삭은 남자다운 에서를 사랑하고, 어머니 리브가는 자기를 돕는 조용한 야곱을 사랑했다는 내용이다. 창세기 25장 27-28절에 이와 비슷한 내용이 나와 있다.

> 그 아이들이 장성하매 에서는 익숙한 사냥꾼인 고로 들 사람이 되고 야곱은 종용한 사람인 고로 장막에 거하니 이삭은 에서의 사냥한 고기를 좋아하므로 그를 사랑하고 리브가는 야곱을 사랑하였더라
>
> (창 25:27-28)

우리는 오랜 세월 믿음 생활을 해 오면서 야곱과 에서에 관련해 각자의 나름대로 해당 사건들과 신앙적 사실들을 익히 알고 있다.

형 에서를 두 번이나 속여 장자의 명분과 아버지의 축복을 빼앗아 버린 야곱은, 형의 미움으로 집을 떠나 외삼촌 라반의 집에서 20년간을 보내며 4명의 아내를 얻게 되고, 이 아내들을 통해 한 명의 딸과 열두 명의 아들을 낳게 된다. 이후 형 에서와 극적으로 상봉해 가나안 땅으로 돌아와 생활을 하게 된 내용들, 이 모두를 우리는 잘 알고 있다.

이러다 보니 우리는 야곱을 간교하고 꾀를 잘 부리는 사람, 그리고 형을 속여 아버지의 축복을 가로챈 나쁜 사람처럼 묘사하고 있다. 그럼에도 불구하고 하나님은 에서보다 야곱을 더 사랑하셨고, 야곱에게 복을 준 사실을 들어 하나님의 절대 주권을 강조했다. 비록 야곱이 간교한 사람이지만 하나님이 야곱을 에서보다 더 사랑하신 것에 대하여 일체 항변의 여지가 우리에게는 없다고 설파한다. 사실 성경의 내용을 얼핏 보면 야곱보다 에서가 더 나은 사람처럼 보일 수도 있으며, 야곱은 간교한 술책가로 보일 수도 있다.

그러나 성경은 야곱을 간교하며, 형을 속인 나쁜 사람으로 평가하지 않는다. 오히려 성경은 야곱에 대해 '하나님과 겨루어 이긴 사람'이란 뜻으로 '이스라엘'이란 이름을 얻게 되었고, 야곱을 통해 이스라엘의 열두 지파가 형성되는 놀라운 복들이 주어졌음을 분명히 하고 있다. 만약 야곱이 하나님 앞에 정직하지 못하고 올바르지 못했다면, 하나님은 야곱을 통해 하나님의 역사를 이루어 가지 않았을 것이다. 하나님에 대한 아름다운 믿음이 에서가 아니라 야곱에게 있었기 때문에, 하나님은 야곱을 사랑하셨고 그를 통해 역사해 가신 것이다. 이러한 사실을 알려주는 본문이 바로 위의 창세기 25장 27절의 말씀이다.

그 아이들이 장성하매 에서는 익숙한 사냥꾼인 고로 들사람이 되고 야곱은 종용한 사람인 고로 장막에 거하니

(창 25:27)

27절에서 에서는 익숙한 사냥꾼으로 들사람이 되고, 야곱은 종용한 사람으로 장막에 거하였다고 기록하고 있다. 여기서 우리가 주의해서 봐야 할 단어와 내용이 있는데, 그 하나는 종용이라는 단어며, 다른 하나는 장막에 거한다는 내용이다.

종용이란 의미를 한글 킹제임스에서는 '평범한'으로 번역을 했고, 공동번역이나 새번역은 '차분한'으로 번역을 했다. 영어로 킹제임스에서는 a plain man(평범한 사람)으로, NIV에서는 a quiet man(조용한, 차분한 사람)으로 기록하고 있다. 다른 역본에서는 '평화로운'으로 번역하기도 했다.

그러나 히브리어 원어인 '탐(תָּם)'[47]은 '완전한(perfect, complete)' 혹은 '책망할 것이 없는(blameless)'이란 의미가 우선적으로 나오고 있다. 그러므로 종용하다는 말은 야곱이 차분하고, 조용하며, 평화롭거나 평범한 사람이라는 의미가 아니라, 하나님 앞에서 경건 되고, 완전한, 그리고 책망할 것이 없는 온전한 사람으로 번역하는 것이 옳은 번역으로 보인다. 왜냐하면 뒤의 내용이 이를 증명하고 있기 때문이다.

47) 성경의 여러 곳에서 '탐'은 대부분 '온전한, 완전한'이란 의미로 사용되었다(출 26:24, 욥 1:1, 8, 2:3, 8:20, 9:20-22, 시 37:37, 잠 29:10, 아 5:2 등).

야곱은 종용한 사람으로 장막에 거하였다고 성경은 기록한다.

당시 장막에 거한다는 것은, 장막 안에서 조부모나 부모님으로부터 하나님의 말씀을 교훈 받는다는 의미의 장소적 표현이었다.[48] 야살의 책[49] 26장 아브라함의 죽음 편 17절은 '에서는 교활하고 속이는 자였고 들에서 노련한 사냥꾼이었다. 야곱은 온전하고 지혜로운 자로 장막 안에 거하며 양 떼를 먹이고 주의 교훈과 그의 아버지와 어머니의 명령을 배웠다'라고 기록하고 있다.

우리에게 야곱은 교활하고 간교하며, 형을 속여 복을 갈취한 나쁜 사람으로 인식되어 있지만, 이는 잘못 안 것이다. 야곱은 간교하거나 교

---

48) 히브리어 학자인 사무엘 H. 터너(Samuel H. Turner) 교수는 1840년에 처음 영문판이 출판되었을 때 이 책이 히브리어로 기록된 원서의 내용과 어려운 히브리적 관용구들을 잘 표현하고 있다고 인정했다. 이 책은 한글이나 영어 성경으로는 알 수 없는 성경 원문의 히브리적 개념을 설명하고 있다. 예를 들면 성경은 야곱이 '조용한 사람'이고 '장막에 거주한다'고 말한다. '장막에 거한다'는 것은 '장막 안에서 그의 부모나 조부모로부터 하나님의 말씀을 배운다'는 것을 의미한다(http://book.daum.net/detail/book.do?bookid=KOR9791195425297).

믿음으로 아브라함은 부르심을 받았을 때에 순종하여 장래의 유업으로 받을 땅에 나아갈새 갈 바를 알지 못하고 나아갔으며 믿음으로 그가 이방의 땅에 있는 것 같이 약속의 땅에 거류하여 동일한 약속을 유업으로 함께 받은 이삭 및 야곱과 더불어 장막에 거하였으니(히 11:8-9)

49) 야살의 책은 성경이 언급하는 고대 역사서 가운데 하나이며, 여호수아서와 사무엘서에 언급된다(수 10:12-13, 삼하 1:17-18). 유대 랍비들이 야살의 책을 연구 자료로 활용했다는 증거도 많이 있다(야살의 책 p.12.). 야살의 책은 창세기와 출애굽기, 그리고 여호수아의 이야기를 다루고 있다.

활한 사람이 아니라, 경건 되고 완전한 사람으로 장막 안에서 하나님에 대한 신앙과 믿음을 배워, 하나님을 잘 경외하는 사람이었고, 반면에 에서는 이를 좋아하지 않고 밖으로 나가 사냥하는 일을 더 좋아하던 사람이었다.

에서는 하나님의 교훈을 올바로 알지 못했기 때문에 장자의 중요성도 알지 못하던 자였다. 당시 장자의 명분이 없어지는 경우는 스스로 장자의 명분을 팔 때와 부모가 장자의 명분을 취소할 때이다. 비록 에서는 부모로부터 장자의 명분을 잃진 않았지만, 하나님으로부터는 장자의 명분을 잃어버린 자였다. 성경은 동생인 야곱에게 팥죽 한 그릇으로 장자의 명분을 판 부분에 대해 다음과 같이 말하고 있다.

> 음행하는 자와 혹 한 그릇 식물을 위하여 장자의 명분을 판 에서와 같이 망령된 자가 있을까 두려워하라
>
> (히 12:16)

하나님은 자신을 온전히 찾고 믿는 사람들을 통해 역사하며 그들에게 복을 주시는 분이시다. 하나님께서 야곱에게 복을 주시어 그를 거부로 만들고, 그를 통해 이스라엘을 건국하신 것은 그가 경건 된 믿음의 삶으로 하나님을 온전히 섬겼기 때문이고, 하나님과 함께 하려는 그의 신앙의 모습을 보셨기 때문이다.

제11장
하나님이 바로의 마음을 강팍케 하셨다

정말 하나님이 바로의 마음을 강퍅케 하셨을까?

출애굽기 4장 21절에 보면 하나님께서 바로의 마음을 강퍅케 하였다는 말씀이 나온다. 이 말씀은 출애굽기 4장부터 14장까지 8번이나 나오는 말씀이다. 모두 하나님께서 바로의 마음을 강퍅케 했다는 내용이다.

이스라엘에 대한 애굽의 박해가 심해지자, 하나님께서는 이스라엘 백성들의 신음 소리를 듣고 이스라엘 백성들을 출애굽 시키기로 하셨다. 이스라엘 백성들을 출애굽 시키기 위해 먼저 하나님은 모세를 사용해 애굽에게 열 가지의 재앙을 내리셨다.

그런데 성경은 좀 의아스러운 표현으로 우리를 당혹케 한다.

하나님께서 바로의 마음을 강퍅케 해 이스라엘 백성들이 출애굽 하는 것을 방해했다는 표현이다. 하나님께서 바로의 마음을 강퍅케 함으로, 바로는 이스라엘 백성들을 보내지 않았고, 바로의 강퍅한 마음 때문에 애굽은 열 가지의 재앙을 당하게 되며, 마지막 재앙에서 바로의 장자까지 죽임을 당한 뒤에 결국 이스라엘 백성들을 애굽에서 쫓아내게 된다. 이후 이스라엘 백성들을 보낸 바로의 마음을 또 하나님이 강퍅케 해 이스라엘 백성들의 뒤를 추적하게 했다는 내용이 14장 4절에 나타나고 있다.

> 내가 바로의 마음을 강퍅케 한즉 바로가 그들의 뒤를 따르리니 내가 그와 그 온 군대를 인하여 영광을 얻어 애굽 사람으로 나를 여호와인 줄 알게 하리라 하시매 무리가 그대로 행하니라
>
> (출 14:4)

성경의 내용으로 보면 하나님께서 바로의 마음을 강퍅케 만들어 하나님을 대적하였다고 한다. 그래서 성경을 반박하는 혹자들은 이는 바로의 잘못이 아니라 전적으로 하나님의 잘못이라고 격분하곤 한다. 간간이 바로 스스로 마음을 강퍅케 한 경우도 있지만, 이는 하나님의 심판에 대해 분노에 찬 인간으로서 가질 수 있는 자연스러운 심리의 한 부분으로 보는 것이 옳을 것이다.

실제로 성경은 바로 스스로가 마음을 강퍅케 먹은 것도 있지만, 하나님께서 바로의 마음을 강퍅케 하신 것도 있다는 사실을 정확히 밝히고 있다.

오랜 세월동안, 하나님께서 바로의 마음을 강퍅케 했다는 내용이 정말 이해되지 않았었다. 이 부분을 읽을 때마다 답답한 마음을 감추기 어려웠다.

왜 하나님께서 바로의 마음을 강퍅케 하셨을까를 수도 없이 생각해 보았지만 답을 찾을 수 없었다. 물론 당시에는 성경을 아는 지식에 있어 초보 단계였으니 그럴 수밖에 없었겠지만, 이후에도 이해가 되지 않고 의문이 남는 것은 마찬가지였다. 그렇다고 이 내용에 있어 하나님의 잘못으로 돌릴 순 없는 일이었다. 뭔가 하나님에게 다른 이유가 분명히 있기는 한데, 그 이유를 찾을 수 없었다.

여러 주석들과 인터넷 등을 통해 혹 여기에 대한 바른 가르침을 얻을 수 있을까 하여 살펴보았지만, 속 시원한 답은 없었다. 가장 많은 답들, 그러면서도 하나님에 대한 불경을 저지르지 않는 대답은, 하나님께서는 강퍅해진 바로의 마음을 그대로 두었다는 내용이었다. 즉, 하나님께서 바로의 마음을 강퍅케 한 것이 아니라, 이미 강퍅해져 있는 바로의 마음을 그냥 그대로 두었다는 것이다. 본인도 나름 이 답이 옳은 것이라 여겨보려고 스스로 많이 노력했으나, 여전히 의문이 남고 이해가 힘든 것은 그대로였다. 때론 이 부분을 가르칠 때 필자 역시 위와 같이 가르치곤 했다.

사실 하나님이 바로의 마음을 강퍅케 했다는 부분에 있어, 원래 강퍅한 바로의 마음을 하나님이 그대로 두신 것이라고 이해하면서 받아들이고자 하는 것은, 어쩌면 하나님을 믿는 우리가 그렇게 믿고 싶어서 그렇게 해석하는 것은 아닌지 모르겠다. 그렇게 해석을 해야, 하나님을 믿는 우리로서는 신앙인의 올바른 자세며, 하나님에 대해서도 도덕적으로 타당성이 있고, 불신자들에게나 성도들에게 하나님을 손상시키지 않고 전할 수 있기 때문인 것으로 보인다.

그러나 처음부터 강팍한 바로의 마음을 하나님께서 그대로 두신 것에 대해, 하나님이 일부러 바로의 마음을 강팍케 했다라는 표현으로 성경이 여러 차례 기록했다는 것은 좀처럼 받아들이기가 쉽지 않은 내용이다.

하나님께서 바로의 마음을 강팍케 하여, 그것도 한두 번이 아니고 약 8번이나 그렇게 함으로 애굽을 징계하시고, 나중엔 애굽의 사람부터 짐승까지 처음 태어난 자는 모두 죽이는 참으로 끔찍하고도 무서운 심판을 한 것은 강팍한 바로의 마음을 하나님이 그대로 두었기 때문에 그렇다는 것은 뭔가 석연치가 않다.

그리고 로마서 9장 17, 18절[50]에 바로에 대해 말씀하시기를 "하나님께서 긍휼히 여길 자를 긍휼히 여기고, 강팍케 할 자를 강팍케 하였다"고 하심으로써, 하나님께서는 강팍한 바로의 마음을 그대로 둔 것이 아니라, 다른 이유가 있어 바로의 마음을 충동질해 강팍케 하셨다는 것을 분명히 말하고 있다.

만약 강팍한 바로의 마음을 하나님이 그대로 두었다고 한다면, 롬 9장 17, 18절에 나오는 '긍휼히 여길 자를 긍휼히 여긴다'는 말씀도, 이미 그 사람이 긍휼한 마음을 갖고 있었기 때문에 긍휼한 마음 그대로 두었다고 해석을 해야 하는데, 이는 전혀 옳지 않은 해석이다.

---

50) 성경이 바로에게 이르시되 내가 이 일을 위하여 너를 세웠으니 곧 너로 말미암아 내 능력을 보이고 내 이름이 온 땅에 전파되게 하려 함이로라 하셨으니, 그런즉 하나님께서 하고자 하시는 자를 긍휼히 여기시고 하고자 하시는 자를 강팍케 하시느니라(롬 9:17-18)

로마서 9장은 바울이 하나님의 절대주권에 대해 강조하면서 기록한 내용이다. 이 말은 하나님이 주권적으로 한 일에 대해 어느 누구도 일체 이유를 달지 말고, 그대로 인정하고 따라오라는 말이다. 물론 우리는 하나님의 절대 주권에 대해 그 어떤 항변을 해서는 안 된다.

토기장이가 토기를 만들면서, 토기장이 마음대로 토기를 만들 권한이 있는데, 토기인 우리가 토기장이인 하나님에 대해 그 어떤 항변을 해서는 안 되는 것이 옳은 가르침이다.

그렇지만 만약 우리가 성경을 보면서 우리가 잘못 이해함으로 성경의 내용을 억지로 해석한다면, 그것은 성경이나 하나님을 강화시키는 역할을 하는 것도 아니고, 우리를 더욱더 신앙인답게 만드는 것도 아니다. 오히려 성경을 잘 알지 못하는 자들에게 공격의 여지를 만들어 주는 통로만 제공할 뿐이다. 우리의 깨달음이 부족해 아직 이해가 되지 않는 부분들이 있다면 우리가 더욱더 노력해 바로 알려고 애써야 한다. 사실 평생을 연구해도 성경의 모든 내용을 완벽히 알기는 어렵다. 그러나 우리 하나님의 자녀들은 성경을 바로 알고 이해하는 일에 최선을 다해야 한다.

성경에 기록된 하나님의 모든 행동의 이면에는, 우리를 사랑하시는 하나님의 특별한 배려와 그리고 하나님의 백성들을 인도하시는 그분의 철저하심, 우리를 구원하시기를 원하시는 하나님의 마음을 발견할 수 있다. 그러나 우리가 성경을 잘못 이해하는 실수로 하나님을 매정하고도 분노와 질투에 가득 찬 분으로 만들어 갈 수 있다는 점을 주의해야 한다.

세월이 지나 성경에 대한 이해의 폭이 조금 넓어지면서, 하나님께서 바로의 마음을 강퍅케 했다는 내용이 인류를 구원하고자 하시는 하나님의 사랑과 하나님의 백성에 대한 하나님의 마음을 전하기 위해 그렇게 하셨다는 사실을 깨닫게 되었을 때, 너무 쉽게 이 부분이 이해되었다.

성경의 핵심 진리는 우리 인류를 구원하시기 위한 하나님의 뜻을 전달하기 위해 기록된 책이다.

성경은, 허물과 죄로 죽어 멸망 받아 마땅한 죄인을 구원하기 위해 행하시는 하나님의 눈물어록이다. 그분의 사랑의 농축 엑기스가 성경이며, 하나님은 성경을 통해 우리를 얼마나 사랑하시는지를 수도 없이 알려 주시는 분이시다. 창세기부터 계시록 전체가 인간이 어떻게 구원을 얻을 수가 있는지에 대해, 하나님의 구원의 뜻과 의지를 보여주는 의지의 말씀이다. 이 부분을 이해하지 못하면, 성경의 많은 부분이 닫혀진다. 바로의 마음을 강퍅케 했다는 내용도 이러한 맥락에서 볼 때 충분히 이해될 수 있는 부분이다.

하나님께서는 바로의 마음을 충동질해 강퍅케 만들어 이스라엘 백성들을 보내지 못하게 하신 것이다. 강퍅해져 있는 바로의 마음을 그대로 둔 것도 있지만, 때로는 하나님 스스로가 바로의 마음을 강퍅케 한 것도 있다. 성경 기록 그대로 그렇다. 그렇다고 바로가 온유하고, 유순하며, 하나님을 인정하고, 하나님의 뜻에 잘 따르는 인물이라는 이야기는 아니다. 바로도 악한 사람이었고, 하나님을 인정하지 않는 자였다. 이 점에 있어 바로는 언제나 강퍅한 사람임에는 틀림없으나, 이러한 바로의 마음 때문에 이스라엘 백성을 보내지 않은 것은 아니다. 바로가 이스라엘 백성을 보내지 않은 것은 그의 강퍅한 마음도 있었지만, 하나님이 강퍅케 했기 때문에 보내지 않은 것이다.

하나님께서 바로의 마음을 강퍅케 한 이유에 대해 출 4:21-23에 나온다. 아주 중요한 대목이 나오는데, 첫째는 바로로 하여금 쉽게 이스라엘 민족을 놓아주지 못하도록 하기 위해서며, 둘째는 바로의 장자를 죽이시겠다는 하나님의 뜻이 있기 때문이다.

> 여호와께서 모세에게 이르시되 네가 애굽으로 돌아가거든 내가 네 손에 준 이적을 바로 앞에서 다 행하라 그러나 내가 그의 마음을 강퍅케 한즉 그가 백성을 놓지 아니하리니 / 너는 바로에게 이르기를 여호와의 말씀에 이스라엘은 내 아들 내 장자라 / 내가 네게 이르기를 내 아들을 놓아서 나를 섬기게 하라 하여도 네가 놓기를 거절하니 내가 네 아들 네 장자를 죽이리라 하셨다 하라 하시니라
>
> (출 4:21-23)

조금 쉽지 않은 내용이지만, 하나님의 백성을 구원하고자 하시는 하나님의 의도와 인류구원의 관점에서 이 문제를 살펴보면 쉽게 해결이 가능한 문제이다.

하나님 관심의 초점은 인류의 구원을 위해 오실 자신의 유일한 아들인 예수 그리스도에게 있으시다. 하나님은 앞으로 자신이 보낼, 그리고 우리에겐 오실 그리스도, 그분을 통해 구원의 길을 만들어, 인류를 구원

하고자 하는 일에 전적인 관심이 있으시고, 이러한 그분의 뜻을 보여주시기 위해 여러 사건의 중심에 서서 그 사건들을 운행하시는 분이시다.

출 4:21-23 말씀은 하나님께서 바로의 마음을 강퍅케 해 이스라엘 백성, 즉 하나님을 대적하게 하신 것은 유월절 사건을 보여주시기 위해서라는 사실을 분명히 하고 있다.

유월절 사건은 유월절 어린양의 죽음으로 이스라엘 백성이 구원을 얻게 되는 것이며, 이것은 유월절 어린양 되시는 예수 그리스도의 죽음을 통해 온 인류에게 구원의 길을 마련해 두셨음을 알려주시는 하나님의 의도인 것이다. 그렇다면 하나님이 바로의 마음을 강퍅케 하지 않고 유월절의 절기를 만들어 가면 되지 않았을까 하는 의문이 들게 될 것이다. 그러나 그렇지 않다. 하나님께서 유월절을 통해 알리고자 하시는 그분의 구원계획을 충분히 알리기 위해서 바로는 반드시 사용되어야만 하는 인물로 기록하고 있다(롬 9:17-18).

처음부터 바로는 하나님을 대적하는 악한 자였다. 모세를 대적하는 것이 하나님을 대적하는 것과 같은 것이다. 그러나 하나님은 악한 자라도 하나님의 뜻을 알리기 위해 충분히 사용하시는 분이시다. 바로의 강퍅한 마음은 사탄의 정체를 알리는 하나님의 의도로, 악한 사탄은 어떤 방법을 동원해서라도 하나님의 백성을 잡아 두려고 하며, 그리고 하나님의 백성을 멸망시키려는 자라는 것을 보여주시는 것으로 볼 수 있다. 실제로 바로 스스로가 마음을 강퍅하게 했든 아니면 하나님께서 강퍅하게 만들었든, 그건 큰 차이가 없다. 어차피 멸망의 자녀이기 때문이다. 바로 스스로 강퍅하게 했든 아니면 하나님이 강퍅하게 했든, 그는 사탄의 자녀로서 멸망의 자녀였으며, 이 멸망의 자녀를 하나님이 그의 구원의 의도를 알리는 도구로 사용하셨던 것이다.

혹자는 이렇게 이야기할 수도 있다. 단지 하나님이 자신의 의도를 전하기 위해 그 많은 사람들을 죽이고, 한 나라를 풍비박산 낸다는 것은 너무 지나친 처사가 아닌가? 사랑의 하나님이 어찌 그럴 수 있느냐? 고 말이다. 그러나 그렇지 않다. 이미 애굽인과 바로는 하나님의 심판을 받을 자리에 들어와 있는 자들이다. 소돔과 고모라, 그리고 가나안처럼. 애굽과 바로는 마땅히 받아야 할 심판 대상이었고, 하나님께서는 그의 구원의 의도를 전달하는 도구로 사용하면서 심판을 병행하셨을 뿐이다. 노아 홍수사건도 같은 맥락에서 보면 좀 더 쉽게 이해할 수 있을 것이다.

구원도 이와 같은 것이다. 우리 인간은 이미 하나님으로부터 심판이 확정된 자들이다. 어차피 심판받을 자들에 대한 구원에 있어, 하나님이 어떤 방식으로 그의 심판을 이루어 가고, 어떤 방식으로 구원을 이루어 가든, 그 문제는 심판받을 우리가 항변하거나 결정할 수 있는 사안이 아니다. 재판을 기다리는 죄인이 판사에 대해, 자신의 형량을 임의로 조정해 달라거나, 판사의 심판 결정에 관하여 그 어떠한 항변도 할 수 없는 것과 마찬가지다.

중간중간 하나님의 징계에 대란 두려움과 어려움으로 바로가 이스라엘 백성을 보내려는 모습이 보이기는 하나, 어느 정도의 타협을 하는 정도였다. 남자만 가라든지, 3일 길만 가라든지 등 모든 백성이 함께

나가지 못하도록 적절한 타협안을 내놓은 것이다. 그러나 하나님의 의도는 이와 달랐다. 모든 백성이 완전히 애굽을 나오게 하는 것이 하나님의 의도며, 이는 하나님의 백성을 반드시 구원하고자 하시는 하나님의 마음을 알게 한다. 이러한 하나님의 뜻은 결국 하나님께서 처음 약속하신, 바로의 장자를 죽이는 마지막 재앙을 포함한 열 재앙을 통해 이루어진 것이다.

하나님께서 애굽에 내렸던 열 가지 재앙들 또한 아무 의미 없는 재앙들이 아니다. 대부분의 재앙들이 애굽인들이 섬기던 신들과 밀접한 관계를 맺고 있다.

신 33:4을 보면 "애굽인은 여호와께서 그들 중에 치신 그 모든 장자를 장사하는 때라 여호와께서 그들의 신들에게도 벌을 주셨더라"고 기록되어 있다.

열 재앙에는 애굽인들이 섬기는 신들은 결코 하나님을 대신할 수 없으며, 그 신들은 아무것도 아니라는 사실을 알려주는 중요한 의도가 있음을 알 수 있는 대목이다. 또한 이들의 신에 물들었을 이스라엘 백성들에게 참된 신은 하나님뿐이라는 사실을 열 가지 재앙 가운데 알려주시는 중요한 하나님의 뜻을 발견할 수 있다.

나일강의 신인 크눔, 개구리 형상의 신인 헤크트, 황소신인 아피스, 의술의 신인 임호텝, 하늘의 여신인 누트나 생명의 여신인 이시스, 곡물의 신인 셋, 태양신인 호루스, 부활의 신인 오시리스 등 애굽인들이 받은 재앙 가운데서 그들의 신의 흔적을 찾는다는 것은 어렵지 않다.

하나님이 내리신 재앙 가운데 바로왕이나 애굽인들은 그들의 신들에게 호소했음이 틀림없으나, 그들의 신들은 하나님의 대적이 될 수도 없었고, 하나님이 내린 재앙에 대해 아무것도 할 수 없는 허상들이었다. 그리고 이런 우상을 섬기는 자들의 최후는 반드시 하나님의 심판을 받게 된다는 사실을 알려준다.

오늘날 수많은 나라와 민족들, 그리고 사람들이 과거 애굽인들이 섬기던 우상을 그대로 섬기고 있다. 사람들이 만든 돌을 섬기고, 나무를 섬기며, 각종 형체의 우상들을 만들어 그 우상에게 삶의 길을 맡기고 있지만, 결국 우상을 섬긴 모든 이들은 애굽처럼 하나님의 심판을 절대 피할 수 없다. 열 가지 재앙의 사건을 통해 이러한 사실을 교훈 받아야 한다.

일생이라는 시간이 길게 보일지 모르지만, 살아보면 한순간이다. 그 일생의 순간에 주신 구원의 줄을 잡아야 한다. 그래야 하나님의 심판을 받지 않게 된다. 구원의 유일한 줄은 오직 예수 그리스도이시다.

열 재앙과 이집트의 신들[51)]

재앙	성경	도전을 받은, 가능한 이집트 신
나일강물이 피로 변함	출 7:14-25	크눔(Khnum): 나일강의 수호신 하피(Hapi): 나일강의 영 오시리스(Osiris): 나일강은 피의 흐름이었다.
개구리	출 8:1-15	헤크트(Heqt): 개구리 형상, 부활의 신
이(모기)	출 8:16-19	특별한 신이 없음
파리	출 8:20-32	하트콕 신
악질(가축)	출 9:1-7	핫솔(Hathor): 모신, 암소의 형상 아피스(Apis): 프타신의 황소, 다산의 상징 무네비스(Mnevis): 해리오플리스의 신성한 황소
독종	출 9:8-12	임호텝(Imhotep): 의술의 신
우박	출 9:13-35	누트(Nut): 하늘의 여신 이시스(Isis): 생명의 여신 셋(Seth): 곡물의 수호신
메뚜기	출 10:1-20	이시스(Isis): 생명의 여신 셋(Seth): 곡물의 수호신
흑암	출 10:21-29	레(Re), 아텐(Aten), 아툼(Atum), 호루스(Horus) 등의 모든 태양신들
장자 죽임	출 11:1-12:36	바로의 신: 오시리스(생명의 부여자)

위 도표에서는 당시 애굽인들이 섬기던 신들의 대부분을 망라하고 있다. 물론 이 외의 다른 조잡한 신들이 더 있을 수도 있을 것이다.

하나님께서는 사탄의 정체와 하나님의 구원계획, 그리고 오실 메시아에 대하여, 바로와 유월절 사건을 통해 이스라엘 백성들을 출애굽 시

51) 존 H. 왈트 저 안영복 역, 구약의 연대기 도표(서울: 성광문화사, 1983), p.44

키면서 계시하셨다. 아무리 사탄이 방해해도 하나님께서는 자신의 구원계획을 반드시 이루시고, 하나님의 백성을 지켜 주신다는 귀한 메시지를 바로의 마음을 강퍅하게 하였다는 말씀을 통해 받을 수 있다. 그리고 이런 사실을 통해 자기 백성을 구원하고자 하시는 하나님의 열심과 그분의 사랑 그리고 그분의 눈물 어린 애정도 엿볼 수 있다.

하나님은 인류 구원을 위해 아들인 예수 그리스도를 보내시고, 인류의 죄를 대신해 십자가 위에서 그를 죽게까지 하심으로 결국은 구원을 이루셨다. 이 사실을 사건으로 계시하여 보여주시기 위해 바로의 마음을 강퍅하게 하여 하나님의 백성을 구원시키셨고, 유월절 어린양의 죽음을 통해 어린 양 되신 예수 그리스도의 죽음으로 인류를 구원하시려는 하나님의 의도를 보여주신 것이다.

정리해 보면, 바울의 말처럼, 하나님께서 긍휼히 여기는 자도 있고, 때로는 강퍅케 만드는 자도 있다. 하나님이 바로의 마음을 강퍅케 한 것으로 인해 하나님의 하나님 되심이 달라질 것은 아무것도 없다.

하나님은 구원에 대한 자신의 분명한 약속을 지켜 자기 백성들을 인도하신다는 사실을 보여주시기 위해 마땅히 심판받아야 할 바로를 사용하신 것이다. 심지어 가나안에 들어가는 이스라엘 백성들을 향해 가나안 족속을 멸하라고 하신 명령 가운데, 남, 녀, 노, 소, 그리고 유아도 들어있음을 기억하라. 유아에 대한 진멸의 명령은 바로의 마음을 강퍅하게 하였다는 사건 이상으로 우리가 받아들이기 쉽지 않은 내용이지만, 인간의 인간 됨[52]과 하나님의 구원에 대한 계획을 이해하면 얼마든지 해결될 수 있는 부분이다.

결국, 하나님이 바로의 마음을 강퍅케 한 것은 바로를 통해 하나님의 백성을 보내지 못하도록 한 것이 아니라, 역설적으로 그를 강퍅케 함으로 하나님의 백성을 보낼 수밖에 없도록 한 것이다.

---

52) 하나님 없는 모든 인간은 짐승과 같으며, 벌레와 같고, 잠깐 나타났다 사라지는 안개와 같은 존재이며, 아브라함의 고백처럼 먼지만도 못한 자이며, 지렁이 같은 아무 가치 없는 존재이다. 하나님의 관점에서 인간은 그런 존재이다. 즉 인간 관점에서 보는 바퀴벌레보다 더 못한 존재일 수 있다. 그럼에도 불구하고, 그분은 우리를 그리스도 안에서 존귀하게 보시고, 자신의 백성으로 삼아 주셨다.

제12장
열두 정탐꾼의 이야기

가나안 땅은 오직 믿음으로 정복하는 땅임을 보여주시는 내용이다

애굽에 대한 하나님의 심판으로 이스라엘 민족은 애굽을 나오게 된다. 약 200만 명의 어마어마한 사람들이 애굽에서 나와 가나안 땅으로 가는 여정에 들어섰다.

라암셋에서 출발한 이들은 에담광야, 홍해, 신광야, 르비딤 등을 거쳐 약 두 달 만에 시내산에 도착한다. 시내산에서 하나님은 이스라엘 백성들에게 하나님의 백성으로서 살아가는 원리인 율법과 하나님이 거하실 장소인 성막에 대한 자세한 가르침을 모세를 통해 베푸셨는데, 모세는 약 3번 정도 시내산으로 올라가서 여기에 대한 자세한 내용을 하나님으로부터 전달받아 백성들에게 알려준다. 그러다 보니 시내산에서 머무른 기간이 약 10개월 정도로 아주 길다.

출애굽 후 다음해 2월 20일 시내산을 출발하여, 다베라, 기브롯 핫다, 아와, 하세롯을 거쳐 가나안 땅에서 멀지 않은 가데스 바네아에 진을 치게 된다. 가데스 바네아에 도착한 이스라엘 백성들은 가나안 땅으로 가기 전 모세에게 그 땅을 먼저 정탐할 것을 요청하고, 이를 좋게 여긴 모세는 각 지파의 족장들을 1명씩 뽑아 12명을 가나안 땅으로 보내서 그 땅을 정탐케 한다.

가나안 정탐에 대한 내용은 민수기 13장과 신명기 1장에서 기록하고 있다. 그런데 민수기 13장은 하나님께서 가나안 땅을 탐지하라고 하시는 말씀이 나오면서 백성들이 그 명을 좇았다고 기록하고[53], 신명기서에서는 백성이 요청한 것을 모세가 좋게 여겼다고 기록되어 있다.[54] 이 내용에 대해 톰슨 성경 주석은 백성들이 올바르지 못한 믿음과 불신앙적 태도로, 가나안 땅으로 바로 가지 않고, 먼저 가나안 땅을 정탐해달라는 요청을 하자, 하나님께서는 자신의 뜻은 아니지만 의심 많은 이 백성들의 요청을 수락하신 것이라고 하였다. 순서에 있어, 먼저 의심 많고 불신앙적인 백성의 요청, 하나님의 허락, 땅의 탐지 순이 된다.

그러나 필자는 이스라엘 백성들이 먼저 가나안 땅 탐지를 요청한 것에 대해서는 인정이 되나, 하나님의 뜻이 아니라거나 그들이 의심과 불

53) 여호와께서 모세에게 일러 가라사대, 사람을 보내어 내가 이스라엘 자손에게 주는 가나안 땅을 탐지하게 하되 그 종족의 각 지파 중에서 족장 된 자 한 사람씩 보내라. 모세가 여호와의 명을 좇아 바란 광야에서 그들을 보내었으니 그들은 다 이스라엘 자손의 두령 된 사람이라(민 13:1-3)

54) 너희 하나님 여호와께서 이 땅을 너희 앞에 두셨은즉 너희 열조의 하나님 여호와께서 너희에게 이르신 대로 올라가서 얻으라 두려워 말라 주저하지 말라 한즉, 너희가 다 내 앞으로 나아와 말하기를 우리가 사람을 우리 앞서 보내어 우리를 위하여 그 땅을 정탐하고 어느 길로 올라가야 할 것과 어느 성읍으로 들어가야 할 것을 우리에게 회보케 하자 하기에, 내가 그 말을 선히 여겨 너희 중에서 매 지파에 한 사람씩 열둘을 택하매(신 1:21-23)

신앙적 태도로 요청했다는 것에 대해서는 동의하기 어렵다.

그들이 요청한 구체적인 내용이 신 1:22[55]에 나타나고 있는데, 이들은 먼저 가나안 땅을 정탐해 어느 길로 올라가야 할 것과 어는 성읍으로 들어가야 할 것을 파악한 뒤 이 백성들을 가나안 땅으로 인도하는 것이 좋을 것이라고 모세에게 보고하고 이러한 백성들의 요청에 대해 모세는 이를 선하게 생각했다고 성경은 기록하고 있기 때문이다(신 1:23).

모세는 백성들이 가나안 땅 정탐 요청에 있어 이들의 불신앙이나 잘못된 신앙적 태도로 요청했더라면, 분명히 거절 혹은 책망 등을 하였을 텐데 전혀 그런 모습이 나오지 않고 있다.

모세는 백성의 요청에 대해 하나님께 물어보았을 것이고, 하나님께서는 이 요청에 대해 시행할 것을 명하셨던 것이다. 그 내용은 민수기 13장 3절에서 찾아볼 수 있다. 모세는 하나님의 명을 좇았다고 기록하고 있다. 그래서 가나안 정탐에 대한 백성들의 요청을 모세도 선하게 보았고, 하나님께서도 그 정탐에 대해 인정하셨으며, 그 결과 하나님께서 그 땅을 정탐하도록 명하셨고, 모세는 이에 대해 하나님의 명에 순종하였던 것이다.

---

55) 너희가 다 내 앞으로 나아와 말하기를 우리가 사람을 우리 앞서 보내어 우리를 위하여 그 땅을 정탐하고 어느 길로 올라가야 할 것과 어느 성읍으로 들어가야 할 것을 우리에게 회보케 하자(신 1:22)

톰슨 이외의 다른 여러 주석서에서도 톰슨과 비슷한 견해를 견지하고 있는 경우를 많이 보았는데, 이는 정탐결과에 있어 이미 하나님의 심판에 대한 내용을 알고 있어서 그렇게 추측한 것으로 보인다. 가나안 땅에 들어가기 전, 정탐 요청에 대한 내용에 있어 이미 정탐결과가 하나님의 심판으로 마무리되고, 이스라엘 백성은 가나안 땅을 바로 들어가지 못한 채 약 38년 정도를 광야에서 방황하는 결과를 가져왔기 때문에, 처음부터 정탐을 하지 않고 가야 했는데 믿음의 부족과 불신앙적 태도로 땅을 탐지하자고 하여서, 이러한 심판의 결과를 가져온 것이라고 본 것이다.

그러나 이는 옳지 않다. 왜냐하면 열두 명의 정탐꾼들이 처음부터 불신앙적 태도나 의심의 마음을 갖고 있어서 가나안 땅 정탐의 결과를 부정적으로 보고한 것이라고 보기 어렵기 때문이다.

이들은 이스라엘 백성들이 가나안 땅으로 바로 가는 것보다 좀 더 효율적으로 가나안 땅에 들어갈 수 있는 방법을 찾기 위해 가나안 땅을 정탐하고 둘러보고자 하였던 것이다. 그래서 모세는 이를 선하게 본 것이고, 하나님께서도 허락하신 것이다.

문제는 가나안 땅을 둘러본 이후의, 가나안 땅에 대한 열 명의 불신앙적 태도다.

가나안 땅 정탐 전, 가나안 땅에 대해 전혀 알 수도 없었고 몰랐던 이들은 가나안 땅 정탐 후 극도로 낙심하고 절망했다. 너무 강한 민족들이 살고 있어 자신들의 힘으로는 절대 가나안 땅으로 들어갈 수 없다는 사실을 알게 된 것이다. 가나안 땅 정탐 후 이러한 사실을 알게 된 열 명의 정탐꾼들은 망연자실하였다.

실제로 가나안땅에 대한 정탐보고에 있어 잘못된 보고는 전혀 없다. 젖과 꿀이 흐르고, 그 땅 거민은 이스라엘 백성보다 강하다고 보고했다. 이 보고는 전혀 잘못된 보고이거나 틀린 보고가 아니다. 이들은 자신들이 가나안 사람을 절대 이길 수 없다고 보고하였고, 자신들은 그들이 보기에 메뚜기에 불과하다는 사실을 보고하였다. 바로 본 것이다.

실제로 이스라엘 백성들이 가나안 백성들과 싸워 이긴다는 것은 불가능한 일이 맞다. 이들은 절대 가나안 사람을 대적해 싸울 수 있는 실력을 갖고 있지 못한 백성들이다. 그러나 열 명의 정탐꾼들이 잊은 사실이 있다. 그 누구 하나도 하나님의 인도가 없었다면 출애굽하여 가데스 바네아까지 오지 못하였을 것이고, 애굽에서 나올 수도 없었을 것이다. 하나님의 절대적인 도우심과 인도로 이들은 출애굽해 가데스 바네아까지 오게 된 것이다. 얼마나 많은 하나님의 기적을 이들이 보았던가? 홍해가 갈라지고, 반석에서 물이 나며, 만나와 메추라기로 먹이시는 놀라운 기적들, 낮에는 구름기둥, 밤에는 불기둥으로 인도하신 놀라운 하나님의 능력. 바로 이것을 이들이 잊은 것이다. 하나님께서 이스라엘 백성들을 가나안 땅으로 인도하실 것이라는 사실을 잊어버렸거나 아니면 인정하지 않은 것이다. 이들은 가데스 바네아에 오기까지 자신들의 힘으로 온 것처럼 착각한 것으로 보인다. 그래서 가나안 땅에 들어갈 수 없고, 가나안 땅을 정복할 수 없다고 결론지어 보고한 것이다.

열명의 사실적 보고 속에 나타난 그들의 불신앙적 모습이 전 이스라엘 백성들을 충동질하였고, 심지어 모세와 아론 그리고 신앙적 모습으로 보고한 여호수아와 갈렙을 향해 돌을 들어 죽이려고 할 정도의 극한 상황까지 전개될 때, 하나님의 개입으로 이 문제가 일단락되고, 이스라엘 백성들은 하나님의 진노로 40년간의 긴 광야생활을 하게 된 것이다.

가나안 땅을 정탐한 열 명의 보고는 현실적이며 사실적이었으나, 역사하시는 하나님을 보지 못하고, 그들을 인도하신 하나님을 인정하지 않았다는 데에 문제의 심각함이 있다. 두 명의 보고 역시 사실적 보고였으나, 이들은 자신들의 힘으로 가나안 땅을 점령하는 것이 아니라, 하나님이 그들을 인도하실 것이라는 확신이 있었다. 하나님을 본 것이다. 그분의 인도하심과 그분의 능력을 믿고 그 능력으로 가나안 땅을 점령할 수 있다는 믿음을 가졌던 것이다.

믿음의 눈, 신앙의 눈으로 보지 않은 열 명의 정탐꾼에게 가나안 땅은 자기들이 절대 공격할 수 없는 난공불락의 땅으로 보였고, 자기들은 가나안인들의 눈에 메뚜기처럼 약한 존재로 보인다고 여길 수밖에 없었다. 그러나 믿음과 신앙의 눈을 가진 두 명의 정탐꾼에게는 가나안인은 그들의 밥으로, 가나안땅은 충분히 점령할 수 있는 땅으로 보인 것이다.

우리의 삶도 마찬가지다. 우리의 모든 삶 속에 역사하시는 하나님의 손길을 보아야 한다. 우리의 힘으론 할 수 없지만, 하나님의 능력으로 우리는 모든 삶에서 승리하며 살 수 있다. 믿음과 신앙의 눈으로 살아가는 존재가 우리 하나님의 백성이다. 믿음과 신앙의 눈을 갖고 모든 문제를 바라보면, 그 문제는 문제가 아니라 충분히 이기고 점령할 수 있는 젖과 꿀이 흐르는 가나안 땅으로 보일 것이다.

이제 열두 정탐꾼의 이야기를 우리의 구원과 연결해 살펴보자. 성경의 많은 역사적 사건에는 하나님의 구원의 원리와 방법을 알려주는 귀한 교훈이 있음을 여러 차례 말해 왔다. 이 사건 역시 우리의 구원과 밀접한 관계가 있으며, 변함없는 하나님의 구원의 원리와 방법을 알려주는 귀한 가르침이 들어있다.

가나안 땅은 영적으로 천국을 상징하는 곳이다. 하나님의 백성이 들어가서 안식을 얻는 천국을 상징하는 곳으로, 이 천국, 즉 하나님의 나라는 인간의 능력과 힘으로 들어가는 곳이 아니라 절대적으로 하나님의 은혜로 들어가는 곳이고, 이러한 은혜를 받을 수 있는 결정적 요인은 오직 믿음뿐이라는 사실을 분명히 알려주고 있다.

우리의 구원은 인간의 행위나 노력에 의해 이루어지는 것이 아니다. 값없이 주신 구원의 은총은 오직 믿음에 의해서만 받을 수 있다. 자신들의 노력, 즉 행위로 가나안땅에 들어가려고 했던 자들은 아무도 들어가지 못했다. 오히려 하나님의 진노와 심판을 받았을 뿐이다. 하나님의 나라인 천국은 인간의 행위로 가고자 한다면 결코 갈 수 없는 곳이다. 오히려 심판을 받을 것이다.

가나안 땅은 오직 하나님에 대한 믿음으로만 갈 수 있는 땅이었다.

하나님의 나라인 천국도 오직 믿음으로만 갈 수 있는 곳이다. 이러한 하나님의 구원의 놀라운 계획과 방법을 가나안을 정탐한 사건을 통해 우리는 충분히 알 수 있다.

참고로 출애굽의 여정을 도표로 간단히 살펴보고 다음 내용으로 넘어가자.

출애굽의 경로

경로	성경 구절	중요사건
애굽에서 시내산까지(약 2개월)		
라암셋	출 12:37-13	
숙곳		
에담광야	출 13:20-22	구름기둥, 불기둥의 인도
바알스본 맞은편	출 14:1-2	바로군대의 추격
홍해 건넘	출 14:3-15:21	홍해를 건너고, 백성들과 미리암이 찬양함
마라	출 15:22-26	수르광야에 들어가 사흘간 물을 얻지 못하자 백성들이 불평함. 마라에서 모세는 하나님이 지시하신 나뭇가지를 던져 물을 달게 한다. 치료하시는 여호와를 찬양함
엘림	출 15:27	12개의 오아시스와 70개의 종려나무를 발견
신광야	출 16:1-36	출애굽 한 달 후 도착함. 고기와 양식문제로 불평함. 하나님이 만나를 주심.
르비딤	출 17, 18장	마실 물로 인해 백성들이 불평하자 모세가 호렙산 반석을 쳐서 샘물이 솟게 한다(맛사 혹은 므리바). 아말렉의 침공으로 여호수아가 나가서 싸움(아론과 훌) 모세의 장인과 두 아들, 아내와의 만남

시내산	출 19-40, 레 8-10, 민 1, 9장	출애굽 후 두 달 만에 도착하고 다음해 2월 20일에 시내산을 출발한다. 모세가 세 차례에 걸쳐 시내산에 올라간다. 십계명 등 율법과 성막에 관한 규례를 받아 온다. 제사장 위임식과 첫 유월절을 지키게 된다. 나답과 아비후가 죽임을 당하게 된다. 1차 인구조사를 실시한다.
시내에서 가데스까지(약 4개월)		
다베라	민 11:1-3	시내산에서 11개월 5일간의 체류 후 3일 만에 백성들이 악한 말로 불평을 하자 하나님께서 진의 끝을 불로 태우심. 모세의 중재로 진노가 그치고, 그곳 이름을 다베라로 부름.
기브롯핫다아와	민 11:4-34	고기로 인해 불평하자 메추라기를 주어 먹게 함. 70명의 장로를 지명해 모세를 보좌하도록 함.
하세롯	민 11:5-12:16	모세가 구스여인을 취하자 아론과 미리암이 이를 비방하다 문둥병이 생긴다.
가데스 바네아	민 13:1-14:45	열두 정탐꾼의 40일 동안의 가나안 땅 탐지 결과, 하나님에 대한 불신으로 40년간 광야 생활을 하게 됨. 여호수아와 갈렙을 제외한 20세 이상 된 모든 자를 광야에서 죽이시기로 하심.
가데스에서 모압까지(약 38년)		
바란광야에서의 방황	민 14-20장	37년 6개월간 바란광야에서 민족들이 방황하게 된다. 이 시기 중요사건은 고라와 다단, 아비람 등이 이끄는 250명의 반란 사건이다. 하나님의 진노로 땅이 갈라져 250명이 죽고 이를 불평하는 백성 14,700명이 죽는다. 백성들이 에시온게벨까지 방황하다 다시 가데스로돌아온다. 여기서 모압평지로 가게 된다.
다시 가데스로 돌아옴	민 20:1	미리암이 죽음
므리바	민 20:2-13	물이 부족하자 백성들이 불평을 함. 모세가 반석을 명하여 물을 내라 하신 하나님의 명령을 어기고 두 번이나 반석을 쳐서 물을 냄

호르산	민 22:1	에돔 왕에게 사자를 보내어 그 땅을 지나갈 수 있도록 요청했으나 거절 당함. 아론이 죽음, 후계자로 엘르아살이 선정됨.
호르마	민 21:1-3	아랏을 쳐서 멸함.
에돔땅 우회	민 21:4-9	에돔 땅을 우회해서 아라바 광야를 지나는 동안 백성들이 음료로 인해 불평하자 불뱀을 보내 심판하심
오봇	민 21:10	
이예아바림	민 21:11	
세렛골짜기	민 21:12	
아르논	민 21:13	모압과 아모리 사이, 모압의 경계지역
브엘	민 21:16-17	하나님이 물을 주심.
맛다나	민 21:18	
나할리엘	민 21:19	
바못	민 21:19	
비스가산	민 21:20	아모리왕 시혼에게 사신을 보내어 땅을 지나가도록 요청하나 거절당함. 아모리왕이 이스라엘을 치러 나와 싸우나 멸망함.
헤스본과 촌락에 거함	민 21:21-32	아모리 족속을 무찌르고 거하게 됨.
바산지남	민 21:33-35	바산왕 옥과의 싸움에서 옥을 무찌름
모압평지	민 22-36장 신 34장	발락과 발람의 사건과 이스라엘 족속의 범죄와 하나님의 심판 두 번째 인구조사 요단 동편 땅에 정착한 세 지파(르우벤, 갓, 므낫세 반지파) 후계자 여호수아 임명 모세의 죽음

제13장
하나님이 후회하신다

과연 하나님께서도 사람들처럼
뉘우치거나 후회하실까?

우리가 교회를 다니고 성경을 배우면서 하나님에 대해 배울 때, 하나님은 전지전능하신 분이시고, 일체의 변함이나 후회함이 없으신 분이시라 배웠다. 민수기 23:19에 "하나님은 인생이 아니시니 식언치 않으시고 인자가 아니시니 후회가 없으시도다"라고 말씀하고 있다. 약 1:17에는 "각양 좋은 은사와 온전한 선물이 다 위로부터 빛들의 아버지께로서 내려오나니 그는 변함도 없으시고 회전하는 그림자도 없으시니라"고 밝히고 있다.

그런데 성경을 읽다 보면 "하나님께서도 후회하시고 뉘우치신다"는 내용과 더 나아가서 하나님께서 한탄하신다는 내용도 있어 적잖은 당혹감을 느끼게 된다.

창 6:6에서 하나님은 땅 위에 사람 지으셨음을 한탄하신다고 하였고, 7절에서도 그렇게 말씀하셨다. 그리고 삼상 15:11과 15:35에서 하나님은 사울을 왕으로 삼으신 것을 후회하신다고 기록하고 있으며, 대상 21:15에서는 하나님께서 뉘우치신다는 내용이 기록되어 있다.

이 모두는 인간의 잘못에서 기인한 하나님의 마음을 표현한 내용인데, 자칫 오해하면 하나님도 사람들처럼 자기 일에 실수나 실패를 할 때 한탄하기도 하고, 후회나 뉘우치기도 하는 분으로 이해할 수 있다.

많은 그리스도인들이 이 부분에 있어 하나님을 적극적으로 변호하는 표현으로, 하나님께서 인간들이 이해할 수 있도록 인간 편에서의 마음의 상태를 나타내신 것이라면서 '신인동형론'적으로 설명하거나, 하나님께서 인간들에게 주신 자유의지를 인간이 잘못 사용한 데 대한 한탄이나 후회라고 하나님을 변호하고자 한다.

그러나 이런 변호는 뭔가 아쉬움이 많이 남는다. 하나님을 방어하기 위한 억지 변명과 같은 느낌이 들기 때문이다. 그리고 하나님은 시공간의 제한을 전혀 받지 않는 분이시며, 항상 현재로 존재하고, 그분의 미리 아심을 통해 우리의 과거와 현재, 미래의 모든 일을 아시는데, 모든 것을 알고 계신 하나님이 자신이 한 일에 대해 한탄하신다거나 후회 혹은 뉘우치신다는 것은 논리적으로 맞지 않다.

사람을 만들어 놓고 사람들이 타락하자 한탄하셨다고 했는데, 과연 하나님이 사람들이 타락할 것을 전혀 몰랐을까?

사울을 왕으로 세워놓고 사울이 말을 듣지 않자 사울을 왕으로 삼은 것에 대해 후회하신다고 했는데, 사울의 불순종에 대해서도 전혀 몰랐을까?

그리고 다윗의 잘못으로 말미암아 온역으로 백성들을 치시면서 그 상태가 심각하자 하나님께서 온역으로 백성들을 친 일에 대해 뉘우친다고 했는데, 백성들의 심각한 상태를 하나님이 과연 몰라서 뉘우쳤을까?

하나님의 미리 아심은 시공간의 제한이 없기 때문에, 과거, 현재, 미래의 모든 일이 하나님께는 현재로 나타난다.

하나님은 인간이 타락할 것과 사울의 범죄, 그리고 인간을 치실 때 온역의 심각한 상태에 대해 모두 알고 계시는 분이시다. 그런데도 성경은 왜 이렇게 기록되어 하나님에 대해 오해하도록 했을까? 결론적으로 말하자면, 이는 하나님 편의 문제가 아니라 우리 편의 문제에서 야기된 결과이다. 특히, 성경을 번역할 때 우리 말 표현이 원 의미에서 벗어난 경우가 더러 있음을 알아야 한다.

성경을 번역하면서 하나님의 마음을 좀 더 강력하게 어필하기 위해 사용한 표현이 오히려 하나님에 대해 오해할 소지가 생기게 한 것은 번역자들의 실수로 보인다.

창세기 6:6-7, 삼상 15:11, 35, 삼하 24:16, 대상 21:15 등에서 나타나는 한탄, 후회, 뉘우침 등의 번역들이다. 이 모두는 하나님의 마음이 아프다는 것을 표현하는 단어임에는 분명하다. 사람들의 잘못으로 인해 심히 아파하는 하나님의 마음 상태를 우리에게 전달하는 단어인데, 이런 단어를 사용함으로써 하나님의 아픈 마음을 좀 더 강하게 전달하고자 하는 취지는 충분히 이해되나 올바른 번역은 아니다.

성경을 번역할 때 어려운 경우는 한 단어가 여러 가지 의미를 내포하고 있는 경우이다. 이런 경우 어떤 의미가 적합한지는 성경 전체의 가르침과 하나님의 속성 등을 잘 고려하여 판단해야 한다.

하나님의 한탄, 하나님의 후회하심, 하나님의 뉘우치심 등에서의 한탄, 후회, 뉘우침 등의 단어들이 여기에 해당한다. 사람에겐 이 단어들이 적합할 수 있고 어울릴 수 있지만, 전지전능한 하나님께 이러한 단어는 불경스러운 단어이며, 또한 하나님의 속성에 비추어 볼 때 전혀 옳지 않은 번역이다.

하나님의 한탄이나 후회, 그리고 뉘우침 등에 사용된 히브리어는 모두 '나함'이라는 단어이다. '나함'이란 단어의 의미 안에 후회나 한탄, 뉘우침이라는 의미가 있긴 하지만, 근심하다, 고통(아픔)을 느끼다, 위로하다, 동정하다. 연민을 가지다 등의 의미도 있다. 그래서 '나함'의 의미를 좀 더 신중히 번역했더라면 더 나은 번역이 될 뿐 아니라 하나님에 대한 오해도 전혀 없었을 것이라는 아쉬움이 크다.

창 6:6에 나타난 '한탄'이란 단어는 하나님께서 인간들을 만드신 후 인간들의 범죄함에 대해 안타까워하면서 **괴로워한다, 아파한다는** 표현으로, '한탄'보다는 그냥 **'괴로워하다' '아파하다'**로 번역하는 것이 옳아 보인다.

하나님이 '땅 위에 사람 지으셨음을 한탄하사 마음에 근심하시고'를 하나님이 '땅 위에 사람 지으셨음을(안타까운 마음으로) **괴로워하사(아파하사)** 마음에 근심하시고'로 번역하는 것이 좋을 것으로 보인다.

그리고 삼상 15:11에 '내가 사울을 세워 왕 삼은 것을 후회하노니'에서 '후회'라는 단어 역시 하나님의 아픈 마음을 그대로 나타낸 것으로 '괴로워하다' 혹은 '근심하다'로 번역하여, '내가 사울을 세워 왕 삼은 것을 **괴로워하노니**(혹은 근심하노니)'로 번역하는 것이 옳은 번역으로 보인다.

삼하 24:16이나 대상 21:15은 같은 내용으로 다윗의 범죄에 대해 하나님이 백성들에게 재앙을 내린 내용이다. 하나님께서 내리신 재앙을 하나님 스스로 뉘우친다는 의미로 오해할 수 있는 내용이다. 하나님이 내린 재앙으로 백성들이 죽어 나가자, 하나님께서 자신이 내린 재앙에 대해 뉘우치신다는 것이 아니라 괴로워하신다 혹은 아파하신다는 것이다. 본문은 다음과 같다.

> 천사가 예루살렘을 향하여 그 손을 들어 멸하려 하더니 여호와께서 이 재앙 내림을 뉘우치사 백성을 멸하는 천사에게 이르시되 족하다 이제는 네 손을 거두라 하시니 때에 여호와의 사자가 여부스 사람 아라우나의 타작 마당 곁에 있는지라
>
> (삼하 24:16)

'천사가 예루살렘을 향하여 그 손을 들어 멸하려 하더니 여호와께서 이 재앙 내림을 뉘우치사' 하나님께서 천사에게 명하여 이제 족하다고 하셨는데, 여기서도 '뉘우치사'는 '아파하사'로 고쳐 번역하는 것이 더 낫다. '천사가 예루살렘을 향하여 그 손을 들어 멸하려 하더니 여호와께서 이 재앙 내림을 아파하사' 재앙을 멈추게 하신 것이다.

성경은 하나님에 대해 다음과 같이 분명히 말씀하신다.

하나님은 인생이 아니시니 식언치 않으시고 인자가 아니시니 후회가 없으시도다

(민 23:19)

그렇다. 전지전능하신 하나님께서는 일체의 후회나 변개가 없으신 분이시다. 그분은 영원한 현재의 시간 속에 계시는 분으로, 우리의 과거, 현재, 미래의 모두를 현재로 보시면서, 우리의 범죄함을 보고 아파하시는 분이시다. 죄에 대해 아픔을 느끼시는 하나님, 그분이 바로 우리의 하나님이시다.

제14장
솔로몬의 일천 번제

솔로몬은 일천일 동안 번제를 드렸을까?

시중 기독교 서점에 가보면 헌금 봉투 중에 일천 번제 헌금 봉투가 있는 것을 볼 수 있다. 나는 이런 종류의 헌금 봉투가 있는 것을 보고 깜짝 놀랐다. 여러 종류의 헌금 봉투가 있다는 것은 알고 있었지만 일천 번제 헌금 봉투가 있다는 사실은 전혀 알지 못했기 때문이다.

아직도 많은 성도들이 솔로몬의 일천 번제에 대해 오해를 하고 있는 것 같아 안타까운 마음이 든다.

그리고 모 목회자는 일천번제에 대한 부흥회를 다니고 있으며, 이런 목회자를 교회는 초빙해 성도들에게 말씀을 가르치도록 한다. 너무 안타까운 일이다.

솔로몬이 과연 일천일 동안 번제를 드렸을까? 솔로몬의 일천 번제 이야기는 너무 유명하다.

솔로몬의 아버지 다윗이 죽자 솔로몬은 다윗의 10번째 아들이지만,

전적인 하나님의 은혜와 복으로 이스라엘의 제3대 왕으로 극적, 등극을 하게 된다. 이미 부친인 다윗이 나라를 심히 견고하게 하고 난 뒤 오른 왕좌였기 때문에 솔로몬은 부친의 영화를 그대로 누릴 수 있었다.[56)]

솔로몬은 왕위에 오르자 몇 가지 중요한 일들을 처리한 뒤 하나님께 제사를 드리기 위해 산당으로 가게 되었다. 이때는 아직까지 성전이 지어지지 않았기 때문에 백성들처럼 산당에서 제사를 지내며 분향을 하곤 하는 것이 관례였다.[57)]기브온의 산당에서 솔로몬은 하나님께 일천 번제를 드리게 되었고, 하나님의 백성을 잘 다스릴 수 있는 지혜를 구하여 하나님으로부터 큰 복을 받게 된다.

오늘날 많은 성도들이 솔로몬이 드린 일천 번제에 대해 오해하고 있다. 솔로몬이 기브온에서 일천 일 동안 하나님 앞에 제사를 드리니 감동하신 하나님께서 솔로몬에게 지혜와 큰 복을 주신 것으로 알고, 일천 번제를 작정하여 일천일 동안 하나님 앞에 매일매일 예물을 드리며 예배를 드리는 성도님들을 자주 보곤 한다. 지금도 그렇게 알고 1000일 동안 매일 예배를 작정하고 일천 번제, 일천일 작정기도회 등을 하고 있는 것을 보고 있으며, 또한 예전에는 없었던 1000번제 예물에 대한 헌금 봉투도 발견하고 참으로 놀랐다.

일천일 동안 작정하여 작정 예배를 드리거나 예물을 빠짐없이 드리

56) 솔로몬이 그 아비 다윗의 위에 앉으니 그 나라가 심히 견고하니라(왕상 2:12)

57) 솔로몬이 여호와를 사랑하고 그 부친 다윗의 법도를 행하되 오히려 산당에서 제사하며 분향하더라(왕상 3:3)

며 작정 기도를 한다는 것, 그 자체는 하나님께 큰 복을 받을 행위임에는 틀림이 없다. 하지만 솔로몬의 예를 들어 성경에서 가르치는 것으로 오해해 복의 근거로 삼게 한다면, 이는 잘못된 일이다. 사실 일천일 동안 매일 하루도 빠지지 않고 하나님 앞에 예물과 더불어 예배를 드린다는 것은 보통의 각오와 결단이 아니면 힘든 일이다.

본인이 알고 있는 모 교회는 아예 전교회 차원에서 일천 번제를 장려하여 성도들에게 헌신을 요구한다. 교회주보에는 일천 번제에 대한 내용이 매주 기재되고 보고되었다. 솔로몬의 일천 번제를 거론하여 이렇게 하면 하나님의 큰 복을 받을 수 있다는 것이 성경의 가르침인 것처럼 성도들에게 동참을 촉구하곤 하였다.

일천일은 약 3년의 기간이다. 필자가 성경을 잘 모를 때의 일이다. 솔로몬의 일천 번제 사건에 대해 여러 차례 설교를 듣거나 성경공부를 하면서, 어떻게 한 나라의 왕으로 일천일 동안 매일 제사를 드릴 수 있었을까 하는 의문을 가지고 있었다. 그러면서도 솔로몬의 믿음에 대해 깊은 감동을 받으며 내심 하나님이 복 주실 만한 사람이라는 생각을 한 것도 사실이다. 또 그렇게 배워 왔었다.

성경을 여러 차례 읽어 가면서도 솔로몬의 일천 번제 부분을 읽을 때는(왕상 3:4, 대하 1:6) 과거에 배운 대로 아무런 생각 없이 지나치곤 하였다. 그러던 어느 날 이 부분을 다시 읽다가 솔로몬의 일천 번제는 솔로몬이 일천일 동안 매일 하나님께 제사를 드린 것이 아니라 제사에 사용하는 제물 일천 마리를 한 번의 제사 때 번제로 드렸다는 사실을 알게 되었다. 책망 들을 일임에 틀림없지만, 그때는 놀라운 발견이었다.

고정관념과 단순하게 배웠던 내용들이 점검이나 여과 없이 나의 머릿속에 그대로 남아 있다는 것이 무섭기까지 했다.

얼마나 많은 부분에 있어서 이런 일들을 겪어가야 할지 나 자신도 모르니, 두려움은 계속 남아 있다. 현재 내가 지도하고 가르치는 말씀에 있어 혹 잘못 알고 지도하는 일은 없는지.

어쩌면 우리 한국교회의 많은 성도들이 성경을 바르게 알기보다는 사람들이 가르친 여러 내용들을 아무런 검토 없이 믿어버려 그것이 고정관념이 되어 버린 것은 아닌지. 우리가 바로 배운 것들은 우리에게 더할 나위 없이 좋은 양약이 되지만, 만약 그렇지 못하다면 지금이라도 바르게 알고 고쳐 나가는 것이 필요할 것이다. 너무 위험하기 때문이다.

유년 주일 학교 때부터 시작된 교회 생활, 수도 없이 들어온 설교 말씀, 그리고 성경공부 등 그렇게 많이도 성경을 보고 공부하였음에도 불구하고 왜 이렇게 잘못 알고 있게 되었는가? 그리고 이것이 누구의 책임인가에 대한 안타까운 마음이 떠나지를 않는다.

솔로몬은 일천 일 동안 매일 번제를 드린 것이 아니라, 희생제물 일천 마리를 번제로 드린 것이다. 역대하 1:1-6에 이 내용이 자세히 나타나는데, 다음과 같다.

다윗의 아들 솔로몬의 왕위가 견고하여 가며 그 하나님 여호와께서 저와 함께하사 심히 창대케 하시니라 / 솔로몬이 온 이스라엘의 천부장과 백부장과 재판관과 온 이스라엘의 각 방백과 족장들을 명하고 / 온 회중과 함께 기브온 산당으로 갔으니 하나님의 회막 곧 여호와의 종 모세가 광야에서 지은 것이 거기 있음이라 / 다윗이 전에 예루살렘에서 하나님의 궤를 위하여 장막을 쳤었으므로 그 궤는 다윗이 이미 기랏여아림에서부터 위하여 예비한 곳으로 메어 올렸고 / 옛적에 훌의 손자 우리의 아들 브사렐의 지은 놋단은 여호와의 장막 앞에 있더라 솔로몬이 회중으로 더불어 나아가서 / 여호와 앞 곧 회막 앞에 있는 놋단에 이르러 그 위에 일천 희생으로 번제를 드렸더라

(대하 1:1-6)

솔로몬이 일천 희생으로 번제를 드린 사실이 명확히 드러나고 있다. 솔로몬의 이러한 일천 희생 번제는 그의 부친이 살아 있을 때 행했던 일들을 기억하며 그도 그렇게 한 것임을 우리는 역대상 29:21의 말씀을 통해 미루어 짐작할 수 있다.

이튿날 여호와께 제사를 드리고 또 번제를 드리니 수송아지가 일천이요 수양이 일천이요 어린양이 일천이요 또 그 전제라 온 이스라엘을 위하여 풍성한 제물을 드리고

(대상 29:21)

이 말씀은 다윗이 솔로몬을 왕으로 세우기 전 거행했던 제사에서 드려진 예물들을 말하고 있다. 이러한 제사의 내용과 규모를 솔로몬은 잘

알고 있었고, 자신이 왕이 되자 부친이 한 것처럼 그대로 한 것이다. 솔로몬의 일천 번제는 일천 일 동안의 제사가 아니라 일천 제물이다. 그것도 일천 일 동안 나눠 드린 것이 아니라, 단번에 드려진 제물들이다.

성경을 가지고 설교하거나 가르치는 지도자들은 솔로몬의 일천 번제의 내용을 근거로 하여 일천 일을 강조하며, 성도들에게 예물을 내도록 제안하거나 이렇게 하는 행위가 복의 통로인 것처럼 성도들을 현혹해선 안 된다. 아직도 이런 가르침이 있음에 실로 안타까울 뿐이다.

또한 상술의 한 부분으로 일천 번세 헌금 봉투도 만들어 판매하고 있다는 것이 우리 교회의 현실이다. 대부분의 성도들은 순진하다. 그리고 단순하기도 하다. 가르침을 잘 따르고자 하는 순수한 자들이 우리 성도들이다. 이들에게 성경 본문을 잘못 알고 잘못 가르쳐 그들에게 복의 통로로 설교하는 그러한 우를 범해선 안 될 것이다.

솔로몬은 일천 일 동안 제사를 한 것이 아니며, 일천 마리의 제물로 제사를 단번에 드린 것이 솔로몬의 일천 번제이다.

제15장
하나님의 말씀은 짝이 있다?

성경은 서로 짝을 이루고 있다.
그러니 성경에서 답을 찾아야 한다?

성경은 모두 짝을 이루고 있어서 성경의 여러 의문점은 성경에서 답을 찾아야 하며, 성경은 성경으로 풀어야 한다고 우리는 알고 있다. 틀린 말이 아니다. 당연히 그렇게 해야 하고, 성경은 성경으로 푸는 것이 올바른 성경 해석의 원리이다. 그러나 이렇게 이야기할 때 인용하는 성경 구절이 문제가 된다. 대체로 이사야 34장 16절의 말씀을 인용하며, 본인도 그렇게 배워 왔다.

> 너희는 여호와의 책을 자세히 읽어 보라 이것들이 하나도 빠진 것이 없고 하나도 그 짝이 없는 것이 없으리니 이는 여호와의 입이 이를 명하셨고 그의 신이 이것들을 모으셨음이라(한글개역)

> 너희는 여호와의 책에서 찾아 읽어 보라 이것들 가운데서 빠진 것이 하나도 없고 제 짝이 없는 것이 없으리니 이는 여호와의 입이 이를 명령하셨고 그의 영이 이것들을 모으셨음이라(한글개역개정)

참으로 오해하기 쉬운 말씀이다. 이 구절만을 볼 때 모든 성경은 다

짝이 있는 것으로 보인다. 그러나 이 구절만으로 성경은 다 짝이 있어서, 성경은 반드시 성경으로 풀어야 한다는 말을 하는 것은 옳지 않다. 왜냐하면 이 말씀은 성경의 짝을 이야기한 것이 아니라 모든 짐승들에게 짝이 있다는 사실을 말씀하신 것이기 때문이다. 성경을 올바로 알기 위해선 본문의 한 말씀만 보거나 그것만을 강조해선 안 되며, 그 말씀을 하게 된 동기나 배경 그리고 문맥을 철저히 살펴보아야 한다고 앞에서 여러 차례 강조했다. 다른 역본들을 참고로 살펴보자.

> 너희는 주의 책을 찾아 읽으라. 이들 중에는 하나도 부족한 것이 없고, 하나도 자기 짝이 없는 것이 없으리니, 이는 나의 입으로 그것을 명령하였고 그의 영이 그들을 모으셨음이라(한글 킹제임스)

> 야훼의 기록을 찾아내어 읽어 보아라. 이런 모든 짐승들이 빠짐없이 기록되어 있으리라. 그것들은 직접 야훼의 입에서 떨어진 분부를 받아 그의 입김으로 몰려 온 것들이다.(공동번역)

> 주의 책을 자세히 살펴보아라. 이 짐승들 가운데서 어느 것 하나 빠진 것 없겠고, 하나도 그 짝이 없는 짐승이 없을 것이다. 주께서 친히 입을 열어 그렇게 되라고 명하셨고 주의 영이 친히 그 짐승들을 모으실 것이기 때문이다.(표준새번역)

> 너희는 여호와의 책을 자세히 읽어 보아라. 이 동물들 중에 하나도 빠진 것이 없고 그 짝이 없는 것이 없으니 이것은 여호와께서 그렇게 되도록 명령하셨고 성령께서 그것들을 함께 모으셨기 때문이다.(현대인의 성경)

한글개역이나 개정 그리고 한글 킹제임스 성경을 통해 앞의 문맥들을 무시하고 본문만 본다면, 본문에 나오는 짝을 잘못 성경으로 오해할 여지가 있음은 당연하다. 그리고 천주교에서 사용하는 공동번역은 번역이 정확하지 않은 면이 있다. 그러나 표준새번역이나 현대인의 성경에서는 이 부분을 아주 정확하게 표현을 하고 있다.

우리가 짝에 대해 이렇게 잘못 해석하게 된 이유는 히브리어의 지시대명사인 메헨나를 잘못 이해한 데서 비롯된 것이다. 13절에서 15절에 보면,

> 그 궁궐에는 가시나무가 나며 그 견고한 성에는 엉겅퀴와 새품이 자라서 승냥이의 굴과 타조의 처소가 될 것이니 / 들짐승이 이리와 만나며 숫염소가 그 동류를 부르며 올빼미가 거기에 살면서 쉬는 처소로 삼으며 / 부엉이가 거기 깃들이고 알을 낳아 까서 그의 그늘에 모으며 솔개들도 각각 제 짝과 함께 거기에 모이리라(한글개역개정)

이 본문을 보면 다양한 짐승들에 대한 이야기가 나오고 있는데, 이리, 타조, 여우, 숫염소, 올빼미, 들짐승, 부엉이, 솔개 등이다. 이러한 짐승들이 짝이 있다는 사실을 말하고 있는 본문이 16절의 말씀인 것이다. 다음 구절인 17절에 나타나는 그것들 역시 짐승임을 분명히 일러주고 있다.

> 여호와께서 그것들(짐승)을 위하여 제비를 뽑으시며 그의 손으로 줄을 띠어 그 땅을 그것들에게 나눠 주셨으니 그들이 영원히 차지하며 대대로

거기에 살리라(한글개역개정)

우리는 설교를 하거나 성경을 가르칠 때 여러 역본을 다 찾아보아 비교하긴 힘들다. 또 그렇게 할 순 없다. 하지만 반드시 다른 역본들이나 혹은 히브리어, 헬라어 원전을 참고해야만 할 부분들이 존재한다. 그래야 성경의 원 의미를 정확히 알게 되고 성도들에게 성경을 바르게 가르칠 수 있다. 이는 성도들의 몫이 아니라, 성경을 가지고 설교하고 가르치고 지도해야 하는 목회자들의 몫이다.

요즘은 히브리어, 헬라어를 잘 몰라도 원어적 의미를 찾기가 그렇게 어렵지 않다. 아주 기초적인 지식이나 단어 정도만 찾을 수 있다면, 충분히 원어적 의미를 찾을 수 있다. 왜냐하면 전문적 지식을 가진 신학자들 중 언어를 전공한 학자들이 분석한 성경 소프트웨어들이 많이 있기 때문이다. 이를 잘 활용하면 원어뿐만 아니라 여러 역본들도 동시에 살펴볼 수 있으니, 조금의 노력만 기울인다면 하나님의 귀한 말씀을 바르게 알고 이해하는데 충분한 도움을 받을 수 있을 것이다.

원본이 존재하지 않는 현재의 성경들은 모두 사본들이다. 사본들도 시대에 따라 언어가 변천되거나 그 뜻이 완전히 달라지는 경우 또한 생기게 된다. 그래서 현존하는 어떠한 성경도 하나님 말씀의 원전을 100% 그대로 번역해 전달할 수 없다. 원전 자체가 존재하지 않기 때문이다. 단지 원전에 아주 가까운 사본들을 비교 분석해 그 사본들을 번역한 것이다.

우리 개역성경은 번역이 아주 훌륭한 성경이다. 이 성경을 통해 우리는 구원의 도리를 올바르게 배워왔고, 하나님에 대해서도 올바르게 배웠다. 그러나 더러는 오해를 줄 수 있는 번역도 있음을 잘 기억하고, 그런 경우에는 다른 역본들을 참고, 비교해 보는 것도 좋은 방편이 된다.

항간에 킹제임스 성경만이 유일하게 하나님이 보존한 성경이라는 생각을 하는 분들도 있는데, 이는 옳지않다. 킹 제임스 성경이 훌륭한 번역본이긴 하지만, 이 성경만이 유일한 하나님의 말씀이며 다른 성경들은 모두 잘못된 것이라고 주장하는 것은 올바른 그리스도인으로서의 자세가 아님을 알고, 여러 역본들을 같이 비교해 공부하면서 하나님의 말씀에 좀 더 가까이 다가가는 귀한 주의 백성들이 되어야 할 것이다.

제16장
사람의 혼은 위로, 짐승의 혼은 아래로?

사람은 영이 있기 때문에 위로 가고
짐승은 영이 없기 때문에 아래로 간다?

인생들의 혼은 위로 올라가고 짐승의 혼은 아래 곧 땅으로 내려가는 줄을 누가 알랴

(전 3:21)

사람과 짐승의 차이점을 설명하는 구절로 많이 인용하는 말씀이다.

사람은 하나님의 형상이 있기 때문에 그 혼이 하늘로 가지만, 짐승은 하나님의 형상이 없으므로 땅으로 내려간다는 것이다. 혹은 사람은 영이 있어서 그 혼이 하늘로 가지만, 짐승은 영이 없으므로 그 혼이 땅으로 간다고 알고 있다.

아직까지 많은 목회자들이 위와 같이 설명하고 가르치고 있다. 목회자들이 이렇게 알려주기 때문에, 성도들 대부분도 이렇게 알고 있다. 그러나 이 말씀은 번역부터가 오역이며, 의미 또한 다르다. 우선 번역의 문제부터 살펴보자.

일반적으로 구약성경의 원어인 히브리어에서 혼은 '네페쉬(nephesh)', 영은 '루아흐(ruach)' 그리고 육은 '바살(basar)'이라는 단어를 사용하고 있다.

전도서 3장 21절에 사용된 사람의 혼이나 짐승의 혼이라는 단어를 보면, 원어상에는 똑같이 '루아흐'라는 단어를 사용하고 있는데 이는 '영'이라는 의미다. 즉 사람에게도 영이 있고 짐승에게도 영이 있다는 사실을 말하며, 따라서 '혼'으로 번역한 단어는 모두 '영'으로 고쳐야 한다. 그렇게 해서 "인생들의 영은 위로 올라가고 짐승의 영은 아래 곧 땅으로 내려가는 줄을 누가 알랴"(전 3:21)라고 번역을 해야 하는 것이다.

그러나 문제는 그렇게 단순하지 않다. 이 번역을 그대로 적용하면 사람의 영은 하늘로 가고, 짐승의 영은 땅으로 간다는 사실을 증명하는 말씀이며 이는 짐승과 인간이 다르다는 사실을 입증하는 말씀으로 오해하기에 충분한 것이다. 그러나 이렇게 해석을 하면 앞에 나오는 말씀과 서로 충돌이 된다. 17절부터 20절의 내용을 보면,

> 내가 내 마음속으로 이르기를 의인과 악인을 하나님이 심판하시리니 이는 모든 소망하는 일과 모든 행사에 때가 있음이라 하였으며 / 내가 내 마음속으로 이르기를 인생들의 일에 대하여 하나님이 그들을 시험하시리니 그들이 자기가 짐승과 다름이 없는 줄을 깨닫게 하려 하심이라 하였노라 / 인생이 당하는 일을 짐승도 당하나니 그들이 당하는 일이 일반이라 다 동일한 호흡이 있어서 짐승이 죽음 같이 사람도 죽으니 사람이 짐승보다 뛰어남이 없음은 모든 것이 헛됨이로다 / 다 흙으로 말미암았

으므로 다 흙으로 돌아가나니 다 한 곳으로 가거니와(한글개역개정)

(전 3:17-20)

위의 말씀을 요약하면, 인생이나 짐승이 다를 바 없으며, 사람이나 짐승 모두 공히 죽게 되며, 흙에서 나와 흙으로 돌아가는 그런 존재라는 것이다. 이렇게 사람이나 짐승이나 다를 바가 없다고 밝히면서, 갑자기 인생의 영은 하늘로 가고 짐승의 영은 땅 아래로 간다는 말을 하면서 짐승과 인간의 차이점을 설명하려는 것은 문맥상 맞지 않는 해석이 된다. 이는 우리 한글 개역성경의 번역이 오해하도록 만들어 놓았기 때문이다. 아주 세밀히 말씀을 관찰하지 않으면 그렇게밖에 해석할 수 없는 문장으로 보인다. 다른 역본을 한번 보자.

사람의 숨은 위로 올라 각 짐승의 숨은 땅 속으로 내려간다고 **누가 장담하랴!**(공동번역)

사람의 영은 위로 올라가고 짐승의 영은 아래로 내려간다고 하지만, **누가 그것을 알겠는가?"**(표준새번역)

사람의 영은 위로 올라가고 짐승의 영은 땅 속으로 내려간다고 **누가 입증할 수 있겠는가?**(현대인의성경)

우리가 사용하는 개역이나 개역개정본에 번역의 아쉬움이 많이 남아 있는 본문이다. 조금만 주의를 기울이면 쉽게 이해하거나 알 수 있는 내용인데, 몇몇 단어를 잘못 번역하여 성경을 너무 어렵게 만든 것 같은 생각도 든다. 특히 동양권 문화에서 번역을 시도하다 보니, 영과 혼과 육에 대한 문제에 있어 성경 전체를 통해 아주 혼란스럽게 번역을 해놓고 있다. 이는 번역자들의 문제라기보다, 서구의 문화와 사상을 이해하지 못한 동양적 인식의 한계에서 기인한 것으로 보인다.

영과 혼과 육에 대한 이해와 개념이 분명한 서구와는 달리, 우리 동양권은 영과 혼, 그리고 육에 대한 구분이 정확하지 못하다 보니, 성경의 곳곳에서 영으로 번역해야 할 것을 혼으로 번역하거나, 혹은 혼으로 번역해야 할 것을 영으로 번역하고 있다. 위의 전 3:21의 말씀도 그 한 예가 된다.

비록 우리가 다른 번역본은 사용하고 있지 않지만, 다른 역본들 가운데 원문의 뜻을 아주 잘 전달하는 아주 훌륭한 번역을 한 역본들도 있다는 사실을 간과해선 안 된다.

영어 킹제임스 역을 한번 보자.

Who knoweth **the spirit of man** that goeth upward, and **the spirit of the beast** that goeth downward to the earth?

잘못 번역을 하면 우리 한글 성경의 번역과 비슷하게 보이나, 그렇지 않다. 우리말로 번역을 해보면 **"인간의 영은 위로 가고 그리고 짐승의 영은 땅 아래로 간다는 것을 누가 알 수 있단 말인가?"**라는 의미다.

이 말은 인간의 영은 위로 가고 짐승의 영은 땅 아래 간다는 것을 단정하는 의미가 아니라, 인간의 영이 위로 가고 짐승의 영이 땅 아래 간다는 것을 어떻게 인간이 알 수 있겠는가 하는 의미다. 즉 인간의 영은 위로 가고 짐승의 영은 땅으로 간다는 의미가 아니라, 인간의 영이 하늘로, 짐승의 영이 땅 아래로 갈지, 가지 않을지에 대한 사실관계를 인간이 모른다는 것이다. 왜냐하면 앞부분에서 인간이나 짐승이나 하나님 보시기에는 똑같다고 했기 때문이다. 이 본문에 있어서는 공동번역이나 표준새번역, 현대인의 성경 번역이 훨씬 훌륭한 번역이다. 위 본문의 정확한 의미는 "사람들이 말하기를 인간의 영은 하늘로, 짐승의 영은 땅 아래로 간다고 말들 하지만 실제로 그러한지 짐승 같은 인간들이 어떻게 알 수 있겠는가?"라는 의미로 보아야 한다.

이렇게 성경을 바로 알려주는데도, 오랫동안 이 본문을 그렇게 이해하지 않고 있던 성도님이 정말 짐승도 영이 있느냐고 자꾸 물어보았다. 혹시 목사님이 잘못 알고 있는 것은 아니냐는 식으로 물어오길래, 시편 104편 24-29절을 다시 보여주면서 이 부분을 설명해 주니 아무 말이 없었다. 시편 104편 24-29절의 말씀은 다음과 같다.

24 여호와여 주의 하신 일이 어찌 그리 많은지요 주께서 지혜로 저희를 다 지으셨으니 주의 부요가 땅에 가득하니이다
25 저기 크고 넓은 바다가 있고 그 속에 동물 곧 대소 생물이 무수하니이다
26 선척이 거기 다니며 주의 지으신 악어가 그 속에서 노나이다
27 이것들이 다 주께서 때를 따라 식물 주시기를 바라나이다
28 주께서 주신즉 저희가 취하며 주께서 손을 펴신즉 저희가 좋은 것으

로 만족하다가
29 주께서 낯을 숨기신즉 저희가 떨고 주께서 저희 호흡을 취하신즉 저
희가 죽어 본 흙으로 돌아가나이다

하나님께서 지혜로 바다속의 짐승들을 지으심을 말하고, 이 짐승들이 다 주께서 때를 따라 식물 주시기를 바라고 있다고 한다. 그리고 주께서 주신즉 저들이 취하고, 주께서 손을 펴신즉 저희들이 좋은 것으로 만족하다가, 29절에 주께서 낯을 숨기신즉 저희가 떨고 주께서 저희 호흡을 취하신즉 저희가 죽어 본 흙으로 돌아가나이다 고 한다.

별 어려움이 없이 이해가 가능하다. 그러나 29절의 말씀을 보면 주께서 저희가 호흡을 취하신즉 저희가 죽어 본 흙으로 돌아간다는 말씀에서 저희란 역시 물속의 짐승이란 것을 쉽게 알 수 있다. 그리고 주님이 이들의 호흡을 취하면 죽어 흙으로 돌아간다 했다.

여기 기록된 호흡이란 단어는 원어로 루아흐를 사용한다.

루아흐의 용례 중 호흡, 숨 등의 번역도 가능하나, 일차적 의미가 영이란 의미다. 그렇기 때문에 주님이 이들의 호흡을 취한다는 것은 이들의 영을 취한다는 의미가 된다. 이렇게 영이 떠난 짐승은 죽어 흙으로 돌아감을 말씀하고 있다.

대부분의 성경이 여기에 나오는 루아흐를 숨이나 호흡으로 번역하고 있으나, 본인은 숨이나 호흡보다, 원 의미인 영으로 번역하는 것이 더 옳은 번역이라 생각한다. 이 본문은 짐승에게도 영이 있음을 알 수 있는 대목이다.

제17장 부르짖어 기도하라?

큰소리 내어 기도하라는 말씀인가?

너는 내게 부르짖으라 내가 네게 응답하겠고 네가 알지 못하는 크고 비밀한 일을 네게 보이리라

(렘 33:3)

기도는 성도에게 있어 생명줄과 같은 것이다. 성도가 기도하지 않는 것은 성도로서의 생명력을 상실하는 것과 같다. 성도가 기도할 때 자신이 살고, 가정이 살고, 교회가 살며, 나라가 산다. 기도는 모두를 살리는 길이다. 기도를 통해 말씀의 능력을 확신하며, 하나님의 말씀이 살아 있음을 알게 된다. 기도는 하나님께서 모든 그리스도인에게 주신 은총이며, 역으로 성도에게는 하나님께 받은 귀중한 특권이다. 기도의 중요성은 아무리 강조해도 지나치지 않다.

많은 교회들이 교회 안팎에 렘 33:3의 말씀을 쓴 현수막이나 액자를 걸어둔다. 이는 성도들을 향해 기도하라고 하는 요청으로, 우리가 부르짖어 기도하면 하나님께서 응답해 주시고 그의 크고 비밀한 일들을 보여주시기 때문에 이 말씀을 통해 성도들에게 기도하도록 격려하곤 하

는 것이다. 나쁘진 않아 보인다.

그러나 대부분의 성도들이 이 내용에 있어, 기도에 대해 오해를 하곤 한다. 부르짖는다는 표현을, 소리를 크게 내어 기도하라는 의미로 받아들이고 있다는 사실이다. 실제로 부르짖는다는 의미는 크게 소리를 낸다는 것이 맞기는 하다. 부르짖는다는 것이 큰 소리를 지른다는 의미를 갖고 있기 때문에, 위의 말씀에 의할 것 같으면 성도가 크게 부르짖고 기도할 때 하나님이 응답한다는 해석이 맞게 된다.

여러 기도회에 참석하여 기도할 때, 기도회의 인도자가 위의 말씀을 큰 소리로 인용하면서 부르짖어 기도하기를 촉구하는 모습을 여러 차례 본 적이 있다. 아마 많은 분이 비슷한 경험들이 있을 것이다.

그러나 위의 말씀은 크게 소리를 내어 하나님께 부르짖으라는 말씀이 아니다. '부르짖으라'로 번역된 히브리어 "케라"는 '부르고 찾으라'는 의미를 가진 단어이다. 다시 말해 '부르짖으라'는 원래의 의미가 '부르고 찾으라(call)'이다. 히브리어에서 '외치다, 부르짖다(cry out, shout)'는 "자악"이란 단어를 사용하는 게 일반적이며, 이는 큰 소리로 짐승이나 사람을 찾을 때 혹은 사람이 큰 소리로 통곡하면서 울 때 사용하는 단어이다(삼상 15:11).

렘 29:12의 '너희는 내게 부르짖으며 와서 내게 기도하면 내가 너희를 들을 것이요'의 '부르짖으며'도 "케라"라는 히브리어를 사용했는데, 이 역시 '부르고 찾다'의 의미이지, '큰 소리로 외치면서 기도하다'의 의미가 아니다. 렘 33:3도 '너는 나를 부르고 찾으라. 내가 네게 응답하겠고 네가 알지 못하는 크고 비밀한 일을 네게 보이리라'로 번역하는 것이 정확하다고 하겠다.

우리가 기도할 때 부르짖고 통성으로 크게 소리 내어 기도하는 것이 잘못된 것이거나 비성경적인 것은 아니다. 때에 따라 큰 소리로 부르짖고, 애통해하며, 소리 내어 기도할 수 있다. 어쩌면 그렇게 기도해야 할 때가 더 많이 있을 수도 있다. 그러나 위의 말씀을 근거로 하여, 부르짖어 기도해야만 하나님이 응답하시고 그의 크고 비밀한 일을 보이신다고 가르치는 것은 우리가 조심해야 할 것으로 보인다.

우리 개역한글 성경은 히브리어 '케라'를 번역할 때 '부르다'와 '부르짖다'를 구별하지 못하고 번역한 경우들이 많이 있어서, 이 부분에 있어 세심한 주의가 필요할 것으로 본다.

기도의 유익은 다음과 같다.

- 기도는 자신의 죄를 정화한다.
- 기도는 남의 죄를 용서해 주는 에너지를 준다.
- 기도는 삶을 아름답게 한다.
- 기도는 질병을 치료한다.
- 기도는 마음의 안정을 갖게 한다.
- 기도는 올바로 살 수 있도록 도움을 준다.
- 기도는 잘못된 길로부터 올바른 길로 인도한다.
- 기도는 내적 잠재된 능력을 끌어온다.

- 기도는 자신을 살리고, 가정을 살리며, 우리 사회를 살리고 나라를 살리는 기능을 갖는다.
- 기도는 하나님과의 관계를 회복케 한다.
- 기도는 자신의 잘못을 돌아보게 한다.
- 기도는 담대함을 준다.
- 기도는 어둠의 세력을 쫓는다.

제18장
아들이 아버지보다 나이가 많다?

아버지가 40세에 죽고
아들이 42세에 왕위에 오른다?

성경에는 우리를 당황스럽게 하는 부분들이 많이 있는데, 그중 하나는 유대 왕들의 연대기 문제들일 것이다. 왕들의 즉위년도, 통치기간 등을 비교해 보면 여러 곳에서 서로 맞지 않는 부분들이 많이 나타나기 때문이다. 신학을 하면서 이런 문제들을 나름대로 연구하여 대부분 성경적으로 정리할 수 있지만, 아직도 전혀 이해할 수 없는 부분이 있다.

남 유다 제5대 왕인 여호람과 그의 아들 아하시야의 내용을 간단히 살펴보자.

성경 역대하 21장 20절에 보면, 여호람은 삼십 이세에 즉위해 팔 년 동안 유대를 다스리고 40세에 죽게 된다. 그런데 이어 나오는 22장 2절에 보면, 여호람의 아들 아하시야가 왕이 될 때(아하시야는 여호람의 막내아들이다: 대하 22:1) 그의 나이가 42세라고 기록되어 있다. 그렇다면 아들이 아버지보다 나이가 2살이나 많다는 이야기가 된다. 아버지가 40세에 죽고 아들이 42세에 왕위에 오른다는 내용이다. 모순된 내용이며, 있을 수 없는 일이다. 우선 몇 권의 번역본을 비교하며 역대하 21장 20절을 보도록 하자.

여호람이 삼십 이세에 즉위하고 예루살렘에서 팔년을 치리하다가 아끼는 자 없이 세상을 떠났으며 무리가 저를 다윗성에 장사하였으나 열왕의 묘실에는 두지 아니하였더라(개역)

여호람이 삼십 이세에 즉위하고 예루살렘에서 팔 년 동안 다스리다가 아끼는 자 없이 세상을 떠났으며 무리가 그를 다윗성에 장사하였으나 열왕의 묘실에는 두지 아니하였더라(개역개정)

그가 삼십 이세에 통치하기 시작하여 예루살렘에서 팔 년을 통치하다가 아끼는 자 없이 죽었으며, 백성이 그를 다윗 성읍에 장사하였으나 왕들의 묘에는 하지 않았더라(한글 킹제임스)

그는 삼십 이세에 왕위에 올라 예루살렘에서 팔 년간 다스렸다. 그러나 애도하는 사람 하나 없는 가운데 그는 가고 말았다. 사람들은 그를 다윗성에 안장하기는 했으나 왕실 묘지를 쓰지는 않았다.(공동번역)

여호람이 왕이 되었을 때에, 그는 서른 두 살이었다. 그는 예루살렘에서 여덟 해 동안 다스리다가, 그의 죽음을 슬프게 여기는 사람도 없이 세상을 떠났다. 사람들이 그를 다윗성에 묻기는 하였으나, 왕실 묘지에 장사하지는 않았다.(표준새번역)

여호람은 32세에 왕위에 올라 예루살렘에서 8년을 통치하다가 죽었는데 아무도 그의 죽음을 슬퍼하는 자가 없었다. 그는 다윗성에 묻히긴 했으나 왕들의 묘에는 장사되지 못하였다.(현대인의 성경)

여호람이 32세에 즉위하여 8년간 예루살렘을 통치하다 40세에 죽은 것에 대해서는 모두가 일치하고 있다. 그런데 역대하 22장 2절을 보면 그의 아들 아하시야가 왕이 된 내용이 기록되어 있는데, 대부분의 성경이 그의 나이를 42세로 기록하고 있다.

아하시야가 왕이 될 때에 나이 사십 이 세라 예루살렘에서 일년을 치리하니라 그 모친의 이름은 아달랴라 오므리의 손녀더라(개역)

아하시야가 왕이 될 때에 나이가 사십 이 세라 예루살렘에서 일 년 동안 다스리니라 그의 어머니의 이름은 아달랴요 오므리의 손녀더라(개역개정)

아하시야가 치리하기 시작할 때 사십 이 세였고 그가 예루살렘에서 일 년을 치리하였으며, 그의 어머니의 이름은 아달랴로 오므리의 딸이더라.(한글 킹제임스)

아하시야는 사십이 세에 왕이 되어 예루살렘에서 일 년간 다스렸다. 그의 어머니는 오므리의 손녀로서 이름은 아달리야라고 하였다.(공동번역)

아하시야가 왕이 되었을 때에, 그는 스물두 살이었다. 그는 예루살렘에서 한 해밖에 다스리지 못하였다. 그의 어머니 아달랴는 오므리의 손녀이다.(표준새번역)

아하시야는 22세에 왕위에 올라 예루살렘에서 1년을 통치하였다. 그리고 그의 어머니는 오므리의 손녀 아달랴였다.(현대인의 성경)

6권 역본 중 네 권(한글개역, 개역개정, 한글 킹제임스, 공동번역)은 아하시야의 즉위 나이를 42세로 기록하였고, 다른 두 권(표준새번역, 현대인의 성경)의 성경은 22세로 기록하고 있다.

여호람이 40세에 죽고 아들인 아하시야가 42세에 왕위에 오른다는 것은 불가능한 일이다. 그런데 억지로 해석하자면 여호람이 32세에 죽고 일정 기간이 지난 뒤, 그의 마지막 아들의 나이가 42세가 될 때까지 그의 어머니(?)나, 혹은 다른 친족(?)이 섭정하다, 아하시야에게 왕권을 넘겨준 나이가 42세라면 말이 된다.

만약 이런 전제를 둔다면 대하 21장20절, 대하22장 1절과 2절 사이에 있어 여호람이 죽고 난 뒤, 아하시야가 왕이 될 때까지의 알 수 없는 그 어떤 섭정 기간(?)이나 혹은 왕위즉위식을 할 수 없었던 다른 이유가 있었다는 내용이 된다. 그러나 문맥상 그런 암시나 그렇게 해석할 만한 그 어떤 단서도 존재하지 않는다. 본문 그대로 여호람이 죽고 그의 말째 아들 아하시야가 바로 왕이 되었다는 것이 자연스럽다.

이 부분은 필사자가 원본을 필사하는 과정에서 잘못 필사한 데 연유한 것으로 보인다. 현재 우리가 사용하는 개역이나 개역개정도 아하시야의 나이를 42세로 기록하여 아들이 아버지보다 나이가 많게 기록된 것은 많은 사본들이 그렇게 번역해 놓았기 때문일 것이다.

실제로 이 부분은 누가 보아도 오류이며, 원본의 성경을 필사하면서 생긴 오역임이 틀림없다는 것을 알 수 있다. 다행인 것은 아하시야의 등극 나이를, 다른 성경인 왕하 8:26에서는 22세로 바르게 기록하고 있다.

아하시야가 위에 나아갈 때에 나이 이십이 세라 예루살렘에서 일 년을 치리하니라 그 모친의 이름은 아달랴라 이스라엘 왕 오므리의 손녀더라

(왕하 8:26)

여호람은 40세에 죽고 그의 아들인 아하시야는 22세에 왕위에 오르게 된다. 그러므로 대하 22:2의 본문을 왕하 8:26의 말씀처럼, 아하시야가 왕이 될 때 그의 나이가 22세라고 기록해야 한다. 우리가 잘 보지 않는 표준새번역과 현대인의 성경에는 정확히 22세로 기록하고 있다.

오역임을 알면서 히브리어 사본에 그렇게 기록되어 있다 하여 아들을 아버지보다 나이가 많은 그대로 성경을 번역한다면, 성경의 권위를 높이는 것이 아니라 오히려 성경에 대한 불신을 낳을 수 있다.

성경을 일점일획이라도 가감하거나 변개해선 안 된다는 절대적 명령 때문에 이렇게 계속 기록하고 있지 않나 생각되기도 한다. 그러나 이 본문은 필사하면서 생긴 오역으로밖에 설명할 수 없다. 그렇기 때문에 수정해서 고치는 것이 원본에 맞는 것이다.

비록 이 문제는 열왕기하를 통해 해결할 순 있지만, 우리가 믿는 성

경이 일점일획도 틀림없는 하나님의 말씀이라면 이 본문도 반드시 해결되어야 한다. 비록 히브리어 원어가 그렇게 기록되어 있다 하더라도 잘못 표기한 다른 역본들 역시 이 번역 부분은 올바르게 고칠 수 있도록 재고되어야 할 것이다.

제19장
치료의 광선이 나온다?

치료의 광선을 통해 질병을 치료한다?

내 이름을 경외하는 너희에게는 의로운 해가 떠올라서 치료하는 광선을 발하리니 너희가 나가서 외양간에서 나온 송아지같이 뛰리라

(말 4:2)

우리는 많은 분들이 말라기 4장 2절의 말씀을 인용해 성령의 치료의 광선으로 자신의 영육 간의 질병을 고쳐달라는 기도를 하거나 혹은 그렇게 기도해 주는 분들을 자주 접할 수 있다. 필자도 위의 말씀을 정확히 알지 못했을 때 그렇게 기도한 경험도 있고, 또 위의 말씀을 인용해 기도해 준 적도 있음을 고백한다.

말씀을 잘못 아는 것이 얼마나 무서운지 모르고, 그냥 우리 성경에 기록된 그대로 혹은 신앙 선배들의 영향으로, 아니면 영적 지도자들의 잘못된 가르침으로 말미암아, 하나님이 알려주시고자 하시는 원 의도와 전혀 상관없이 내 생각대로 성경을 해석하고 결론을 내려, 자신뿐만 아니라 다른 주의 백성들에게도 심각한 영적 피해를 주는 경우들이 있다. 위의 본문 말씀도 오해해 잘못 해석하는 경우 중 한 예다.

말라기 4장은 하나님의 심판과 회복에 대해 권면하는 귀한 말씀이다. 하나님이 부패한 백성들에게 비록 심판은 하시지만, 반드시 회복도 하신다는 말씀이 동시에 나타나고 있다.

말라기 선지자 시대에 있어 영적 지도자인 제사장들과 백성들의 타락은 극에 달했고, 특히 하나님의 제사에 대해 무서울 정도로 그 부패가 심각했다. 이런 시대를 아파하면서, 하나님은 이들에게 극렬한 풀무불 같은 날이 이를 것이고, 교만한 자와 악을 행하는 자는 다 초개 같을 것이라고 말씀하셨다(1절). 이어 하나님의 크고 두려운 날이 이를 것을 알려주시면서(5절), 하나님을 경외하는 자들에게는 의로운 해가 떠올라 치료하는 광선을 발해, 하나님을 경외하는 자들이 나와 외양간에서 나온 송아지 같이 뛰어놀 것이라(2절)고 말씀하시고 있다.

여기서 2절 말씀의 '의로운 해'가 '예수 그리스도'를 가리킨다는 것에 대해서는 대부분이 동의하는 내용이다. 그러나 이어 나오는 '치료하는 광선'에 대한 부분은 많은 분들이 오해하고 있는 말씀으로 혹자는 성령, 혹자는 하나님의 치유의 광선 등으로 해석을 하기도 한다. 그러다 보니 하나님, 혹은 성령의 치유의 광선을 통해 우리 육신의 질병을 고쳐달라는 기도를 해 왔었고, 때론 아픈 부분이 뜨거워지면서 치유를 경험한 분들은 이 치료의 광선이 자신을 치료한 것으로 믿기도 하였다.

그러나 이 '치료하는 광선'이란 표현에 있어 우리 개역성경의 번역은 조금 문제가 있어 보인다. '광선'으로 번역된 원어 "카나프"는 '귀퉁이' 또는 '말단', 특히 새나 군대의 '날개', 의복이나 잠옷의 '늘어진 부분',

땅의 '방향', 건물의 '뾰족탑' 등 여러 가지 번역이 가능한 단어이지만, 말라기서 전체의 문맥을 볼 때 말라기 4장 2절 본문에는 '날개'가 가장 어울리는 번역이다. 이 단어에서 '광선'이란 의미는 찾아보기 어렵다. 영어 킹제임스성경을 보면

> But unto you that fear my name shall the Sun of righteousness arise with healing in his wings; and ye shall go forth, and grow up as calves of the stall.
>
> (말 4:2)

번역을 하면 다음과 같다.

> 그러나 나의 이름을 두려워하는 너희에게는 의의 태양이 그의 날개 안에 있는 치유와 더불어 솟아오를 것이니, 너는 나가서 외양간의 송아지들처럼 자랄 것이다.

NIV 성경도 역시 날개로 번역하고 있다.

> But for you who revere my name, the sun of righteousness will rise with healing in its wings. And you will go out and leap like calves released from the stall.
>
> (말 4:2)

번역은 다음과 같다.

그러나 나의 이름을 두려워하는 너희에게는 의의 태양이 그의 날개 안에 있는 치유와 더불어 솟아오를 것이다. 그리고 너는 나가서 외양간에서 풀어놓은 송아지처럼 뛰놀게 될 것이다.

그러므로 2절 전반부의 번역은 다음과 같이 해야 한다.

그러나 나의 이름을 경외하는 너희들은 의로운 태양이 그의 날개 안에 치료와 더불어 일어나게 될 것이다.

4장 전체의 내용이나 말라기서 전체의 문맥을 볼 때 '광선'으로 번역된 것은 '날개'로 번역하는 것이 훨씬 더 올바른 해석이 된다.

비록 하나님께서 죄악 된 백성들을 심판하시지만, 하나님의 이름을 경외하는 자들에겐 반드시 하나님의 보호하심이 있다는 사실을 알려주며, 이 보호자가 의로운 태양이신 예수 그리스도를 의미하는 것으로, 예수 그리스도의 날개 안으로 우리가 들어갈 때 그 안에서 우리의 모든 죄와 허물들이 치료받고 용서받는다는 사실을 말하고 있는 내용이다.
이 죄와 허물이 용서받는다는 것은 뒤에 나오는 '여호와의 크고 두려운 날'에, 즉 하나님이 이 땅을 심판하실 때 그리스도의 날개 안에서만 치료받고 보호받는다는 사실을 말하며, 따라서 이 말씀은 오직 그리스도를 통해서만 하나님의 심판을 면할 수 있음을 알려주는 말씀으로 봐야 한다.

성경에서 '날개'는 하나님의 인도와 보호하심, 그리고 안식과 회복(치유)의 장소를 말할 때 자주 사용된 표현이다. 다음의 말씀들을 참고하면 도움이 될 것이다.

나의 애굽 사람에게 어떻게 행하였음과 내가 어떻게 독수리 날개로 너희를 업어 내게로 인도하였음을 너희가 보았느니라

(출 19:4)

여호와께서 네 행한 일을 보응하시기를 원하며 이스라엘의 하나님 여호와께서 그 날개 아래 보호를 받으러 온 네게 온전한 상 주시기를 원하노라

(룻 2:12)

나를 눈동자같이 지키시고 주의 날개 그늘 아래 감추사

(시 17:8)

그룹을 타고 날으심이여 바람 날개로 높이 뜨셨도다

(시 18:10)

하나님이여 주의 인자하심이 어찌 그리 보배로우신지요 인생이 주의 날개 그늘 아래 피하나이다

(시 36:7)

나의 말이 내가 비둘기같이 날개가 있으면 날아가서 편히 쉬리로다

(시 55:6)

새가 날개 치며 그 새끼를 보호함같이 나 만군의 여호와가 예루살렘을 보호할 것이라 그것을 호위하며 건지며 넘어와서 구원하리라 하셨나니

(사 31:5)

말 4:2은 예수 그리스도의 날개 안으로 들어올 때 우리의 모든 죄와 허물이 용서받고, 하나님의 심판 날에 오직 주님의 날개 안에서만 주님의 인도와 보호하심으로 우리가 그 심판으로부터 용서받고 회복(치유)될 수 있음을 알려주는 귀한 말씀이다.

구약을 마무리하면서

지금까지 구약에 대한 몇 개의 주제를 살펴보았다. 필자의 생각이나 주장이 모두 성경적이라고 말할 순 없어도, 최대한 성경에 가깝게 해석해 보려고 노력했다. 더 많은 부분에 있어서 연구가 필요하겠지만, 이상의 부분들은 필자가 신앙생활을 해오면서 많은 고민을 한 내용이다. 본인의 이러한 고민은 다른 많은 주의 백성들 또한 함께 겪어 가는 문제임을 알게 되었고, 그러다 보니 글로써 정리를 해 본 것이다.

지금은 마지막 시대의 끝을 향해 달려가고 있는 시대다. 4차 산업혁명의 무서운 도전들이 하나님을 거부하고, 성경을 거부하며, 예수 그리스도의 유일 구원 사상을 모두 거부하는 도전의 시대이다.

성경을 바로 알지 못하면, 속수무책으로 잘못된 사상에 물들거나, 그 사상 속으로 빠져 버린다. 우리 신앙을 지킬 수 있는 유일한 대안이 있다면, 성경을 바로 아는 일이다. 성도가 성경을 바로 알지 못하면, 아주 위험해진다. 성경은 사상이나 철학이 아니라 생명이다.

구약의 몇 부분을 정리한 필자의 논지에 있어 혹 실수한 부분이 있다면, 현명한 독자들의 귀한 충고나 조언을 감사하게 생각하며 언제든지 수정하거나 고칠 것이다. 우리 독자들이 구약성경을 알아 갈 때 조금이라도 도움이 되길 바라며, 이어 신약의 내용들을 살펴볼 것이다. 이 또한 필자가 많이 고민하고 생각하던 내용 중의 일부임을 밝히면서, 독자들 또한 필자와 같은 생각을 하는 분들이 많을 것으로 생각되어 그 일부를 정리해 본다.

신약성경 바로 알기 편

들어가면서

지금까지 구약에 대해 우리가 오해하거나 잘못 알기 쉬운 내용들 중 일부의 내용 들을 살펴보았다. 이미 알고 계신 분들에겐 별 도움이 안 되겠지만, 그렇지 않은 분들에겐 어느 정도의 도움은 되었을 것으로 생각한다.

하나님 말씀을 바로 알아간다는 감동과 기쁨은 어떻게 말로 표현하기가 쉽지 않다. 잘 몰랐고 오해하고 있었던 많은 하나님의 말씀이 이해되고 하나하나 바르게 알게 되는 것이 이렇게 기쁜 일인 줄은, 경험해 보지 못한 사람들은 이해하기가 쉽지 않을 것이다.

하나님의 말씀 즉 성경은 우리에게 삶의 원천이 되며, 생명의 근원이 된다. 읽어 가면 읽어 갈수록 깊어지는 진리의 오묘함에 새삼 놀란다. 단지 내가 기독교인이기 때문이 아니라, 아마 성경을 진지하게 검토하는 사람이라면 모두가 느낄 것이다. 오랜 세월의 지남과 수많은 역사의 변화 속에 기록된 성경임에도 불구하고, 변함없이 오직 하나의 중심적인 사상 전개의 일관성은 하나님의 간섭이 아니면 절대 생길 수 없는 신적 산물이다.

인간의 범죄 속에 나타나는 하나님의 사랑은 급기야 그의 유일한 아들을 죽음으로 내몰고, 그 아들을 통해 범죄한 인간을 용서함으로 완성된다. 구약에 나타나는 수많은 사건들이 이러한 사실을 증명해 주고 있다.

성경은 인간을 향한 하나님의 사랑의 실체를 보여주는 책이다. 죄의 굴레로부터 결코 벗어날 수 없는 인간, 그 어떠한 노력으로도 죄의 형벌을 피할 수 없는 인간, 죄에 대한 무서운 심판 앞에 놓인 인간에게 드리워진 한 줄기의 빛이 바로 성경이다. 성경을 통해 인간의 비참함을 발견하고, 죽음의 심판밖에 아무런 희망이 없는 인간에게 영원한 생명의 길이 있음을 발견하게 된다.

타 종교에서는 인간이 신에게 도달하기 위한 수많은 희생이 강요되지만, 성경은 인간의 허물과 죄 때문에 신이 인간을 위해 희생한 사실을 알려준다. 하나님의 최대 관심사는 우리 인간의 구원에 있다. 영원한 심판의 그늘 아래 멸망해 가는 인간들에게 희망의 선물로 주신 책이 성경이다.

필자는 성경 말씀 바로 알기의 구약성경 바로 알기 편에서, 우리가 오해하거나 잘못 알고 있는 몇 가지의 사실들을 밝히면서, 구약에서 나타나는 많은 사건들이 하나님의 구원의 원리와 방법들을 보여주기 위한 것이며, 그리고 결국 그 구원의 핵심은 예수 그리스도라는 사실을 간단히 알려주었다.

신약은 하나님께서 작정하신 모든 구원 계획이 예수 그리스도를 통해 이루어졌음을 알리고 있는 책이다.

예수 그리스도를 통해 우리는 하나님의 나라로 갈 특권을 부여받았다. 신약성경은 모든 사람이 다 구원을 받는데 이르기를 원하고 있지만, 모두가 그러지 못함에 경종을 주면서, 예수그리스도를 영접하지 않는 모든 인간들에게 하나님의 무서운 심판이 있음을 경고하고 있다.

구약에 이어 신약에서도 우리 그리스도인들이 오해하고 있거나, 잘못 알기 쉬운 내용들을 선별해 정리해 보았다. 구원에 관련된 부분을 중심으로 취급하면서, 그 외의 몇 부분들을 함께 정리하였는데, 성경을 좀 더 폭넓게 그러면서도 바르게 알아 가는 일에 도움이 되기를 바란다.

신약성경 바로 알기 편 목차

제1장
다윗이 우리야의 아내에게서 솔로몬을 낳았다?

정말 다윗이 우리야의 아내에게서
솔로몬을 낳았을까?

이새는 다윗 왕을 낳으니라 다윗은 우리야의 아내에게서 솔로몬을 낳고
(마 1:6)

솔로몬은 다윗의 열 번째 아들이다. 열 번째 아들로, 그것도 정실의 아내가 아니라 후실로 얻은 아내로부터 낳은 막내아들이 솔로몬이다.

다윗은 헤브론에서의 7여 년의 통치 기간에 6명의 아들을 낳고, 예루살렘에서의 통치 기간에 13명의 아들과 한 명의 딸을 낳는다.
장남이었던 암논은 배다른 누이 다말[58]과의 동침 사건으로 세 번째 아들이었던 압살롬으로부터 죽임을 당하고, 압살롬은 아버지를 반역하다 사촌인 요압에게 죽임을 당한다.[59]

솔로몬이 왕으로 등극할 때도 그의 형인 아도니야와의 경쟁에서 극

58) 다말은 압살롬과 같은 핏줄이다.

59) 요압은 다윗의 누이인 스루야의 아들이다(삼하 2:13; 대상 2:16).

적인 상황으로 왕위에 올랐다. 전혀 왕이 될 만한 자리에 있지도 않았던 솔로몬이 왕이 된 것은 전적으로 하나님의 은혜와 인도로 인한 일이다.

요압과 다윗의 군대가 암몬 자손과 전쟁을 할 때 다윗은 예루살렘에 머물러 있었다. 저녁 무렵 다윗이 왕궁 지붕 위를 거닐 때 헷 사람 우리야의 아내인 밧세바가 목욕하는 모습을 보게 되고, 그 모습이 너무 아름다워 왕궁으로 불러들여 밧세바와 동침을 하게 된다. 이 일로 밧세바가 잉태하여 아이를 가지게 되자, 다윗은 꾀를 내어 밧세바의 남편인 우리야를 전쟁터에서 불러들여, 밧세바와 함께 있도록 만들어 아내와 동침하도록 유도했으나, 우리야는 자신의 동료들이 지금 전쟁터에 있는데 자신만이 좋은 집에 갈 수 없다고 하며 왕궁에서 머물게 된다.

다윗은 자신의 꾀가 실패하자, 요압에게 편지를 써, 우리야를 최전방에 보내어 전쟁 중에 죽임을 당하도록 지시하고, 결국 우리야는 그 전쟁에서 죽임을 당하게 된다. 이후 다윗은 밧세바를 정식으로 궁으로 불러들여 자신의 아내로 삼고 밧세바는 다윗의 후처인 왕의 부인으로 살아간다. 이상의 내용은 사무엘하서 11장에 나오는 내용이다.

비록 밧세바는 정식으로 다윗의 아내가 되었지만, 우리야의 아내였을 때 동침하여 낳은 첫아들은 하나님의 징계로 죽임을 당하게 되고[60], 이후 밧세바는 네 명의 아들을 더 낳게 된다. 네 명의 이름은 삼무아,

---

60) 나단이 자기 집으로 돌아가니라 우리아의 처가 다윗에게 낳은 아이를 여호와께서 치시매 심히 앓는지라(삼하 12:15)

소밥, 나단, 솔로몬이다(대상 14:4).

성경 마 1:6을 자세히 보면 다윗은 우리야의 아내에게서 솔로몬은 낳았다고 했다.

아무 생각 없이 이 부분을 읽고 넘어가면, 전혀 문제가 안 될 수도 있을 것이다. 우리는 다윗과 우리야, 그리고 밧세바와 솔로몬의 관계에 대해 너무 잘 알고 있기 때문이다. 그러다 보니 이 내용에 있어 전혀 문제 될 것이 없고, 이상이 없는 듯 지나쳐 버리기가 쉽다. 그러나 앞에서 다윗과 밧세바의 관계를 살펴보았듯이, 실제로 다윗이 밧세바가 우리야의 아내였을 때 동침하여 낳은 아들, 즉 불륜의 아들은 하나님의 징계로 병이나 죽게 되었고, 이후 밧세바는 정식으로 다윗과 혼인해 아들 네 명을 낳게 되는데 그중 하나가 솔로몬인 것이다. 따라서 솔로몬은 밧세바가 우리야의 아내였을 때 태어난 것이 아니라, 밧세바가 다윗의 아내였을 때 태어난 정상적인 관계 내의 아들이다.

우리가 마 1:6의 내용을 잘못 이해하게 되면 솔로몬은 다윗이 남의 아내로부터 태어나게 한 불륜의 아들이라 오해할 수 있고, 혹 구약의 내용을 모르는 사람들이 이 부분에 있어 성경을 반박하는 자료로 활용할 여지를 주고 있다.

원어 성경에서는 '우리야의 아내에게서'가 아니라, 과거완료를 사용하여 '우리야의 아내였었던 자에게서'로 되었다. 그러므로 마 1:6의 정확한 번역은 '다윗은 우리야의 아내였던 자에게서 솔로몬을 낳고'이다.

참고로 영어 성경을 살펴보자.

> and Jesse the father of King David. David was the father of Solomon, whose mother had been Uriah's wife,(NIV)
> 그리고 이새는 다윗 왕의 아버지였고, 다윗은 솔로몬의 아버지였으며, 솔로몬의 어머니는 우리야의 아내였었다.(NIV)

> And Jesse begat David the king; and David the king begat Solomon of her [that had been the wife] of Urias;(KJV)
> 그리고 이새는 다윗 왕을 낳았고, 다윗왕은 우리야의 아내였었던 여자에게서 솔로몬을 낳았다.(KJV)

다윗은 우리야의 아내에게서 솔로몬은 낳은 것이 아니라, 자신의 아내로부터 솔로몬을 낳았다.

솔로몬 이야기가 나왔으니 참고로 잠 4:3의 말씀도 잠깐 살펴보고 가자. 내용은 다음과 같다.

> 나도 내 아버지에게 아들이었었으며 내 어머니 보기에 유약한 외아들이었었노라
>
> (잠 4:3)

여기서 '나'란 솔로몬을 말하며, '아버지'란 다윗을 말하고 '어머니'란 밧세바를 말하고 있다. 얼핏 보면 솔로몬은 자신의 어머니의 유일한 아

들, 즉 독자라는 생각을 하게 만드는데, 사실 솔로몬은 위로 세 명의 형이 있었다. 삼무아, 소밥, 나단이다. 그런데 왜 이 부분은 솔로몬이 유약한 외아들이라 기록하고 있을까.

누가 보더라고 혼란이 오는 부분이 될 수 있다. 그러다 보니 성경을 잘 모르는 분들 중에는 솔로몬이 밧세바의 유일한 아들이라고 오해하고 있는 분들도 있음을 주변에서 발견할 수 있다

잠 4:3의 '외아들'로 번역된 '야히드'는 '유일'이란 의미도 있지만 '사랑받는'이라는 의미도 있는 단어이다. 그러므로 잠 4:3의 '유약한 외아들' 보다는 '유약한 사랑받는 아들'이 맞는 번역이다. 영어 킹 제임스 번역은 이를 잘 해결하고 있다.

For I was my father's son, tender and only beloved in the sight of my mother.

'나는 나의 아버지의 아들이었고, **나의 어머니가 보기에 유약하여 유일한 사랑을 받는** 아들이었다.'로 번역하고 있다.

신실한 하나님의 종인 웹스터가 번역한 웹스터 성경이나 ASV(American Standard Version Bible)역 등의 여러 성경도 킹 제임스 역본과 같이 해석하고 있다.

제2장
주기도문 중

시험에 들게 하지 마옵시고

우리를 시험에 들게 하지 마옵시고 다만 악에서 구하옵소서

교회 다니면서 제일 처음 암송하는 내용이 주기도문이 아닌가 생각한다. 주일학교 다닐 때 교회 선생님으로부터 제일 먼저 암송해야 할 기도문으로 가르침을 받았다. 그때 암송한 내용은 다음과 같다.

> 하늘에 계신 우리 아버지, 이름이 거룩히 여김을 받으시오며, 나라이 임하옵시며, 뜻이 하늘에서 이루어진 것 같이 땅에서도 이루어지이다. 오늘날 우리에게 일용할 양식을 주옵시고, 우리가 우리에게 죄지은 자를 사하여 준 것 같이 우리 죄를 사하여 주옵시고, 우리를 시험에 들게 하지 마옵시고, 다만 악에서 구하옵소서. 대개 나라와 권세와 영광이 아버지께 영원히 있사옵나이다. 아멘.

이 주기도문은 성경을 통해 배운 것이 아니라, 선생님으로부터 배웠기 때문에 성경 어디에 기록되어 있는 줄도 몰랐다. 그냥 선생님께서 가르치는 대로 배웠고 암송했을 뿐이다. 그러면서 한참 후에 성경 마

6:9-13의 말씀임을 알게 되었다.

교회를 다니면서, 신앙이 올바르게 정착하기 전, 교회 내 특정한 모임이 끝나고 나면 주기도문으로 마치곤 했기 때문에 아무런 의미도 모른 채 주기도문을 암송하곤 했다. 조금씩 성경에 대한 관심이 깊어지고, 말씀에 대한 열망들이 생기면서, 성경을 공부하고, 자세히 읽어가기 시작했다. 그러던 중 주기도문의 내용 중 좀 의아한 부분을 발견했고, 그 부분에 대해 나름 성경을 자세히 살펴보았다. 별다른 내용이 아니라, '뜻이 하늘에서 이루어진 것 같이, 땅에서도 이루어지이다'란 내용이었다. 대부분의 성도들, 심지어 목사님들도 이렇게 주기도문을 암송하고 있다 보니 당연히 그런 줄 알았고, 또 성경에도 그렇게 기록된 줄로 알고 그렇게 그냥 읽어 버리곤 하였다.

어느 날 주기도문을 암송하면서, '뜻이 하늘에서 이루어진 것같이 땅에서도 이루어지이다'라는 이 내용이 좀 문제가 있어 보였다. 만약 뜻이 하늘에서 이루어진다면, 하나님이 아니라 다른 제3자가 개입된 내용이 될 수 있지 않겠는가에 대한 의문이었다. 물론 하나님에 의해서라고 하면 아무 이상이 없겠지만, 문장이나 문맥상 하나님에 의해서가 아니라 다른 제삼자에 의해 하늘에서 하나님의 뜻이 이루어진 것임을 문장의 구성에서 알 수 있다. 문장이 수동태이기 때문이다.

'하나님의 뜻이 땅에서 이루어지이다'라는 것은 당연히 하나님에 의해 하나님의 뜻이 땅에서 이루어지기 때문에 수동태로 사용되는 것이 옳겠지만, 하늘에서 이루어진 하나님의 뜻은 수동이 아니라 하나님 스스로가 하셨기 때문에 능동이 되어야 옳은 것이 아닌가 하는 문제였다.

이미 알고 있는 사람들에겐 전혀 문제 될 것이 없지만, 나는 이 부분이 이상하게 보였다. 그래서 성경을 다시 자세히 보니, 성경에 기록된 것이 문제가 아니라 내가 잘못 암송하고 있었던 것이었다. 성경은 분명히 '뜻이 하늘에서 이룬 것 같이'라고 능동태로 기록되어 있었다. '뜻이 하늘에서 이루어진 것 같이'가 아니었던 것이다. 정확히 '뜻이 하늘에서 이룬 것 같이 땅에서도 이루어지이다'라고 기록되어 있는 것이었다.

하나님의 뜻은 하늘에서 스스로 이룬 분이시고, 이 땅에서는 하나님에 의해서 이루어졌기 때문에, 하늘에서 이룬 것은 능동이 되어야 하고, 땅에서 이루어진 것은 수동이 되어야 옳은 것이 된다.

이후로 나는 좀 더 성경을 자세히 보는 일에 익숙해졌고, 주기도문을 정확하고 바르게 고백하고 있다. 위의 주기도문에서 '뜻이 하늘에서 이루어진 것 같이'라고 기록한 것은 과거에 본인이 암송한 대로 적은 것이다. 아직도 주변에서는 하나님의 뜻이 하늘에서 이루어진 것이라고 암송하시는 분들을 가끔 볼 수 있는데, 수정되었으면 하는 바람이 있다.

주기도문 가운데 오늘 제목처럼, '우리를 시험에 들게 하지 마옵시고, 다만 악에서 구하옵소서'라는 내용이 나온다. 성경에 하나님께서는 '악에게 시험을 받지도 아니하시고 친히 아무도 시험하지 아니하신다'고 말씀하고 있다(약 1:13[61]). 그러므로 주기도문에서 말하는 시험은 하나님께로부터 온 시험은 아님이 분명하다. 자신의 문제로 말미암아 오는 시험이거나, 아니면 사탄으로부터 오는 시험일 것이다. 그리고 이 시험은 우리에게 유익을 주는 시험이 아니라, 우리를 넘어뜨리고 파괴하는 사탄적 시험을 말하고 있다는 것도 미루어 알 수 있다.

오래전 교회 다니는 형과 야고보서 1장 13절의 말씀을 가지고 대화를 나누다, 창 22장과 욥 1장에 나오는 '하나님의 아브라함과 욥에 대한 시험' 문제로 대화를 했던 기억이 난다. 분명히 성경엔(약 1:13) 하나님께서는 시험을 받지도 않으시며, 아무도 시험하지도 않으신다 하였는데, 창 22장에서는 아브라함을 시험하셨고, 욥 1장에서는 비록 마귀의 시험이었지만 하나님의 허락하에 된 것이기에 하나님께서 욥을 시험하신 것이라 해도 틀리지 않은 것이 된다. 당시 서로가 성경에 대해 잘 몰랐기 때문에, 이 문제에 대한 답을 유보한 채 여전히 숙제로 남겨두었었다.

성경에서 나타나는 시험은 두 가지의 번역이 가능한 단어이다. 하나는 '시련'이라는 시험이며, 하나는 '유혹'이라는 시험이다. 우리 한글 번역 성경은 이 둘을 조화롭게 해결하지 못해, 시련으로 번역해야 할 단어도 시험이라 번역한 경우도 있고, 유혹이라 번역해야 할 단어도 시험이라 번역한 경우들이 있다.

61) 사람이 시험을 받을 때에 내가 하나님께 시험을 받는다 하지 말지니 하나님은 악에게 시험을 받지도 아니하시고 친히 아무도 시험하지 아니하시느니라

시련과 유혹은 전혀 다른 성격을 가지고 있는 시험이란 단어다.

시련이란 어려움을 통해 복을 주기 위한 연단을 의미하고, 유혹이란 멸망을 시키기 위해 던져진 미끼를 의미한다. 그러므로 하나님이 주시는 시험은 시련적 성격이 강한 단어이며, 사탄이 주는 시험은 유혹적 성격이 강한 단어이다. 영어는 이 문제를 쉽게 해결해 주고 있다. 영어로 시련은 trial, 유혹은 temptation이란 단어를 사용한다. 이 두 단어를 때론 test나 try란 단어를 사용하기도 하는데 하나님 편에서의 test나 try는 시련이라 번역하는 것이 맞고, 사탄이 주는 시험은 유혹으로 번역하는 것이 맞아 보인다. 약 1:12-14에 나타나는 시험의 내용을 간단히 살펴보자.

12 시험을 참는 자는 복이 있도다 이것에 옳다 인정하심을 받은 후에 주께서 자기를 사랑하는 자들에게 약속하신 생명의 면류관을 얻을 것임이니라
13 사람이 시험을 받을 때에 내가 하나님께 시험을 받는다 하지 말지니 하나님은 악에게 시험을 받지도 아니하시고 친히 아무도 시험하지 아니하시느니라
14 오직 각 사람이 시험을 받는 것은 자기 욕심에 끌려 미혹됨이니

12, 13, 14절 각 절마다 시험이라는 단어가 나오고 있는데 자칫 모두 같은 의미로 오해할 수 있는 부분이다. 시험을 뜻하는 원어는 '페이라스모스(πειρασμος)'인데, 이 단어는 두 가지의 의미를 모두 갖고 있다. 시련이라는 의미와 유혹이라는 의미이다.

시련이란 의미는 징계나 훈련을 뜻하는 파이데이아[62]적 성격이 강하고, 유혹이란 의미는 상대방을 멸망시키려는 아파테[63]라는 미혹의 성격이 강한 의미다. 그러므로 성경을 읽는 우리는 시험이라는 단어에 있어 이 단어의 성격이 어떻게 사용되고 있는지에 대한 의미도 같이 이해해야 한다. 하나님의 주시는 징계나 훈련 혹은 시련의 의미로서 시험인지, 아니면 우리를 멸망시키려는 사탄이 만들어 놓은 유혹으로서의 시험인지를 잘 구별해야 한다. 영어 성경은 이 부분에 있어 정확한 답을 주고 있다. 다음은 약 1:12-14에 대한 NIV 성경의 내용이다.

12 Blessed is the man who perseveres under trial, because when he has stood the test, he will receive the crown of life that God has promised to those who love him.
13 When tempted, no one should say, "God is tempting me." For God cannot be tempted by evil, nor does he tempt anyone;
14 but each one is tempted when, by his own evil desire, he is dragged away and enticed.

12절의 시험은 시련이라는 단어인 'trial'을 사용했고, 13절의 시험은 temptation의 동사인 'tempt'란 단어를 사용해 유혹으로 번역을 하고 있다. 공동번역도 이 부분에 있어 잘 번역하고 있다.

---

62) 징계, 훈련이란 의미로, 여기서 파이데이온(어린아이)라는 단어가 나왔다.

63) 유혹, 미혹이라는 의미를 가진 단어이다.

12 시련을 견디어 내는 사람은 행복합니다. 시련을 이겨 낸 사람은 생명
의 월계관을 받을 것입니다. 그 월계관은 하느님께서 당신을 사랑하
는 사람들에게 주시겠다고 약속하신 것입니다.
13 유혹을 당할 때에 아무도 "하느님께서 나를 유혹하신다"는 말을 해
서는 안 됩니다. 하나님께서는 악의 유혹을 받으실 분도 아니시지만
악을 행하도록 사람을 유혹하실 분도 아니십니다.
14 사실은 사람이 자기 욕심에 끌려서 유혹을 당하고 함정에 빠지게 되
는 것입니다.

그렇다고 공동번역이 우리 개역성경보다 번역이 더 좋다는 말은 아니다. 때에 따라 우리가 혼란스러운 내용에 있어 좀 더 알기 쉽게 번역한 부분이 다른 역본에도 있기 때문에 원어의 의미를 잘 이해해 번역한 여러 역본들을 참고하는 것도 성경을 바로 이해하는데 있어 많은 도움을 주기도 한다.

하나님께서는 그 어떠한 시험(시련 혹은 유혹)도 받지 않으시지만, 친히 아무도 시험(유혹)하지 않으시는 분이시다.

아브라함에게 주신 시험은 시련적 의미의 시험으로 그에게 복을 주시기 위한 시험이지, 아브라함을 유혹하여 그를 무너뜨리려는 시험이 아니라는 의미다. 그러나 시련이든 유혹이든 우리 그리스도인들은 이 모두를 인내로 이겨내야 한다. 하나님이 주시는 징계적 시련, 혹은 복을 주시기 위한 시련이나, 아니면 사탄이 우리를 무너뜨리기 위해 주는 유혹적 시험이라 하더라도 이 모두를 우리는 믿음으로 이겨내야 한다.

주기도문에 나타나는 '우리를 시험에 들게 하지 마옵시고'에 있어 시험의 의미는 유혹을 말하고 있다. 따라서 이 부분은 '우리를 유혹에 들게 하지 마옵시고'나 '우리를 유혹에 빠지지 말게 하옵시고'로 하는 것이 더 정확한 기도가 될 것으로 보인다.

제3장
하늘에 계신 아버지의 뜻대로 행해야 천국 간다?

과연 이 말씀이
행위 구원을 강조하는 내용인가?

나더러 주여 주여 하는 자마다 천국에 다 들어갈 것이 아니요 다만 하늘에 계신 내 아버지의 뜻대로 행하는 자라야 들어가리라

(마 7:21)

실제로 이 한 구절만 보면, 구원은 절대적으로 행위 즉 하나님의 뜻대로 행해야만 받을 수 있다는 내용으로 이해할 수밖에 없는 그런 구절이다. 이 내용은 주님을 부르기만 한다고 해서, 주님을 믿는 믿음만 갖고 있다고 해서 천국에 들어갈 수 있는 것이 아니라, 하늘에 계신 내 아버지 하나님의 뜻대로 행해야만 천국에 들어갈 수 있다고 가르치는 말씀임이 분명하기 때문이다.

노파심에서 다시 강조하건대, 성경 해석은 절대적으로 한 구절만 보아서는 올바른 해석을 할 수 없다. 성경을 해석할 때에는, 특히 구원에 연결된 해석은 왜 이런 말씀을 하게 되었는지, 무엇 때문에 이런 말씀을 하셨는지, 그리고 이 말씀을 받는 대상자들이 누구인지, 당시의 개인 혹은 시대적 상황은 어떠했는지, 앞뒤 문맥은 어떠한지를 종합적으

로 판단하여 해석해야 한다.

예수님의 공생애 사역을 크게 나누면, 초기와 중기 그리고 후기로 나눌 수 있다. 전부 그런 것은 아니지만, 예수님의 초기 사역 때는 율법과 복음을 교차해 설명하면서 율법적인 면을 강하게 이야기하시는 듯하면서도, 율법으로는 하나님의 나라에 갈 수 없고 복음인 자신을 믿어야만 하늘나라에 갈 수 있다는 사실을 간접적으로 설명하신다.

중기, 후기에 가면 갈수록 예수님은 자신을 더욱더 분명하게 나타내면서, 자신이 아니면 절대 하나님의 나라에 갈 수 없다는 사실을 확증해 말씀하시고, 자신이 바로 하나님이 보내신 자이며 하나님의 나라에 갈 수 있는 유일한 길임을 분명히 하고 있다.

요한복음은 예수님의 후기 사역을 집중적으로 다룬 책이다. 그러다 보니 요한복음은 예수 그리스도의 하나님 되심, 그리고 자신을 통한 유일한 구원의 길 등을 확실하게 보여주신다. 그리고 초기 사역과는 달리 자신을 간접적으로 나타내지 않고 직접적으로 드러내어 말씀하시고 있다.

우선 위의 본문 말씀을 올바로 알기 위해서는, 이 말씀 마태복음 7장 21절은 예수님의 초기 사역 때의 말씀이란 사실을 먼저 기억해야 한다.

마태복음 5장부터 7장을 우리는 산상보훈이라 하는데, 여기서 주님은 구약에서 제시하는 율법보다 더 강력한 율법적 내용을 제시하고 있다.

구약의 율법은 겉으로 드러난 범죄 행위에 대해 정죄하지만, 주님의 산상보훈 교훈은 겉으로 드러난 범죄 행위뿐만 아니라 마음으로 짓는 죄까지도 정죄하고 있다. 모든 잘못된 생각과 마음까지도 죄라는 사실을 강하게 말하고 있는 것이다. 이 얼마나 무섭고 두려운 법인가?

하나님 앞에서 구원을 받기 위해서는 율법적으로 드러난 죄도 지어선 안 되지만, 마음이나 생각으로 짓는 죄까지도 하나님 앞에 용서받을 수 없고 심판의 대상이 된다는 사실을 말씀하고 계신 것이다. 그리스도의 이러한 가르침은 인간은 그 어떠한 경우에도 결코 죄로부터 해방될 수 있는 존재가 아님을 말한다. 죄를 지을 수밖에 없는 존재임을 당시의 율법적 가르침보다 더욱더 강하게 부각시킨다.

왜 이런 말씀을 주님이 하셨을까? 그 답은 어렵지 않다. 주님의 이런 가르침은 결국 자신이 그리스도란 사실의 우회적 증명법으로 모든 율법을 온전케 하는 자신을 통해서만 죄 문제를 해결할 수 있다는 사실을 간접적으로 말씀하시기 위해서이다.

산상보훈은 예수님의 초기 사역이기 때문에 자신을 직접적으로 드러내어 말씀하지 않고, 자신이 하나님의 아들이며 자신을 통해서만 구원의 길이 있다는 사실을 간접적으로 알려주고 있는 것이다.

예수님의 강화 대부분을 자세히 살펴보면, 당시 기득 세력이었던 제사장, 율법학자, 서기관, 바리새인, 사두개인, 여타의 유대인들의 형식적이고 외식적인 신앙 행위를 엄하게 책망하는 내용 들을 항상 염두에 두고 강화하셨음을 알 수 있다. 산상보훈 역시 마찬가지다.

산상보훈의 내용들이 하나님의 백성들에게 주어지는 보편적 메시지라는 것은 틀림없는 사실이지만, 내용을 자세히 살펴보면 당시의 외식적 신앙으로 가득 찬 기득 세력에 대한 비판적 메시지가 상당히 많음을 알 수 있다. 예수님은 이런 자들을 거짓 선지자라 하면서, 양의 옷을 입고 다가오지만 속에는 노략질하는 이리[64]라고 말씀하실 정도로 강력히 경고하고 있다. 거짓 선지자는 구원을 받을 수 없고 천국에 들어갈 수 없는 자들이다.

마태복음 7장 21절은 이런 맥락에서 주님이 하신 말씀이다. 결론부터 말하면, 이 말씀은 바로 앞에 나오는 마태복음 7장 15절의 거짓 선지자들을 말하는 것이다.

거짓 선지자들은 주님을 믿지 않으면서 하나님이니, 주님이니 하는 이름을 빌려 자신들의 세속적 욕망을 채워갔던 자들이다. 이들은 처음부터 주님이 없고 하나님이 없는 자들이다. 그리고 예수 그리스도를 배척하는 일에 앞장선 자들이었다. 이런 자들을 향해 주님은 나더러 주여, 주여 하는 자마다 천국에 들어가는 것이 아니라, 하늘에 계신 내 아버지의 뜻대로 행해야 들어갈 수 있다고 말씀하신 것이다.

그리고 "하늘에 계신 내 아버지의 뜻대로 행하는 자"라고 할 때, 행한다는 의미를 사람의 노력이나 신앙적 행위로 오해하면 곤란하다. 물

64) 거짓 선지자들을 삼가라 양의 옷을 입고 너희에게 나아오나 속에는 노략질하는 이리라(마 7:15)

론 그 의미를 전적으로 무시할 순 없지만, 여기서 말하는 아버지의 뜻은 일차적으로 예수 그리스도를 받아들여야 한다는 의미이다. 예수 그리스도를 자신의 구주로 받아들이는 것이 일차적인 아버지의 뜻임을 우회적으로 말하는 것이다.

그리스도께서는 산상보훈 중에 자신을 간접적으로 나타내시면서, 하나님의 나라에 가기 위해서는 제일 먼저 자신을 믿어야 함을 암시하고, 이것이 하늘에 계신 아버지의 최우선적 뜻임을 말씀하고 계신다. 그러나 그들은 전혀 이 말씀을 알아듣지 못했다.

요한복음 6장 38-40절에 보면, 예수님이 이 땅에 내려오신 것은 자신의 뜻을 행하려고 오신 것이 아니라, 자신을 보내신 이, 즉 하늘에 계신 아버지의 뜻을 행하려고 오신 것이라고 하면서 하늘에 계신 아버지의 뜻을 다음과 같이 말하고 있다.

> 내가 하늘로서 내려온 것은 내 뜻을 행하려 함이 아니요 / 나를 보내신 이의 뜻을 행하려 함이니라 나를 보내신 이의 뜻은 내게 주신 자 중에 내가 하나도 잃어버리지 아니하고 마지막 날에 다시 살리는 이것이니라 / 내 아버지의 뜻은 아들을 보고 믿는 자마다 영생을 얻는 이것이니 마지막 날에 내가 이를 다시 살리리라 하시니라
>
> (요 6:38-40)

하늘에 계신 아버지의 뜻은 아버지께서 주신 자 중 하나도 잃어버리지 않는 것과 아들인 자신을 보고 믿는 자마다 영생을 얻는 것이라고

분명히 말씀하신다. 아버지의 뜻을 요한복음에서는 확실하게 전달하고 있는 것이다.

마태복음 7장 21절에서 말하는 행위를 성도의 신앙적 삶과 연결시켜, 하나님 백성들의 신앙적 행위가 옳아야 한다고 가르치는 것이 전혀 잘못된 해석이라 볼 순 없다. 하지만 이 구절을 행함을 통한 구원의 원리, 즉 성도의 행위가 구원을 결정한다는 취지로 사용한다면, 이는 전적으로 옳지 않은 해석이다.

우리의 구원은 믿음에 있지 행함에 있는 것이 아니다. 행함은 보편적 종교의 규율로 일반 세속종교에서 강조하는 것이다. 그리고 일반 종교는 선한 행위가 있어야 좋은 곳으로 간다고 가르친다.

그러나 우리 기독교에 있어 인간은 선을 행할 능력조차 상실한 존재로, 인간의 그 어떠한 선한 행위도 하나님의 나라로 이끌만한 것이 못된다고 한다. 우리 인간의 구원은 모든 죄를 완전해 해결하신 예수 그리스도를 믿는 믿음만이 하나님의 나라로 이끄는 유일한 동력임을 성경은 증거하고 있다.

제4장
하나님의 나라는 어디에?

하나님의 나라는
우리들의 마음속에 있을까?

예수께서 가라사대 하나님의 나라는 볼 수 있게 임하는 것이 아니요 또 여기 있다 저기 있다고도 못하리니 하나님의 나라는 너희 안에 있느니라

(눅 17:20-21)

성경공부를 하면서 성도들에게 "누가복음에서 예수님께서 하나님의 나라는 어디에 있다고 말씀하셨습니까?"라는 질문을 던져 보았다. 이 때 성도들의 대답은 한결같이 "우리 마음 안에 있다"였다.

이것은 우리가 성경을 얼마나 대충 보고 있으며 잘못 알고 있는가에 대한 단적인 증거가 된다. 사실 이런 질문을 신학교 학생들과 여러 교회의 많은 성도님들에게 해보았을 때도 거의 같은 대답을 듣곤 하였다.

성경은 예수님께서 "하나님의 나라는 너희 마음에 있다"라는 말씀을 하신 적이 전혀 없음에도 불구하고, 어떻게 많은 그리스도인들이 이렇게 알고 있는지 무척이나 안타까운 노릇이다.

중세의 암흑시대는 성경이 없어서 암흑시대가 아니라, 성경이 닫혀 있고 또 잘못 가르쳐졌기 때문에 암흑시대라 표현한다. 만약 지금도 비록 우리가 성경을 가지고 있다 하더라도 잘못 알고 있고 잘못 가르치고 있다면, 역시 중세와 같은 암흑시대라는 표현을 해도 무방할 것이다.

성경은 바르게 알아야 한다. 이러한 사실을 모르거나 인정하지 않는 그리스도인들은 아무도 없을 것이다. 그런데도 위와 같은 예처럼 성경을 바르게 알지 못하고 있으면서 자신은 바르게 알고 있는 것처럼 그렇게 우리는 성경을 알고 믿고 있다. 때에 따라 우리가 잘못 알고 있는 부분들이 큰 문제가 안 되는 경우도 있지만, 어떤 부분에 있어서는 교단의 분열, 교회의 분열 그리고 심지어는 자신의 영혼을 파괴하는 심각한 문제를 야기할 수도 있다.

누가복음에서 설명하시는 하나님의 나라에 대한 예수님의 가르침은 우리 기독교 교리의 핵심인 구원에 관한 중요한 교훈이다. 따라서 여기서 나타나는 하나님의 나라에 대한 잘못된 지식은 자칫 심각한 문제를 발생시킬 수 있는 요인이 된다.

우리의 구원, 즉 하나님의 나라에 가는 방법은 유일하신 독생자 예수 그리스도를 받아들이고 인정하는 것 외, 다른 방법은 전혀 없다. 우리의 행위나 노력 혹은 도덕적 완전함이 하나님의 나라로 가게 만드는 것이 아니다. 비록 용서받지 못할 죄인이라 하더라도 예수 그리스도를 믿고 받아들이면 그는 하나님의 나라를 선물로 받게 된다. 하나님께서는 자신의 나라에 올 수 있는 길로 예수님 외에는 다른 길을 만들지 않으셨다. 그렇다면 왜 "하나님의 나라가 너희 마음에 있다"라는 해석이 잘못되었는지 살펴보도록 하자.

우선 예수님께서 그렇게 말씀하시지 않으셨다. 바리새인들이 예수님에게 하나님의 나라가 어느 때에 임하나이까 하는 질문을 던졌다. 이때 예수님께서는 다음과 같이 대답하셨다.

> 예수께서 가라사대 하나님의 나라는 볼 수 있게 임하는 것이 아니요 또 여기 있다 저기 있다고도 못하리니 하나님의 나라는 너희 안에 있느니라.
>
> (눅 7:20-21)

위 본문에서 분명히 예수님께서는 하나님의 나라는 '너희 마음 안에 있다' 하지 않고 '너희 안에 있다'고 말씀하고 계신다. 너희 마음 안과 너희 안이 무슨 차이가 있는가 하는 의문을 제기할 수 있다. 이것이 무슨 문제가 될 수 있단 말인가라는 반문을 충분히 할 수 있다고 본다. 그러나 그렇게 단순한 문제가 아니다.

하나님의 나라가 '너희 마음 안에 있는 것'하고 '너희 안에 있는 것'하고는 구원에 대한 심각한 문제를 일으킬 수 있는 차이가 있다. 만약 하나님의 나라가 '너희 마음 안에 있다는 것'으로 이해한다면, 우리의 구원은 예수 그리스도 없이도 충분히 가능하다는 말이 된다. 하나님의 나라는 구원받은 백성들이 소유하는 하나님의 선물이며, 예수 그리스도를 통하지 아니하고서는 절대 갈 수 없는 곳이다. 그런데 하나님의 나라가 너희 마음 안에 있다 하게 되면, 하나님의 나라는 우리 사람들의 마음 안에 존재하게 되는 것이다. 이는 예수 그리스도와는 전혀 상관없이 말이다. 우리가 마음먹기에 따라 하나님의 나라를 가질 수도 있게 되고, 그리고 버릴 수도 있게 된다는 말이 될 수도 있다. 결국 구원이란 예수그리스도와 전혀 상관없고, 예수가 없어도 하나님의 나라가 우리의 마음 안에 있기 때문에 언제든지 우리 마음대로 할 수 있는 것이 되고 만다.

실제로 우리 기독교를 믿지 않는 대부분의 사람들은 천국이나 지옥은 자신의 마음에서 나온다고 이야기한다. 놀라운 것은 많은 그리스도인들도 이렇게 생각하고 있다. 마음의 편한 상태가 바로 천국이며, 마음의 힘든 상태가 지옥이라는 것이다.

필자는 교회 집사라는 사람에게서도 이런 이야기를 들었다. 이분은 주님이 가르치신 천국은 우리 마음의 평안함을 이야기하는 것이고, 마음이 평안한 상태 그것이 천국이며, 우리 마음이 힘든 상태가 지옥이지 않느냐라는 말을 자연스럽게 하곤 했다. 실제로 이런 가르침들은 불교나 도교에서 가르치는 사상과 비슷하다. 그러다 보니 혹자는 예수는 부처의 제자였기 때문에 그렇다는 궤변까지 늘어놓고 있다.

별문제가 안 되는 것이 아니라, 이 본문의 해석 여하에 따라 천국과 지옥을 인정하거나 거부하는 결과에까지 미치게 된다. 마음에 따라 천국이 되기도 하고, 지옥이 되기도 하는 것이다.

혹자는 이렇게 생각하기도 한다. 여기서 하나님의 나라가 너희 마음 안에 있다는 것은 예수를 믿는 사람들의 마음을 말하기 때문에 이미 하나님의 나라가 현재적 시점[65]에서의 성도의 마음에 임한 것이라는 것이다. 그러나 그렇지 않다. 본문의 내용으로 보아 예수님의 영접과는 상관관계가 전혀 없으며, 그리고 예수님 또한 자신을 영접한 사람들을 염두에 두고 그렇게 말씀하신 것이 아니다.

그렇다면 여기서 말하는 너희 마음 안과 너희 안은 어떻게 다른가를 알아보도록 하자.

예수님께서 자신의 사역을 진행할 때 자신의 존재를 명확히 드러내 자신이 온 목적을 분명히 밝히며 그의 수난과 죽음 부활 등을 이야기 한 때는 사도 베드로의 신앙고백[66] 후였다.

사도 베드로의 신앙고백은 그리스도가 죽기 불과 얼마 전에 일어난 사건이다. 그 이전에는 주로 하나님의 나라에 대한 소개와 하나님의 나라가 가까이 왔다는 가르침을 베풀면서 사역을 하곤 하셨다. 그렇다고 자신을 전혀 드러내지 않으신 것은 아니다. 직접적이지는 않지만, 우회적 방법으로 자신을 여러 차례 드러내시곤 하였다. 예수님께서 그렇게

---

65) 하나님의 나라는 과거적 시점과 현재적 시점 그리고 미래적 시점으로 나눌 수 있다. 과거적 시점이란 이미 하나님의 나라가 완성이 되었다는 것이며, 현재적 시점이란 우리가 예수를 영접하여 믿는 그 순간 나에게 이루어진다는 사실이고, 미래적 시점이란 우리가 죽고 나면 하나님의 나라에 갈 수 있다는 의미이다.

66) 시몬 베드로가 대답하여 가로되 주는 그리스도시요 살아 계신 하나님의 아들이시니이다(마 16:16)
이때로부터 예수 그리스도께서 자기가 예루살렘에 올라가 장로들과 대제사장들과 서기관들에게 많은 고난을 받고 죽임을 당하고 제 삼일에 살아나야 할 것을 제자들에게 비로소 가르치시니(마 16:21)

하신 이유는 아직 자신의 때가 되지 않았기 때문이었다.

누가복음 17장 20-21절에 나타나는 바리새인들의 질문에 대한 답변도 자신을 우회적 방법[67]으로 나타내신 예 중의 하나이다.

예수님 당시에 하나님 나라의 도래에 대한 관심은 유대인 모두에게 있어 아주 중요한 문제였다.

당시 로마의 식민지 생활을 하고 있던 유대인들은 하나님께서 약속하신 메시아가 빨리 와서 자신들을 구원해 줄 것을 간절히 기다리고 있었다. 이들은 인류의 죄를 짊어지고 가는 그런 메시아가 아니라, 로마를 물리치고 자신들에게 해방을 안겨다 줄 그런 정치적 메시아를 기다리고 있었던 것이다. 그런 이유로 예수 그리스도는 유대인들 모두에게 자신이 온 참뜻을 이해시킨다거나 자신이 메시아라는 사실을 말하는 것이 쉽지 않았다. 그래서 예수님은 자신의 사역을 마감하기 직전 사도 베드로의 신앙고백을 듣고 자신을 본격적으로 나타내기 시작한 것이다.

눅 17장 19-20절에 나타나는 바리새인들의 질문인 "하나님의 나라가 언제 도래하느냐"에 대한 예수님의 답변은 "하나님의 나라는 볼 수 있게 임하는 것이 아니다"라는 것은, 당시 유대인들이 생각하는 그런

---

67) 예수님께서는 요한복음 3장에서 니고데모와의 대화중에서도 자신을직접적으로 나타내지 않고 우회적인 방법을 사용하셨다. 그리고 산상보훈을 통해서도 그렇게 하셨다.

장엄한 정치적 승리를 가져다주고 자신들을 모든 정치적 속박으로부터 해방시키면서, 모든 사람의 눈에 보이게 나타날 것으로 이해하고 있었던 이들의 생각과 정면으로 대치되는 말씀이다.

하나님의 나라는 너희들이 생각하는 그러한 눈에 보이는 모습으로 오지 않는다는 것이다. 예수님의 답변에서 이를 발견할 수 있다.

이들의 질문에 대한 대답에 이어 하시는 말씀인 "하나님의 나라는 또 여기 있다 저기 있다고도 못하리니"의 의미는 다음과 같이 생각할 수 있다.

당시 사람들은 하나님의 나라에 대해 이런저런 이야기를 하면서 억압당하는 자신들의 나라를 해방시켜 줄 정치적 인물들에 대한 기대심이 많이 있었다. 그러다 특별한 인물이 나타나면 혹 이 사람이 하나님의 나라를 도래케 만드는 메시아가 아닌가 하는 생각들이 보편적 생각들이었다.

이러한 이들의 잘못된 생각이나 이들의 오해를 일축하면서 하시는 말씀이 바로 이어서 나오는 "하나님의 나라는 너희 안에 있다"라는 말씀으로, 자신이 바로 하나님의 나라이며 자신이 있는 그 자리가 하나님의 나라가 도래한 자리라는 사실을 알려 주고 있는 것이다. 이 말은 예수님을 통하지 않고서는 그 누구도 하나님의 나라에 갈 수 없다는 사실을 입증함과 동시에, 자신을 믿고 따르는 모든 자는 항상 하나님의 나라를 가질 수 있다는 말이 되기도 한다.

예수님은 하나님의 나라는 지금 현재 너희 안, 다시 말하면 너희들과 대화하고 있는 이 자리, 이 안에 하나님의 나라가 있다는 것으로 여기, 혹은 저기에 존재하는 분이 아니다. 예수님이 있는 이 자리, 바로 이 안에 하나님의 나라가 있다는 것으로 하나님 나라의 유일한 통로인 자신을 우회적으로 나타내고 있는 것이다.

"하나님의 나라는 너희 안에 있느니라"는 "바실레이아 투 데우 엔토스 휘몬 에스틴"이다. 정확한 번역은 "하나님의 나라는 너희 안에 있다"지 "너희 마음 안에"가 아니다. 만약 "너희 마음 안에"였다면, 마음이라는 뜻의 단어 "카르디아"가 첨가되었어야 옳은 것이다.

영어성경 KJV, ASV, NIV에서는 "within you"라는 표현을 사용하여 더욱더 명백하게 "지금 너희 안에 함께 있다"는 의미를 전달하고 있으며, 그리고 NASV, RSV, DBY 등은 "in the midst"를 사용하여 "너희 가운데"라는 의미를 전달하고 있다. 하나님의 나라는 "in your heart" 가 아니고 바로 "in you" 인 것이다.

바리새인들의 "하나님의 나라가 어디 있느냐"라는 질문에 대한 답변으로 예수님께서는 "하나님의 나라는 지금 너희들 안, 즉 지금 너희와 대화하고 있는 이 안에 있다"라고 하면서 '자신의 존재'를 말씀하고 계신 것이다.

하나님의 나라는 우리 모든 인간의 마음 안에 존재하는 것이 아니라, 예수 그리스도를 영접한 성도의 마음속에 불가시적으로 존재하는 것이다. 그렇다고 마음이 천국이 된다는 의미는 전혀 아니다.

하나님의 나라가 나의 마음에 임함을 인정하는 것은 예수가 있기 때문이며 예수님을 믿는 믿음이 있기 때문이다. 예수가 있어야 하나님의 나라가 있다. 예수가 없는 곳에는 하나님의 나라가 존재하지 않는다. 그런데 왜 우리는 하나님의 나라가 "너희 안에 있다"라는 예수님의 말씀을 "너희 마음 안에 있다"로 바꾸어 사용하는지 다시금 생각해 보면서, 하나님의 말씀을 자세히 읽고 바르게 알 수 있도록 노력하여야 할 것이다. 사실 별것 아닌 것 같아도 단어 하나를 사용하느냐 사용하지 않느냐가 아주 무서운 결과를 가져올 수 있다는 점과 우리가 무의식적으로 사용하는 말들이 얼마나 중요한가를 일깨워 주는 내용이 될 것이다.

엡 2:1의 말씀도 잘못 알고 있는 성도들이 많은데, "허물과 죄로 죽을 수밖에 없는" 우리 인생이 아니라, "허물과 죄로 죽은" 우리 인생이다. 에베소서 2장 1절에서 그렇게 말하고 있는 것이다.

너희의 허물과 죄로 죽었던 너희를 살리셨도다

(엡 2:1)

허물과 죄로 죽을 수밖에 없는 것과 허물과 죄로 죽었다는 것은 상당한 차이를 가진다. 전자는 가능성에 대한 것이며 후자는 단정인 것이다. 가능성은 그럴 수도 있고 그렇지 않을 수도 있다는 것이며, 단정은 반드시 그렇다는 것이다. 우리 인간은 허물과 죄로 인해 죽을 수도 있다는 것이 아니라, 허물과 죄로 인해 이미 죽은 인생이다. 여기서 죽었다는 말은 이미 시체가 되었다는 말이다.

창세기 2장 17절과 3장 3절의 말씀도 비슷한 내용인데 하나님께서 선악과를 먹는 날에는 반드시 죽으리라고 단정하신 것을, 하와는 죽을지도 모른다는 가능성으로 바꾸어 버린 것이다. 여기서 인류의 비극이 시작되지 않았는가.

때때로 우리가 적당히 성경을 읽고 넘어가도 별문제가 안 되는 경우도 있지만, 위와 같은 경우는 그렇게 적당히 읽고 지나쳐서는 안 되는 것이다. 좀 더 자세히 그리고 정확히 봐야 할 부분이다. 우리의 시조가 사탄에게 미혹된 것도 하나님의 말씀을 정확히 알지 못했기 때문임을 항상 기억하고 도전을 받아야 할 것이다.

제5장
불의의 재물로 친구를 사귀라?

너무 이상한 비유 아닌가?

내가 너희에게 말하노니 불의의 재물로 친구를 사귀라 그리하면 없어 질 때에 저희가 영원한 처소로 너희를 영접하리라

(눅 16:9)

불의한, 의롭지 못한, 나쁜 재물로 친구를 사귀라. 주님의 말씀인데, 정말 그래도 되는 것일까? 왜 주님은 이런 말씀을 하셨을까? 그리고 불의한 재물이란 정말 말 그대로 불의한 재물일까?

본문의 '불의'에 사용된 헬라어 '아디키아'는 불의, 사악함, 불법, 불공평, 잘못 등의 좋지 못한 의미로 사용된 단어다.

주님께서는 악한 청지기에 대한 비유로, 눅 16:1-13을 통해 충성에 대한 교훈을 하시면서, 불의한 종이 되지 말고 충성되고 지혜로운 종이 되도록 권면하고 있다. 그런데 주님의 교훈 중 우리가 쉽게 수긍하기 어려운 내용이 여기 나타나는 '불의의 재물로 친구를 사귀라'라는 내용이다. 어떻게 주님이 불의한 재물로 친구를 사귀라는 말을 했을까 하고

참 많이도 생각하면서, 주님의 입장에 서서 이해해 보려고 시도도 해보고, 혹 우리 한글 성경이 원어의 의미를 잘못 번역한 것은 아닐까 하여 원어적 의미도 여러 번 찾아보고, 또다시 찾아보곤 하였다. 그런데 번역상 전혀 문제도 없고, 문장의 구조상으로도 전혀 잘못되지 않았다. 그러면 정말 주님께서는 불의의 재물로 친구를 사귀어도 된다는 뜻으로 이 말씀을 하신 것일까? 그건 분명 아닐 것이다.

불의의 재물로 친구를 사귀라는 주님의 말씀은 본문 그대로의 의미다. 불의의 재물로 친구를 사귀라는 말씀이 정확하다. 그렇다고 이 말씀처럼, 우리도 불의한 즉 옳지 못한 재물(본문에서는 불의한 종이 주인의 재물을 훔친 것을 말한다)로 친구를 사귀어도 된다는 말씀은 전혀 아니다.

인터넷 사이트에 올라온 해석을 살펴보면, 대부분 재물·돈에 초점을 맞추어, 돈·재물 그 자체는 처음부터 불의한 것이기 때문에 주인의 돈을 훔친 종의 돈도 불의한 재물이고, 주인이 가지고 있는 돈 역시 불의한 재물이라 내용을 많이 봤다. 그리고 비록 돈이나 재물 그 자체는 불의하더라도 이렇게 불의한 재물을 가지고 어떻게 활용하는가에 따라 어리석은 자가 될 수도 있고, 지혜로운 자가 될 수도 있다고 설명하면서 성도들이 돈(물질)을 주님을 위해 잘 사용해야 한다고 가르치고 있었다.

공동번역에는 불의한 재물을 '세속의 재물'로 번역해 어느 정도 불의에 대한 의미를 피해갈 수 있게 번역했으나, 이는 옳지 않은 번역이다.

원어의 의미에는 '세속'이라는 의미는 전혀 없기 때문이다.

우리가 위의 내용을 쉽게 해석하지 못한 이유는 주님, 불의한 재물, 친구 등에 초점을 맞추기 때문이다. 또한 어떻게 주님이 불의한 재물로 친구를 **사귀라**는 말씀을 하실 수 있겠는가에 대한 그리스도인으로서의 선 방어기제 때문으로 보인다. 실제로 본문은 주님이 불의한 재물이나 친구에 대해 교훈하는 내용이 전혀 아니다. 이는 본문이 연결된 문맥을 아는 사람은 누구나 알 수 있을 것이다.

눅 16장 1-13절의 비유 내용을 보면, 어떤 부자에게 청지기가 있는데 이 청지기가 주인의 소유를 허비한 것이 발각되어 전전긍긍하다, 주인에게 빚진 자들을 일일이 불러 그 빚을 조금씩 탕감해줌으로써 자신이 주인으로부터 직분이 빼앗겼을 때를 대비하는 모습이 나온다. 주님은 이러한 청지기의 모습을 보고 8절에서 아주 지혜롭게 행하였다고 칭찬을 하시면서 이어 9절에서 불의의 재물로 친구를 사귀라는 말씀을 하시고, 11절에서 불의한 재물에 충성치 아니하면 누가 참된 것으로 너희에게 맡기겠느냐고 하시며 충성에 대한 내용을 말씀하시고 있다.

불의한 청지기는 자기 재물이 아닌 주인의 재물을 도적질했다. 이 도적질한 재물은 불의한 재물이다. 옳지 못한 재물이며, 잘못된 재물이다. 정당하게 벌어들인 재물이 아니라 도적질한 재물이기 때문이다. 그런데 이러한 청지기의 도적질이 주인의 귀에 들어가 주인이 알게 되자, 이 청지기는 자신이 도적질한 주인의 재물로 주인에게 빚진 자들의 빚을 탕감하는 데 사용했다. 도적질한 불의의 재물이지만, 이 재물로 주인에게 빚진 자들의 빚의 일부를 대신 갚아 주인의 빚을 탕감해 주면서 이들에게 은혜를 베풀어, 혹 자신이 청지기의 직분에서 쫓겨날 때를 대비한 포석이었다.

이 청지기는 비록 불의한 재물이었지만 허랑방탕하게 재물을 허비하지 않고, 지혜롭게 이 재물을 활용한 것이었다. 그래서 주님은 청지기가 지혜롭게 행했다고 한 것이다.

이 청지기는 비록 주인의 재물을 도적질한 악한 자였지만, 그 도적질한 재물을 지혜롭게 활용해, 자신의 노후를 준비한 현명한 방법을 택한 것이다.

청지기의 재물은 불의한 재물이었지만, 결국 이 불의한 재물로 친구를 사귀었으니 그의 행위는 아주 지혜로웠으며, 이렇게 불의한 재물을 잘 활용한 것이 불의한 재물에 충성을 한 것과 같은 행위로 주님은 11절에서 불의한 재물에 충성치 아니하면 누가 참된 것으로 너희에게 맡기겠느냐고 말씀하신 것이다.

이 말씀은 불의한 재물로 엉뚱한 데 허비하지 않고 자신이 살기 위한 일에 충성을 다한 종에 대하여 만약 이런 불의한 재물에도 충성을 다하지 못하는 자 즉 불의한 재물을 올바르게 활용하지 못하는 자라면 어떻게 참된 것으로 맡길 수 있겠느냐라는 주님의 교훈이다.

이는 재물 자체의 악함과 의로움에 대한 말씀이 아니라, 주인으로부터 받은 일에 대한 충성을 요구하시는 말씀으로 보아야 한다. 그 일이 재물이든 아니든 간에 주어진 주인의 일에 대해 충성을 다 해야 한다는 주님의 귀한 가르침으로, 우리 주님의 백성은 주님 앞에서 그 어떠한 일을 맡든 충성을 다해야 함을 본문을 통해 교훈 받아야 할 것이다.

그리고 13절에서 하나님과 재물을 겸하여 섬길 수 없다는 말씀을 하시면서 이 말씀이 재물에 대한 말씀이 아님을 알 수 있다. 이 말씀은 참된 것으로 맡기는 하나님에 대한 헌신과 충성, 그리고 섬김만을 요청하는 가르침이다.

재물에 미혹되면, 하나님이 보이지 않고 재물만 보인다. 그 재물을 벌기 위해 재물을 위해선 죽도록 충성하나, 하나님께는 충성하지 못한다. 사실 모든 재물은 주님의 것임을 주의 백성들은 모두 알고 있고, 그렇게 자연스레 이야기한다. 그러면서도 그 재물이 자신의 것인 양 하여 재물로 인해 잘못되는 그리스도인들이 많이 있음을 볼 때, 참으로 안타까운 마음이 든다.

본문에 나타난 불의한 재물은 본문 그대로 불의한 재물이고, 그 재물로 친구를 **사귀라**는 말씀도 본문 표현 그대로의 의미다. 전체 문맥을 잘 살펴보고, 그 맥락을 이해하면 충분히 이해되고, 알게 되는 내용이다. 눅 16:1-13의 내용은 다음과 같다.

또한 제자들에게 이르시되 어떤 부자에게 청지기가 있는데 그가 주인의 소유를 허비한다는 말이 그 주인에게 들린지라 / 주인이 저를 불러 가로

되 내가 네게 대하여 들은 이 말이 어찜이뇨 네 보던 일을 셈하라 청지기 사무를 계속하지 못하리라 하니 / 청지기가 속으로 이르되 주인이 내 직분을 빼앗으니 내가 무엇을 할꼬 땅을 파자니 힘이 없고 빌어먹자니 부끄럽구나 / 내가 할 일을 알았도다 이렇게 하면 직분을 빼앗긴 후에 저희가 나를 자기 집으로 영접하리라 하고 / 주인에게 빚진 자를 낱낱이 불러다가 먼저 온 자에게 이르되 네가 내 주인에게 얼마나 졌느뇨 / 말하되 기름 백 말이니이다 가로되 여기 네 증서를 가지고 빨리 앉아 오십이라 쓰라 하고 / 또 다른 이에게 이르되 너는 얼마나 졌느뇨 가로되 밀 백 석이니이다 이르되 여기 네 증서를 가지고 팔십이라 쓰라 하였는지라 / 주인이 이 옳지 않은 청지기가 일을 지혜 있게 하였으므로 칭찬하였으니 이 세대의 아들들이 자기 시대에 있어서는 빛의 아들들보다 더 지혜로움이니라 / 내가 너희에게 말하노니 불의의 재물로 친구를 사귀라 그리하면 없어질 때에 저희가 영원한 처소로 너희를 영접하리라 / 지극히 작은 것에 충성된 자는 큰 것에도 충성되고 지극히 작은 것에 불의한 자는 큰 것에도 불의하니라 / 너희가 만일 불의한 재물에 충성치 아니하면 누가 참된 것으로 너희에게 맡기겠느냐 / 너희가 만일 남의 것에 충성치 아니하면 누가 너희의 것을 너희에게 주겠느냐 / 집 하인이 두 주인을 섬길 수 없나니 혹 이를 미워하고 저를 사랑하거나 혹 이를 중히 여기고 저를 경히 여길 것임이니라 너희가 하나님과 재물을 겸하여 섬길 수 없느니라

(눅 16:1-13)

이상의 내용으로 성도들과 성경공부를 마친 후에, 같이 공부한 본 교회 집사님이 불의한 재물에 대한 내용에 있어 묵상과 정리를 나름 했다고 해서 그것을 살펴보니, 목사인 나보다 본 내용을 더 잘 정리하여

참 마음이 흐뭇했다. 참고로 그 집사님이 정리한 내용을 그대로 옮겨본다. 본 내용의 이해를 위해서 좀 더 도움이 되었으면 한다.

'불의의 재물로 친구를 사귀라(눅 16:1-18)' 분석

비전중앙교회 정창용 집사

[비유 개요]

1. 불의한 종이 주인의 돈을 횡령함
2. 주인이 이 사실을 알고 그 종을 쫓아내려고 함
3. 위험을 감지한 그 종은 횡령한 돈으로 주인에게 빚진 자들에게 찾아가 빚 일부를 탕감해 줌
4. 이는 자신이 주인에게서 쫓겨났을 때 자신을 돌봐 줄 친구를 얻기 위함이었음
5. 이 사실을 알게 된 주인은 종의 지혜롭게 행동한 것을 칭찬함
6. 예수님은 이 비유의 결론으로 '불의한 재물로 친구를 사귀라'고 하심

[이 비유가 어렵게 느껴지는 이유]

1. 예수님이 불의한 종을 칭찬한 것과 그 행동의 결과인 불의한 재물을 이용하라는 것이 납득되지 않는다.
2. 이는 불의한 방법에 대해 정당성을 부여하는 것처럼 보인다.

3. 보편적인 도덕 감정으로는 불의한 종의 행동이 도저히 받아들여지지 않는다.
4. 이는 누가 봐도 예수님의 성품과 맞지 않지만, 논리적으로는 그와 상반된 것을 가르치는 것 같다.
5. 불의한 자가 칭찬을 듣는다. 심지어 불의의 재물로 친구를 사귀라니, 도둑질 하라는 말인가? 왜?

[다시 한번 비유 살피기]

1. 불의한 종은 주인의 돈을 횡령하였다(과거의 사건). 불의한 종은 이미 악한 행동을 하였고 주인의 형벌을 되돌릴 수 있는 방법이 없었다.
2. 종은 자신의 행동에 따라 주인에게 심판을 받게 되고, 아무것도 할 수 없는 비루한 신세가 될 것임을 정확히 알았다(미래의 사건).
3. 그렇다면 불의한 종이 '현재' 할 수 있는 일은 무엇일까? 그는 주인의 심판 후 찾아올 비참함을 해결하기 위해 주인에게 쫓겨난 자신을 돌봐 줄 친구를 만들기로 결심하고 주인에게 빚진 자들의 빚을 일정 부분 탕감해 주었다(현재의 사건).
4. 예수님의 비유에 등장한 '불의한 재물'은 본문에 등장한 '악한 종이 횡령한 바로 그 재물'을 의미한다.

[비유를 쪼개어 생각하기]

1. 전제: 예수님이 불의를 칭찬하시거나 권장하지 않는다는 상식
2. '불의의 재물로 친구를 사귀라'는 표현은 불의한 방법으로 재물을

모아서 친구를 사귀라는 뜻이 아니다. 당연하다. 즉, 불의한 행동을 하라고 가르치는 것이 아니다.

3. 여기서 '불의한 재물'은 악한 종이 행한 행동의 결과로 주어진 그 재물을 말하는 것이다.
4. 즉 자신이 악하게 행동할 때 얻은 재물을 말한다.
5. 악한 종은 이미 자신의 행동으로 인해 '악한 종'으로 낙인이 찍혔고, 주인의 심판만이 남아 있다.
6. 예수님의 비유의 핵심은 여기부터 시작된다. 그 악한 종이 이제 어떻게 행동하는가? 자신의 죄가 드러나 심판을 기다리는 상황에서 어떻게 행동하는가? 이것이 예수님의 관심이다.
7. 종은 주인에게 빚진 자들을 찾아가, 채무증서의 금액을 일정 부분 탕감해 준다. 자신이 주인에게 쫓겨나 비참한 신세가 되었을 때 자신을 돌봐 줄 친구를 만들기 위함이다.(이 비유에서 그 탕감해 준 돈이 횡령한 자신의 돈을 이용한 것인지 아니면 주인과의 채무증서를 위조한 것인지는 중요하지 않다. 이미 그는 주인의 돈을 횡령한 악한 종일 뿐이다.)
8. 예수님은 악인이 죄의 형벌을 앞둔 상황에서 그가 할 수 있는 가장 지혜 있는 행동을 한 것에 칭찬을 한 것이다. 이미 그의 죄는 과거에 이루어졌다. 그가 돌이킬 수 있는 일은 아무것도 없다. 그래서 그는 미래를 준비하는 행동을 현재에 했다. 이것이 지혜다.

[이 비유를 바리새인과 우리에게 적용하기]

1. 바리새인은 부(rich)를 하나님의 선물로 생각했다.

2. 자신들이 누리는 부가 하나님이 주신 선물이라고 생각했을 터이고, 따라서 그것을 얻기 위한 과정에서 나타난 탐욕이나 악은 스스로 도저히 돌아보지 못했을 것이다.
3. 아마 우리 인생도 마찬가지일 것이다.
4. 하나님 없이 살아온 인생이 가진 재물, 재능, 권력, 명예 등 그 어떤 것도 의로운 것은 없다. 그렇다면 '불의한 재물'이란 우리가 가진 모든 것으로 확대하여 생각해 볼 수도 있겠다. '하나님 없이 가지고 있던(모았던) 우리의 모든 것으로 친구를 사귀라', '우리가 가지고 있는 모든 것을 지혜 있게 사용하라', '불의의 재물로 친구를 사귀라'는 비유는 불의의 재물을 모아서라도 친구를 사귀라는 뜻이 아니다. 이미 우리에게 존재하는 그 재물(그것이 불의한 재물이다)을 자신의 욕심을 위해 사용하지 말고, 지혜롭고 신실하게 사용하라는 것이다.
5. "불의한 재물에도 충성치 않으면 누가 참된 것을 너희에게 맡기겠느냐"(11절)는 말씀도 같은 맥락에서 해석된다. 이미 우리(본문에서는 바리새인)가 가지고 있던 재물(하나님이 없는 인생이 벌어들인 재물)들을 제대로 사용하지 못하는데 어떻게 하나님께서 당신의 선한 재물(재능, 권력, 명예 등)을 너희에게 주실 수 있겠느냐는 의미이다. 재물에 눈이 멀어 모았던 바로 그 욕심을 버릴 수 있어야 하나님께서 참된 것(재물)으로 우리에게 맡겨 주신다.

[결론]

"불의의 재물로 친구를 사귀라"는 비유는 불의한 방법으로 재물을 모아도 된다는 의미가 아니다.(세상 어느 경전, 혹은 성인이 불의를 조장하겠는가?) 우리가 살아온 삶에서 이미 얻은 모든 재물(우리의 욕심으로 모은 모든 것)을 지혜롭게(신실하게) 사용하라는 의미이다. 본문 속의 바리새인은 문맥으로 볼 때 옳지 않은 방법으로 부를 모으기도 했던 것 같고, 그것을 제대로 사용하지도 못했던 것 같다. 자신들의 재물이 불의하다는 것을 조금도 몰랐을 뿐만 아니라 예수님께서 하나님과 재물을 겸하여 섬기지 못한다는 가르침에 비웃음을 보냈다. 불의한 종보다도 못한 모습이다. 본문은 그러한 바리새인(욕심에 사로잡힌 우리를 포함하여)에게 깊은 가르침을 주는 말씀으로 보인다.

제6장
인자가 올 때 믿음을 보겠느냐?

믿음에 관한 말씀인가?

내가 너희에게 이르노니 속히 그 원한을 풀어 주시리라 그러나 인자가 올때에 세상에서 믿음을 보겠느냐 하시니라

(눅 18:8)

어릴 때 교회 다니면서 종종 들었던 말씀이 '인자가 다시 올 때 믿는 자를 볼 수 있겠느냐'는 말씀이었다. 나는 이 말씀이 어디에 있는 줄도 몰랐지만 어른 성도님들이나 혹은 설교하는 목사님들을 통해 자주 듣다 보니, 아주 익숙한 말씀이 되어 나도 주위 분들에게 가끔 이 말씀을 인용하여 말을 하곤 했다. 당시 성경에 대해 아무것도 몰랐던 나로서는 이 말씀을 주님께서 이 땅에 다시 올 때 믿는 자들이 많이 없게 된다는 뜻으로 받아들였고, 당연히 믿음에 대한 말씀인 것으로만 알고 있었다.

눅 18:8 말씀을 자세히 보면 믿는 자가 아니라 믿음임을 알 수 있다. 주님이 이 땅에 다시 올 때 '믿는 자'들을 볼 수 없는 것이 아니라, '믿음'을 볼 수 없다고 말씀하신 것이다.

'믿는 자'와 '믿음'은 완전히 다르다. '믿는 자'는 보이는 실체지만, '믿음'은 보이지 않는 실체다. 주님의 이 말씀은 자신이 이 땅에 다시 올 때 믿는 자들은 많이 볼 수 있을지 모르나, 믿음을 가진 자들은 많이 찾아볼 수 없음을 뜻하는 것으로 볼 수 있다. 이러다 보니 많은 분이 이 말씀을 믿음에 대해 강조하는 말씀으로 오해하는 경우들이 있다. 그러나 이 말씀은 주님이 믿음만을 강조하기 위해 하시는 말씀이 아니다.

이 말씀은 눅 18:1부터 이어지는 말씀으로, 18:1에 보면 '항상 기도하고 낙망치 말아야 될 것을 저희에게 비유로 하여'라고 말씀하시고 있다. 1절부터 시작된 비유의 말씀은 8절에 와서 마무리된다. 따라서 18:1-8에 나오는 비유의 핵심은 믿음이 아니라 기도임을 누구라도 어렵지 않게 발견할 수 있다.

하나님을 두려워하지 않고 사람을 무시하는 불의한 재판관과 자신의 원한을 풀어 달라는 한 과부와의 송사 문제에 있어, 비록 불의한 재판관이지만 자신을 번거롭게 하는 과부의 집요한 요청에 귀찮아서 그 원한을 들어준다는 비유다. 이렇게 불의한 재판관도 집요한 과부의 요청을 들어주는데, 하물며 하나님께서 그 밤낮 부르짖는 택하신 자들의 원한을 풀어 주지 않겠느냐고 말씀하시면서, 주님이 8절의 말씀을 하신 것이다.

8절의 말씀은 '인자가 올 때에 세상에서 믿음을 보겠느냐' 이 말씀만 보아선 안 된다. 1절부터의 문맥도 봐야 하지만, 8절 앞부분도 반드시 봐야 하는 말씀이다. 8절 전반부엔 '내가 너희에게 이르노니 속히 그 원한을 풀어 주시리라'고 하셨다. 이어 역접 접속사인 '그러나'를 사용해 앞의 내용에 대한 상반된 내용을 진술하고 있는데 그 내용이 '그러나 인자가 올 때에 세상에서 믿음을 보겠느냐'는 내용이다. 그러므로 여기서 말씀하시는 믿음은 기도 응답에 대한 확신의 믿음으로 봐야 한다.

주님이 이 땅에 다시 올 때 성도들이 기도는 하지만 그 기도에 대한 응답을 확신하는 믿음은 약해진다는 말씀으로, 불의한 재판관도 계속 귀찮게 하는 과부의 원한(기도)을 들어 주었는데, 하나님께서 어떻게 자신의 백성들이 계속 기도하는데 들어주시지 않겠는가를 반드시 생각하며 기도하라는 의도이다. 하나님의 백성이 힘들고 어렵더라도 계속 기도하면 하나님은 반드시 들어주시니 그러한 기도 응답에 대한 확신을 가지도록 권면하는 말씀이 본문의 말씀이다.

사실 오늘날 그리스도인들이 기도에 대해 회의적으로 생각하거나, 아니면 기도 응답에 대한 확신을 갖지 못하는 예들을 많이 발견할 수 있다. 뭔가 열심히 그리고 뜨겁게 기도는 하는 것 같은데, 그 응답을 확신하는 성도는 많지 않음을 느낀다. 그냥 형식적이면서도 맹목적인 기도, 아니면 이방 종교에서 흔히 하는 관상기도를 통해 내적 평안을 추구하는 정도로 그치는 경우가 허다하다. 기도라는 영적 전쟁의 현장으로 들어가지 못하고, 적당히 대충 기독교인이라는 흉내만 내고 있는 것은 아닌지 이 말씀을 통해 다시금 생각해 보는 귀한 계기가 되면 좋겠다.

성경을 바로 알기 위해서는 문맥적 연구가 필수적이다. 문맥을 무시하면 자칫 자신의 생각이나 주장이 나올 수 있다. 성경적인 내용으로 이야기를 하긴 해도 주님이 말씀하고자 하신 원 의도에서 완전히 빗나갈 수 있음을 항상 기억하고, 문맥적 내용을 잘 살펴 주님께서 주시는 귀한 말씀을 바로 알아가야 할 것이다.

제7장
나를 믿는 자는 죽어도 살겠고
무릇 살아서 나를 믿는 자는 영원히 죽지 않는다

이 땅에서의 영원한 삶을 의미하는가?

예수께서 가라사대 나는 부활이요 생명이니 나를 믿는 자는 죽어도 살겠고 무릇 살아서 나를 믿는 자는 영원히 죽지 아니하리니 이것을 네가 믿느냐

(요 11:25-26)

예루살렘으로부터 한 오 리 정도 떨어진 베다니라는 마을에 마리아와 마르다 그리고 나사로라 이름하는 가족들이 살고 있었다. 마리아는 고급향유를 예수님의 발에 붓고 머리털로 그 발을 씻겼던 여인이었다. 예수님은 이들 가족을 무척 사랑하셨다. 그런데 이 가정에 불행이 닥치게 되는데 오빠인 나사로가 병들어 죽게 된 것이다.

이 소식을 들은 예수님은 즉시로 나사로에게 가지 않으시고, 계신 곳에서 이틀을 더 유하시다 이미 나사로가 죽고 난 뒤 나사로에게 가셨다. 나사로는 죽어 무덤에 들어간 지 나흘이 지난 뒤였다. 예수님이 도착했을 때 많은 유대인들이 위로차 나사로의 집에 와 있었고 마르다는 바로 나가 예수님을 맞이하면서 다음과 같이 말했다. "주께서 여기 계

셨다면 내 오라비가 죽지 아니하였겠나이다. 그러나 나는 이제라도 주께서 무엇이든지 하나님께 구하시는 것을 하나님이 주실 줄을 아나이다." 이때 예수님은 "네 오라비가 살리라"라는 말씀을 하시고, 이 말씀에 마르다는 "마지막 날 부활에는 다시 살 줄을 내가 아나이다."라는 답을 했다. 이 말을 듣고 난 뒤 예수님께서 하신 말씀이 "나는 부활이요 생명이니 나를 믿는 자는 죽어도 살겠고 무릇 살아서 나를 믿는 자는 영원히 죽지 아니하리라"라는 유명한 말씀이다.

"나는 부활이요 생명이니 나를 믿는 자는 죽어도 살겠고 무릇 살아서 나를 믿는 자는 영원히 죽지 아니하리라"라는 이 말씀이 오랜 세월 동안 잘 이해되지 않았었다.

나를 믿는 자는 죽어도 살겠다 했고, 무릇 살아서 나를 믿는 자는 영원히 죽지 않는다고 하였는데 과연 이 말씀이 무슨 의미인지, 왜 마르다에게 그렇게 말씀을 하셨는지에 대한 의문이었다. 아울러 만약 문자 그대로 할 것 같으면 예수님을 믿는 자는 죽어도 산다는 것이며 그리고 살아서 믿는 자는 영원히 죽지 않는다는 말씀이 된다.

별 어렵지 않은 말씀인데 이 말씀을 이해하는 데 얼마나 긴 세월이 걸렸던지, 지금 생각해 보면 참으로 이상한 일이다. 그러나 아직도 이 부분에 대해 의문을 가지고 있는 사람들도 있을 것이다. 예수님을 믿으면 죽어도 산다는 말씀은 하셨는데 모두 죽기 때문이다. 그리고 살아서 예수를 믿으면 영원히 살 것이라 했는데 영원히 사는 사람은 아직 한 사람도 없었기 때문이다.

만약 단순히 이 말씀 한 구절만 가지고 나와 여기에 대해 시비를 한다면 충분히 시비할 수 있는 그런 말씀임이 틀림없다.

오늘 본문의 사건은 예수님의 친구 나사로가 죽었을 때 일어난 일이다. 나사로는 예수님이 친구라 호칭할 정도로 예수님과 가까운 사이였다. 이런 나사로의 죽음을 바라본 예수님이 나사로의 동생 마르다에게 위와 같은 말씀을 하시게 된 것이다. 왜 예수님이 위와 같은 말씀을 하시게 된 것일까? 여기서 예수님은 마르다와 마리아 그리고 위문 온 많은 유대인들에게 분명히 가르치고자 하시는 뜻이 있었는데, 그것은 자신을 통한 구원의 선포였다. 현세의 구원과 아울러 내세의 구원까지 동시에 교훈하시고자 이렇게 말씀하신 것이다.

본문에서 먼저 예수님은 자신이 부활이며 생명이라 하였다. 왜 자신을 부활이요 생명이라 먼저 말하였을까? 그 이유는 바로 다음 말씀에서 해답을 찾을 수 있는데, “나를 믿는 자는 죽어도 살겠고”란 말씀은 부활을 의미하는 것이요, “무릇 살아서 나를 믿는 자는 영원히 죽지 아니하리라”는 말씀은 생명을 의미하는 것이다. 좀 더 구체적으로 살펴보면 예수님은 바로 자신이 부활인데 이 부활은 현재 자신을 믿다가 죽은 자가 살아난다는 말씀으로서, 나사로의 부활을 이야기한 것이며 이 부분은 육적 부활을 의미한다. 그리고 자신이 생명이기 때문에 현재 자신을 믿는 자는 영원히 죽지 않고 영생을 얻게 된다는 것은, 영적인 영원한 삶을 의미하는 것이다. 여기서 전반부인 “나는 부활이요”와 “나를 믿는 자는 죽어도 살겠고”는 성경 해석의 제한적 적용에 해당하는 것이다. 또한 후반부인 “생명이니”와 “살아서 나를 믿는 자는 영원히 죽지 아니하리라"는 성경 해석의 보편적 적용에 해당하는 것으로, 여기서 죽지 않고 영생 즉 영원히 산다는 것은 현재 가지고 있는 우리의 육이 죽지 않는다는 의미가 아니라, 육은 죽되 영은 영원히 살 것이란 의미로, 영적 해석이 필요한 부분이다. 조금 정리해서 말하면, 예수님 자신이 부활이요 생명이기 때문에 비록 나사로가 죽었지만 주님이 부활시킨다는 것이며 그리고 자신을 믿는 사람은 영생을 얻게 될 것이라는 의미이다.

그렇다. 우리 주님은 그 자신이 부활이며 생명인 분이시다. 그분이 계시는 곳에는 죽음이 없다. 그분이 생명이기 때문이다. 생명이신 주님을 모신 자는 영원히 죽지 않을 것이다. 결국 이 말씀은 자신이 죽은 자를 부활시켜 영원한 생명을 줄 수 있는 메시아이심에 대한 말씀이다.

제8장
방언이 외국어다?

그런즉 형제들아 어찌할꼬 너희가 모일 때에 각각 찬송시도 있으며 가르치는 말씀도 있으며 계시도 있으며 방언도 있으며 통역함도 있나니 모든 것을 덕을 세우기 위하여 하라

(고전 14:26)

방언이 과연 현대에도 존재할까? 아니면 방언은 초대 교회 이후로 중지된 것일까? 만약 방언이 중지되었다면, 현대 교회에서 사용하는 방언은 무엇일까? 무척이나 뜨거운 논쟁을 불러일으키는 내용이다. 그리고 방언 문제에 있어 신학적 논쟁은 사실 뜨겁다 못해 학적 전쟁을 방불케 한다.

필자는 현대의 방언 존재 여부를 떠나, 방언이 외국어라고 하는 사람들의 주장이 잘못되었음을 성경을 통해 밝히고자 한다. 일단 방언은 현존하는 외국어가 될 수 없다. 그리고 방언이 외국어가 되어서도 안 된다. 방언이 외국어가 된다면 이는 신령한 영적 선물이 될 수 없기 때문이다.

오늘날 방언을 반대하는 사람들이 최고의 무기로 사용하는 내용이, 방언은 외국어라야 한다는 것이다. 방언이란 우리가 알아들을 수 없는 이상한 언어가 아니라, 충분히 알아들을 수 있는 외국어이며, 그러므로 오늘날 알아들을 수 없는 방언은 성경에서 가르치는 방언이 아니며 잘못된 것이라는 결론을 내리고 있다. 심지어 방언은 사탄이 준 미혹의 언어라는 말도 어렵지 않게 하고 있는데, 과연 무엇을 근거로 방언이 외국어라는 결론을 내리고 있을까? 당연히 사도행전 2장에 기록된 성령의 역사 현장에 나타난 방언이 약 16개국 이상의 외국어로 나타났기 때문이다. 그러므로 방언은 외국 언어가 틀림없으며, 이런 이유로 오늘날 알아들을 수 없는 방언은 잘못된 것이라는 결론을 도출한 것이다.

그러나 이러한 결론은 자칫 아주 무서운 결과를 초래할 수 있다.

방언이 외국어이기 때문에 오늘날의 알아들을 수 없는 방언은 모두 잘못된 것이라거나 사탄의 역사로 치부한다면, 전적으로 성령의 역사를 거부하는 것일 수도 있기 때문이다.

필자는 오순절 때 나타났던 방언이나 이후 나타난 모든 방언이 외국어일 수 없음을 성경을 통해 분명히 밝히고자 한다. 방언이 외국어일 수 없는 이유는 다음과 같다.

만약 방언이 외국어라면 교회 내에 방언으로 말미암는 심각한 문제가 발생할 이유가 없다.

만약 방언이 외국어라면 교회 내 방언으로 말미암아 영적 문제가 발생할 이유가 전혀 없다. 성도들이 기도하다 외국어로 기도하고, 또 말할 때 외국어로 말하는데 왜 교회 내에 영적 문제가 발생할 수 있겠는가? 외국어 공부를 한 사람을 데려와 통역을 시키면 문제는 간단히 끝난다. 특히 고린도 지역은 다양한 문화 교류의 장소였기 때문에 수많은 외국 문화들이 교류되던 지역이었다. 그래서 다양한 외국어를 구사하는 사람들이 많았음이 틀림없다. 고린도 교회 내에서 방언으로 문제가 될 수밖에 없었던 것은 방언이 외국어가 아니라 알아들을 수 없는 언어였기 때문이다.

혹자는 이렇게 말할 수 있다. 고린도 교회가 외국어가 아닌 알아들을 수 없는 방언을 하였기 때문에 그 방언은 잘못된 것이고 성경에서 말하는 방언이 아니라고 말이다. 그러나 이것은 방언 사용을 반대하고자 하는 억지 시도일 뿐이다. 성경을 자세히 살펴보면, 사도바울은 고린도 교회 내 방언을 사용하는 문제에 있어 단 한 번도 그들이 사용하는 방언이 잘못된 방언이라 말한 적이 없다. 오히려 방언사용을 격려하고 올바르게 방언을 사용해야 한다고 권면했을 뿐이다.

바울도 고린도 교회 내에서 사용된 방언이 잘못된 것이라 말하지 않고 있는데, 감히 우리가 그것이 잘못된 것이라 말할 수 있겠는가?

방언은 알아듣는 사람이 없다고 했다. 이는 외국어가 아니기 때문이다.

방언을 말하는 자는 사람에게 하지 아니하고 하나님께 하나니 이는 알아듣는 자가 없고 영으로 비밀을 말함이라

(고전 14:2)

바울은 방언에 대해 말하기를 알아듣는 사람이 없다고 하였다. 만약 방언이 외국어라면 알아듣는 사람이 없을 리 만무하다. 방언이 외국어라면 교회를 다니든 다니지 않든 그 언어를 사용하는 사람은 충분히 알아들을 수 있을 것이고, 또 방언을 말할 때 그 방언으로 구사하는 외국어를 공부한 사람도 알아들을 수 있을 것이다. 그리고 외국어를 잘 모르더라도, 외국어로 기도하면 내용은 알기 어려우나 대충 어느 나라 언어인가 정도는 알 수 있다. 만약 그렇다면 바울은 방언에 대해 알아듣는 사람이 없다고 말하지 않았을 것이다.

바울이 방언에 대해 알아듣는 사람이 없다고 한 것은 이 방언은 육에 속한 언어가 아니라 영에 속한 언어이기 때문이며, 영에 속한 이 언어는 육적 지식으로 알 수 없는 것임을 암시한 것이다.

이와 같은 이유로 방언은 외국어일 수 없다. 영어 킹 제임스 성경은 이 부분에 있어 좀 더 정확히 말하고 있는데 다음과 같다.

For he that speaketh in an [unknown] tongue speaketh not unto men, but unto God: for no man understandeth [him]; howbeit in the spirit he speaketh mysteries.

이를 번역하면,

알지 못하는 방언으로 말하는 사람은 사람에게 말하지 아니하고 하나님께 하므로 아무도 알아듣지 못하니, 이는 그가 영으로 신비들을 말함이니라.

킹 제임스 성경은 우리 개역성경보다 좀 더 정확히 번역하고 있는데, 방언은 사람에게 말하는 것이 아니고 하나님께 하는 것이기 때문에 **아무도** 알아들을 수 없다고 한 것이다. 아무도 알아들을 수 있는 사람이 없으므로 방언은 결코 외국어가 될 수 없는 것이다.

그러면 오순절에 나타난 방언은 많은 사람들이 알아듣지 않았는가하고 반문할 수 있다. 자세한 내용은 뒤에서 밝히겠지만, 오순절 일어났던 방언도 외국어가 아니라, 성령께서 통역을 하셨기 때문에 그들의 언어로 알아들은 것이다. 한 언어로만 통역한 것이 아니라 무려 16개국 이상의 언어로 통역하셨다. 이는 성령만이 하실 수 있는 일이다.

방언은 영으로 비밀을 말하는 언어라 했다. 외국어는 영으로 비밀을 말하는 언어가 아니다.

방언을 말하는 자는 사람에게 하지 아니하고 하나님께 하나니 이는 알아듣는 자가 없고 영으로 비밀을 말함이라

(고전 14:2)

방언은 영으로 비밀을 말하는 언어라 하였다. 이는 방언이 외국어가

아님을 암시하는 것이다. 영으로 비밀을 말하는 언어를 외국어라 말할 수는 없다. 영적인 비밀 언어는 이 말이 사람들에게 통용되는 언어가 아니며 사람을 대상으로 하는 말이 아니라는 것이다. 그래서 바울은 "방언을 말하는 자는 사람에게 하지 않고 하나님께 한다"고 하였다. 사람에게 하는 언어가 아닌 하나님께 하는 언어, 과연 그것이 외국어가 될 수 있겠는가?

방언은 신령한 은사라 하였다. 그러나 외국어는 결코 신령한 은사가 아니다.

> 형제들아 신령한 것에 대하여 나는 너희가 알지 못하기를 원하지 아니하노니
>
> (고전 12:1)

> 사랑을 추구하며 신령한 것을 사모하되 특별히 예언을 하려고 하라
>
> (고전 14:1)

외국어는 신령한 은사가 아니다. 누구나 배우면 할 수 있는 것이다. 그러나 방언은 배워서 되는 외국어와 같은 성격이 아니다. 방언은 배워서 익혀지는 그러한 것이 아니며, 그리고 인간들이 사용하는 언어가 아니어서 신령하다고 말한 것이다.

방언은 성령의 선물로 주어지는 영적 은혜며 영적 산물이다. 실제로 신령하다는 것은 육에 속한 것이 아니라 영에 속한 것에 사용되는 단어다.

방언이 외국 언어의 기능을 가진 것이라면 이는 신령한 영적 선물이 될 수 없다, 즉 영에 속한 언어가 아니다는 것으로 이런 선물을 성령이 주실 리도 만무하다.

방언은 영의 기도라 하였다. 이는 외국어가 아니다. 외국어는 영의 기도가 될 수 없다.

> 내가 만일 방언으로 기도하면 나의 영이 기도하거니와 나의 마음은 열매를 맺지 못 하리라
>
> (고전 14:14)

바울은 방언으로 기도하면 자신의 영이 기도하는 것이라 말하면서 방언 기도는 영의 기도임을 분명히 하고 있다.

영의 기도란 하나님과의 영적 대화를 말하는 것으로, 방언이 육적인 외국어가 아니라는 사실을 말하는 것이다. 만약 방언이 외국어가 분명하다면, 바울이 방언 기도를 영적 기도라 말할 이유가 없다. 외국어의 기도는 영적 기도가 될 수 없기 때문이다.

만약 외국어로서의 방언이 영적 기도가 된다면, 모국어를 사용해 기도하는 그리스도인들은 모두 육적 기도를 하는 것이며, 외국어를 사용해 기도하는 이방 무리들은 영적 기도를 하는 것이라는 이상한 논리가 성립된다.

방언이 영의 기도가 분명하다면 이 방언은 외국어가 될 수 없는 성질의 것임이 분명하다. 물론 방언을 하느냐 않느냐가 영적 기도와 육적 기도를 구분하는 것이라 볼 순 없지만, 바울은 고린도전서 14장의 전 문맥을 통해 방언에 대한 중요한 교훈을 주면서 방언이 영적 언어임을 알리고자 14절과 같이 말한 것으로 보인다.

만약 방언이 외국어라면 바울이 신령한 은사로서 통역의 은사를 받아야 한다고 말할 이유가 없다.

그러므로 방언을 말하는 자는 통역하기를 기도할지니

(고전 14:13)

성령의 은사 중 방언이 영적 은사로서 사람들이 전혀 알아들을 수 없으므로, 바울은 이 방언을 알아들을 수 있는 통역의 은사 구할 것을 당부하였다.

만약 방언이 우리가 알아들을 수 있는 그 어떤 외국어라면, 굳이 바울이 영적 은사로서의 통역 은사를 받을 필요성을 언급하지 않았을 것이며, 또 그렇게 할 필요가 전혀 없다. 만약 방언이 외국어라면, 방언을 말하는 자는 통역하기를 기도하라고 말하는 것보다 그 나라의 언어를 배우라고 말하는 것이 좀 더 나은 권면이 아니겠는가?

방언의 은사와 마찬가지로 통역의 은사 또한 성령께서 주시는 신령한 선물이다. 성령의 은사로서 통역이 필요한 것은 방언이 있기 때문이다. 이 방언은 통역 없인 누구도 알아들을 수 없으므로 신령한 은사로서 통역의 은사를 받도록 당부하였고, 통역 은사가 있을 때만 방언을 알아들을 수 있으므로 통역 은사 없이 대화나 설교, 혹은 가르침이나 교훈으로서의 방언사용은 바울이 금지한 것이다.

만약 방언이 외국어라면, 굳이 힘든 통역의 은사 받은 사람을 찾아내 방언 통역을 시킬 것이 아니라, 그 언어를 통역할 수 있는 사람을 찾는 것이 더 쉬울 것이다. 방언에 있어 통역 은사가 필요한 것은, 세상의 그 어떠한 언어로도 방언을 통역할 수 없고 알아들을 수 없기 때문에 통역의 은사가 주어지는 것이다.

혹자는 이렇게 말할 수 있다. 오순절 날 기도하면서 120여 명의 성도들이 받았던 방언은 외국어였고 그 외국어를 사람들이 알아들을 수 있지 않았는가? 그러니까 방언은 외국 언어가 아닌가 하고 말이다.

그러나 이것은 본문을 자세히 보지 않거나 잘못 이해한 데서 기인한다. 그리고 방언이 외국어라는 고정관념에 사로잡힌 채 보기 때문이다. 당시 성도들이 기도하면서 받은 방언이 외국어라고 성경은 기록하고 있지 않고, 단지 다른 방언으로 기도하였다고 기록하고 있으며(행 2:4), 이들이 말한 방언을 각국에서 온 수많은 무리들이 알아들었다고 기록하고 있다(행 2:8).

상식적으로 생각해 보라. 동시에 수많은 제자들이 약 16개국 이상의 언어를 말하는데 과연 정상적인 상황이라면 이들의 말을 알아들을 수 있겠는가? 16개국 이상의 언어가 동시에 튀어나오는데 그게 대체 무슨 말인지 어떻게 알겠는가? 그리고 제자들이 방언을 말하면서 자신들이 지금 외국어를 말하고 있다고 생각하고 있었겠는가?

그런데 성경은 각국에서 온 자들이 자신들의 방언으로 알아들었다고 분명히 말하고 있다. 16개국 이상의 언어가 동시에 나오고 있음에도 불구하고 참석한 각국의 사람들은 현재 있는 그 위치에서 자신의 방언으로 들렸고, 16개국어로 제자들이 말하고 있는데 알아들었다.

무엇을 의미하는가? 제자들은 자신들도 이해할 수 없는 방언을 말하고 있었으나, 성령께서 이 방언을 통역해 각국에서 온 사람들이 동시에 알아들을 수 있게 하신 것이 아니겠는가? 이해가 될 것이다. 약 16개국 이상의 자국어 말로 동시에 기도했던 제자들, 또 이 말을 동시에 알아들을 수 있었던 수많은 사람들, 우리가 방언에 대한 아무런 편견 없이 그리고 고정관념 없이 이해한다면 성령께서 통역을 해 그들의 언어로 알아듣도록 하셨다는 것이 더 성경적이지 않겠는가? 아래에 본문의 내용을 기록했으니 자세히 보기를 바란다. 사도행전 2장 4-11절의 말씀이다.

4 저희가 다 성령의 충만함을 받고 성령이 말하게 하심을 따라 다른 방언으로 말하기를 시작하니라
5 그 때에 경건한 유대인이 천하 각국으로부터 와서 예루살렘에 우거하더니
6 이 소리가 나매 큰 무리가 모여 각각 자기의 방언으로 제자들의 말하는 것을 듣고 소동하여

7 다 놀라 기이히 여겨 이르되 보라 이 말하는 사람이 다 갈릴리 사람이 아니냐
8 우리가 우리 각 사람의 난 곳 방언으로 듣게 되는 것이 어찌이뇨
9 우리는 바대인과 메대인과 엘람인과 또 메소보다미아, 유대와 가바도기아, 본도와 아시아,
10 브루기아와 밤빌리아, 애굽과 및 구레네에 가까운 리비야여러 지방에 사는 사람들과 로마로부터 온 나그네 곧 유대인과 유대교에 들어온 사람들과
11 그레데인과 아라비아인들이라 우리가 다 우리의 각 방언으로 하나님의 큰 일을 말함을 듣는도다 하고

서로 다른 나라 사람 한 서너 명이 모여 자국어로 합심해 큰 소리로 기도할 때, 비록 같은 나라 사람이 옆에 있다 하더라도 주의해서 귀를 기울이지 않으면 무슨 말인지 알아듣기 힘들 것인데, 120여 명의 사람들이 동시에 방언으로 기도하고 소리칠 때, 여러 국가에서 온 사람들이 그 내용을 알아들었다는 것은 성령의 초자연적 현상으로 일어난 통역의 역사가 아니고서는 설명이 불가능하다.

바울은 고전 14:5에서 방언 은사가 예언 은사보다 못한 것처럼 이야기하고 있는데, 이는 방언 통역의 중요성을 이야기하는 것이며, 방언을 말하는 자가 통역을 하지 못하면 예언만 못하다는 의미이다. 그럴 수밖에 없는 것이 통역 없는 방언은 무슨 말인지 모르기 때문이다. 이는 은사의 우열을 말한 것이 아니라, 방언에 대한 통역 은사의 필요성을 말한 것이다. 바울이 방언 통역의 중요성을 말하면서 통역 또한 성령의

한 은사로 밝힌 것은 방언이 외국어가 아님을 증명하는 것이다.

마지막으로 방언이 외국어가 될 수 없는 것은 방언은 믿지 않는 자들을 위한 표적이라 했기 때문이다. 외국어는 표적이 아니다.

> 그러므로 방언은 믿는 자들을 위하지 아니하고 믿지 아니하는 자들을 위하는 표적이나 예언은 믿지 아니하는 자들을 위하지 않고 믿는 자들을 위함이니라
>
> (고전 14:22)

만약 방언이 외국어라면 본문에서 믿지 않는 자들은 모두 외국인이 되어야 한다. 믿지 않는 자들을 위한 표적이라 하였기 때문이다.

그러나 본문에서 바울이 외국인을 전제로 해서 믿지 않는 자들이라 표현한 것은 절대 아니라 본다. 본문에서의 믿지 않는 자들이란 외국인을 말한 것이 아니라, 외국인이든 아니든 믿지 않는 자들 모두를 말한 것이다. 실제로 고린도 교회 내 방언 말함을 듣는 자들이 외국인이 될 가능성은 희박하다. 자국인일 가능성이 더 많으며, 이들 중 믿지 않는 자들에 대한 표적으로 방언을 이야기한 것은 방언이 외국어가 아니라 영적 신령한 은사라는 사실을 입증한다.

만약 방언이 외국어라면, 방언은 믿지 않는 자들을 위한 표적이 아니라, 외국인들 중 믿지 않는 자들을 위한 표적이라 해야 옳을 것이다.

방언을 외국어로 보기 힘든 이유는 이상에서 열거한 이유 외에도, 하나님 앞에 우리가 기도할 때라든지, 아니면 안수를 통해 성령 충만의 역사가 임할 때 성령께서 방언 선물로 외국어를 준다는 것은 상식적으로 납득이 안가는 일이다. 성령께서 외국어를 선물로 주실 하등의 이유가 없기 때문이며, 또 우리가 기도하다 받는 방언 은사가 외국어가 되어야 할 이유도 전혀 없기 때문이다.

방언은 성경의 기록 그대로 영적 은사로서 영의 언어이며, 통역 없인 알 수 없는 비밀스러운 언어다. 때에 따라 선교를 하시는 선교사님들의 사역 현장에 방언이 외국어로 나타나는 경우가 있기는 하나, 이는 아주 드문 일이며, 이는 복음을 위해 성령께서 선교하는 현장에 통역의 역사를 바로 주시기 때문에 그 나라의 언어로 나타나는 것이라고 여겨진다.

방언이 있다 없다의 논쟁은 과거처럼 앞으로도 계속될 것이지만, 이 문제로 인해 서로 간에 도에 지나치는 비방이나 비난은 삼가야 할 것이다. 중요한 것은 방언 그 자체가 아니라, 구원받은 하나님의 백성으로서의 올바른 도리를 지키는 것이다.

상대방에 대한 지나친 비방의 태도는 그리스도인으로서 옳지 않은 자세이다. 나의 주장만 옳다고 고집하기보다는 한 번씩은 상대방의 주장도 생각해 보며 혹 자신이 잘못 알고 있었다면 잘못을 시인하고 돌아올 수 있는 너그러움도 가져 보았으면 좋겠다. 은사에 대해 좀 더 알고 싶다면 필자의 『은사논쟁』이란 책을 참고하면 도움이 될 것으로 보인다.

제9장
영적 예배란?

과연 영으로 드려야 영적 예배일까?

그러므로 형제들아 내가 하나님의 모든 자비하심으로 너희를 권하노니 너희 몸을 하나님이 기뻐하시는 거룩한 산 제사로 드리라 이는 너희의 드릴 영적 예배니라

(롬 12:1)

영적 예배에 대한 내용으로 롬 12:1-2의 말씀을 통해 권면을 받거나, 권면(설교)을 하신 분들이 많이 있을 줄로 안다. 필자도 이 본문을 가지고 오랫동안 가르쳤고, 설교도 해왔다.

네비게이토 선교회서 발행하는 초보 성경 암송 60구절에도 나오기 때문에, 롬 12:1-2의 말씀은 많은 분들이 암송하고 있는 말씀이다. 아쉬운 점은 많은 분들이 알고 있는 이 내용에 있어 영적 예배의 의미를 올바로 파악하고 있는 분들이 많이 없다는 사실이다.

인터넷상에 영적 예배란 제목으로 많은 설교들이 나와 있으나, 참으로 부끄러운, 아니면 교만스러운 말일 수도 있지만, 영적 예배에 대해 올바른 안내를 하는 말씀을 아직 한 편도 찾기가 어려웠다. 그럴 수밖

에 없는 것이, 우리가 자주 사용하는 영이란 내용과 예배가 서로 결합되어 있는 말씀이다 보니 굉장히 친근하게 느껴지는 것이 사실이고, 또 교회서도 꼭 설교나 성경공부가 아니더라도, 영적 예배를 드려야 한다는 말에 대해 모두가 인정하고 받아들이기 때문이다.

많은 분들이 영적 예배의 샘플로 하나님이 받으신 아벨의 제사를 그 예로 제시하곤 한다. 물론 아벨의 제사는 하나님이 받으신 영적 제사, 즉 영적 예배임에는 분명하다. 그러나 롬 12:1에 나타나는 영적 예배와는 상당한 차이점이 있음을 알지 못하고 있다.

우선 영적 예배로 번역된 롬 12:1 말씀의 내용부터 살펴보는 것이 좋을 것 같다.

> 그러므로 형제들아 내가 하나님의 모든 자비하심으로 너희를 권하노니 너희 몸을 하나님이 기뻐하시는 거룩한 산 제사로 드리라 이는 너희의 드릴 영적 예배니라
>
> (롬 12:1)

12장 1절에 나타나는 '영적 예배'란 번역은 조금 지나치게 의역을 한 느낌이 든다. '영적'으로 번역된 헬라어 '로기코스'란 단어는 신약에 두 번[68] 나타나는데, 헬라어인 '로고스'에서 온 단어이다. '로고스'는 대부분이 아는 대로 '이성', '말씀'이라는 의미를 가진 단어로, 이의 형용사

68) 본문과 벧후 2:2이다.

인 '로기코스'는 '이성적인' 혹은 '합리적인', '말씀이 되는'이라는 의미를 가진 단어이다.

따라서 본문에 번역된 '영적 예배'는 '합리적인 예배'로 번역이 되어야 한다.

아마 이 부분에서 번역자들이 앞에 '산 제물'이라는 내용이 나오고, 뒤에 '예배'란 말이 나오다 보니, 이 단어에 대한 번역을 지나치게 의역해 '영적인'으로 번역해서 뒤의 예배와 합쳐 '영적 예배'로 번역을 한 것으로 보인다. 실제로 칼빈 선생도 '로기코스'란 단어를 '영적'(spiritual)으로 번역하지 않고, '합리적인'(rational)으로 번역하였다. 그리고 예배인 '라트레이아'도 'worship'으로 번역하지 않고, 'service'로 번역하였다.

바울은 로마서 12-16장에서 성도의 신앙적 삶의 실천에 대하여 기록하였다.

바울 서신서는 전반부의 교리적 설명에 이어, 후반부에서는 성도의 삶에서의 실천을 중심으로 기록한 것이 그 특징이다. 로마서 역시 전반부인 11장까지는 교리적 내용이 중심을 이루고, 12장부터는 성도의 삶인 실천 편을 다루고 있다. 1장부터 3장까지는 유대인이든 이방인이든 모든 사람이 다 죄인임을 밝히고 있고, 4장에서 7장까지는 이 죄로부터 인간은 절대 해방될 수 없음을 알리면서, 8장에 들어와서 이 죄로부터 해방을 받을 수 있는 유일한 대안으로 예수 그리스도를 소개 한다.

그리스도 안에서만 인간은 죄로부터 해방을 받을 수 있으며, 그리스도를 통하지 않고는 그 누구도 죄의 심판을 피할 수 없다는 것을 강력히 호소하고 있음을 알 수 있다.

그리고 9-11장 사이에는 이런 구원이 유대인에게서 이방인으로 넘어갔으며, 유대인 중 남은 자들 즉 렘넌트 유대인들의 회복과 더불어 유대인과 이방인이 되는 온 이스라엘이 구원을 얻게 됨을 이야기한다.

이런 교리적 내용이 1-11장까지 이어지면서, 12장에 들어와서는 죄로부터 해방된 그리스도인들이 어떻게 살아가야 하는가에 대해 안내를 하면서 16장으로 마무리하고 있다.

로마서 12장 1절의 말씀은 성도의 실천적 삶에 대한 안내로서의 시작을 알리는 중요한 장으로, '그러므로'라는 단어로부터 시작된다. 이는 1-11장 전체를 받는 말을 연결해 12장으로 이어주는 역할을 하는 순접 접속사이다.

1-11장을 요약하면, 허물과 죄로 죽은 너희들은 너희 스스로가 그 죄를 없이 할 수 없고, 오직 예수 그리스도를 통해 그 죄를 용서받고 하나님의 자녀가 되었다. 이어 12장 첫 단어로 '그러므로'란 접속사를 사용해 '구원받은 너희는 어떻게 살아야 한다'라는 권면의 말씀이 나오는데, 12장 1절이 성도로서의 삶을 안내하는 대표적 내용이 되는 말씀이다. 바울은 다음과 같이 권면하고 있다.

'그러므로 형제들아 내가 하나님의 모든 자비하심으로 너희를 권하노니 너희 몸을 하나님이 기뻐하시는 거룩한 산 제사로 드리라 이는 너희의 드릴 영적 예배니라'. 너희 몸을 하나님이 기뻐하시는 거룩한 산 제사로 드리라는 것과, 이렇게 드려진 산 제사가 바로 영적 예배가 된다는 의미다. 그렇다면 여기서 '너희 몸을 하나님이 기뻐하시는 산 제사로 드리라'가 무엇을 의미하느냐에 따라 영적 예배의 정확한 의미가 나오게 된다.

12장에서 시작되는 본문의 성격으로 보아 '산 제사'는, 성도들의 실천적인 신앙생활, 하나님 앞에서 말씀을 지켜가는 생활, 성도로서의 올바른 행실 등을 이야기하는 것이 분명하다.

성도가 이렇게 하나님의 자녀답게 살아갈 때 비로소 하나님 앞에 드리는 제사가 산 제사가 되고, 그렇게 산 제사 즉 실천적 삶을 제물로 드리는 예배가 영적 예배가 된다는 의미가 될 것이다. 그러므로 본문의 영적 예배는 성도의 올바른 실천적 삶을 전제로 하는 예배이기 때문에, 이는 '영적인 의미로서의 예배'보다는 — 성도로서 올바른 삶을 살 때 드리는 예배가 하나님이 받으실 만한 예배가 되는 것으로 — 원어의 뜻을 충실히 살려 하나님이 받으실만한 '합리적인 예배'로 번역하는 것이 더 나을 것으로 보인다. 이러한 하나님이 받으실만한 합리적인 예배는 단지 주일날 혹은 특정한 날에 드리는 예배보다, 성도로서의 실천적 삶 그 자체에 더 가치가 있다는 것이다.

벧전 2:2에 나타나는 '신령한'이란 단어도 원어의 뜻을 정확히 살려 '말씀'으로 번역을 하는 것이 더 나은 번역이 될 것으로 보인다. 내용은 다음과 같다.

> 갓난아이들같이 순전하고 신령한 젖을 사모하라 이는 이로 말미암아 너희로 구원에 이르도록 자라게 하려 함이라
>
> (벧전 2:2)

여기서 '순전하고 신령한 젖을 사모하라'는 것은 뭔가 추상적인 느낌이 많이 든다. 이 '신령한'이란 단어 역시 헬라어 '로기코스'를 사용했는데, 앞서 언급했듯이 '로기코스'란 말은 '로고스'에서 나온 단어이며 '로고스'는 바로 '말씀'을 의미한다. 그러므로 여기서 '신령한 젖'을 '말씀의 젖'으로 번역하는 것이 좀 더 말씀을 이해하는 데 도움이 될 것으로 보인다. '갓난 아이처럼 순전한 말씀의 젖을 사모하라. 이럴 때 이 말씀으로 말미암아 구원에 이르도록 자란다'는 말씀이 될 것이다. 단지 신령한 젖을 사모한다 하여 구원에 이른다는 것은 좀 무리가 있어 보인다.

롬 12:1의 번역에 있어 '영적 예배'란 용어를 사용함으로써 프뉴마(영)적인 의미로 받아들여 '영적 예배'로 자의적으로 해석하는 것보다, 로마서 전체의 구조를 잘 생각하여 좀 더 원어에 가까운 올바른 번역으로 성경에 다가가는 것이 성도로서의 올바른 자세가 아닐까 생각해 본다.

제10장
전파한 후에 버림받는다?

내가 내 몸을 쳐 복종하게 함은 내가 남에게 전파한 후에 자기가 도리어 버림이 될까 두려워함이로라

(고전 9:27)

위의 말씀은 사도 바울이 한 말씀이다. 사도 바울은 복음을 위해 모든 삶을 바친 사람이다. 그의 마음속에는 언제나 복음에 대한 간절함과 열정으로 가득 차 있었고, 때를 얻든 못 얻든 항상 복음을 전한 삶이 그의 삶이었다. 마지막 순간까지 복음 전하다 순교한 위대한 사도였다. 이런 사도 바울이 자신의 몸을 쳐 복종하게 한 이유에 대해, '남에게 전파한 후 자신이 도리어 버림이 될까 두려워함이라'는 묘한 말을 함으로, 혹 남에게 비록 구원의 복음을 전하였다 하더라도, 오히려 자신이 구원으로부터 버려지는 두려움을 가지고 있는 것으로 오해할 여지를 남기는 말을 하고 있다. 자신이 버려지지 않기 위해 자신을 쳐 복종케 했다는 것은, 우리 모두가 알고 있듯이 삶에서의 중요한 행위들을 이야기한다. 자신이 버려지지 않기 위해 자신의 삶을 절제하고, 모든 일에 주의를 하며 살았다는 것이다.

이렇게 보면 우리는 구원으로부터 버려지지 않기 위해 스스로 노력해야 하고, 모든 일에 있어 절제와 조심을 해야 구원을 받게 된다는 '행위 중심의 구원'이 옳음을 인정해야 한다.

그런데 사도 바울은 그의 전 서신서를 통해 우리 인간의 구원은 인간의 행위에 의해 결정되는 것이 아니라, 오직 하나님이 주신 절대적 은혜의 선물인 믿음에 의해서만 받을 수 있는 것임을 수도 없이 밝혔고, 인간의 행위로 구원을 받고자 하는 자는 저주를 받게 될 것이라는 말을 할 정도로, 구원에 있어서 인간의 행위를 전혀 인정하지 않았던 사람이다.

이런 사도 바울이 위의 말씀처럼, 구원이 인간의 행위에 의해 결정될 수 있는 듯한 표현을 한 것은 뭔가 석연치 않다. 물론 위의 한 구절만을 가지고 섣부른 판단을 해선 안 되겠지만, 구원에 있어 충분히 오해할 수 있는 말이 되는 것은 사실이다.

행위 구원을 주장하는 많은 분들이 단골 메뉴로 사용하는 내용이 이 부분이며, 또한 히브리서 6:4-6[69], 빌 2:12[70] 등이다.

---

69) 한번 비췸을 얻고 하늘의 은사를 맛보고 성령에 참여한 바 되고, 하나님의 선한 말씀과 내세의 능력을 맛보고, 타락한 자들은 다시 새롭게 하여 회개케 할 수 없나니 이는 자기가 하나님의 아들을 다시 십자가에 못 박아 현저히 욕을 보임이라(히 6:4-6)

70) 그러므로 나의 사랑하는 자들아 너희가 나 있을 때뿐 아니라 더욱 지금 나 없을 때에도 항상 복종하여 두렵고 떨림으로 너희 구원을 이루라(빌 2:12)

바울은 고린도 교회의 여러 문제를 지적하면서, 8장과 10장에서는 우상의 제물에 대한 문제를 취급하고 있다. 그런데 정상적이라면, 9장에서도 우상의 제물을 취급해야 하는데, 갑자기 우상의 제물 문제는 뒤로하고 다른 내용을 9장에서 다루고 있다.

만약 8장에서 우상 제물에 대한 문제를 마무리하고, 10장에서도 다른 내용을 다루었다면 별문제 없이 9장의 내용을 연속해서 볼 수 있을 텐데, 왜 바울이 9장에서 갑자기 주제를 바꾸어 다른 이야기를 한 뒤, 이어 10장에서 계속 우상 제물에 대한 문제를 마무리하고 있을까. 당연히 9장은 우상 제물과 전혀 상관이 없는 내용이다.

9장의 내용은 사도 바울의 사도권에 대한 방어로 그 시작부터가 뭔가 격앙된 어조의 글로 나타나고 있다. 고린도 교회에 대해 책망 혹은 항변하는 어조로 돌변하고 있다. 바울은 자신의 사도권에 대한 방어와 사도권의 중요성에 대해 9장 전체를 활용하고 있다. 미루어 짐작하건대, 이는 바울이 고린도 교회의 여러 문제 중 우상 문제를 이야기하다가 갑자기 고린도 교회가 자신에게 대하는 태도에 대해 생각이 나면서, 그러한 그들의 태도에 대한 오해를 먼저 풀어야겠다는 마음에서일 것이다. 이는 아무리 올바른 교훈으로 고린도 교회를 훈계해도, 바울의 사도권이 무너지면 모든 게 다 무너지기 때문이다. 그의 가르침이 모두 무용지물로 끝남을 누구보다도 바울 자신이 잘 알고 있었다. 그러다 보니 갑자기 바울은 9장 전체에서 자기의 입장을 충분히 변호 혹은 설명하면서, 자신은 분명히 사도이며 이 사도란 직임은 바울 스스로 만든 것이 아니라는 사실을 강력히 항변하고 있다.

고린도 전서 9장에 나타나는 바울의 사도권 방어에 있어, 다른 서신서에서는 찾아 볼 수 없는 강력한 발언을 하고 있다. 2절에 보면 다음과 같이 나오고 있다.

> 다른 사람들에게는 내가 사도가 아닐지라도 너희에게는 사도니 나의 사도됨을 주 안에서 인친 것이 너희라

다른 사람들에게는 내가 사도가 아닐지라도, 너희 즉 고린도 교회에게는 내가 사도임에 틀림이 없다는 것이다. 그 이유는 바울의 사도됨을 주 안에서 인친 것을 고린도 교회도 충분히 인정했기 때문이다.

고린도 교회는 바울의 제2차 복음 전도 때 세워진 교회다. 우상이 창궐하고, 도덕적으로 문란했던 이 도시에 바울이 복음을 전해 교회를 세웠다는 것은 실로 놀라운 일이다. 여러 가지 어려운 형편 가운데, 비록 고린도 교회가 세워지긴 했지만, 이 교회는 다양한 문제로 어려움을 겪고 있었다. 이러한 문제들을 해결하기 위해 바울이 편지로 그들의 문제를 하나하나 열거하면서 성경적 대안들을 제시해 갔다. 그러나 실제로 심각한 문제는 고린도 교회 내 일부 혹은 다수가 사도 바울의 사도권에 대해 정면으로 도전을 해 온 것이다.

만약 사도 바울의 사도권이 무너지게 되면 그가 전한 모든 복음도 무너지게 된다. 그의 가르침이나 모든 훈계들이 아무런 가치가 없어진다. 그리고 이 문제는 고린도 교회만의 문제가 아니라 바울이 선교한 모든 교회들에게도 치명적인 결과를 초래하는 중요한 사안이 되는 문제다.

이런 사실을 너무 잘 알고 있는 바울이기에, 바울은 자신의 사도권에 대해 좀 더 강력하면서도 적극적으로 변호하게 된 것이다.

9장에서 바울은 자신이 사도로서의 귀한 직임을 감당키 위해 스스로가 얼마나 노력했는지를 증명하고 있다.

우리도 먹고 마시는 권한이 없겠느냐(4), 다른 사도들과 마찬가지로 아내를 데리고 다닐 권한이 없겠느냐(5), 우리(바울과 바나바)도 일하지 않을 권한이 없겠느냐(6), 누가 자비량으로 병사가 되겠느냐(7), 포도를 심고, 양 떼를 치는 자들이 포도주를 먹고, 그 양의 젖을 먹지 않겠느냐(7), 율법에서도 그렇게 가르치지 않았느냐(9), 우리가 너희에게 신령한 것을 주고 너희들이 주는 육적인 대가를 받는다고 해서 그것이 잘못된 일이 될 수 있겠느냐(11), 다른 모든 사람들이 이러한 권한을 다 가졌는데 어찌 우리도 이러한 권한이 없겠느냐(12), 성전에서 일하는 자는 성전에서 나는 것을 먹는데, 우리 복음을 전하는 자들은 복음으로 말미암아 사는 것이 도리 아니겠느냐(13-14) 그럼에도 불구하고 내가 이러한 모든 권한을 하나도 사용하지 않았다. 이는 복음의 귀한 열매를 맺기 위함이고, 이 땅에서의 상은 없을지라도 하늘 나라에서의 귀한 상급이 있기 때문이다(18) 내가 유대인에게는 유대인처럼 되고, 이방인에게는 이방인처럼 된 것은 오로지 한 영혼이라도 더 얻기 위함이었다(20-23).

바울은 이상과 같이 자신의 사도됨에 대한 자격을 고린도 교회에 강력히 어필하였고, 이러한 자신의 자격을 운동장에서 달음질하는 자로 비교해, 자신이 이렇게 한 것은 영원한 면류관을 얻기 위함이다(25)라고 말한 후 27절에서 “내가 내 몸을 쳐 복종케 한 것은 내가 남에게 전파한 후 자기가 도리어 버림이 될까 두려워하였기 때문”이라 말하였다.

우리는 9장 전체를 통해, 9장의 내용은 사도 바울의 사도권에 대한 강력한 항변의 장이라는 사실에 대해 모두가 인정할 것이다. 이러한 바울의 사도권 항변에 대한 내용을 올바로 이해할 때, 우리는 27절 말씀의 의미를 발견할 수 있게 된다.

27절에 나타나는 바울의 두려움이 무엇일까? 그것은 바로 앞의 내용으로 자신이 버림받는 데에 대한 두려움이다. 그렇다면 과연 무엇으로부터 버림을 받는다는 말인가? 여기에 대한 올바른 답을 찾을 때 전파한 후 버림을 받는 두려움이 무엇인지를 분명히 알게 된다.

교회를 섬기는 올바른 하나님의 종들에게 있어 가장 두려운 일이 무엇일까? 교회가 성장하지 않는 것일까? 구원을 받을 수 없을 것에 대한 문제일까? 물질의 부족일까? 가정문제일까? 교회 내 여러 가지 문제일까?

본인이 생각하기에 교회를 섬기는 올바른 종들의 가장 큰 두려움은, 자신으로 말미암아 성도들의 믿음과 신앙이 파괴되는 일들이 될 것이다. 오랜 공을 들여 성도들을 주의 귀한 일군으로 양육하고 자라게 하였는데, 혹 자신의 실수나 문제로 인해 그 모든 노력이 하루아침에 무너진다면 이 이상 두려운 일이 어디 있겠는가? 만약 자신의 문제로 말미암아 성도들이 복음과 신앙으로부터 멀어지고, 하나님을 떠나는 일이 일어나고 있음에도 불구하고, 이런 일에 있어 아무런 두려움을 느끼지 못한다면 그 사람은 올바른 하나님의 종이 아닐 것이다.

바울이 두려워한 것이 바로 이 일이다. 혹 자신의 사도권이 무너지게 되면 그가 지금까지 해 온 모든 일들이 무로 돌아가기 때문이다. 그래서 바울은 자신의 사도권을 지키기 위해 스스로 절제하고, 모범이 되고자 노력했던 것이다.

바울이 자신의 사도권에 도전해 오는 고린도 교회에 대해 적극적으로 사도권을 방어할 수밖에 없었던 이유는 바로 복음 때문이었다. 자신이 사도로서 버림을 받게 되면, 그의 모든 복음의 수고가 헛된 일이 되기 때문이다.

27절의 '버림받을까 두려워한다'는 의미는 자신의 직분이 인정을 받지 못하고, 사도로서의 자격을 상실하는 것에 대한 두려움을 말한다. 구원의 상실에 대한 이야기가 전혀 아니다. 혹자는 그 의미를 24절부터 나오는 경주와 상을 연결시켜 상을 받지 못할 것에 대한 두려움으로 말하기도 하는데, 상에 대한 문제로 바울이 두려워할 이유는 전혀 없지 않겠는가?

'버림이 된다'는 원어가 '아도키모스'인데, 이 단어는 '거절되다', '인정받지 못하다', '공인되지 못하다', '버림받다'라는 의미이다. 본문에 가장 잘 어울리는 의미는 '인정받지 못하다' 혹은 '공인되지 못하다'이다.

바울은 자신의 복음을 위한 모든 달음질이 헛되지 않기 위해 자신을 더욱더 절제했고, 자신의 몸을 쳐 복종시킨 것은 자신이 분명히 사도였기 때문에 그렇게 했다는 것이다. 이러한 자신의 사도권이 인정받지 못하고 거절된다면 그가 전한 모든 복음이 무너지는 두려움, 이 두려움으로 인해 더욱더 자신을 쳐 복종시키고 사도로서의 당연한 길을 걸어가게 되었다고 고백하는 말씀이 27절의 말씀이다.

> 내가 내 몸을 쳐 복종하게 함은 내가 남에게 전파한 후에 자기가 도리어 버림이 될까(인정받지 못할까) 두려워함이로라

바울은 하나님께나 사람에게나 자신이 사도로서의 직임에 버림받는 것을 아주 두려워한 사람이다. 그래서 그가 쓴 모든 서신서의 서두에 항상 자신의 사도에 대한 분명한 권리를 주장하고, 자신의 사도됨은 거룩한 하나님의 은혜로 된 것임을 고백하고 있는 것이다.

사도 바울은 사도권에 대한 자신의 직책이 훼방 받지 않도록 고전 9장에서도 강하게 어필하였지만, 고후 6장에서도 이 문제를 다시 거론한다. 3절에서 10절 사이에 나타나고 있다.

> 3 우리가 이 직책이 훼방을 받지 않게 하려고 무엇에든지 아무에게도 거리끼지 않게 하고
> 4 오직 모든 일에 하나님의 일꾼으로 자천하여 많이 견디는 것과 환난과 궁핍과 곤난과
> 5 매 맞음과 갇힘과 요란한 것과 수고로움과 자지 못함과 먹지 못함과

6 깨끗함과 지식과 오래 참음과 자비함과 성령의 감화와 거짓이 없는 사랑과
7 진리의 말씀과 하나님의 능력 안에 있어 의의 병기로 좌우하고
8 영광과 욕됨으로 말미암으며 악한 이름과 아름다운 이름으로 말미암으며 속이는 자 같으나 참되고
9 무명한 자 같으나 유명한 자요 죽는 자 같으나 보라 우리가 살고 징계를 받는 자 같으나 죽임을 당하지 아니하고
10 근심하는 자 같으나 항상 기뻐하고 가난한 자 같으나 많은 사람을 부요하게 하고 아무것도 없는 자 같으나 모든 것을 가진 자로다

바울의 두려움은 자신이 뿌린 복음에 대한 열매가 헛되이 돌아가는 일이었다. 이 복음에 대한 열매는 자신의 사도권과 밀접한 관계가 있으므로, 자신의 사도권에 대한 변호는 강력하였다. 사도의 직책, 이 직책이 훼방 받지 않기 위해 그는 정말 열심히 노력하였다고 말하고 있는 내용이다.

고린도 교회는 바울의 사도권을 무시하고, 다른 교훈을 가르치는 무리들이 사도라 하며 교회를 어지럽히고 있었다. 이러한 무리들을 바울은 거짓 사도, 궤휼의 역군, 그리스도의 사도로 가장한 자, 광명의 천사로 가장한 사탄, 의의 일꾼으로 가장한 사탄의 일꾼 등으로 말하면서 이들이 가져온 복음은 다른 복음이며, 거짓의 영이라 지적하고 있다[71].

71) 만일 누가 가서 우리의 전파하지 아니한 다른 예수를 전파하거나 혹 너희의 받지 아니한 다른 영을 받게 하거나 혹 너희의 받지 아니한 다른 복음을 받게 할 때에는 너희가 잘 용납하는구나(고후 11:4)

13 저런 사람들은 거짓 사도요 궤휼의 역군이니 자기를 그리스도의 사
도로 가장하는 자들이니라
14 이것이 이상한 일이 아니라 사단도 자기를 광명의 천사로 가장하나니
15 그러므로 사단의 일꾼들도 자기를 의의 일꾼으로 가장하는 것이 또한
큰 일이 아니라 저희의 결국은 그 행위대로 되리라

(고후 11:13-15)

고전 9:27의 '전파한 후 버림받는다는 것'은 구원으로부터 버림받는다는 의미가 아니라, 바울의 사도로서의 직책이 인정받지 못함에 대한 두려움으로 한 말씀이다.

제11장
세례와 성찬

세례는 누가 받는가?
그리고 성찬 참여 대상은?

세례

하나님의 백성이 되면 대부분이 세례를 원하고 세례를 받게 된다. 그리고 세례를 받음으로 자신 또한 하나님의 자녀가 되었음을 스스로 인정하게 된다. 그러나 이 세례에 대해 여러 가지 의문점과 문제들이 토론되고 교단마다 서로 의견이나 견해를 달리하는 경우가 있음을 볼 때, 이것도 논란이 되는 문제임을 알고 무척 당황한 경험이 있다.

성경에 대한 여러 의문이나 문제들이 있는 줄 알았지만, 세례에 대한 문제까지 나오는 것은 그렇게 보지 못하였기 때문이다. 특히 유아세례 문제, 침례와 세례의 차이 문제에 대하여 이것이 옳다 아니면 저것이 옳다는 싸움이 무척 심각하다는 사실을 알고, 여기에 대한 정리를 해두면서 아울러 세례를 받기 전 시행하는 학습이나 학습 문답, 세례 문답에 대한 문제에 대해서도 간단하게 언급하였다.

필자가 목회 생활을 하면서 아직 한 번도 세례에 대한 질문을 받은 경험이 없어 여기에 대해 깊이 있게 연구를 한 적은 별로 없었다. 그리고 그럴 필요성을 많이 느끼지 못했다. 그런데 인터넷을 통해 의외로 여기에 대해 많은 분들이 의문점을 가지고 있으며 많은 논쟁이 있다는 것을 알게 되면서 우리 그리스도인들이 세례에 대한 분명한 성경적 지식을 가지고 있어야 한다는 생각을 하게 되어 이 문제를 취급하게 되었다. 세례에 대한 여러 의문점들은 다음과 같이 나타나고 있다.

반드시 세례를 받아야만 천국에 가는 것인가에 대한 문제로서, 역으로 말하자면 세례를 받지 않으면 하나님의 나라에 갈 수 없는 것인가에 대한 의문이다.

결론부터 말하면, 우리가 세례를 받는 것이 천국을 보장하는 행위가 되지 못한다. 이 말은 세례 그 자체가 우리를 구원하는 행위가 될 수 없다는 뜻이다. 성경에서 가르치는 구원은 인간의 그 어떤 행위와도 상관이 없다. 따라서 세례 역시 우리의 구원과 직접적인 상관관계는 없는 것이다. 그렇다고 세례 그 자체가 중요하지 않은 것은 아니다. 하나님의 백성은 아주 특별한 경우가 아닌 경우에는 반드시 세례를 받아야 한다. 여기에 대해서는 조금 뒤에 거론하기로 하자.

성경은 우리에게 세례의 중요성에 대해 여러 차례 이야기하고 있지만, 이 세례가 우리의 구원과 직접적인 관련이 있는지에 대해서는 침묵하고 있다. 그러나 로마 가톨릭에서는 세례를 받는 것이 곧 우리의 모든 죄가 용서받고 구원받는 것으로 말하고 있다. 즉 "세례를 받는 사람은 그리스도의 죽음을 본받아 함께 묻히는 것이다(어린이 세례예식서

6). 성세수는 우리의 죄를 씻어버리고 우리를 새 생명의 길에 올려놓는다. 그리스도의 수난과 죽음의 힘으로 말미암아 하느님의 은총은 용서하고 치유하는 효과를 낸다. 따라서 세례는 원죄를 사하며, 유아기가 지나서 영세하는 사람들이 지금까지 지은 개인적인 죄도 모두 사해진다"라고 말하고 있으나, 이것은 세례에 대한 성경적 가르침이 아니다.

우리가 세례를 받음으로 우리의 죄가 용서받는 것이 아니며, 세례를 받음으로 영생을 얻는 것이 아니라, 그리스도 예수의 피로 말미암아 우리의 죄가 용서받으며 그 은혜로 우리가 영생을 얻게 되는 것이다. 그렇다면 구원과 아무 상관이 없는 세례를 왜 우리가 받아야 하는가 하는 의문이 충분히 들 수 있다. 그러나 그렇지 않다. 세례는 하나님을 나의 아버지로, 예수 그리스도를 나의 구세주로 받아들이는 중요한 의식이며, 특히 유아세례는 '나의 자녀는 하나님의 것입니다'라는 부모로서의 고백이므로, 하나님께 대한 우리의 중요한 신앙고백이 되는 것이다.

구원을 받기 위해 반드시 세례를 받아야 하는 것은 아니지만, 만약 예수 그리스도를 통한 구원의 은총을 받아들이고 자신이 하나님의 자녀라고 인정하는 자는 세례를 받음이 마땅하다.

과연 유아세례가 성경적이며 유아세례를 시행해야 하는가에 대한 문제다.

아직 스스로 판단할 수 없어 예수 그리스도를 주로 고백하지 못하는 유아들에게 세례를 베풂이 마땅한가에 대한 것이다. 이에 대해, 성경에는 유아세례에 대한 정확한 말씀이 없으므로 유아세례를 베풀어선 안 된다는 사람들과, 구약시대 때 시행한 할례가 유아세례의 근거가 된다고 주장하면서 유아세례의 성경적 타당성을 인정하며 유아세례를 찬성하는 사람들로 나누어져 있다.

이러한 문제는 성경 해석학적 문제인데, 성경의 전체 흐름과 하나님의 속성에 대해 좀 더 우리가 이해한다면 그렇게 어려운 문제가 아니다. 유아세례를 반대하는 사람들은 다음과 같은 이유를 근거로 하여 반대한다.

첫째는, 역사적으로 유아세례는 처음부터 시행이 되지 않았다는 것이다.

유아세례가 시작된 것은 로마 가톨릭이 동방교회와 서방교회로 나뉘면서 인간들의 의식이 교회로 들어와 약 11세기경부터 시작된 것이다. 그러므로 성경에서 유아세례를 가르친 것이 아니라 사람들이 말씀으로부터 이탈되면서 나타나게 된 하나의 의식인 것이다.

그러나 이러한 주장은 옳지 않다고 생각한다. 11세기 이전에는 유아세례가 없었기 때문에 이것이 성경에서 가르치는 것이 아니라는 주장은, 성경의 가르침이 아니라 역사적 산물로 추정한 것이기 때문이다. 만약 성경에서의 가르침대로 그렇게 시행하였다면 별문제 없이 지나칠 수 있지만, 성경과의 차이점을 보인다면 수 세기가 지났더라도 재검토함이 마땅하다. 그리고 성경 내에서나 혹은 초대교회 이후로 유아세례를 베풀었는지 베풀지 않았는지에 대한 정확한 자료는 전혀 없다.

11세기 이전에는 어린 유아에게 세례를 베푸는 행위가 없었기 때문에 어린 유아에게 세례를 베푸는 것이 비성경적이라는 생각은 그렇게 바람직하지 못하다. 성경에 유아세례 문제에 대해 정확히 기록한 내용도 없고, 또 유아세례를 금해야 한다는 규정도 없다.

예수님께서는 어린이들을 무척 사랑하셨다. 그분은 그들에게 안수까지 하신 분이다. 따지고 보면, 예수님께서 직접 어린이에게 안수하신 것은 어린아이에 대한 당시 어른들의 사고에 정면으로 도전한 행위에 해당한다. 물론 이러한 예수님의 행위가 유아세례의 정당성에 대한 충분한 근거가 될 순 없어도, 어느 정도 생각해 볼 만한 가치는 있을 것이다. 만약 당신이 하나님이라면 그들의 부모가 사랑하는 자기 자녀에게 세례를 베풀어 달라는 요청을 거절하겠는가? 자기 자녀를 하나님께 드린다는 그 소원을 왜 거절하겠는가?

둘째는, 어린 유아는 스스로 믿음을 고백할 수 없으므로 유아세례는 잘못되었다는 생각이다.

이렇게 주장하는 중요한 근거는, 세례란 반드시 스스로의 신앙고백이 따라야만 줄 수 있다는 것이다. 스스로가 믿음을 가질 수 없고 신앙고백도 할 수 없는 어린 유아에게 어떻게 세례를 줄 수 있느냐에 대한 문제인데, 어린 유아에게 세례를 주는 것은 비성경적이라는 것이다.

이러한 주장은 이렇게 주장하는 그 자체가 비성경적이다. 성경 해석에 있어 아주 중요한 원리 중의 하나인 '성경 전체와의 조화' 원리와, 성경 해석의 적용 범위에 있어 제한적 적용과 보편적 적용에 대한 원리를 무시한 데서 나타난 현상이다.

유아세례에 대한 정확한 용어나 언급은 성경에 없지만, 충분한 근거는 제시되고 있다. 구약시대에 하나님께서는 아브라함에게 다음과 같이 말씀하셨다. 창 17:9-12의 말씀이다.

> 하나님이 또 아브라함에게 이르시되 그런즉 너는 내 언약을 지키고 네 후손도 대대로 지키라 / 너희 중 남자는 다 할례를 받으라 이것이 나와 너희와 너희 후손 사이에 지킬 내 언약이니라 / 너희는 양피를 베어라 이것이 나와 너희 사이의 언약의 표징이니라 / 대대로 남자는 집에서 난 자나 혹 너희 자손이 아니요 이방 사람에게서 돈으로 산 자를 무론하고 난 지 팔 일 만에 할례를 받을 것이라
>
> (창 17:9-12)

하나님께서는 아브라함에게 자기 백성이 되기 위한 행위적 언약으로 그에게 속한 모든 사람은 할례를 시행할 것을 명하고 있다.

할례는 하나님의 백성이 되는 표이다. 만약 할례를 받지 않거나 할례를 시행하지 않는다면 그는 하나님의 백성에서 제외된다는 아주 중요한 언약이다. 여기서 우리는 하나님과 우리 사이의 언약에 대해 성경 해석의 원리를 적용함에있어 보편적 적용 사례를 발견할 수 있는데, 그

것은 할례의 대상에 관한 부분이다.

하나님께서 할례를 시행하라 명한 대상은 아브라함에게 속한 모든 자로 하였으며, 그리고 아직 태어나지 않았지만 어린 유아에 있어서는 난지 8일 만에 시행할 것을 명하고 있다. 난지 8일밖에 안 된 어린 유아는 스스로의 믿음이나 판단 능력이 전혀 없다. 그런데도 하나님께서 할례를 명하신 이유가 무엇인가? 좀 더 성장한 뒤 할례의 정확한 취지를 설명하고 시행을 명해도 전혀 문제가 없음에도 불구하고, 왜 어린 유아 그것도 난 지 8일밖에 되지 않은 어린 아기에게 할례를 명하신 것일까? 그것은 어린 유아의 부모가 하나님의 백성이면 그 유아도 하나님의 것이라는 부모 편에서의 시인으로 요구하신 행위이다. 만약 부모가 그렇게 하지 않으면 그 유아는 하나님의 백성에서 제외되는 무서운 징벌을 받게 되는 것이다.

이러한 구약시대의 할례는 유대 민족에게 하나님과 그들 사이의 아주 중요한 언약이었으며, 이 언약은 예수님이 오시면서 중요한 전환점을 맞이하게 되는데 그것이 세례가 된다. 결국, 세례의 원형은 구약시대의 할례이다.

할례나 세례의 본질적 의미는 하나님과 그의 백성 간의 언약이라는 면에서 같은 것이다. 할례가 하나님 편에서의 인정이라면, 세례는 우리 편에서의 인정이라 할 수 있다. 만약 예수님이 오시지 않았다면, 할례는 지금까지 계속 시행되었을 것이다. 그리고 그 할례는 온 족속에게가 아니라 오직 이스라엘 족속에게만 시행되는 그런 성격이었을 것이다.

그러나 예수님이 오심으로 이 할례는 제한적이지 않고 보편성을 띤 세례로서 온 족속에게 내려진 하나님의 귀한 선물이 되었다.

할례가 자의가 아닌 타의에 의해 이루어졌다 하더라도 하나님이 인정하신 것처럼 유아세례 또한 자의에 의해 이루어지지 않았더라도 하나님은 인정하시게 된다. 앞에서 언급했듯이 세례 자체가 구원을 보장하는 것이 아니므로, 유아세례 역시 구원을 보장하는 것은 아니다. 그러나 하나님께 나의 자녀를 드리며 '이 자녀는 하나님의 자녀입니다'라고 하는 부모의 신앙고백을 하나님은 기쁘게 받으신다. 여기서 성경 해석의 보편적 적용원리에 의해 구약의 할례가 신약의 세례로, 즉 제한적 할례에서 보편적 세례로 적용된다고 보는 것이 타당하다고 생각된다.

셋째는, 침례냐 세례냐 라는 문제다.

일반적으로 침례는 물에 완전히 잠기는 행위를 말하며, 세례란 물을 뿌리는 행위를 말하는 것으로 알고 있다. 그래서 성경은 침례를 가르치지, 세례를 가르치지 않는다고 주장하며 세례의 형태는 잘못되었다고 하는 생각이다.

성경에서 가르치는 세례의 형태가 물에 푹 잠기는 것이냐 아니냐 하는 것은 큰 문제가 되지 않는다. 앞의 내용들도 그렇지만, 사실 우리가 성경을 연구하다 보면 수많은 의문점에 부딪히게 된다. 이런 모든 의문점들을 문제로 삼아 정통이니 이단이니 시비를 한다면, 우리 기독교는 밤낮 싸우다가 종을 치게 될 것이다.

중요한 부분에 있어 시비를 가릴 일들은 분명히 가려야 하지만, 그렇지 않은 부분은 좀 더 지혜롭게 처리해야 한다. 세례를 거행할 때 물에 푹 잠가야 한다와 약식으로 물을 조금 적셔도 괜찮다의 싸움은 그렇게 싸움거리가 될 만한 문제가 아니다. 원어의 의미도 이를 지지하고 있다.

'세례'는 영어로는 'baptism'인데, 이는 헬라어 '밥티스마(baptisma)' 혹은 '밥티스모스(baptismos)'에서 나온 단어이다. 원래 이 헬라어들은 '밥토(bapto)'라는 동사의 강세형인 '밥티조(baptizo)'에서 유래한 동사적 명사들이다. '밥티스모스'는 '밥티제인(baptizein: 그가 세례를 주다)'의 행위를 말하고, '밥티스마'는 세례 행위의 결과를 말한다고 Cremer는 말했다.

실제로 영어 단어 'baptism'을 형성해준 헬라어들은 그리스 저자들이 그들의 고전과 70인역 및 신약에서 사용했는데, 그 의미는 아주 다양하다. 따라서 단지 영어 단어 하나를 사용해 다양한 의미를 전달하기란 불가능하다.

세례라는 헬라어 단어들은 물속에 뛰어듦, 함빡 적심, 물을 묻힘, 물에 담금, 물을 뿌림 등 다양한 의미로 사용되었기 때문에, 물에 잠그는 형태나 뿌리는 형태 모두가 다 '세례'라는 의미를 표현하는 형태이다. Hodge는 세례를 주라는 명령이 물에 담그라는 명령이라는 주장은 전혀 권위 있는 것이 아니라고 하였다.

세례는 받는 사람이 자기가 하나님의 자녀 됨을 스스로 인정하는 행위이기 때문에, 중요한 것은 물에 잠그냐 뿌리냐가 아니라, 하나님에 대한 세례자의 마음 상태다. 세례를 통해 우리의 죄를 씻어 낸다는 상징적 의미를 부여한다 해도, 물에 잠긴다고 하여 완전히 죄가 씻겨지고 물로 뿌린다고 하여 덜 씻겨지고 하는 성질의 것이 아니다. 만약 세례 자체가 구원과의 직접적인 상관관계가 있다면 좀 더 이러한 문제들을 신중하게 거론하여야 하겠지만, 그런 관계가 아니지 않은가?

예수님께서 세례를 받지 않아도 전혀 문제 될 것이 없음에도 불구하고 세례를 받으신 것은 당시의 관례를 따라 의를 이루기 위해서이다. 마 3:13-15의 내용이다.

13 이 때에 예수께서 갈릴리로서 요단 강에 이르러 요한에게 세례를 받으려 하신대
14 요한이 말려 가로되 내가 당신에게 세례를 받아야 할 터인데 당신이 내게로 오시나이까
15 예수께서 대답하여 가라사대 이제 허락하라 우리가 이와 같이 하여 모든 의를 이루는 것이 합당하니라 하신대 이에 요한이 허락하는지라

오늘날의 우리는 교회나 성도의 덕이나 의를 위해, 그리고 형편과 사정에 따라 세례를 적절하게 베푸는 것이 합당할 것이다.

오순절 날 사도 베드로가 설교하였을 때 3,000명 이상이 회개하고 돌아와 세례를 받게 되는데, 이들 모두를 사도 베드로가 물에 푹 잠기게 하였다는 것은 받아들이기가 쉽지 않다. 그리고 아마 이런 논쟁을

우리 주님께서도 기뻐하지 않으실 것이다.

세례와 관련하여 참고로 몇 가지 문제들을 좀 더 짚어 보고 넘어가자.

우선 세례에 앞서 학습이란 의식이 있는데, 과연 이런 의식이 필요한 것인지에 대한 문제와, 학습과 세례 받을 자의 자격이나 그 문답에 대한 내용들이다.

대한예수교 장로회 총회 헌법 제5장 헌법적 규칙 제5조 학습란에 다음과 같이 명시하고 있다.[72)]

1. 연령이 만 14세 이상이 되고 믿은 지 6개월이 경과되어 신앙이 독실한 자는 학습인 고시를 받을 자격이 있다.
   학습 서약문에 있어
   1) 천지 만물을 창조하시고 홀로 주장하시는 하나님을 성심으로 신봉하느뇨?
   2) 예수는 우리 죄를 대속하신 구주이심을 믿느뇨?
   3) 하나님의 말씀인 성경을 힘써 배우며 그대로 지키기를 힘쓰겠느뇨?
   4) 주일을 거룩히 지키며 힘써 기도하기로 작정하느뇨?

본인은 학습 그 자체가 큰 문제가 있다고는 생각하지 않는다. 그러나 성경에서 학습이란 내용이 전혀 없으며, 세례 전에 학습을 받아야 한다

---

72) 대한예수교장로회총회, 헌법(서울: 총회출판국, 1993), p.191-192.

는 그 어떠한 성경적 지지를 찾아보기가 어렵다. 물론 신앙의 정도를 알아보기 위한 일종의 점검형태로 나름대로 의의를 부여할 수 있겠으나, 인간이 잘못 만든 제도로 인해 성경이 왜곡 당할 가능성도 있음에 주의해야 한다.

성경을 잘 모르는 초신자들은 교회에서 실시하는 학습제도가 성경의 가르침에서 유래한 것으로 오해할 수도 있으며, 또한 세례받기를 원하는 사람이 학습이란 장벽 때문에 세례를 받지 못하는 경우도 있다는 것을 알아야 한다.

학습제도가 비록 우리들의 생각에 올바르게 결론을 도출하여 만든 것이라 해도, 성경적 지지가 없다면 재고해야 한다고 생각한다.

유대인들이 성경에서 가르치는 율법을 좀 더 잘 지키고 바르게 준수하기 위해 만든 여러 제도들이 오히려 하나님을 만나는데 방해가 되었으며, 형식적 율법 준수로 말미암아 예수님의 심각한 책망을 받은 사실을 기억한다면, 이 문제에 있어 이제는 달라져야 하지 않겠는가? 성경에서 세례받기 전에 학습을 받아야 한다는 가르침이 없으므로 학습제도는 신중히 재고했으면 한다.

그리고 세례 대상자의 자격에 있어, 교회 다닌 지 6개월이 지나고 학습을 받은 사람에 한해 다시 6개월이 경과하면 세례를 받을 수 있는 것으로 가르치고 있다. 대한 예수교장로회 총회 헌법 제5장 6조 성례 제1조는 다음과 같이 기록하고 있다.

"신앙이 독실하고 학습인으로 6개월간 근실히 교회에 출석하면 세례 문답할 자격이 있다"[73]

본인은 성경을 모를 때, 이렇게 하는 것이 성경적이며 그리고 성경에서 가르치는 진리인 줄 알았다. 그러나 사실 성경 어디에서도 세례에 대해 이런 제한을 둔 근거를 찾아볼 수 없었으며, 이와 유사한 내용도 전혀 발견할 수 없었다. 그런데 어떻게 세례 대상자에 대한 제한들이 나온 것인지 참으로 이해하기 힘든 일이다.

항상 우리는 성경대로 살자, 성경이 가르치는 대로 해야 한다, 하나님의 말씀을 변개해선 안된다, 성경 중심으로 살아야 한다는 말들을 입버릇처럼 하는데, 왜 이 문제는 시정을 하지 않고 있는지 알 수 없는 일이다.

오순절 성령강림 후 베드로가 3천명에게 세례를 준 일이나 빌립이 에디오피아 내시에게 세례를 준 사실 그리고 사도 바울이 간수와 간수 가족들에게 세례를 준 내용이 모두, 현재 우리가 적용하고 있는 헌법에서 가르치는 가르침과는 너무 다르다. 이들 모두는 예수 그리스도를 구주로 고백한 그 즉시 세례를 받은 사람들이다. 예수를 믿고 6개월이 지난 사람도 없으며 또한 학습을 받은 사람도 아무도 없다.

중세 때 로마 가톨릭 신자들이 거짓으로 개종하여 우리 개신교도들을 잡아가는 일들을 막기 위한 한 방편으로 세례 문답을 만들어 신앙고백을 시킨 후 세례를 베풀게 되었다는 것도 전혀 설득력이 없다.

---

73) Ibid.

그리고 참 신앙인인지 아닌지를 가려내기 위해 이런 문답을 하면서 세례 대상자의 자격을 운운하는 행위도 그 당위성을 찾기 어렵다. 성경이 그렇게 가르치지 않고 있으며, 이런 제도 자체가 비성경적이 될 수 있기 때문이다.

성경에서 말하지 않는 가르침을 통해 세례의 본질적 가치를 잘못 심어 줄 수 있으며, 세례받기를 원하는 자들에게 세례를 받지 못하도록 하는 심각한 부작용까지도 야기할 수 있는 문제이다. 인간이 만든 제도로 하나님의 신성한 세례를 오염시켜서는 안 될 것이다.

만약 성경에서 세례 대상자의 자격이나 세례에 대한 정확한 가르침을 줄 만한 그 어떠한 근거가 없다면, 우리는 충분히 세례 대상자의 자격이나 여타의 신앙 점검을 위한 방법을 만들 수 있다. 그러나 우리는 성경에서 충분히 올바른 세례에 대한 가르침을 발견할 수 있으며, 성경적 세례에 대한 분명한 기준을 세울 수 있다.

기독교 교리문답 94번 "세례가 무엇인가?"라는 물음에 "세례는 물을 가지고 성부와 성자와 성령의 이름으로 씻는 성례인데, 우리가 그리스도에게 접붙임과 언약의 모든 유익에 참여함과 주님의 사람이 되기로 약조함을 표시하여 인치는 것이다"(마 28:19, 갈 3:27, 롬 6:3-4)라고 설명하며, 이어 95번 문항에서 "세례는 어떠한 사람에게 베푸는가?"라는 물음에 "세례는 불신자들이 그리스도를 믿고 고백하며 그에게 복종하는 데까지 이르러야 베풀 것이요, 또 입교한 자의 자녀에게 베푸는 것이다"(행 2:41, 창 17:7, 10, 갈 3:17-18, 29, 행 2:38-39, 18:8,

고전 7:14)라고 설명한다.

이상의 문답에서 94번 문항은 별문제가 되지 않지만, 95번의 문항은 반드시 생각해야 할 부분이다. 특히 "세례는 … 그에게 복종하는 데까지 이르러야 베풀 것이요" 라는 부분이다. 여기서 '그에게 복종하는 데까지 이른다'의 기준이 무엇이며 복종이 어디까지인지 알 수 없고, 인간의 행위에 의해 세례가 제한되기 때문이다.

우리가 세례 문답을 하면 가끔 이런 질문을 받는다. 성경은 몇 독 하셨습니까? 술과 담배는 하지 않는지요? 결혼은 정상적으로 하셨는지요? 등과 같은 질문이다. 만약 성경을 한 번도 안 읽었다면 일독 이상 할 것에 대한 약속을 하거나 일독 후 다시 오라고 하는 경우와, "술과 담배를 정리하지 못했으면 다음에 세례를 받도록 하지요"라는 말로 세례를 거부하는 경우가 허다하고, 결혼에 문제가 있으면 아예 세례 자체를 거부한다. 이런 관례를 아는 사람들은 아예 세례를 받을 자격이 없는 것으로 알고 스스로 그리스도인임을 확신하면서도 세례받기를 포기하는 경우가 있음을 보았다. 성경을 읽느냐 읽지 않느냐, 아니면 술, 담배를 하느냐 하지 않느냐가 그리스도에게 복종하는 데까지 이르렀는지에 대한 기준이 되는지 무척 모호한 문제이다.

성경에서는 이런 기준을 적용하지 않는다. 그리고 적용할 이유가 전혀 없다. 구원이 우리의 행위와 상관없이 이루어지듯이, 세례 또한 우리의 행위와 상관이 없이 이루어지기 때문이다. 무엇을 하고 안하고가 혹은 했고 안 했고가, 세례를 줄 수 있고 없고에 대한 기준이나 근거가 될 수 없다. 그 영혼이 예수그리스도를 구주로 고백하고 세례받기를 원한다면 우리는 반드시 세례를 주어야 한다.

사람의 행위에 의해 세례를 거부하는 것은 영적 직권 남용이며, 주님이 원하지 않는 권위주의에서 나온 행위이다. 예수를 믿는 주의 백성은 그의 행위와 상관없이 누구든지 세례를 받을 자격이 있다.

혹자는 이런 식으로 세례를 베풀게 되면 자칫 잘못 세례를 주게 되는 문제가 발생할 수 있지 않느냐 라는 심각한 우려를 표명하기도 하는데, 이는 쓸데없는 기우이다. 세례 자체가 구원과 상관없는 것이기 때문에, 오히려 우리는 그리스도인들에게 세례받기를 권하고 세례에 대한 바른 가르침을 주어야 할 것이다.

성찬

성찬식은 예수님이 직접 제정해 주신 중요한 기독교 의식 가운데 하나다. 우리를 위한 주님의 죽으심과 다시 오심을 기억하고 주님의 은혜에 감사하면서 떡과 잔을 받는 예식이다.

평신도일 때 성찬 예식을 집례하는 목사님으로부터 다음과 같은 말을 자주 듣곤 했다. "혹 이 자리에 계신 분들 가운데 마음의 거리낌이나 아직 죄 가운데 있는 사람들은 떡과 잔에 참예하지 말고 조용히 기도해 주시고, 무흠한 세례교인만 떡과 잔을 받아 주시기 바랍니다."

본인은 이러한 목사님의 말이 성경 말씀인 줄 알고 성찬 예식에 참여할 때마다 마음의 부담을 느끼곤 했다. 특히 군 생활 중 민간인 교회에 잠시 출석할 기회가 있었는데, 그날이 성찬식을 하는 날이었다. 그때 나는 위의 말씀들이 생각나서 군 생활 중 올바르게 믿음 생활을 잘하지 못했던 나를 돌아보며 떡과 잔을 받지 않았다.

고린도전서 11장은 성찬에 대해 안내하는 말씀이다. 특히 고전 11:27-29의 말씀을 보면 뭔가 문제가 있는 사람은, 마치 성찬에 참여하는 그 자체가 죄인 것 같은 내용이 나오고 있다.

> 그러므로 누구든지 주의 떡이나 잔을 합당치 않게 먹고 마시는 자는 주의 몸과 피를 범하는 죄가 있느니라 / 사람이 자기를 살피고 그 후에야 이 떡을 먹고 이 잔을 마실지니 / 주의 몸을 분변치 못하고 먹고 마시는 자는 자기의 죄를 먹고 마시는 것이니라
>
> (고전 11:27-29)

세월이 흘러 하나님의 말씀을 연구하던 중 고린도전서 11장에 나타나는 성찬식에 대한 문제를 연구하게 되었고, 그러면서 놀라운 사실들을 발견하게 되었다. 이미 성찬식에 대한 본질적 의미를 잘 알고 있는 그리스도인들은 다 알고 있는 사실인데 아직도 모르고 있었느냐고 반문할지 모르겠지만, 나에게는 새삼 아주 귀하고 놀라운 사실이었다. 그것은 성찬식에 참여하는 사람들의 자격에 대한 문제였는데, 성찬식에 참여하는 사람들은 무흠한 사람들이 아니라, 자신이 죄인임을 인정하고 깨닫는 사람들이어야 한다는 사실이다.

성찬식은 죄인 된 자들이 주님의 사죄의 은총에 대한 새로운 감격과 감사를 느끼고 주님 앞에 헌신을 다지며 주님 오시는 날까지 주님위해 살기를 결단하고 헌신하는 그러한 자리라는 사실이었다.

그런데 왜 그때 그 목사님은 그렇게 말씀을 하셨을까? 그리고 그러한 것이 당연한 것처럼 이야기하였을까? 그것은 고린도전서 11장에 나타나는 성찬식에 대한 전체적인 교훈을 알지 못하고, 단지 27-29절에 나타나는 말씀만 가지고 해석을 하여 그렇게 말하게 된 것으로 생각된다.

> 그러므로 누구든지 주의 떡이나 잔을 합당치 않게 먹고 마시는 자는 주의 몸과 피를 범하는 죄가 있느니라 / 사람이 자기를 살피고 그 후에야 이 떡을 먹고 이 잔을 마실지니 / 주의 몸을 분변치 못하고 먹고 마시는 자는 자기의 죄를 먹고 마시는 것이니라
>
> (고전 11:27-29)

고린도전서 11장 27-29절의 말씀은 잘못 해석하면 위와 같은 실수를 하기 쉬운 내용이다. 우리 주위에는 아직도 이러한 방식으로 해석을 하는 목사님들을 간간이 찾아볼 수 있는데, 실로 안타까운 노릇이다.

성찬식은 죄인이 참여하는 자리이다. 의인이 참여하는 자리가 아니다. 그때 당시 고린도 교회 내에서는 성찬식을 하기도 전에 먼저 교회에 와서 주님의 몸을 상징하는 떡과 주님의 피를 상징하는 잔을 함부로 먹고 마시는 사람들이 있었으며 이로 인해 교회 내의 여러 가지 문

제들이 발생하기도 했다.

부자들은 많은 떡과 포도주를 가지고 와서 성찬의식을 거행하기도 전에 마음껏 떡과 포도주를 먹고 마셨고 심지어는 예배 전에 술에 취하기도 하는 일들이 일어났다. 그리고 없는 자들은 아무것도 제대로 먹지 못했다. 즉 가난한 자들의 마음을 아프게 했으며, 주님의 떡과 잔의 의미를 전혀 무시하며 자신들의 정욕대로 떡과 잔을 마음대로 했다. 주님의 거룩한 성찬의 의미들을 완전히 퇴색시키는 일들을 하곤 했었다. 사도 바울은 이러한 자들의 성찬 참여를 금지했고, 주님의 떡과 잔의 의미를 모르고 먹고 마셔대는 자들에 대해 "그들은 그들의 죄를 먹고 마신다"는 무서운 말을 했던 것이다.

제12장
죽은 자들을 위해 세례를 받는다?

죽은 자를 위해
우리가 대신 세례를 받을 수 있을까?

만일 죽은 자들이 도무지 다시 살지 못하면 죽은 자들을 위하여 세례받는 자들이 무엇을 하겠느냐 어찌하여 저희를 위하여 세례를 받느뇨

(고전 15:29)

정말 말도 많고 탈도 많은 교회가 고린도 교회였다. 바울의 사도권에 대한 도전부터 시작하여 각종 분쟁, 음행 문제, 세상 법정의 송사 문제, 결혼문제, 우상 제물에 대한 문제, 성찬에 대한 문제, 은사에 대한 문제, 헌금에 대한 문제 등등, 어쩌면 교회 내에서 일어날 수 있는 모든 일들이 고린도 교회에서 다 일어난 것 같은 생각이 들 정도다. 교회 내의 수많은 문제 중에서 특히 우리 기독교의 핵심 교리 중의 하나인 부활 문제도 빼놓을 수 없다.

고린도 교회 내 일단의 성도들이 성도의 부활에 대한 의심을 갖고 있었던 것으로 보인다. 성도의 부활에 대한 의심은 곧바로 예수 그리스도의 부활 문제와도 직결되는 중요한 사안이다.

오래전 전도사로 교회에서 봉사할 때, 학교 교사로 재직하고 있던 모 집사님이 자신은 예수 그리스도의 부활이 전혀 믿어지지 않는다는 말을 해서 놀란 적이 있다. 더욱더 놀란 것은, 자신은 예수님의 부활을 믿고 싶다는 말이었다. 그런데 안 믿는 것이 아니라 믿어지지를 않는다는 말을 듣고 참 의아했었다. 아마 오늘날에도 이러한 분들이 많이 있을 것으로 보인다. 교회는 다니고 성도로서의 신앙적 행위를 하긴 하지만, 예수님의 부활이나 여타의 기적적 사건들이 믿어지지 않는 분들이 있을 것이다. 이런 분들은 더욱더 말씀에 대한 확신이 들게 해달라고 간절히 호소하며 기도해야 한다. 만약 이러한 사실이 믿어지지 않는다면 그는 구원받은 하나님의 백성이 아니다.

가끔 나는 성도들에게 다음과 같은 질문을 한다. "성도님은 예수를 믿습니까? 아니면 믿어지십니까?"라고 말이다.

우리가 예수를 믿는 것은 내가 믿기 때문에 믿는 것이 아니라, 믿어지기 때문에 믿는 것이다. 예수 그리스도가 나의 구주로, 그의 죽음으로 나의 모든 죄가 사해졌다는 사실이 믿어지기 때문에 믿는 것이다.

이 말 즉 예수가 믿어지는 믿음, 이 믿음은 나의 것이 아니란 것이다. 예수가 믿어지는 믿음, 이 믿음은 내가 만든 믿음, 혹은 나에게서 나오는 믿음이 아니라, 주님이 주신 선물의 믿음이다.

성경은 성령이 아니고서는 누구도 예수를 주로 시인할 자가 없다(고전 12:3[74])고 했는데, 이 말씀은 예수를 주로 고백하고 믿는 믿음은 성령에 의해 주어진 것임을 말하는 것이다. 참으로 진리의 말씀이다.

부활의 놀라운 사실도 내가 믿고 싶어 믿는 것이 아니라, 주님의 부활이 그리고 앞으로 일어날 성도들의 부활이 믿어지기 때문에 믿는 것이다.

바울은 고린도전서 15장 전장을 통해 부활에 대한 진리를 역설하고 있다. 심지어 부활이 없다면 우리들의 모든 믿음도 헛것(고전 15:14, 17[75])이라는 무서운 말을 하면서, 그리스도의 부활의 확실함과 더불어 성도의 부활 또한 분명한 사실로 일어날 것임을 강력히 호소하고 있다. 여기에 대한 증거로서 사용한 말씀이 위에서 문제를 제기한 '죽은 자들을 위해 받는 세례'라는 내용이다.

고전 15:29에서 바울은 다음과 같이 분명히 말하고 있다.

---

74) 그러므로 내가 너희에게 알게 하노니 하나님의 영으로 말하는 자는 누구든지 예수를 저주할 자라 하지 않고 또 성령으로 아니하고는 누구든지 예수를 주시라 할 수 없느니라(고전 12:3)

75) 그리스도께서 만일 다시 살지 못하셨으면 우리의 전파하는 것도 헛것이요 또 너희 믿음도 헛것이며(고전 15:14)
그리스도께서 다시 사신 것이 없으면 너희의 믿음도 헛되고 너희가 여전히 죄 가운데 있을 것이요(고전 15:17)

만일 죽은 자들이 도무지 다시 살지 못하면 죽은 자들을 위하여 세례받는 자들이 무엇을 하겠느냐 어찌하여 저희를 위하여 세례를 받느뇨

(고전 15:29)

이 내용 역시 부활에 대해 강력히 증거하고자 한 말이다. 만약 죽은 자들의 부활이 없다면, 죽은 자들을 위해 받는 세례들은 무엇이며, 사람들이 어찌하여 죽은 자들을 위해 세례를 받느냐? 그것은 사람들이 죽은 자들의 부활을 믿기 때문이 아니냐 는 의미가 된다.

여기서 문제가 되는 것이, 다들 알겠지만 '죽은 자들을 위해 받는 세례'문제이다.

왜 바울이 죽은 자들을 위해 받는 세례를 부활과 연결하여 언급했느냐 하는 부분이 주님을 믿는 우리들을 무척이나 곤혹스럽게 하고 있다. 만약 죽은 자들을 위한 세례가 성경적으로 받아진다면, 로마 가톨릭의 연옥 교리나, 죽음 뒤에도 구원이 있을 수 있다는 사실을 우리가 인정해야 한다.

본문에서 죽은 자들에 대한 구체적 언급이 없으므로, 이 죽은 자들을 성도로 확증하긴 곤란하다. 당시 성행하던 이방 종교나 이단 등에서 시행하던 일들을 예로 가져 왔을 수도 있고, 혹은 세례받지 않고 죽은 성도일 수도 있고, 아니면 예수를 믿지 않고 죽은 불신자일 수도 있다.

이 문제에 대한 해답을 얻고자 여러 자료를 찾아보고 점검도 해보았

지만, 속 시원한 해답을 제시하거나 혹은 정확히 이렇다고 확증하는 것보다는, 이럴 것이라는 추측성 답들이 많이 있었다.

필자는 이 본문을 보면서 이렇게도 생각해 보았다. '죽은 자를 위해'에서 사용된 전치사 '휘페로'(영어로 for)가 '위하여'로 해석되지 않고, 이유를 나타내는 '때문에'로 해석될 수 있다면, '죽은 자들 때문에'로 번역이 가능해진다.

즉, 살아 있는 성도가 죽은 사람을 위해 세례를 받는 것이 아니라, 죽은 사람 때문에 살아 있는 사람이 세례를 받게 된다는 의미가 되는 것이다.

'죽은 사람을 위해'와 '죽은 사람 때문에'가 무슨 차이가 있을까 하고 생각할 수도 있지만, 만약 세례받는 대상자가, 죽은 사람이 아니라 예수를 믿지만 세례를 받지 않은 현재 살아 있는 성도라면 문제가 달라진다. 예를 들어, 살아 있는 성도가 아직 세례를 받지 않고 있다가, 자신이 사랑하는 사람이 죽게 되었다. 죽은 사람은 불신자가 아니라 주님을 영접해 세례를 받고 죽은 성도라고 가정할 때, 이 죽은 성도와 살아 있는 성도가 다시 만날 수 있으려면 죽은 자의 부활과 현재 살아 있는 자신의 부활이 가능해야 한다.

부활의 가능성은 올바른 성도가 되는 길밖에 없는데, 그 방법이 세례를 받아 확증하는 것이다. 그래서 죽은 사랑하는 사람과 다시 만날 수 있는 방법은 자신도 세례를 받는 것이기 때문에, 세례를 받는 대상이 죽은 자를 위해서가 아니라 살아 있는 자신을 위해서 세례를 받아야 한다.

이렇게 놓고 본문에 대한 해석을 다시 해본다면 '만일 죽은 자들이 도무지 다시 살지 못하면 죽은 자들 때문에 세례받는 자들이 무엇을 하겠느냐 어찌하여 저희 때문에 세례를 받느뇨'라고 번역함으로써, 죽은 자들 때문에, 즉 죽은 자들과 다시 만나기 위해 현재 살아 있는 자들도 세례를 받는다는 해석이 가능해지게 된다.

사실 필자가 이렇게 생각해 본 것은 위 문제가 잘 풀어지지 않아 이렇게 생각을 해 봤다는 것이지, 이 해석이 옳다는 것은 아니다. 왜냐하면, 전치사 '휘페로'의 대표적인 의미가 누구누구를 '대신하여' 혹은 '위하여'이기 때문이다. 그러므로 위의 내용은 '산 사람이 죽은 사람을 대신하여 받는 세례'가 확실한 것이 분명하다.

그렇다면 과연 바울이 죽은 자들을 위하여 산 사람이 대신 세례를 받을 수 있다는 사실을 증거하기 위해 이 말씀을 한 것일까? 모두가 알다시피, 전혀 그렇지 않다. 죽은 자들을 위한 세례가 성경적이기 때문에 이런 말을 한 것이 아니라는 사실은 우리 모든 그리스도인이 동의하고 있다. 또 그렇게 되어서도 안 될 것이다.

바울 당시 대부분의 교회는 심각한 이단의 공격에 노출되어 있었다. 대표적 이단이 영지주의라는 무서운 사상을 가진 세력들이었다. 영지주의는 동양의 신비주의, 유대주의, 헬라 철학 그리고 우리 기독교의 여러 교리를 혼합해서 만들어진 혼합주의적 성격이 강한 종교였는데, 이들의 특징은 어느 종교든지 쉽게 혼합, 흡수할 수 있는 힘을 갖고 있다는 것이다. 이들은 기독교적 색채를 띠고 교회에 침투하여, 교회 내

수많은 문제를 야기시켰고, 약한 성도들을 미혹해 자신들의 세력을 확장하였다. 고린도 교회도 예외가 아니었다. 고린도 교회 역시 영지주의와 같은 이단에 의해 아주 혼란스러운 어려움을 겪어 가고 있었고, 심지어 많은 성도들이 미혹되었음을 성경은 알려주고 있다(고후 11:4[76]).

영지주의자였던 말시온을 따르는 말시온주의자들은 세례를 받아야 할 사람이 세례를 받지 못하고 죽게 되면, 다른 사람이 대신 세례를 받아도 된다는 사상을 갖고 있었다. 그리고 다른 여러 이단들도 이러한 사상을 갖고 있었음에 초대 교부였던 터툴리안이나 에피파니우스 같은 사람들이 증명하고 있다[77].

실제로 고린도 시에서는 사람이 세례를 받지 않고 죽게 되면, 그들의 무덤에 가서 대신 세례를 받곤 하였다. 죽은 자들을 위해 대신 세례 받는 풍습은 고린도 시에서는 일반적으로 행해지고 있었던 관례였다.

고린도 교회는 이러한 이단들의 사상이 성경적인지 아닌지를 분별할 수 없는 교회다 보니, 이들의 사상에 영향을 받은 일단의 무리가 죽은 자들을 위해 세례를 받는 일들이 있었던 것으로 보이나, 이는 확신할 수 없는 사안이다.

---

76) 만일 누가 가서 우리의 전파하지 아니한 다른 예수를 전파하거나 혹 너희의 받지 아니한 다른 영을 받게 하거나 혹 너희의 받지 아니한 다른 복음을 받게 할 때에는 너희가 잘 용납하는구나(고후 11:4)

77) http://cafe.daum.net/mrbible/8Tur/28?q

바울이 고린도 교회를 향해 죽은 자들을 위한 세례를 언급하긴 했지만, 당시 영지주의나 다른 이방 종교 혹은 이단들이 죽은 자들을 위해 세례받는 예들을 가지고 고린도 교회의 성도들에게 부활의 확실함을 증거하기 위한 도구로 사용했을 수도 있다.

'자 보아라, 이단들이나 잘못된 이방 종교 등에서도 부활을 믿기 때문에 죽은 자들을 위해 세례를 받는데, 하물며 참된 종교를 믿고 있는 너희들이 부활을 믿지 않는다는 것은 있을 수 없는 일이다'라는 항변이다. 이는 부활에 대한 확실성을 알리기 위한 시도였다고 볼 수 있다. 왜냐하면, 죽은 자들을 위해 받는 세례에 대한 바울의 책망이 고린도 교회에 전혀 없기 때문이며, 이 문제에 대한 해답도 발견할 수 없기 때문이다. 그러다 보니 성경의 난제 중 하나로 남아 있기도 한데, 필자가 보기엔 이방 종교나 이단들의 죽은 자들을 위한 세례의 관습을 활용해, 부활의 확실성을 알리고자 한 것이 아닌가 생각된다.

죽은 자들을 위한 세례가 고린도 교회에서 심각히 일어나고 있었다면, 바울이 이 문제에 대해 강하게 책망하지 않았을 리가 없다. 왜냐하면, 구원의 문제와 밀접한 관계가 있기 때문이다. 우리의 구원은 세례의 여부에 있는 것이 아니라, 예수 그리스도를 믿고 믿지 않음에 있는 것이다. 부활 역시 마찬가지다. 세례에 의해 결정되는 것이 아니라, 구원에 의해 결정되는 것이 성도의 부활이다. 이러한 사실을 잘 알고 있는 바울이 죽은 자들을 위한 세례를 고린도 교회에 언급한 것은 고린도 교회가 그러한 일을 했기 때문이 아니라, 부활에 대해 심각한 문제를 가진 이들에게 부활에 대한 확실한 사실을 알려주기 위함이었다고 보인다.

제13장
옥에 있는 영(죽은 자)들에게도 복음이 전파된다?

사람이 죽고 난 뒤에도
복음을 듣고 구원을 받을 수 있을까?

이를 위하여 죽은 자들에게도 복음이 전파되었으니 이는 육체로는 사람처럼 심판을 받으나 영으로는 하나님처럼 살게 하려 함이니라

(벧전 4:6)

정상적으로 신앙의 도리를 배운 그리스도인들은 상상조차 할 수 없는 일이 죽음 후의 구원에 관련한 내용이다.

우리의 구원은 살아 있는 동안 주어진 기회이기 때문에 죽음 뒤엔 일체 구원이 있을 수 없다는 것이 올바른 성경적 가르침이고, 또 그렇게 배워왔고 그렇게 믿고 있다. 그러나 로마 가톨릭이나 불교에서는 죽음 뒤의 새로운 삶에 대해 연옥 교리나 혹은 윤회. 환생 교리를 통해, 비록 인간이 심판을 받게 되지만 살아 있는 사람의 공로에 의해 심판이 면해진다거나, 아니면 윤회나 환생에 의해 다시 짐승이나 인간으로 태어난다고 가르친다.

사람의 구원문제에 있어 성경은 단호하다. 일체의 타협이나 협상의

여지를 두지 않고 있다.

우리 기독교에 있어서는 인간이 살아생전 지은 모든 죄들을 용서받을 수 있는 유일한 길은 오직 예수 그리스도를 영접하는 길밖에 없으며, 그리스도를 영접하지 않은 모든 사람들은 하나님의 심판에 던져져 지옥에 간다고 가르친다. 아주 냉정하면서도 단호한 이 교리가 성경의 핵심 안내며, 기독교의 기독교 됨을 결정하는 교리가 된다.

이러한 구원교리는 살아 있는 동안에는 가능하지만, 죽고 난 뒤에는 그 어떤 기회도 주어지지 않는다. 이런 유일하면서도 독특한 교리로 인해 기독교는 오랜 세월 박해를 받으면서 성장해 왔다.

그리고 이 교리가 우리 기독교의 독선 교리니, 배타적, 혹은 이기적 교리라는 말은 어불성설이다. 이 교리는 누구에게나 열려 있으니 누구든지 그리스도를 영접해 믿을 수 있다. 그리고 이 교리는 상대방의 삶에 악한 영향을 준다거나, 해를 주는 것이 아니다. 오히려 삶을 윤택하게 하고, 인간의 인간 됨에 대한 근본문제를 찾아주고, 인간의 인간 됨의 삶을 안내한다. 그렇기 때문에 독선이니, 이기적이니, 배타적이니 하는 말은 전혀 어울리지 않는다. 오히려 이 교리 때문에 이유 없는 고난과 어려움을 당한 것이 기독교 역사의 현실이다.

구원교리에 대한 도전은 오랜 세월 동안 수많은 사람에게 받아 왔다.

복음을 듣지 못하고 죽은 자들의 구원문제, 어려서 죽은 유아들에 대한 구원문제, 인간이 보기에 아주 선한 삶을 살다 죽은 자들의 구원문제 등. 참으로 풀기 어려운 문제들로 인해 여러 이론이 생겨나고, 인간들의 철학적 기초나 가치관 혹은 윤리적 관점에서의 구원에 대한 해석들이 생겨나곤 했다. 이렇게 자신들의 생각을 성경과 접목한 구원에 대한 여러 해석이 있긴 하지만, 성경에서 가르치는 구원의 도는 너무 간단하고 평범하다. 믿는 자들에게는 하나님의 자녀가 되는 권세를 주고, 믿지 않는 자들은 심판 아래 처한다고 분명히 말하고 있다. 복음을 듣든 듣지 못하든, 유아든 아니든, 선하게 살던 그렇게 살지 못했던 등의 일련의 일들과는 상관없음을 말하고 있다.

그리스도를 믿는 우리들에게 있어 중요한 것은 이 시대에 태어나 내가 복음 듣고 예수 믿음에 감사하며, 복음 안에서 살아가는 것이 우리 그리스도인의 도리지, 구원에 있어 하나님의 주권적인 일에 우리가 시시비비를 논하는 것은 어리석은 일이다. 욥기서에 나타난 빌닷의 말처럼 하나님 보시기에 우리 인생은 벌레 같은 자이며, 구더기 같은 존재[78]이다.

오늘 '죽은 자들에게도 복음이 전파된다'는 말씀을 사람들이 잘못 이해하여, 이 말씀을 가지고 하나님께서는 죽은 자들에게도 구원의 기회를 주신다고 해석을 하는 자들도 있는 것이 사실이다. 앞에서 살펴보았듯이 이방인들이 죽은 자들을 위해 받는 세례들도 살아 있을 때 구원받지 못한 자들을 위해 대신 세례를 받음으로 죽은 자들도 구원을 받을 수 있을 것이라는 믿음에서 행한 일들이다.

---

78) 하물며 벌레인 사람, 구더기인 인생이랴(욥 25:6)

예수님께서도 죽은 뒤 지옥으로 가서 옥에 있는 영들에게 복음을 전했다고 하여, 지옥에 있는 영들에게도 구원의 기쁜 소식을 전함으로 그들에게도 복음을 통해 구원의 길이 있음을 성경은 지지하고 있다는 희망의 메시지를 전하곤 한다. 그러나 이러한 가르침은 전적으로 하나님 혹은 성경의 구원에 대한 가르침과 배치된다.

인간의 구원은 살아 있을 때 결정 나는 것으로 죽어선 구원에 대한 다른 방법이 전혀 없다. 죽음 뒤엔 일체 구원의 길이 주어지지 않는다.

벧전 4:6의 말씀을 가지고 죽은 자들에게도 복음이 전파되어 구원이 결정될 수 있다고 생각한다면, 이는 성경을 아주 오해한 것이고, 본문 말씀의 맥락을 전혀 이해하지 못함으로 나온 해석이다.

사도 베드로는 벧전 4:1부터 구원받은 그리스도인들은 세속적 방탕에 빠져서는 안 된다는 가르침을 주고 있다. 육신의 정욕대로 살지 말고, 하나님의 뜻을 좇아 육체의 남은 때를 살아가야 한다는 귀한 교훈을 주시고 있다. 이방인처럼 육신의 정욕을 따라 살던 것은 지나간 때로 족하니, 더 이상 극한 방탕으로 달음질해서는 안 된다고 말씀하시면서, 이런 귀한 삶을 이방인들은 오히려 이상히 여겨 비방하지만, 결국 심판자에게 직고하여 주님을 영접하지 않고 방탕의 길로 가는 자들이 심판을 받게 될 것임을 알리고 있다. 베드로 사도는 이어 '이를 위하여 죽은 자들에게도 복음이 전파되었으니 이는 육체로는 사람처럼 심판을 받으나 영으로는 하나님처럼 살게 하려 함이니라'는 말씀을 하시면서, 죽은 자들과 복음을 언급하고 있다.

일반적으로 생각하는 것처럼, 여기서 죽은 자들이란 실제로 죽은 자들인 것은 분명하다. 혹자의 생각처럼 '현재는 살아 있지만 영적으로 죽은 자'란 의미로 받아들이기는 곤란하다. 어떻게 생각해 보면 영적으로 죽은 자들에게 복음이 전파되어 그들의 영을 살리는 것으로 보면 별문제 없이 이 내용을 받아들일 수 있어서 많은 분들이 이렇게 생각할지 모르겠지만, 본문에서 말하는 죽은 자들이란 영적으로 죽은 자들이 아니라 실제로 죽은 자들이다. 그렇다면 죽은 자들에게 복음이 전파된다는 말이 사실이고, 이들에게 복음이 전파된다는 것은 죽은 자들에게도 구원의 여지가 있음이 확실한 것이 아니냐 하는 오해를 할 수 있다.

사도 베드로는 그리스도가 없는 이방인의 상태는 방탕의 삶으로, 심판받음을 전제로 하고 있다. 이렇게 심판받아 마땅한 이방인들이지만, 이들이 예수그리스도를 영접하여 하나님의 사람으로 거듭나면, 이방인일 때 행하던 육신의 정욕과 방탕의 삶을 버리고 하나님의 자녀로 살아가는 것을 칭찬하면서, 이제 이방인들 가운데 많은 이들이 주님을 영접하여 하나님의 자녀로 살다가 죽게 되었으나, 이들의 육신은 사람처럼 심판(죽음)을 받았지만, 영으로는 살리심을 받게 되었다는 사실을 말하고 있는 것이다.

본문에서 말하는 '죽은 자들'이란 이방인으로 살다 죽은 자들을 말하며, 이들에게 '복음이 전파되었다'는 것은 복음을 듣지 못한 채 현재 죽어 있는 이방인들에게 복음이 전파되었다는 것이 아니라, 이들이 살아 있을 때 복음이 전파되어 이들이 영으로는 하나님처럼 살게 되었고, 그들의 육신은 모든 사람이 죽는 것처럼 죽었다는 말씀이다.

좀 더 쉽게 설명해 보겠다. 우리도 주님을 모르는 이방인이었다. 우리의 정욕대로, 욕심대로 살아가던 자들이었다. 극한 방탕에 자신을 던지며 살아가던 자들이었다. 그런데 이렇게 살다 죽은 것이 아니라 모월 모시에 우리는 복음을 받아들이게 되었고, 이 복음으로 말미암아 우리는 육신의 정욕대로 살지 않고 절제하며 하나님의 거룩한 뜻대로 살려고 노력하며 살아가다, 주께서 불러 죽게 되었다. 우리의 육체는 땅에서 왔으니 땅으로 돌아가 심판을 받았고, 우리의 영은 하나님처럼 영원히 살게 되는 영광을 누리게 되었다. 이런 우리에 대해 다른 그리스도인이 간증 혹은 이야기하면서, 비록 누구누구는 죽었지만, 그가 이방인으로 있을 때 정말 방탕한 자였으나, 주님 영접하고 주님 앞에 살아가면서 죽어 하나님의 나라로 갔다는 말을 자연스럽게 할 수 있는 것이다.

사도 베드로는 현재 죽어 있는 자들에게 복음이 전파된다는 의도로 이 말씀을 하신 것이 아니라, 이들이 살아 있을 때 복음을 받아들여 현재는 죽었지만, 그들의 영은 하나님처럼 살게 되었다는 말씀을 하신 것이다.

참고로, 벧전 3:19의 말씀인 '저가 또한 영으로 옥에 있는 영들에게 전파하시니라'는 말씀도 옥에 있는 영들에게 복음을 전해 그들에게 구원의 기쁜 소식을 주고자 한 것이 아니다. 여기서 옥에 있는 영들이란 현재 죽은 모든 영들을 이야기한 것이 아니고, 20절에 나타난 것처럼 노아 홍수의 날에 심판받은 영들을 말하고 있다. 이 영들에게 주님께서 무슨 내용을 말씀하셨는지는 우리로서는 알 길이 없지만 이들이 살아 있을 때 주님으로부터 복음을 받은 무리일 가능성도 있다.

여러 추측적 해석들이 많이 나와 있지만, 정확한 것은 알 수 없는 내용이다. 베드로의 경고처럼 성경을 억지로 풀다가 멸망할 수 있으니[79], 이 점에 유의하여 주님의 말씀을 바르게 이해하려고 노력하되, 우리의 힘으로 해결되지 않는 문제들을 억지로 해결하려는 노력은 자제했으면 한다.

79) 또 그 모든 편지에도 이런 일에 관하여 말하였으되 그 중에 알기 어려운 것이 더러 있으니 무식한 자들과 굳세지 못한 자들이 다른 성경과 같이 그것도 억지로 풀다가 스스로 멸망에 이르느니라(벧후 3:16)

제14장
예수를 믿고 나면 죄를 짓지 않는다?

정말 예수를 믿고 나면 죄를 짓지 않을까?

하나님께로서 난 자마다 죄를 짓지 아니하나니 이는 하나님의 씨가 그의 속에 거함이요 저도 범죄치 못하는 것은 하나님께로서 났음이라

(요일 3:9)

많은 그리스도인들은 위의 제목에 대해 인정하지 않을 것이다. 예수를 믿고 나면, 즉 하나님의 자녀가 되고 나면 죄를 짓지 않는다? 절대 그럴 수 없다고 생각할 것이다. 그러나 위의 요일 3:9에 하나님에게서 난 자마다 죄를 짓지 않게 되는데, 이는 하나님의 씨가 그 속에 거하기 때문이라고 말씀하고 있고, 이어 요일 5:18[80)]에 보면 하나님에게서 나신 자가 지키시기 때문에 악한 자가 만지지도 못하고, 범죄하지도 않는다는 말씀을 하고 있다. 그런데 하나님의 백성인 우리 모두가 경험하듯이, 우리는 죄를 짓지 않고 살 수 없음을 고백하면서 날마다 회개하는 마음으로 살아간다. 우리가 잘못된 것은 아닐까? 아니면 우리가 하나님의 백성이 아니어서 죄를 짓고 살아가는 것일까.

---

80) 하나님께로서 난 자마다 범죄치 아니하는 줄을 우리가 아노라 하나님께로서 나신 자가 저를 지키시매 악한 자가 저를 만지지도 못하느니라(요일 5:18)

죄의 문제는 성도로서의 삶을 방해하는 최악의 장애물이다. 거의 모든 정상적인 그리스도인들도 자신의 죄 문제로 갈등하고 고민하며 아파한다. 죄 문제를 해결하기 위해 작정 기도도 하고, 금식도 해보지만 쉽게 해결되지 않는다. 필자는 예전에 술, 담배만 해도 지옥 가는 줄 알았다. 그래서 교회에서 술, 담배 하는 사람이 혹 발견되면 나도 모르게 그들을 정죄하기도 했다.

요한일서를 읽다 보면 뭔가 내용이 이상한 것 같은 느낌을 받는다. 요한 사도의 글 가운데서 횡설수설하는 듯한 인상을 지울 수 없으며, 앞뒤의 말들이 서로 일치되지 않는 것 같은 내용들이 우리를 참으로 당황스럽게 하기도 한다. 요일 1:10[81)]에서는 우리가 범죄하지 않는다 하면 하나님을 거짓말하는 자로 만드는 것이라 하면서 당연히 범죄를 하는 자로 말하고 있고, 요일 3:9, 5:18에서는 하나님에게서 난 자는 절대 죄를 짓지 않는다는 듯한 말을 하고 있기 때문이다.

대학원에서 공부할 때, 모 교수님이 자신은 예수를 믿고 난 뒤 죄를 짓지 않는다는 말을 할 때, 나는 그런 생각이 옳지 않다고 말을 하면서 약간의 논쟁을 한 적이 있다. 지금까지 신앙생활 하면서, 처음으로 들어본 말이었고 성경적으로 옳지 않기 때문이었다. 그런데 이런 분들이 거의 없는 줄 알았는데, 주변에 이렇게 생각하는 분들이 제법 있음을 알고 상당히 놀랐었다. 이들이 근거로 삼는 말씀이 요일 3:9과 5:18의 말씀이었다.

81) 만일 우리가 범죄하지 아니하였다 하면 하나님을 거짓말하는 자로 만드는 것이니 또한 그의 말씀이 우리 속에 있지 아니하니라(요일 1:10)

정말 소원한다, 죄를 짓지 않고 살기를. 하나님 앞에 점도 없이, 흠도 없이 설 수 있으면 정말 좋겠다. 그런데 그렇게 되지 않는다. 구약의 죄는 율법을 어긴 행위에 중점을 두지만, 주님이 오신 뒤 신약에서의 죄는 생각이나 마음으로 짓는 죄까지 죄로 규정한다. 누가 여기서 자유로울 수 있을 것인가?

성철 종정이 열반[82)]하면서 남긴 그의 열반 송을 잠시 보자.

生平欺誑男女群(생평기광 남녀군)

彌天罪業過須彌(미천죄업 과수미)

活陷阿鼻恨萬段(활염아비 한만단)

一輪吐紅掛碧山(일륜토홍 괘벽산)

번역을 해보면 다음과 같다.

내 평생에 남녀 무리를 미친 듯이 속였으니,

그 죄업이 하늘에 미치고 수미산을 넘는구나.

활활 불타는 아비지옥으로 떨어지니 한이 만 갈래나 된다.

한 바퀴 구르는 태양이 서산에 걸려 있구나.

---

82) 불교계에서 사용하는 용어로 타고 있는 불을 바람이 불어와 꺼 버리듯이, 타오르는 번뇌의 불꽃을 지혜로 꺼서 일체의 번뇌나 고뇌가 소멸된 상태. '니르바나(nirvāna)'의 음역어로, 불가(佛家)에서 흔히 수행에 의해 진리를 체득하여 미혹(迷惑)과 집착(執着)을 끊고 일체의 속박에서 해탈(解脫)한 최고의 경지를 이르는 말이다.(다음백과)

호가 퇴옹(退翁)인 성철(性徹, 1912.2.19.-1993.11.4.) 종정은 우리나라 불교계를 대표하는 승려다. '산은 산이요, 물은 물이다'라는 말과 '사탄이여 어서 오시옵소서[83)]'라는 말을 한 사람이다. 그는 장좌불와 8년, 동구불출 10년을 한 사람으로, 일반 범인이 따라가기 힘든 수행의 길을 걸었던 사람이다. 어떻게 보면 죄와는 담을 쌓은 분으로 여겨진다. 그러나 그가 죽을 때 남긴 그의 열반 송은 내적 죄와의 투쟁이 고스란히 남아 있음을 알 수 있다. 너무 많은 남녀 무리를 속여 그 죄가 수미산[84)]을 넘는다고 고백하면서, 그의 결국은 아비규환의 지옥에 가니 한이 만 갈래나 남는다고 하였다.

인간은 결코 죄로부터 자유로울 수 없다. 사람들은 속일 수 있을지 모르나, 하나님은 절대 못 속인다. 하나님으로부터 정죄를 피할 수 있는 사람은 존재하지 않는다. 이 죄 문제는 예수를 믿든, 믿지 않든 누구에게나 동일하게 나타난다.

예수 그리스도를 자신의 구주로 영접한 사람은 원죄로부터의 용서는 영원히 유효하지만, 자범죄의 굴레로부터는 절대 벗어날 수 없으며, 자범죄를 짓지 않고서 살 수 있는 인간은 존재하지 않는다. 성철처럼 세상과 분리되어 깊은 산속에 은거하면서 죄를 짓지 않으며 살려고 아무리 노력해도, 생각이나 마음으로부터 솟아나는 죄는 인간의 힘으로 해결되지 않는다. 생각하기 싫어도 생각나고, 마음먹지 않으려고 해도 마

83) 조선일보(1987.4.23. 7면), 경향신문(1987.4.23. 9면)

84) 중국의 전설적인 산으로 그 높이가 16만 류순인데, 8만은 물에 잠겨 있고, 8만은 밖으로 나와 있는 산이다. 1류순은 약 7km이다.

음속으로 침투해 오는 죄의 압박은 모든 인간이 겪어 가야 할 생의 순환고리다.

주님을 영접하면, 어느 순간은 죄로부터 완전할 수 있을지 모르겠지만, 그 순간은 영원하지가 않다. 말 그대로 어느 순간뿐이다. 그래서 우리에겐 예수 그리스도가 절대 필요하다. 이 죄 문제를 내가 해결하지 않고, 주님이 해결해 주시기 때문이다.

요일 1:10과 요일 3:9, 5:18은 서로 반대되는 말이 아니다. 사도 요한이 이 말씀을 기록하면서, 아무런 일관성 없이 기록한 말씀은 더군다나 아니다. 이 내용들을 자세히 보면, 요일 1:10의 말씀은 불신자, 즉 우리가 예수 그리스도를 구주로 받아들이기 전에 해당하는 말씀이고, 요일 3:9과 5:18은 주님을 구주로 영접한 그리스도인들에게 하신 말씀이다.

요일 1:10의 말씀에 있어, 주님을 그리스도로 받아들이지 않는 자들이 스스로 죄 없다 하면 이는 거짓말하는 것이다. 이들에겐 하나님의 말씀이 없으므로 죄 속에 살아가는 것이다.

그리고 당시 죄 없다, 말하는 무리 들은 요한일서의 기록목적을 참고해 보면 영지주의자들에게 해당되는 말씀이기도 하다. 당시 영지주의자들 중 방종주의적 가치관을 가진 자들은 죄를 지어도 이미 구원받았으니, 그 죄는 죄가 안 된다는 무서운 사상을 갖고 있었다. 이들 역시 그리스도와 상관없는 자들이다.

그렇다면 요일 3:9의 말씀처럼 하나님에게서 난 자는 정말 죄를 짓지 않는다는 말인가? 그렇다. 이 죄는 자범죄를 말하는 것이 아니라, 일차적으로는 원죄적 성격을 말한다. 이는 그리스도를 버리고 떠난 죄를 말하는 것이다. 성령을 통해 예수 그리스도를 구주로 고백한 사람은 절대 주님을 떠날 수 없다. 떠나지지 않는다. 혹 자신의 순간적인 감정으로 고백한 사람들은 배도가 가능할지 모르나, 성령에 의해 주님을 그리스도라 고백한 하나님의 백성은 주님의 도움으로 절대 주님으로부터 떨어지지 않는다. 그리고 설사 자범죄를 지었다 하더라도, 반드시 회개하며, 주님으로부터 용서함을 구한다. 주님의 용서는 무한하다. 어떠한 죄를 지었다 하더라도 주님은 모두 용서하시는 분이시다. 용서받은 죄는 더 이상 죄로 규정하지 않는다. 그래서 하나님에게서 난 자는 범죄치 않는다는 말이 옳은 말씀이 되는 것이다.

요일 5:18의 말씀은 좀 주의해서 살펴봐야 할 부분이 있다. 내용은 다음과 같다.

> 하나님께로서 난 자마다 범죄치 아니하는 줄을 우리가 아노라 하나님께로서 나신 자가 저를 지키시매 악한 자가 저를 만지지도 못하느니라(한글개역)

이 내용만 보면, 우리가 범죄치 않는 이유는 하나님에게서 나신 자가 지켜 주시므로 악한 자가 만지지도 못하기 때문, 즉 범죄치 않도록 하나님에게서 나신 자가 지켜 주시기 때문이라는 말씀으로 해석이 된다. 여기서 하나님에게서 나신 자는 당연히 예수 그리스도를 말씀하시는 것으로 볼 수 있다. 하나님에게서 나신 자이신 예수 그리스도가 하나님의 백성을 지키시기 때문에, 하나님에게서 난 자는 범죄치 않게 된다는 말씀처럼 보인다.

그러나 비록 하나님에게서 난 자라 하더라도 범죄한다는 사실은 누구나 알고 있는 일이다. 우리의 주님이신 예수 그리스도가 우리를 지킨다고 하더라도, 우리는 수많은 죄의 유혹으로 넘어질 때가 많이 있다. 주님이 악한 자, 즉 사탄보다 약해서인가? 절대 그렇지 않음을 우리는 잘 알고 있지 않은가? 그런데 왜 위의 말씀은, 하나님에게서 난 자는 범죄하지 않는다고 하였을까?

비잔틴 계열의 번역본인 다른 성경을 통해 위의 내용을 다시 한번 살펴보자. 영어 킹 제임스 성경이다.

We know that whosoever is born of God sinneth not; but he that is begotten of God keepeth himself, and that wicked one toucheth him not.

번역을 하면 다음과 같다.

우리는 하나님께로서 난 자들이 범죄치 않는다는 것을 안다. 이는(but) 하나님께로서 난 그가 자신을 지키기 때문이다. 그래서 악한 자가 그를 건드리지 못한다.

번역의 차이점을 발견할 수 있을 것이다.

요일 5:18에 있어 '하나님께로서 나신 자'의 번역을, 우리 개역성경에서는 그리스도인 것으로 번역하였고, 영어 킹 제임스 성경에서는 그리스도가 아니라, 그리스도를 통해 구원받은 하나님의 백성들을 지칭하는 것으로 번역하였다.

하나님에게서 나신 자가 저를 지킨다고 하면, 하나님께로 나신 자와 저가 다른 사람이 된다. 그러나 하나님에게서 난 자는 자기 스스로가 지킨다고 하면, 하나님에게서 난 자와 자신은 동일 인물이 되는 것이다.

필자는 요한일서에 나타난 사도 요한의 가르침을 통해 '하나님에게서 난 자는 절대 범죄치 않는 것이 아니라, 수많은 범죄로부터 이기려고 노력하고 애쓰며, 자기 스스로가 범죄에서 벗어나려는 필사적인 노력을 하는 자'라고 이해한다. 그렇게 이해해야 성경의 가르침에서 벗어나지 않는다. 또한 죄와 투쟁하는 성도의 영적 전쟁의 현장에서 전부는 아니더라도 많은 죄에 대항하여 승리하게 되는 자가 하나님의 백성임을 확신한다.

아무리 하나님의 백성이더라도, 성령이 내주하고, 주님이 함께한다 해도, 방심하는 순간 죄의 거대한 물결 속으로 빨려 들어간다. 아브라함이 그랬고, 모세가 그러했으며, 다윗도 그러했다. 수많은 신앙의 선조들이 하나님 앞에 경건하게 살다가도 한순간 넘어지는 범죄의 현장을 우리는 성경을 통해 잘 알고 있다.

하나님의 백성, 즉 하나님에게서 난 자들도 죄악 된 세상과 분리되어 살 순 없다. 죄악 된 세상 안으로 들어가 세상의 소금과 빛이 되어야 하지만, 그러하지 못할 때가 얼마나 많은가? 지금도 경건한 성도들 가운데 이 죄 문제로 인해 눈물짓고 아파하는 분들이 얼마나 많겠는가? "눈물로 내 침상을 적시나이다"라고 참회한 다윗의 아픔을 우리도 얼마나 많이 겪으면서 살고 있는가?

육의 몸을 입고 있는 우리 인생은 아무리 거룩하고 거룩하려고 해도 절대 의로울 수 없다. 자신의 의로움을 절대적으로 주장했던 욥도 하나님의 물음 앞에 처참하게 무너졌다. 오늘날 하나님의 백성 된 우리의 의로움은, 우리가 의로워서 의로워진 것이 아니라, 하나님이 의롭다 하셨기 때문에 의로운 것이다. 이 의로움이 우리가 절대적으로 범죄하지 않게 한다는 말이 아니다.

요일 5:18로 다시 돌아가 보자. '하나님에게서 난 자는 범죄치 않는 줄을 우리가 안다.' 다음에 나오는 영어 단어가 'but'이다. 영어 'but'은 대표적인 의미가 접속사로서 '그러나'이지만, '뿐만 아니라', '그런데' 등의 의미도 가지고 있는 단어이다. 또한 'but'으로 번역한 헬라어 '알라'라는 단어는 '그러나'의 의미도 있지만 '그리고'라는 의미도 가지고 있는 단어이다. 그래서 필자는 'but'의 의미를 '그리고' 혹은 '이는'으로 번역하였다. 같은 의미이다.

NIV 성경을 다시 살펴보자.

We know that anyone born of God does not continue to sin; the one who was born of God keeps him safe, and the evil one cannot harm him.
우리는 하나님께로서 난 자마다 계속해서 죄를 짓지 않음을 안다. 하나님께로서 난 그 사람이 그를 안전하게 지키기 때문이다. 그리고 악한 자가 그를 해롭게 할 수 없다.

좀 더 분명하게 본문의 내용이 나타난다. NIV 번역에 의하면, 하나님에게서 난 그 사람이 자신을 안전하게 지킨다는 것은 절대 예수 그리스도가 되어선 안 된다. '만약 하나님에게서 난 그 사람'을 예수 그리스도로 인정하게 되면, 예수 그리스도도 우리와 같은 사람이 되는 것이다. 왜냐하면, 앞 문장에 '하나님에게서 난 자마다'에서 '하나님에게서 난 자'는 그리스도를 통해 중생한 모든 하나님의 백성을 말하기 때문이다. 그리고 뒤 문장의 '하나님에게서 난 그 사람'을 예수 그리스도로 보게 되면, 그리스도도 자신을 안전하게 지켜야 한다는 말이 되는데, 이는 있을 수 없는 일이다. 주님은 자기 스스로가 안전케 되기 위해 노력할 필요가 전혀 없는 분이다.

주님은 하나님의 본체로 안전 자체가 그분에게 어울리는 단어가 아니다. 그분은 영원히 안전하시며, 그 어느 것으로부터도 위협을 받지 않는 분이시다. 특히 죄 문제에 있어서는 더욱더 그렇다. 주님은 죄의 위협으로부터 어려움을 당하는 자신의 백성들이 안전할 수 있도록 도움을 주고 인도하시는 분이시지, 스스로 위협을 받는 분이 절대 아니시다.

우리가 예수 그리스도를 믿음으로 말미암아 죄로부터 해방된 백성임은 분명하지만, 그렇다고 죄를 짓지 않고 살 수 있다는 말이 아니다. 하나님의 백성 된 자들은 수없이 다가오는 죄와 처절하게 싸우며 이겨가는 자들이다. 이렇게 숭고한 투쟁은 우리가 주님을 만날 때 종료될 것이다. 하나님의 백성들은 죄를 짓지 않는다는 거짓말은 안 했으면 좋겠다.

일부의 사본들은 뒤의 '하나님께로서 난 자'를 그리스도로 번역하고 있다. 그리스도로 번역을 하게 되면, 하나님께로서 난 자의 범죄는 배도에 해당되는 죄를 의미한다고 볼 수 있다. 참된 하나님의 자녀는 배도라는 무서운 죄는 짓지 않기 때문이다. 배도에 해당하지 않는 죄를 사도 요한은 사망에 이르지 않는 죄라 하였다.

그리고 '악한 자가 만지지도 못한다'는 '악한 자에게 속하게 하지 못한다'는 의미로도 해석이 가능한 말씀이다. 이는 아무리 악한 자, 즉 사탄이라도 하나님의 백성을 절대 자신에게 속하게 할 수 없다는 뜻으로서, 구원의 확신에 대한 보장을 주는 말씀이다.

제15장
왜 예수님의 이름으로 기도하는가?

그냥 묵상하거나
하나님의 이름으로는 안 되는가?

교회 다니면서 가장 많이 듣는 내용 중 하나가 기도에 관한 내용이 될 것이다.

기도하는 성도, 기도하는 성도의 자녀, 기도하는 성도의 교회, 기도하는 성도의 나라는 망하지 않는다는 말들을 무수히 들어 왔을 것이다. 성도의 성도 됨은 기도가 그 중심에 들어 있다. 하나님의 백성 된 성도로서 기도하지 않는 사람이 없으며, 또 기도하지 않는 성도도 없다.

기도는 하나님이 우리에게 주신 귀한 선물이자 특권이다. 하나님의 백성 된 자만이 하나님께 기도할 수 있고, 하나님께서는 자신의 백성들이 기도할 때 그 기도를 들으시며 응답하신다.

성도가 기도하지 않고 살아가는 것은 기적과 같은 일이다. 기도는 우리 행함의 시작이며, 진행이고, 결과로 마무리된다. 기도로 하루를 시작하고, 기도로 하루를 진행하며, 기도로 하루를 마감한다. 기도는 정말 좋은 것이다.

교회 성도님들에게 다음과 같은 질문을 던져 보았다. "왜 우리가 기도를 마무리할 때 '예수님의 이름으로, 혹은 예수 그리스도의 이름으로 기도합니다'라고 합니까?" 당연히 모든 성도들이 다 알고 있을 것으로 기대했다. 그런데 이런 기대는 곧 실망으로 돌아왔는데, 대부분의 성도들이 왜 예수님의 이름으로 기도하는지를 잘 모르고 있었기 때문이다. 기도의 마무리를 알리기 위해, 아멘 하도록 하기 위해, 기도의 통일을 위해, 예수님이 우리의 모든 죄를 다 용서하셨기 때문에, 혹은 예수님이 하나님이기 때문에, 우리를 구원했기 때문에 등등 다양한 대답들이 나오곤 했다.

사실 성경을 잘 모를 때 본인도 이 문제에 대해 의문을 가지고 있었다. 왜 모두가 기도를 마무리할 때 '예수님의 이름으로 기도합니다'라고 할까? 그 해답은 성경에 정확히 나와 있었다. 요한복음 14장과 16장에 나와 있다. 요 14:13-14, 요 16:24이 왜 우리가 예수님의 이름으로 기도해야 하는지에 대한 주님의 대답이다.

> 너희가 내 이름으로 무엇을 구하든지 내가 시행하리 이는 아버지로 하여금 아들을 인하여 영광을 얻으시게 하려 함이라
>
> (요 14:13)

> 내 이름으로 무엇이든지 내게 구하면 내가 시행하리라
>
> (요 14:14)

> 지금까지는 너희가 내 이름으로 아무것도 구하지 아니하였으나 구하라

그리하면 받으리니 너희 기쁨이 충만하리라

(요 16:24)

예수님께서 직접 자신의 이름으로 구하라고 말씀하셨기 때문이다. 요 14:13, 14에서는 예수님의 이름으로 기도하면 반드시 시행하실 것이라 하셨고, 요 16:24에서는 지금까지 너희가 내 이름으로 아무것도 구하지 아니하였으나, 이제는 구하라, 즉 나의 이름으로 구하라, 그리하면 받을 것이라 하셨다.

우리가 예수님의 이름으로 기도하는 것은 주님이 그렇게 기도하라 말씀하셨기 때문이다.

기도를 마무리하시는 분들 가운데, 어떤 이는 '예수님의 이름으로 기도 드립니다.'라고 하기도 하며, 혹자는 '예수 그리스도의 이름으로 기도 드립니다'라고 하기도 한다.

본질적 내용은 같으나, 그 의미에 있어서는 상당한 차이가 있다. 예수란 이름의 뜻은 '우리를 죄에서 구원할 자'란 의미이고, 그리스도란 '우리를 죄에서 구원한 자' 즉 메시아라는 의미를 가진 말이다. 예수는 단순한 이름에 불과하지만, 그리스도란 기름 부음을 받은 자로서 우리를 죄에서 구원한 자라는 신적 의미를 내포하고 있는 칭호적인 말이다.

예수님께서 제자들에게 '지금까지는 내 이름으로 구하지 않았으나 이제부터 내 이름으로 구하라'고 하신 것은 단지 예수란 이름만을 의미하는 것이 아니라, 우리를 모든 죄에서 구원할 유일한 그리스도이기 때문에 자신을 믿고 구하라는 의도로 말씀하신 것이다. 사도들도 복음을 전할 때 예수를 전한 것이 아니라, 예수가 그리스도란 사실을 증거했다.[85)]

우리가 용어 사용에 있어, 모두가 알기 때문에 그냥 넘어가는 경우가 많이 있지만, 좀 더 성경적으로 다가서는 것이 옳지 않은가 생각해 본다.

'예수님의 이름으로 기도 드립니다'라는 의미는, 우리를 죄에서 구원할 자의 이름으로 기도한다는 의미가 된다. 그러나 기도하는 성도 중 어느 누구도 이런 의미로 기도하는 것이 아니라, 우리를 죄에서 구원하신 예수님으로 믿고 기도하는 것이다.

예수님은 우리를 죄로부터 구원하기 위해 이 땅에 오셨고, 이제는 우리를 죄에서 구원한 그리스도가 되어 하나님의 나라에 가신 분이시다. 그러므로 예수님의 이름으로 기도드린다는 말도 잘못된 것은 아니지만, 좀 더 성경적으로 다가간다면, 예수 그리스도의 이름으로 기도드린다는 말이 더 성경적으로 가깝다. 왜냐하면, 예수 그리스도의 이름으로 기도드린다는 뜻은 우리를 죄로부터 구원할 자이신 그분(예수)이 우리의 죄를 모두 사하신 자, 우리를 구원한 자(그리스도)로 이제 계시기 때문이다.

---

85) 사울은 힘을 더 얻어 예수를 그리스도라 증명하여 다메섹에 사는 유대인들을 굴복시키니라(행 9:22)
실라와 디모데가 마게도냐로서 내려오매 바울이 하나님의 말씀에 붙잡혀 유대인들에게 예수는 그리스도라 밝히 증거하니(행 18:5)

어떤 분들은 예수님의 이름으로 기도하면 안 된다고 하면서 강력히 예수 그리스도의 이름으로 기도해야 한다는 주장을 하기도 하며, 더 나아가서 예수님의 이름으로 기도하면 구원받지 못한 백성이라는 막말까지 서슴지 않고 하는 모습을 본다. 주님에 대한 지나친 열정에서 나타난 모습이라 이해는 되지만, 그렇다고 이 문제를 구원문제로까지 연결하는 행사는 전혀 옳지 못하다. '예수님의 이름으로' 기도하든, 혹은 '예수 그리스도의 이름'으로 기도하든 아무런 문제가 되지 않는다. 그러나 예수님과 예수 그리스도를 올바르게 이해하고 기도하면 좋을 것 같다.

'복(福)'과 '축복(祝福)도 다른 개념이다. 복은 복 그 자체로 존재하는 것이고, 축복은 누군가가 복을 줄 수 있는 다른 어떤 분에게 부탁을 하는 것이다. 축복이란 한자는 '빌 축(祝)'에 '복 복(福)'자를 사용하여, 누군가에게 복을 비는 것을 축복이라 한다.

하나님은 복의 근원이요, 복 그 자체이지, 그 누군가에게 복을 빌어 축복을 하시는 분은 아니다. 그러므로 우리 사람은 다른 분에게 축복해 달라는 기도를 할 수 있지만, 하나님은 축복을 위해 기도하는 분이 아니시고, 복을 주시는 분이시다. 물론 성자인 예수님이 성부인 하나님께 기도할 때 우리를 위해 축복기도를 할 순 있지만, 본질적으로 하나님이신 분에게 우리를 향해 축복해 달라는 기도는 모순이 된다.

기도하다 보면 우리는 우리도 모르게 '하나님 우리 교회에 복을 주옵소서'라고 하기보다 '우리 교회에 축복 하옵소서'라는 기도가 저절로 나온다. 그만큼 입에 붙었기 때문이고, 습관적으로 그렇게 기도해 왔기 때문이다. '하나님 누구누구를 축복해 주옵소서'는 엄밀히 말하면 틀린 말이다. '하나님 누구누구에게 복을 주옵소서'라고 해야 옳다. 누구나 본질적 내용은 알고 있으므로 큰 문제가 될 성질은 아니지만, 그래도 알고는 있어야 하지 않겠는가? 알고 있으면 고치려 노력하지만, 전혀 모르고 있으면 고치지를 못한다.

제16장
타락하면 구원을 받지 못한다?

예수 믿다가 타락하면
정말 구원의 길이 없어지는 것일까?

한번 비췸을 얻고 하늘의 은사를 맛보고 성령에 참예한 바 되고 / 하나님의 선한 말씀과 내세의 능력을 맛보고 / 타락한 자들은 다시 새롭게 하여 회개케 할 수 없나니 이는 자기가 하나님의 아들을 다시 십자가에 못 박아 현저히 욕을 보임이라

(히 6:4-6)

구원에 관련된 내용을 이야기한다는 것은 참으로 어려운 일이다. 성경에 나타난 구원에 관한 많은 내용들이 서로 상충되는 듯한 인상을 주는 곳이 한두 곳이 아니기 때문이다. 그러다 보니 저마다 성경을 해석하는 관점의 차이로, 구원에 대해 양분화되어 있다. 필자도 이 문제로 오랜 세월 동안 고민하고 또 고민해 왔다.

성경을 올바로 알지 못하던 때, 구원에 대한 목사님의 말씀을 들으면서 참 혼란스러운 적이 많이 있었다. 어떤 경우엔 믿음으로 구원을 받는다는 말씀을 하는 것 같으면서도, 또 다른 경우엔 말씀대로 살아야 구원을 받는다는 인상을 받은 적이 한두 번이 아니기 때문이다.

처음 신앙생활을 하면서는 믿음으로 구원을 받는 것이 아니라 반드시 행함이 따라와야 구원을 받을 수 있다는 느낌으로 교회를 다녔다. 예수님을 믿으면서 믿음에 따른 올바른 행위가 나오지 않으면 구원을 받을 수 없는 것 같았다. 이는 필자뿐 아니라 처음 신앙생활 하는 사람들이 공통적으로 가지는 인식일 것이다.

유교와 불교 문화권에 속해 있었던 우리의 성정은 행위 중심적인 문화에 이미 익숙해 있었기 때문에, 예수를 믿더라도 믿음에서 나오는 올바른 행위가 없으면 당연히 구원을 받을 수 없다는 결론에 도달하게 된다. 그리고 교회에서도 구원에 대해 성경적으로 올바로 지도하는 교회들이 많이 없다 보니, 성경의 가르침보다는 시대의 가르침에 따라 구원을 판단하는 어리석은 생각을 하게 된 것이다. 앞에서 잠시 언급했듯이, 필자는 예수 믿으면서 술 먹고 담배 피우면 구원을 받지 못하는 줄 알았다. 그래서 그들에 대한 정죄도 당연한 듯이 했었다.

신학교에 다니며 성경에 대한 눈이 조금 열리면서 이 문제에 대해 좀 더 성경적으로 다가갔으나, 오히려 혼란만 더욱더 가중되는 것 같았다. 알미니안주의를 배우고, 칼빈주의를 배웠으나, 이 둘 사이의 극한 대립과 반목은 신앙적 유익보다는 회의를 가지기에 충분한 문제들이었다.

성경은 구원에 대해, 아니 하나님은 구원에 대해 어떻게 계획하셨을까? 어떤 방법으로 우리 인간들을 구원하기로 하셨을까? 정말 믿음만 있으면 구원을 받는 것일까? 아니면 믿음에 따른 행함이 있어야 할까? 참으로 난감한 문제다. 지금도 이 문제로 계속 다투고 있으니, 주님이 오시기 전까지 이 문제는 해결이 날 것 같지 않다.

성경을 읽고 또 읽으며, 여기에 관련된 다양한 서적들을 접하고, 연구하고 또 연구하며 평생을 걸쳐 연구해도 다 알 수 없는 말씀이 하나님의 말씀임을 정말 실감한다.

사람들이 아무리 싸우고 논쟁을 해도, 구원에 관한 하나님의 방법과 원리는 절대 상충되지 않으며, 하나님은 한결같이 자기 방법대로 자기 백성들을 구원해 가신다.

창조 후 범죄한 인간을 위해 구원의 길을 만드신 하나님은 지금도 변함없이 자기의 뜻을 이루어 가고 계신다. 하나님께서는 구원에 관한한 절대적 자기 권한으로 두셨다. 인간이 개입할 여지를 전혀 두지 않으셨다. 구원의 시작부터 진행, 그 결과까지 모두 하나님의 손에 두셨다. 구원에 있어서 인간이 할 일이란 아무것도 없다. 왜냐하면, 인간의 그 어떠한 행위와 대가로도 구원과 맞바꿀 수 없기 때문이다. 하늘 위 하늘이라도 하나님 앞에서는 깨끗할 수 없으며, 하나님 앞에서의 인간의 의는 한낱 더러운 걸레에 불과하다. 아무리 의로운 인간의 행위라 하더라도, 더러움으로 얼룩진 자신의 죄를 덮을 수 없다. 그래서 하나님은 전 시대, 전 인류에게 시공간을 초월한 구원의 놀라운 은총으로 믿음이라는 선물을 주셨다.

믿음은 사람에 따라, 환경에 따라, 시대의 여건에 따라, 선악의 분별 여부에 따라, 나라마다, 조건마다, 그 어떠한 경우에도 변하거나 달라지지 않는다.

그러나 행위는 다르다. 사람의 조건에 따라, 같은 행위라도 죄가 될 수도 있고 안 될 수도 있다. 시대의 변천에 따라 행위에 대한 선과 악의 규정이 달라진다. 각각의 나라마다 선악을 구별하는 규정이 다르다. 하나님께서 이런 가변적 행위를 통해 인간을 구원할 수 없다. 가변적 행위를 첨가해 구원의 조건으로 삼게 되면, 하나님의 구원의 방법은 사람에 따라, 시대에 따라, 환경이나 여건에 따라 계속 바뀌어야만 한다. 그렇게 되면 하나님은 신실한 하나님이 되지 못하고, 거짓말하는 하나님, 공의가 없는 하나님, 신실치 못한 하나님, 인간에 따라 달라지는 하나님으로 전락한다. 이런 하나님이라면, 우리는 그분을 신뢰하고 따라가기 어렵다.

행위 구원을 주장하는 분들에게 미소를 머금게 하는 말씀이 히브리서 6:4-6의 말씀이다.

4 한번 비췸을 얻고 하늘의 은사를 맛보고 성령에 참예한 바 되고
5 하나님의 선한 말씀과 내세의 능력을 맛보고
6 타락한 자들은 다시 새롭게 하여 회개케 할 수 없나니 이는 자기가 하나님의 아들을 다시 십자가에 못 박아 현저히 욕을 보임이라

4-5절은 분명히 예수 그리스도를 자신의 구주로 영접한 사람처럼 보이는 것은 당연하다. 예수 그리스도를 영접치 않고 어떻게 하늘의 은사를 맛보고, 성령에 참여한 바 되고, 하나님의 선한 말씀과 내세의 능

력을 맛볼 수가 있겠는가? 그런데 이런 자들이 타락하면 전혀 구원을 받을 수 없다는 듯한 표현을 6절에서 하고 있다.

이 본문에 대한 전체적인 맥락은 히 5:12부터 봐야 하지만, 그 부분은 독자들에게 맡기고, 간단히 위의 내용만 살펴보자. 만약 당신이 이 내용을 가지고 행위가 있어야 구원을 받을 수 있다고 생각한다면, 다음과 같은 질문에 당신은 어떻게 답을 할 것인가?

질문: 사람이 어떻게 구원을 얻습니까?
당신의 답: 예수를 믿어야 합니다.
질문: 예수만 믿으면 됩니까?
당신의 답: 아닙니다. 예수 믿는 사람답게 살아야 구원 받습니다.(이 답 속에도 사실 모순이 들어 있다. 예수 믿는 사람답게 사는 것이 무엇인지 과연 전 시대를 걸쳐 설명할 수 있겠는가?)
질문: 만약 예수 믿다가 타락하면 어떻게 됩니까?
당신의 답: 당연히 구원을 받을 수 없습니다.
질문: 그렇다면, 예수 믿다 타락 후 다시 주님께 회개하고 돌아온다면 구원을 받을 수 있습니까?
당신의 답: 회개하면 당연히 용서받을 수 있답니다.

간단히 여기까지만 살펴보자. 아무리 행위 구원을 주장하는 사람이라 하더라도, 자신의 잘못을 회개하고 돌아온 사람들에게까지 구원을 받지 못한다고는 말하지 않을 것이다.

만약 그렇게 생각한다면, 히 6:4-6을 가지고 행위 구원을 주장해서는 안 될 것이다. 6절 말씀을 살펴보라.

타락한 자들은 다시 새롭게 하여 회개케 할 수 없나니 이는 자기가 하나님의 아들을 다시 십자가에 못 박아 현저히 욕을 보임이라

(히 6:6)

신령한 은혜를 체험하고 타락한 자들에 대해 어떻게 말하고 있는가? 다시 새롭게 하여 회개케 할 수 없다고 하지 않았는가? 이는 한번 타락하면, 전혀 회개의 기회가 없다는 말씀이며, 구원의 길이 열려 있지 않다는 말씀이다.

위, 당신의 답 가운데, 비록 타락했지만 회개하면 당연히 용서받을 수 있다고 말하고 있다. 이렇게 말한 당신은 히 6:6의 말씀을 무시한 것이 된다.

은혜를 체험하고 타락이 되면, 다시 새롭게 하여 회개케 할 수 없다고 하지 않았는가? 정말 위의 말씀대로라면, 예수 믿은 후 일체의 타락한 행동을 해서는 안 된다. 단 한 번도 타락하면 안 된다. 왜냐하면, 회개가 안 되기 때문이다. 회개가 안 되면 구원을 받지 못한다. 사실이 이러하다면, 과연 구원받을 사람이 얼마나 되겠는가? 그리고 이 말에 정상적인 그리스도인들이 동의할 사람이 있겠는가? 행위 구원을 주장하든 믿음 구원을 주장하든, 아무리 타락한 인간이라 하더라도, 설사 그것이 수차례 반복이 되더라도 그의 잘못을 진심으로 깨닫고 돌아온

다면, 용서받을 수 있고, 구원받을 수 있다고 말할 것이다.

만약 타락 후 전혀 회개를 할 수 없도록 한다면, 이는 예수님의 용서와 완전히 대치된다. 예수님은 일곱 번씩 일흔 번 잘못 하고 용서를 구해도 용서하라 하셨다. 그런데 왜 히브리서 기자는 예수님과 다른 듯한 말씀을 하고 있는 것일까?

히 6:6의 원문에는 '만약'이라는 단어가 들어있다. '만약'이란 단어는 그 어떤 것을 가정한다는 것이지, 실제로 그렇다는 말씀이 아니다. 그리고 '타락'으로 번역된 단어의 원 의미도, '타락'이 아니라 '배반'이나 '배도'를 의미한다. 원문의 의미를 살려 이 부분을 다시 번역해 보면 다음과 같다.

4 한번 비췸을 얻고 하늘의 은사를 맛보고 성령에 참예한 바 되고
5 하나님의 선한 말씀과 내세의 능력을 맛보고
6 (만약) 배반(배도)한다면 다시 새롭게 하여 회개케 할 수 없나니 이는 자기가 하나님의 아들을 다시 십자가에 못 박아 현저히 욕을 보임이라

뭔가 다른 느낌이 오지 않는가? '만약'이라는 단어를 넣어보고, '타락'이라는 단어 대신 '배도'나 '배반'이라는 단어로 대치해 보니, 뭔가 이해가 조금 쉽게 되는 느낌이 들지 않는가?

성경은 구원 받을 수 없는 자들의 종류를 다음과 같이 나누고 있다.

첫째는 예수를 믿지 않는 자요
둘째는 성령을 훼방하는 자요
셋째는 배도하는 자들이다.

여기서 성령을 훼방하는 죄는 예수를 믿지 않는 죄와 같은 의미이기 때문에 어렵지 않게 해결할 수 있으나, 배도에 대해서는 좀 문제가 될 수 있다. 왜냐하면, 배도자들이 정말 예수를 자신의 구주로 영접했는지 아닌지에 대한 구별을 우리 인간으로서는 할 수 없기 때문이다.

그러나 배도자들에게는 구원이 없음을 성경은 분명히 경고하고 있다. 배도자들은 일체의 회개가 안 된다. 자신이 예수 믿는 것 그 자체가 잘못되었다고 확신하기 때문에, 회개를 할 이유나 필요성을 전혀 느끼지 않기 때문이다. 차라리 세상적으로 타락한다면 회개라도 하겠지만, 배도자들은 그렇지 않다. 히브리서 기자는 이러한 사실을 잘 알기 때문에, 이런 자들에 대해서는 다시 새롭게 하여 회개케 할 수 없고, 그 이유는 하나님의 아들을 다시 십자가에 못 박아 현저히 욕을 보이기 때문이라 하였다. 여건이 허락된다면, 성경에 나타나는 배도자들에 대해 연구해 보라. 그들 대부분이 이단에 연루된 거짓 교사들임을 알게 될 것이다.

그렇다고 문제는 여기서 종결되지 않는다. 왜냐하면, 진정으로 예수 그리스도를 영접한 사람에게 있어 배도가 가능한가에 대한 문제가 남기 때문이다.

필자는 예수 그리스도를 자신의 구주로 바르게 영접한 사람은 일체의 배도가 되지 않는다고 본다. 왜냐하면, 주님이 자기 양을 반드시 지키고 악한 사탄에게 빼앗기지 않겠다고 분명히 말씀하셨기 때문이다. 그리고 어떻게 주님의 양들을 찾았는가? 그의 목숨을 대가로 주고 찾은 양이다. 이런 양을 어떻게 버리거나 빼앗기겠는가?

성경은 하나님의 백성을 하나님의 사랑(구원)으로부터 빼앗을 수 있는 것은 아무것도 없다고 하였다. 환난이나 곤고나 핍박이나 기근이나 적신이나 위험이나 칼도, 사망도, 천사도, 권세자들도, 현재일도, 장래일도, 그 어떠한 피조물이라도 그리스도 예수 안에 있는 하나님의 사랑(구원)으로부터 끊을 수 없다[86)]고 단호히 선포한다.

그래서 히브리서 기자는 6절 앞에 '만약'이라는 단어를 넣은 것이다. 단정이나 확신이 아니라 그럴 가능성에 대해 말하고 있다. 이러한 표현을 우리도 자주 사용하지 않는가? 하나님 앞에서의 올바른 삶을 강조하기 위해 '만약 당신이 …한다면, 하나님께서 벌주실 것이다'와 같은 표현들 말이다.

'타락'이란 단어가 자칫 행동상의 문제로 오해할 소지는 있으나, 원의미를 잘 파악해서, 이 본문을 이용해 행위 구원을 주장하는 일이 없도록 하자. 인간의 그 어떠한 행위로도 하나님의 구원에 동참할 수 없음을 다시 한번 새겨보며, 우리에게 은혜로 주신 구원의 은총에 감사하

86) 롬 8:35-39의 말씀이다.

며 사는 주의 백성들이 되도록 하자.

생각해 보라. 만약 행위 구원이 성경적이라 주장하게 되면, 예수님이 이 땅에 오신 것이 복이겠는가 저주이겠는가? 당연히 저주다. 차라리 오지 않고 인간의 행위에 맡겨 두었더라면, 구원받을 사람이 더 많지 않겠는가? 예수를 몰라도, 복음을 몰라도 다 구원의 가능성이 있으니까 말이다. 그러나 인간의 행위로는 절대 하나님의 나라에 갈 수 없으니, 예수님이 이 땅에 오신 것이다. 그리고 예수님을 믿음으로 구원의 거룩한 은총을 입게 된 것이다.

제17장
죽도록 충성하라

정말 충성에 대한 말씀일까?

네가 장차 받을 고난을 두려워 말라 볼찌어다 마귀가 장차 너희 가운데서 몇 사람을 옥에 던져 시험을 받게 하리니 너희가 십 일 동안 환난을 받으리라 네가 죽도록 충성하라 그리하면 내가 생명의 면류관을 네게 주리라

(계 2:10)

하나님 앞에 죽을 때까지 충성하다 주님께로 간다면, 하나님의 자녀로서 더 이상의 기쁨은 없을 것이다. 정말 죽도록 충성하고 싶다. 그러나 잘 안 된다. 모든 하나님의 백성들의 간절한 소망이요, 열망하는 마음일 것이다.

요한계시록 2장, 3장에는 소아시아(현재의 터키 지역)에 있는 일곱 교회에 대한 주님의 말씀이 나온다. 일곱 교회 중 대부분이 칭찬과 책망을 동시에 받았지만, 서머나와 빌라델비아 교회는 칭찬만 받은 교회며, 라오디게아 교회는 책망만 받은 교회다. 주님께서 일곱 교회에 대한 편지의 글을 전하시면서, 각 교회의 형편과 사정에 맞게 나타나셨

다. 그리고 그에 알맞은 귀한 말씀들을 전하셨다.

"죽도록 충성하라." 너무 많이 들어 귀에 익은 말씀이며, 목회자로서는 수도 없이 전한 말씀이다. '죽도록 충성하라'는 '충성하다 죽으라'는 말씀이다. 아주 냉정하면서도 어쩌면 무서우리만큼 잔인한 말처럼 들리기도 한다. 그러나 우리 주님은 우리에게 죽을 때까지 충성할 것을 요구하고 있다. 그리고 주님의 백성은 이 말씀을 당연히 받아야 한다. 우리의 충성 뒤에 주실 상급은 이 땅에서의 그 무엇과도 비교할 수 없기 때문이다. 그런데 이 말씀을 서머나 교회에 적용해선 안 된다.

계 2:10 말씀은 일곱 교회 중 두 번째 교회인 서머나 교회에 주신 말씀이다. 서머나 교회는 환난과 궁핍 가운데 있는 교회였다(계 2:9). 핍박과 박해의 중심에 있던 교회가 서머나 교회였다.

당시 로마는 기독교에 대한 탄압을 가중시키면서 성도들에게 황제숭배를 강제하고, 황제 숭배를 하지 않는 성도들을 무자비하게 핍박했다. 로마의 식민지였던 서머나 지역도 이를 피해갈 수 없었다.

당시 서머나 지역은 로마에 상당히 우호적이었고, 로마의 정책을 잘 따른 대표적인 지역으로 알려져 있다. A.D 26년경 로마가 티베리우스 신전을 세우기 위해 11개 도시를 놓고 심사를 해 가장 충성스러운 도시를 뽑아 신전을 세웠는데, 그 도시가 서머나였다.[87] 로마에서의 황제

87) http://cafe.daum.net/J919/FIcH/15?q

숭배가 강제되자, 서머나 지역은 이 일에 적극적으로 협력하여 소아시아 지역에서 최초로 황제 숭배를 도입하고 이를 강요하였다.

서머나 지역은 노동자(상인)들의 조합인 길드 조직이 활성화되어 있는 지역이었고, 이 길드를 통해 경제생활을 유지할 수 있도록 했다. 경제활동을 하는 대부분의 사람들은 길드에 가입했고, 길드에 가입하지 않으면 경제활동이 어려워 생계에 막대한 영향을 받곤 했다. 서머나 지역에 로마 황제 숭배가 적극적으로 시행되자, 서머나 지역은 이 일에 적극 협력하였고, 그 대가로 로마로부터 많은 혜택을 받았다.

서머나 지역은 황제 숭배를 하는 자들에게 황제 숭배를 한다는 표를 주어 황제 숭배에 대한 충성심을 증거하였는데, 이 표가 없는 자들에게는 경제활동을 할 수 없도록, 즉 물건을 사거나 팔 수 없도록 하였다. 그리고 황제숭배 표를 만들어 표 없이는 경제활동의 중심인 길드라는 조직에 일체 가입을 할 수 없게 만들었다. 길드라는 상인 연합회는 그리스도인이라면 절대 가입해서는 안 되는 조직이었는데, 이는 우상을 섬기는 대표적 연합회였기 때문이다.

이러한 서머나 지역에서는 황제 숭배를 했다는 표가 없으면 생계에 막대한 타격을 입게 되기 때문에 살기 위해선 반드시 황제 숭배를 했다는 표가 있어야만 했고, 살기 위해선 이 표를 받아 황제 숭배를 해야만 했다.

황제 숭배 자체가 사실 서머나 지역 사람들에겐 큰 문제가 되지 않았다. 그냥 숭배하면 되기 때문이다. 그리고 황제 숭배를 하면서 받는 혜택도 있었기 때문에, 오히려 황제 숭배를 권장하거나 적극적으로 참여하는 경우가 대부분이었다. 이런 지역에 서머나 교회가 존재한 것이다.

우리 기독교의 핵심적인 가르침은 예수 그리스도 외엔 구원의 길이 일체 없다는 사실이다. 하나님 외에 모든 신은 우상이기 때문에 일체 다른 신들을 섬길 수 없고, 그 우상 앞에 절하지 않는 것이 중심적인 가르침이다. 예수 외에 다른 구원의 길이 있다고 가르친다면, 이는 이단이다. 그리고 다른 신들 앞에 제사하고, 절하고, 혹은 무당을 찾아 다른 신들의 이름으로 길흉사를 알려고 하는 것도 올바른 기독교인이 아니다.

서머나 지역에서 예수를 믿는 그리스도인들은 이런 사실을 잘 알고 있었기 때문에, 서머나 교회 교인들은 당연히 황제 숭배를 거부했고, 그 결과 경제활동을 할 수 있는 표도 일체 받을 수 없었다. 아니 받아선 안 되는 것이었다. 황제 숭배가 강제성을 띠지 않을 때는 그런대로 생계엔 위협이 안 되었지만, 황제 숭배가 강요되고 황제 숭배를 하지 않으면 다양한 불이익이 주어지면서 결국 생존문제까지 위협을 받게 되었다. 그리스도인들에겐 사형선고와 같은 것이었다.

서머나 교회는 이러한 위기와 박해의 순간에도 그들의 믿음을 지켜나가며 승리한 교회였다.

계 2:9에 서머나 교회의 환난과 궁핍에 대한 언급이 나오는데, 이 환난과 궁핍은 목숨을 담보로 하는 무서운 박해를 말한다. '궁핍'이라는 단어는 극한 가난 상태, 더 이상의 생계를 이어가기 힘든 상태를 말하는 단어이다. '궁핍'은 원어로 '프토케이아'라는 단어를 사용했는데, 이 단어의 의미는 '거지'라는 뜻이다.

서머나 교회는 죽음을 담보로 해서 충성을 다한 교회다. 더 이상의 충성을 요구할 수 없는 교회가 서머나 교회다. 그런데 왜 주님은 이러한 교회에 '죽도록 충성하라'는 말씀을 하셨을까? 더 이상의 충성을 할 수도 없는 교회, 죽음으로 그들의 충성을 보여준 교회인데, 그리고 많은 성도들이 환난과 궁핍으로 말미암아 죽음 직전에 놓여있는 상황인데 말이다.

'죽도록 충성하라'의 원문상의 의미는 '죽을 때까지 믿음을 지키라'는 의미다. 주님이 여기서 말하는 '충성'이란 그 어떤 봉사나 헌신을 요구하는 것이 아니라, '너희들이 아무리 어려움을 당하고, 박해를 받고, 먹고 살기 어려워도, 설사 목숨을 잃는다 해도, 끝까지 믿음을 지켜 순교하라'는 의미이다.

성도에게 있어 최고의 충성이 바로 순교의 모습이 아니겠는가? 믿음생활이 아무리 힘들고 어려워도 끝까지 믿음을 지켜 주님 앞에서 살다가 순교의 거룩한 영광에 참여할 수 있다면, 이 이상의 아름다운 충성이 어디 있을까?

주님은 이런 서머나 교회를 책망할 수 없었다. 아니 책망할 것이 없었다. 이들은 목숨으로 그들의 믿음을 지킨 아름다운 그리스도인들이었다.

네가 장차 받을 고난을 두려워 말라 볼지어다 마귀가 장차 너희 가운데서 몇 사람을 옥에 던져 시험을 받게 하리니 너희가 십 일 동안 환난을 받으리라 네가 죽을 때까지 믿음을 지키라(신실하라) 그리하면 내가 생명의 면류관을 네게 주리라

(계 2:10)

'죽도록 충성하라'와 '죽을 때까지 믿음을 지키라'는 말은 얼핏 비슷한 것 같지만 전혀 그렇지 않다. '죽도록 충성하라'는 아직 충성을 제대로 하지 않거나 현재의 충성이 부족할 때 요구하는 말이지만, '죽을 때까지 믿음을 지키라'는 '이미 충성하고 있는 상태', '더 이상의 충성을 요구할 수 없을 때'에 사용하는 말이기 때문이다. 서머나 교회에 대하여 주님은 더 이상의 충성을 요구한 것이 아니라, 비록 목숨을 잃더라도 신실하게 믿음을 지키라는 권면의 말씀으로 하신 것이다. 그러므로 계시록 2:10의 '죽도록 충성하라'는 말씀은 충성에 대한 말씀으로 보는 것보다는 믿음에 대한 말씀으로 보는 것이 더 적절하다.

제18장
사도신경이 사탄의 산물이다?

전능하사 천지를 만드신 하나님 아버지를 내가 믿사오며, 그 외아들 우리 주 예수 그리스도를 믿사오니, 이는 성령으로 잉태하사 동정녀 마리아에게 나시고, 본디오 빌라도에게 고난을 받으사 십자가에 못박혀 죽으시고, 장사한 지 사흘 만에 죽은 자 가운데서 다시 살아나시며, 하늘에 오르사 전능하신 하나님 우편에 앉아 계시다가, 저리로서 산 자와 죽은 자를 심판하러 오시리라. 성령을 믿사오며, 거룩한 공회와 성도가 서로 교통하는 것과 죄를 사하여 주시는 것과 몸이 다시 사는 것과 영원히 사는 것을 믿사옵나이다. 아멘.

사도신경에 대한 극단적인 논쟁들이 인터넷상에 자주 오르내린다. 혹자는 '전통적인 신앙고백이다', 혹자는 '마귀의 산물이다'라는 논리로 서로 심각한 대립의 양상을 보이고 있다. 현재 교회를 담임하고 있는 목회자들뿐 아니라 많은 성도들이 이 부분에 대해 심각한 우려를 하고 있다. 우리의 신앙고백인 사도신경에 대해 좀 더 정확한 사실을 살펴보고자 한다.

사도신경이 마귀의 산물이라는 주장은 로마 가톨릭에서 공식적으로 인정한 신앙고백이며, 주요 부분에 있어 로마 가톨릭의 중요한 교리를 대변하는 것이라는 이유 때문인데, 충분히 납득할 만한 주장이다. 그러나 로마 교회에서 공식적으로 사도신경을 가톨릭의 신앙고백으로 인정한 것은 6세기 말 혹은 7세기 초 — 현재와 같은 사도신경으로 정착이 된 시기는 학자들 간의 이견으로 정확히 알기 어렵다 — 로 알려져 있다.

현재 우리가 고백하는 형태의 사도신경이 로마 가톨릭의 산물이라고 생각하는 것은 사도신경에 대한 이해 부족에서 오는 편견에 불과하다. 왜냐하면, 현재와 같은 신경의 형태로 자리 잡기 전 이미 2세기 초부터 교회에서 공공연하게 고백해오던 신경이기 때문이다.

초대교회 이후 성도들에게는 교회에서 사용할 수 있는 공식적인 신앙고백이 필요했다. 이는 이방 종교에서 개종하거나 새로 교회로 들어온 사람들을 교회에서 공식적으로 성도로서 인정할 수 있는 교육이 필요했고, 어떤 형태로든지 신앙고백이 필요했기 때문이다. 이러한 이유로 정확한 기원은 알 수 없지만, 현재의 형태와 같은 신앙고백들이 교회 내에 자리 잡게 되었다.

초대교회 시대의 교부인 순교자 저스틴 말티어는 그의 변증론에서 '수리아 안디옥교회가 공예배 때 사도신경을 신앙으로 고백하였다'라고 기록하고 있으나, 그 신앙고백 내용은 정확히 알 수 없다. 그러나 약 150년경 초대교부였던 터툴리안에 의해 고백 된 신경의 내용은 다음과 같다. 현재 우리가 사용하는 사도신경과 거의 같은 내용이다.

전능하시고 세상의 창조자이신 한 하나님을 믿는 것과 그의 아들 예수 그리스도, 그는 처녀 마리아에게서 나시고 본디오 빌라도 때에 십자가에 죽으시고 3일 만에 죽은 자 가운데서 부활하시고 하늘에 오르사 아버지의 우편에 앉아 계시다가 산 자와 죽은 자를 심판하시기 위하여 오신다는 것과 죽은 자의 부활을 믿는다(Philip Schaff, The Creed of Christendom, Vol. II, 13-20).

터툴리안은 모든 신앙인이 인정하는 것처럼, 초대교부로서의 아름다운 신앙을 가지고 있었던 인물이다. 전혀 로마 가톨릭과 상관이 없는 사람으로, 삼위일체의 교리를 확립하는 일에 있어 선구적 인물이었고, 삼위일체란 말도 터툴리안에 의해 처음 도입된 말이다.

이어 이레니우스의 제자였던 로마 교부인 히폴리투스의 문답식 신경, 325년의 니케아 신경, 그리고 381년의 콘스탄티노풀 신경 등은 모두 우리가 현재 사용하는 사도신경의 내용과 거의 흡사한 신앙고백이다.

초대교회 이후 교회의 필요성에 의해 만들어진 신경은 정통 그리스도인들에 의해 보편적으로 고백 되던 신앙고백이었다. 이렇게 성도들이 고백하던 신앙고백을 로마 가톨릭이 교회를 통일하면서 그들의 교리에 맞게 중요한 부분을 수정하기도 하였으나, 현재 우리가 사용하는 사도신경은 로마 가톨릭의 산물이 아니라, 초대교회 성도들이 만든 신앙고백임을 알아야 한다.

로마 가톨릭의 구체적인 형성은 약 6세기 말경에 이루어졌다. 로마 가톨릭에서는 초대 교황을 베드로 혹은 레오 1세라 하지만 전혀 근거 없는 이야기며, 그레고리 1세(590-604)가 실제적인 로마 가톨릭의 초대 교황으로 등극하여 로마 가톨릭의 기초를 만들어 간 인물이다. 그러므로 사도신경은 로마 가톨릭이 만들어지기 전부터 이미 성도들에 의해 고백되어 오던 신경이다.

사도신경을 반대하는 분들의 교리적 설명들이 어느 정도 납득은 가지만, 어떤 부분에서는 너무 억지 주장을 하는 듯한 느낌도 지울 수 없다.

예컨대 사도신경의 첫 부분인 '전능하사 천지를 만드신 하나님 아버지'란 부분에서, 천지를 만드신 것은 '하나님 아버지'가 아니라 '삼위일체 하나님'이 협동한 사역이기 때문에 '아버지'로 표현한 것은 잘못됐다는 것이다. 어떻게 보면 이렇게 생각하는 것이 정말 성경적이라 느껴질지 모르겠지만, 사도신경의 구성을 자세히 보면 성부론(신론), 성자론(기독론), 그리고 성령론, 교회론, 인죄론 등 아주 조직적으로 신경이 구성되어 있음을 알 수 있다. 이는 사도신경을 만들면서 얼마나 많은 노력과 정성을 들였는지를 느낄 수 있는 부분이다.

신경의 내용을 보면 기독론을 가장 많이 취급했음을 알 수 있는데, 이는 예수 그리스도가 우리의 구세주로 오신 분이기 때문인 것으로 보인다. 맨 처음 창조주로서 '하나님 아버지'라고 표현한 것은, 천지창조를 성부만 했다고 믿었기 때문이 아니라, 신론 부분을 다룬 의도적 고백이었음을 충분히 미루어 알 수 있다.

혹자는 사도신경 안에는 성경에서 안내하는 많은 중요한 교리들이 빠져 있고 로마 가톨릭의 교리대로 끼워 맞추어져 있다고 하는데, 이는 고백하는 신경의 특징을 잘 모르고 하는 소리다. 왜냐하면, 고백하는 신경은 너무 길면 안 된다. 성경의 중요 교리들을 모두 넣어 고백하는 신경을 만든다면, 기억력이 좋지 못한 사람들은 아무도 암송하지 못한다. 우리 장로교는 장로교 교리를 요약한 12신조가 있다. 이 신조들을 모두 예배시간이나 여타의 시간에 암송한다면, 예배가 되겠는가?

공동으로 고백하는 신경은 핵심 교리로 구성되어야 하고, 그리고 그것도 아주 간단히 암송할 수 있는 문구로 구성되는 것이 바람직하다. 그러므로 현 사도신경에 많은 성경적 교리들이 빠져 있다는 지적은 옳지 않다. 성경은 허물과 죄로 죽은 우리 인생들을 구원하기 위한 하나님의 구원의 방법과 원리가 집약된 구원의 안내서이다. 이 구원을 위한 수많은 하나님의 사역들을 열거하고 기록하였다. 최소한 이런 면에서는 사도신경은 아주 훌륭한 고백으로 볼 수 있다.

동정녀 탄생 부분도 그렇다. 우리 개신교 그리스도인들 중에 마리아의 영원 동정성을 믿는 사람이 과연 몇이나 되겠는가? 모든 그리스도인들이 마리아가 그리스도를 낳을 때는 동정녀였고, 이후 결혼해 자녀를 생산했다는 사실을 알고 있다.

사도신경에서 말하는 동정녀란 것은 예수 그리스도를 낳을 때 동정녀였다는 것이지, 예수 그리스도를 낳은 이후에도 계속 동정녀라는 사실을 고백하는 것이 절대 아니다. 영어로 'VIRGIN'이란 단어가 '영원 동정'을 지지하는 말이라 주장하며, 로마 가톨릭에서 주장하는 '마리아 영원 동정설'의 교리를 따라가선 안 된다고 가르치는 것은 옳지 않다.

그리스도의 동정 탄생을 예언한 사 7:14의 '처녀'란 단어를 'VIRGIN'으로 쓰고 있는데, 이 단어가 영원 동정을 의미하는 것은 아니다. 그리스도를 낳기 전에 처녀라는 말이지, 낳고 난 후에도 처녀로 계속 있다는 말이 아니라는 것은 성도라면 누구나 알고 있는 사실이 아닌가?

'본디오 빌라도에게 고난을 받으사'라는 부분도 그렇다. 예수님은 빌라도에 의해 고난을 받으신 것이 아니라, 유대인들에 의해 고난을 받으신 분이기 때문에 이는 잘못 되었다는 주장이다. 물론 예수님이 빌라도에 의해서라기보다 유대인들에 의해 고난을 받으신 것은 확실하다. 그러나 이런 고난에 던져 준 사람이 빌라도이기 때문에, 그 책임은 유대인들에게만 아니라 빌라도에게도 있다. 오히려 빌라도의 책임이 더 크다고 볼 수 있다. 왜냐하면, 빌라도가 당시의 모든 정치적 권한을 행사할 수 있는 총독이었기 때문이다. 그는 유대인들의 소요를 두려워하여, 예수님은 아무 죄가 없다는 사실을 알면서도 죄 없는 예수님을 죄 없다 선포하지 못하고, 고난의 현장으로 그리고 십자가의 형틀로 내어 준 사람이다. 그리고 이 부분은 그리스도의 수난을 인정하고 고백하는 내용인데, 굳이 빌라도를 문제 삼아 사도신경에 문제가 있다고 하는 것은 어불성설이다.

그렇다고 우리가 현재 고백하고 있는 사도신경의 내용이 완전하다는 것은 아니다. 몇몇 부분에 있어서 자칫 오해를 줄 수 있어서 현대적 용어 수정이 필요한 것은 인정한다. 예를 들면, 후반부의 '거룩한 공회'의 '공회'와 '성도가 서로 교통하는'의 '교통'과 같은 용어들이다. 이 부분에 대해서는 교회의 동의하에 '공회'를 '공교회'로, 그리고 '교통'을 '교제'로 바꾸면 된다.

"로마 가톨릭에서 이 신경을 만들 때 자신들만의 교회를 지칭하는 가톨릭이란 용어를 사용했기 때문에 우리가 이 사도신경을 고백해선 안 된다."라고 하는 분도 있는데, 실제로 '로마교회 구 신조'에는 '거룩한 교회를 믿사오며'라고 되어있는 구절을, 8세기경에 '거룩한 가톨릭 교회를 믿사오며'란 구절로 추가한 것이다.[88)]

그리고 8세기에 '가톨릭'이란 용어를 넣어 '가톨릭교회'라고 하면서 로마 가톨릭 교회를 지칭해 이들만의 교회에 적용을 하였으나, 가톨릭이란 용어도 초대교회 이후 계속적으로 성도들이 사용해 오던 말로서 '보편적인 하나님의 교회'로 받아들였던 용어이다.

'카톨릭'(Catholic)이라는 용어는 '보편적'이라는 헬라어 '카톨리코스'(καθολικός,)에서 나온 단어다. 헬라어 '카톨리코스'는 주후 325년 니케아 종교회의에서 작성된 니케아신조의 맨 아래 부분에서 사용되었다. 이 단어는 기독교 이전부터 존재했던 단어이고, 로마 가톨릭이 나타나기 전부터 사용되던 단어였다. 이 단어는 또한 사도교회를 계승한 정통교회(니케아신조, 아타나시우스) 곧 5대 교구가 사용했던 단어였다.

---

88) 다음백과.

헬라어 '카톨리코스'(καθολικός)는 동서로마제국의 그리스도교(기독교)의 전체를 포함하는 단어로, 예루살렘 교구(마가의 다락방 등), 시리아 안디옥 교구(제자들과 사도 바울 등이 세움), 콘스탄티노플 교구(4세기 말, 나지안주스 그레고리(Gregory of Nazianzen), 대감독 등), 이집트 알렉산드리아 교구(아킬라스, 알렉산더, 아타나시우스 등), 로마 교구(사도 바울 등이 세움) 등의 5대 교구의 교회들을 하나의 교회 곧 보편적, 우주적 교회라고 하여 사용되었다. 이 정통교회 고(古)'카톨리코스'(καθολικός)를 가톨릭이라고 칭하기 때문에 '로마 가톨릭'과 혼동하거나 착각하는 경우가 많은데[89], 가톨릭이란 말이 현재의 로마 가톨릭에서 나왔다고 주장하면서 사도신경의 사용을 거부해야 한다는 것은 전혀 옳지 않은 일이다. 가톨릭과 로마 가톨릭은 전혀 다른 말이다.

우리는 거룩한 공교회를 믿는다. 거룩한 공교회는 그리스도의 기초 위에 사도들이 세운 교회로, 오늘날 우리들의 교회를 말한다.

그리고 '성도의 교통'이란 단어에 있어, 로마 가톨릭은 '성도의 통공'이라 하여 죽은 자들과의 교제가 가능하다는 교리를 만들어 이것에 연옥 교리의 기초를 두고 있다. 우리는 연옥 교리를 인정하지 않는다. 성도의 교제는 오직 그리스도 안에서 살아 있을 때만 가능한 것이다. 우리 모두는 이러한 성도의 교제를 믿는 것이지, 죽은 자들과의 교제를 믿는 것이 아니다. '성도의 교통'에 있어 '교통'이란 단어는 헬라어로

89) http://cafe.daum.net/ciak/JZcI/25(사도신경의 역사적 기원)

'코이노니아', 즉 교제를 말하는 것이다.

간단히 사도신경의 내용을 보면 다음과 같다.

1. 전능하사 천지를 만드신 하나님 아버지를 내가 믿사오며(신론)
2. 그 **외아들** 우리 주 예수 그리스도를 믿사오니(기독론: 독생자)
3. 이는 **성령으로 잉태하사**(기독론: 성령 잉태)
4. **동정녀 마리아**에게서 나시고(기독론: 동정녀 탄생)
5. **본디오 빌라도**에게 고난을 받으사(기독론: 고난)
6. 십자가에 못 박혀 죽으시고(기독론: 죽음)
7. **장사한 지 사흘 만에 죽은 자 가운데서 다시 살아나시고**(기독론: 부활)
8. 하늘에 오르사 전능하신 하나님 우편에 앉아 계시다가(기독론: 승천)
9. **저리로서** 산 자와 죽은 자를 심판하러 오시리라(기독론: 심판)
10. 성령을 믿사오며(성령론)
11. 거룩한 공회와 성도가 서로 교통하는 것과(교회론)
12. 죄를 사하여 주시는 것과 몸이 다시 사는 것과 영원히 사는 것을 믿사옵나이다(인죄론, 부활론, 영생론)

사도신경이 정통과 이단을 기준 하는 근거는 될 수 없다. 사도신경을 사용하느냐 사용하지 않느냐는 개교회의 형편에 맞게 적절히 적용하면 될 것으로 보인다. 중요한 것은 사도신경이 천주교의 산물이라 하여 배격하는 것은 오해라는 사실이다. 사도신경은 천주교의 산물이 아니라, 초대교회 이후 계속 이어져 왔던 참된 성도들의 신앙고백이다.

제19장
중언부언 기도하지 마라?

같은 말을 계속하는 것이
중언부언 기도일까?

또 기도할 때에 이방인과 같이 중언부언하지 말라 저희는 말을 많이 하여야 들으실 줄 생각하느니라

(마 6:7)

예수님께서 기도에 대한 교훈을 하시면서, 우리가 기도할 때 '이방인과 같이 중언부언하지 말라' 하시고는, 이어서 중언부언의 의미를 말씀해 주셨다. 말을 많이 하는 것을 중언부언이라 말씀하셨는데, 이 말씀으로 이방인들이 기도할 때 말을 많이 한다는 것을 미루어 짐작할 수 있다.

중언부언의 기도에 대해 많은 설교들을 우리는 들었다. 그리고 중언부언의 기도가 어떤 기도라는 것을 대부분의 성도들이 상식적으로 알고는 있다.

중언부언 기도란 말을 많이 하는 기도인데, 이는 같은 말을 반복적으로 계속하는 형태의 기도라고 우리 모두는 알고 있다.

많은 분들이 중언부언의 기도를 해선 안 된다고 하면서 위와 같이 가르쳐왔고, 또 우리는 그렇게 배워왔다. 그러나 사실 본인도 그러하지만 대부분의 그리스도인들의 기도는 반복적이며, 같은 말을 많이 하는 기도를 하는 경우가 대부분이다. 그러면 우리는 중언부언의 기도를 하고있는 것이 아닌가 하는 의문이 당연히 들게 된다. 본인도 그중 한 사람이었다.

중언부언이란 '밧톨로게오'라는 단어를 번역한 것이며, 영어로는 vain repetitions(KJV), keep on babbling(NIV) 등의 단어를 사용하는데, 이는 '헛되이 반복하는 것'이나 '계속적으로 중얼거리는 것' 등의 의미를 표현한다.

'밧톨로게오'는 '지루하게 재잘거리다', '공연히 반복하다'의 의미로서, 우리말로 중언부언이라 번역한 것은 적절하게 보인다.

주님이 헛된 말을 계속적으로 반복해 중언부언하는 기도를 금지하셨기 때문에, 우리는 중언부언의 기도를 해선 안 된다. 그리고 이런 중언부언적 기도는 이방인들이 하는 기도의 형태라 하셨다.

사실 우리는 기도할 때 많은 시간 같은 내용의 기도를 여러 차례 반복하여 기도한다. 그렇다면 우리가 하는 기도도 중언부언의 기도일 수 있지 않겠는가? 의문이 들고 고민이 될 수 있는 문제다. 그러나 주님께서 말씀하신 중언부언적 기도는 단지 말을 많이 하는 기도를 지칭한 것이 아니라, 이방인들이 하는 기도형태를 본받아선 안 된다는 것이다.

예수님 당시에도, 대부분 이방인들의 기도는 주문 형태의 말을 반복적으로 많이 하는 기도였다. 이러한 이들의 기도형태는 현재까지도 남아 있는데, 뉴에이지에서 사용하는 '만트라' 주문이나 불교의 '나무아미타불'이라는 염불을 수도 없이 반복하는 형태, 남묘호렌게쿄교의 제목봉창이라는 '남묘호렌게쿄'를 계속 염송하면서 수행하는 형태, 증산도의 23글자로 된 '태을주[90]'와 같은 주문 등을 간단한 예로 들 수 있다.

그리고 현대 문명을 멀리하는 원주민들 대부분이 그들의 신을 부르는 형태로 동일한 주문적 기도를 계속 반복하는 모습을 볼 수 있다. 이들은 동일한 주문적 기도를 수 시간씩 혹은 종일 반복하면서 그들의 신에게 제사하거나 그들의 신을 부른다. 갈멜산 상에서 엘리야 선지자와 대적한 바알과 아세라의 선지자들이 행했던 기도도 아마 이런 주문식 중언부언의 기도였을 것으로 짐작된다.

주님은 이러한 이방인들의 주문적 기도를 경계하도록 한 것이다. '주문(呪文)'이란 술법을 부려 귀신을 쫓거나 병을 치료할 때 사용하는 주술적 기도이기 때문에, 이러한 기도의 배후엔 악한 사탄이 자리 잡고 있다.

우리는 기도할 때 우리 스스로도 주의해서 기도해야 한다. 주님께 드리는 거룩한 기도에 있어서 이방인들처럼 주문식으로 기도하여 병을

90) 증산도의 주문기도인 태을주는 '훔치 훔치 태을천상원군 훔리치야도래 훔리함리 사바하'로 23개의 글자로 이루어졌으며, 병을 쫓고 귀신을 쫓는 주문으로 알려져 있다.

고치거나 귀신을 쫓는 행위를 해서는 안 된다. 만약 우리도 진실함이나 아무런 의미 없이 말만 많이 하면서 기도한다면, 이는 이방인들이 행하는 중언부언적 기도와 같은 것이다. 주기도문이나 사도신경을 주문식으로 사용한다면 이도 무례한 행위다. 진실함과 거룩함으로 주님 앞에 단 몇 마디의 말만 하더라도 주님은 우리의 기도를 들으시고 응답해 주실 것이다.

현재 많은 교회들이 주문식 중언부언 기도를 하며 가르치고 있다. 소위 관상기도, 들숨 날숨 기도, 호흡기도라는 형태다.

숨을 들이면서, 예수여, 내 쉬면서 오시옵소서를 반복하는 형태들인데 이런 기도는 마귀로부터 오는 기도며, 주님을 부르는 기도가 아니라, 귀신을 부르는 기도다. 소위 요가나 쿤달리니, 단이나 선 그리고 불교의 아나파나사티와 같은 기도들이다.

제20장
휴거가 환난 전에 일어난다?

주께서 호령과 천사장의 소리와 하나님의 나팔로 친히 하늘로 좇아 강림하시리니 그리스도 안에서 죽은 자들이 먼저 일어나고 그 후에 우리 살아남은 자도 저희와 함께 구름 속으로 끌어올려 공중에서 주를 영접하게 하시리니 그리하여 우리가 항상 주와 함께 있으리라

(살전 4:16-17)

아마 많은 성도들이 휴거에 대해 들어봤을 것이다. '휴거'란 용어는 성경에 등장하지 않지만, 살전 4:16-18에 나타나는 내용 중 "구름 속으로 끌어올려"에서 '휴거'란 용어를 만들어낸 것으로 보인다. '끌어올려'란 '낚아채다', '강탈해 가다'라는 헬라어 '하르파조'에서 나온 의미인데, 순간적으로 갑자기 끌려가는 상황을 의미하는 단어다. 이 땅에 사는 성도는 어느 순간 갑자기 하늘로 끌어 올려져 주님을 만난다는 놀라운 사실을 암시하는 내용이다.

휴거에 대해 알고 있는 성도 중 대부분이 성경의 내용과 상관없이 환난 전 휴거를 은연중에 믿고 받아들인다. 본인도 성경을 올바로 알

기 전에는 환난 전 휴거를 받아들였던 사람이다. 이는 성경을 통해 알게 된 것이 아니라, 휴거를 믿고 있는 많은 사람들이 그렇게 믿고 있기에 그것이 성경의 가르침인 줄 알고 그냥 그렇게 믿었을 뿐이다. 그리고 종말론을 기술한 여러 서적에서도 대부분이 환난 전 휴거를 말하고 있었기 때문에, 성경을 제대로 알기 어려웠던 당시 학생이었던 나로서는 그렇게 믿을 수밖에 없었다.

필자의 학창시절, 펄시 콜레의 『100가지의 천국 비밀』, 어네스트 앵그리의 『휴거』, 조용기 목사의 『다니엘서 강해』, 『요한계시록 강해』 등의 책들이 활개를 치던 때였다.

성경을 올바로 알지 못하던 때에 호기심으로 이런 책들을 읽으면서, 그러한 책들의 진위를 분별할 수 있는 성경적 지식이 전혀 없었기 때문에, 목사님이 쓴 책은 모두 올바른 책인 줄로만 알고 있었다. 모두 환난 전 휴거를 주장하는 책들이었고, 또 많은 사람들이 그렇게 믿고 있었으며, 내가 다니는 교회(아주 보수적인 장로교회)에서는 여기에 대한 아무런 말이 없었기 때문에, 그냥 그렇게 믿을 수밖에 없었다.

그러나 비록 환난 전 휴거를 받아들이긴 하였지만, 성경을 읽다 보니 환난 전 휴거를 그대로 믿기에는 내용상 맞지 않는 부분들이 너무 많았다. 마태복음 24장의 예수님의 종말론 강화나 부활장인 고린도전서 15장의 내용, 그리고 데살로니가전서 4:16-18의 내용, 그뿐만 아니라 계시록에 등장하는 환난 때의 성도나 교회들, 이 모두가 휴거에 대해 상당한 혼란을 주었다. 그래도 내가 성경을 잘 몰라서 그렇다고 생각하며, 오랜 세월을 그렇게 믿고 있었다.

신학을 하면서 성경을 좀 더 깊이 보게 되고, 신학을 마친 후 성경을 다시 연구하고 좀 더 폭넓은 신학적, 성경적 안목을 가지게 되면서, 성경에서 가르치는 휴거는 절대로 환난 전 휴거일 수 없음을 깨닫게 되었다.

휴거란 예수님의 재림과 따로 일어나는 별개의 사건이 아니라, 예수님의 재림 나팔 소리, 죽은 성도의 부활, 그리고 살아남아 있는 성도들의 휴거가 동시에 일어나는 사건이라는 것을 확신하게 되었고, 환난 때까지 살아 있는 성도는 반드시 환난을 통과한다는 것이 성경의 진리임을 알게 되었다.

실제로 성경은 환난 전 휴거를 말하고 있지 않다. 환난 전 휴거의 가르침은 철저히 비성경적이며, 마지막 시대 우리 성도들을 미혹하는 배도적 가르침이다. 환난 전 휴거를 주장하는 자들은 그들이 인용하는 성경 모두를 올바로 해석하지 못하고 있으며, 환난 전 휴거라는 자기들의 믿음 위에서 성경을 억지로 끼워 맞추기식으로 해석하는 것이 주류를 이루고 있다.

환난 전 휴거를 주장하는 대부분이, 휴거되기 위한 성도의 행위를 강조하면서, 올바른 성도로서의 행위를 갖추지 못하면 휴거 되지 못하고 환난에 던져져 말로 다 할 수 없는 고난을 받게 될 것이라는 멋진 거짓말로 성도들을 속이고 있다. 그리고 우리 성도들은 그대로 속고 있다.

결국, 행위에 의해 휴거가 되기도 하고, 행위에 의해 휴거가 안 되기도 하는 행위주의적 사고를 하다 보니, 이들은 구원에 있어서도 행위 구원을 강조할 수밖에 없다. 그렇게 해야 자신들의 주장이 설득력을 얻을 수 있기 때문이다.

초대교회 이후 최소한 '휴거'라는 거짓 신학이 나오기 전까지의 성도들은 '휴거'라는 개념조차 갖고 있지 않았다. 성도는 당연히 이 땅에서 많은 환난을 당한다는 것이 이들의 믿음이었고, 종말론적 신앙에 있어서도 그리스도가 재림하기 전 이 땅에 환난이 닥칠 때 성도는 당연히 환난에 들어가 환난을 겪는다는 믿음을 이들은 가지고 있었다.

우리나라에 들어온 환난 전 휴거 신학에 결정적 영향을 미친 사람은 이장림 목사다. 그가 어네스트 앵그리의 『휴거』라는 소설책을 번역하면서 이 책에서 가르치는 환난 전 휴거가 사실인 것처럼 성도들에게 어필되었고, 환난 전 휴거를 믿고 있는 수많은 목회자나 성도들에게 환난 전 휴거를 확신하는 촉진제가 되었다.

스페인계 칠레사람인 임마누엘 라쿤자라는 사람이(가명은 랍비 벤 에즈라임) "영광과 위엄의 구세주 오심"이라는 책에서 전혀 성경적이지 않은 예수님의 '공중 재림', '지상 재림'이라는 두 번의 재림을 주장하였다. 예수님의 공중 재림, 그리고 환난 뒤에 지상에 재림할 것이라 하며, 예수님이 공중 재림하실 때 성도[91]는 환난을 당하기 전에 먼저

91) 이때의 성도는 신실한 그리스도인이 아니라 임마누엘 라쿤자가 속해 있었던 예수회 회원과 로마 가톨릭 계통의 신자를 말한다.

휴거 된다는 거짓 휴거신학을 만들어 내었다.

스페인어로 된 라쿤자의 책을 영국의 이단이었던 에드워드 어빙이 영어로 번역하고, 이 책에 영향을 받았던 어빙의 교회에 출석하던 마가렛 도날드라는 소녀가 1830년에 교회의 성도들은 대환난 전에 휴거가 될 것이라는 계시를 받았다고 하였고, 역시 같은 교회에 출석하던 카르데일이라는 여인이 1830년 4월 30일 가정기도회에서 역시 같은 계시를 받았다고 주장하면서 이 신학이 퍼져가기 시작했다.[92]

이러한 거짓 휴거신학을 폴리머스 형제 창시자였던 영국의 넬슨 다비가 받아들임으로써 휴거신학의 체계를 마련하게 되었고, 이 사상이 미국에 들어오면서 전 미국을 휩쓸게 되었다.

당시 미국 캔자스주의 주의원이며 주 검사이자 변호사이며 평신도였던 스코필드는 1909년 넬슨 다비의 환난 전 휴거를 주장하는 스코필드 관주 성경을 300만 부 이상 편찬해 미국 전역에 뿌리면서 미국 내 잘못된 휴거신학이 뿌리내리도록 한 중심인물이다.

성경은 결코 환난 전 휴거를 지지하지 않는다. 예수님이 지상 재림 전에 먼저 공중에서 재림한다고 하는 말은 모두 성경적이지 않다. 성경 어디에도 예수님이 두 번 재림한다고 가르치는 곳이 없다. 성경은 절대적으로 우리 성도들이 환난을 통과하고 예수님이 재림하실 때 죽은 성

92) http://cafe.daum.net/ciak

도들의 부활과 동시에 공중에서 재림하시는 주님과 만난다고 기록해 놓고 있다.

수많은 인터넷카페에서 환난 전 휴거를 주장하고 있는 것을 보는데, 대부분이 거짓계시를 받은 무리들의 간증이 주류를 이루고 있다. 그 간증들을 읽어보면 정말 휴거가 환난 전에 일어날 것 같은 착각이 들기도 한다. 두려운 일이다.

성도의 휴거가 환난 후 있을 것이라는 사실은 성경이 증명할 뿐만 아니라, 초대교회 때부터 성도들이 믿어 왔던 일관적인 사상이다. 이 사상은 사도들의 사상이요, 교부들의 사상이었으며, 모든 신실한 그리스도인들의 사상이었다. 저스틴, 터툴리안, 락탄리우스, 이레니우스, 히폴리투스 등 대부분의 신실한 교부들이 환난 후 휴거설을 지지하고 믿었던 사람들이다. 이들 모두는 비록 교회(신실한 성도)라 할지라도 대환난을 온전히 피할 수 없으며 직접 겪어야 한다고 하였다.

2세기 초의 저술인 "디다케"(Didache, 초기 교부들의 저작물)와 "바나바 서신"(희랍 교부들의 저술집)은 "교회가 환난을 겪고 그 끝에 예수 그리스도가 재림할 것을 기대하였다"라고 기술하고 있다. 이들 모두는 예수 그리스도께서 적그리스도를 멸하고, 교회를 구원하기 위해 환난 끝에 재림하실 것으로 보았고 또 그렇게 믿고 있었다. 이렇게 교회가 환난을 통과한다는 성경 말씀은 초대교회 때부터 1,900여 년 동안 가르쳐왔던 하나님의 진리의 말씀이었는데, 갑자기 환난 전 휴거가 나타나게 된 것은 영국의 존 넬슨 다비(John N. Darby, 1800-1882)

라는 사람의 영향 때문이었다.

휴거가 환난 전에 일어날 것이라는 그의 사상은 거짓 복음에 불과하며, 성경을 근거로 한 것이 아니라 천주교 예수회 소속인 임마누엘 라쿤자의 주장을 자신의 주장과 사상으로 발전시켜 우리 개신교에 접목한 것에 불과하다. 그러나 이러한 그의 사상이 인본주의자, 기복주의자 등 성경을 잘 모르는 일반 그리스도인들에게 누룩처럼 번져 퍼져가게 되었다.

특히 19세기 말과 20세기 초에 개최되었던 예언대회, 신학을 공부한 적이 없는 자칭 신학자 스코필드의 관주성경, 그리고 성서학원 운동을 통해 미국 전역으로 확산되었으며, 아쉽게도 자유주의 신학에 대항하여 일어난 근본주의 신학계에서조차도 널리 수용하게 되었다. 이러한 이들의 사상이 우리나라에 그대로 검증 없이 유입되면서, 불행히도 많은 교역자뿐만 아니라 대부분의 연약한 성도들에게 이 사상이 주입된 것이고, 이 사상을 신봉해 따르게 된 것이다.

환난 전 휴거를 믿고 따르는 사람은 성경의 가르침을 믿고 따르는 것이 아니라, 존 넬슨 다비라는 사람의 개인적 사상 즉 사람의 사상을 믿고 신봉하는 것이다. 이는 사탄이 정통 신학을 무너뜨리기 위해 만든 거짓신학인 것이다.

넬슨 다비는 사탄숭배자인 아내를 두고 있었고, 프리메이슨 33도인 최고위층 사탄숭배자인 알레이스트 크로울리와 교제하던 사람이었으며, 자주 프리메이슨 홀에서 집회를 한 인물이다.

성경은 결코 환난 전 휴거를 가르치는 것이 아니다. 성경은 성도들이 환난 시대에 들어감을 수차례 알려 주고 있으며, 이 환난 가운데 이기며 승리할 것이고 승리할 수 있도록 도와주겠다는 말씀으로 가득 차 있다.

특히 계시록 3장 10절에서 말씀하는 시험의 때를 이기게 해주겠다는 영어 문장에 보면 "I(예수님) also will keep thee from the hour of temptation."으로 나타나고 있다. 이 말씀은 일인칭인 나, 즉 예수님의 강력한 의지를 표명하는 것으로 내(예수님)가 반드시 시험의 기간 동안 그 시험을 이길 수 있도록 내(예수님)가 의지를 가지고 이기도록 도와주겠다는 말씀이다. 이 얼마나 놀라운 은혜의 말씀인가?

노아의 사건이나 롯의 사건도 환난 전 휴거의 모형이 아니라, 비록 환난이 있다 하더라도 그 환난으로부터 구원해 주실 것이라는 하나님의 뜻을 전하는 사건으로 보아야 한다. 노아가 비록 방주를 탔다 하더라도 환난 가운데 있었으며 자신도 멸망당하는 자들의 환난과 같은 것은 아니지만 방주 속에서 지내야만 되는 어려움을 겪어간 것이다. 이는 비단 환난 시대에 국한된 것이 아니라, 전 시대적으로 일어나는 환난 가운데서 구원해 주시는 하나님의 은총을 보여 주는 사건이며, 환난 기간에 대한 내용이라기보다 자기 백성들을 구원하시는 하나님의 구원의 원리와 방법을 보여 주시는 것들이다.

환난 전 휴거를 믿고 계시록을 읽어가는 성도들은 읽는 내내 의문에 휩싸이게 될 것이다. 왜냐하면, 환난 가운데 등장하는 성도들이 무수히 많이 있으며, 계속적으로 환난 가운데서 주님의 보호하심과 성도의 인내를 강조하고 있기 때문이다. 이들이 믿음 생활을 잘못하여 환난에 던져져 환난 가운데서 회개하고 믿음 생활을 철저히 하게 된 성도들이라 애써 믿어 보려고 해도, 전혀 그런 마음이 들진 않을 것이다. 왜냐하면, 이들은 신실하고도 믿음 생활을 잘해온 성도들이기 때문이다.

계시록 11장의 신실한 두 증인, 12장의 여자의 남은 자손으로 비유된 하나님의 백성들, 13장의 하나님의 백성에 대한 적그리스도의 무서운 박해들, 이어 등장하는 성도들의 순교 등, 이 모두가 환난 시대 때의 성도들이다. 이 모든 성도들이 환난 때 회개해 돌아온 성도라면, 종말에 관련한 예수님의 가르침이나 사도의 가르침, 좀 더 나아가서 구약의 가르침 또한 상당한 의문을 갖고 보아야 한다.

다비의 세대주의에 미혹된 많은 사람들은 계시록에 등장하는 성도들은 모두 유대인으로 국한하며, 이들에게 있어 구원은 행위가 있어야 한다는 옳지 못한 주장을 하고 있다.

마태복음의 예수님 환난강화나, 야고보서, 그리고 히브리서의 일부분 등의 말씀들은 전 시대의 모든 그리스도인들에게 주어진 말씀이 아니라, 환난 시대의 성도들, 그리고 유대인들 등으로 해석해 억지로 성경을 끼워 맞추려 하고 있다. 마 24:30-31을 보라. 예수님이 직접 하신 말씀이다.

그 때에 인자의 징조가 하늘에서 보이겠고 그 때에 땅의 모든 족속들이 통곡하며 그들이 인자가 구름을 타고 능력과 큰 영광으로 오는 것을 보리라. 저가 큰 나팔 소리와 함께 천사들을 보내리니 저희가 그 택하신 자들을 하늘 이 끝에서 저 끝까지 사방에서 모으리라

(마 24:30-31)

예수님이 재림하실 때 땅의 모든 족속들이 통곡하지만, 주님께서는 주의 천사들을 보내어 '택하신 자들'을 이 끝에서 저 끝까지 사방에서 모을 것이라 하였다. 이는 전 세계적으로 퍼져 있는 성도들을 말하고 있음을 알 수 있는데, 이 성도들이 휴거를 당하지 않은 유대인 성도라거나, 아니면 환난 때 회개한 성도라는 것은 정말 억지 주장이 아닌가?

이 외에도 복음서에 나타나는 예수님의 종말론 강화를 살펴보면, 성도는 환난 전 휴거를 당해 환난을 겪지 않는 것이 아니라, 환난 가운데서 믿음을 지켜나갈 것임을 강화하고 있다. 마 24장 15절이나 22절, 23-26절, 31절, 36절, 42절, 44절 등을 자세히 읽고 살펴보면, 이 모두가 성도가 환난에 들어감을 가르치는 말씀들이다.

사도들 또한 환난 전 휴거가 아니라 환난 후 휴거를 가르쳤음을 앞에서 설명하였다. 성경은 전체적으로 일관되게 환난 후 휴거를 가르치며, 환난 가운데 믿음을 지킬 것을 당부한다.

신실한 성도라면 휴거를 준비해야 하는 것이 아니라, 어떠한 환난이 오더라도 이길 수 있는 믿음을 준비해야 한다. 그리고 환난 가운데 던

져지더라도 믿음을 지켜 주님의 재림 때까지 그 믿음을 잘 지키고 간수하여 환난 가운데 승리함으로 휴거를 받아야 하는 것이다. 잘못된 배교적 가르침인 환난 전 휴거를 받아들여서는 결코 안 된다. 그러면 거짓된 행위구원주의에 빠지게 되고, 휴거를 받지 못할까 봐 두려워하며 신앙생활을 해야 한다.

성도의 휴거는 단회적 사건으로서, 부분이 아니라 전체가 한 번에 휴거 되는 사건이다. 환난 전 휴거를 주장하고 그 주장을 정당화시키려다 보니, 그와 관련해 여러 합리적 대안들을 만들어 경건한 사람만 휴거시킨다는 부분 휴거니, 중간 휴거니, 이중 재림이니 하는 인간적 학설을 만들어 낸 것이다.

성경에서 가르치는 환난 후 휴거를 인정하면, 이런 모든 문제가 단번에 사라지며, 또한 이런 문제가 발생하지도 않는다. 왜냐하면, 이미 환난을 이긴 성도들은 모두가 하나님의 백성이며, 하나님의 백성이었기에 적그리스도에게 굴하지 않고 믿음으로 승리한 자들이기 때문이다. 그래서 지상에서 환난 동안 믿음을 지킨 모든 성도들이 빠짐없이 휴거 되는 것이다.

성도의 휴거는 환난 후에 일어나는 것이 성경적임을 믿어야 하며, 또 성경이 그러함을 지지하고 있다. 휴거의 순서는 성경에서 가르치는 대로 다음과 같다.

주께서 호령과 천사장의 음성과 하나님의 나팔 소리와 함께 하늘로부터

친히 내려오시리니 그러면 그리스도 안에서 죽은 자들이 먼저 일어나고 그리고 나서 살아남아 있는 우리도 공중에서 주와 만나기 위하여 그들과 함께 구름 속으로 끌려 올라가리니 그리하여 우리가 영원히 주와 함께 있으리라. 그러므로 이러한 말로 서로 위로하라

(살전 4:16-18)

보라, 내가 너희에게 한 가지 신비를 말하노니, 우리가 다 잠잘 것이 아니요 오히려 우리가 모두 변화될 것이니 마지막 나팔에 눈 깜짝하는 순간에 그러하리라. 나팔 소리가 나면 죽은 자들이 썩지 아니하는 몸으로 일으켜지며, 우리도 변화되리라

(고전 15:51-52)

위의 본문 중 살전 4:16-17을 보면, 휴거 때 나타날 일곱 가지 상황과 휴거의 대상을 말하고 있다.

우선 상황을 보면 먼저 예수님의 호령 소리가 나고(16절), 천사장의 소리가 나며(16절), 이어서 하나님의 나팔 소리가 난다(16절). 그리고 주께서 친히 하늘로부터 강림하시고(16절) 곧바로 그리스도 안에서 죽은 자들이 먼저 일어나며(16절) 이어서 살아남은 자가 부활한 자들과 함께 구름 속으로 끌려 올라가는 휴거의 사건이 일어나(17절) 공중에서 주를 영접하게 된다.

그리고 휴거의 대상으로는 고전 15:51-52과 같은데, 그리스도 안에서 죽은 자들이 먼저 일어나며(살전 4:16, 고전 15:52), 이어 그리스도

안에서 살아남은 자가 변화(휴거)되어(살전 4:17, 고전 15:52), 그리하여 우리가 항상 주와 함께 있게 될 것이라고 말씀하고 있다. 살전 4:17의 말씀을 통해 재림의 순서를 정리해 보면 다음과 같다.

1. 예수님의 호령소리가 나고
2. 천사장의 소리가 나며
3. 하나님의 나팔소리가 난다.
4. 주님이 하늘로 좇아 강림하며(재림)
5. 곧바로 그리스도 안에서 죽은 자들이 먼저 일어나고(부활)
6. 이어 살아남아 있는 자들이 부활한 자들과 함께 구름 속으로 끌려 올라간다(휴거).
7. 그리고 공중에서 주를 영접하게 된다.

그러므로 예수님의 재림과 죽은 성도의 부활, 그리고 이 땅에 남아 있는 성도들의 휴거가 거의 동시에 일어나는 사건이다.

이렇게 성경이 명백히 증거하고 있음에도 불구하고, 환난 전 휴거를 주장하여 성도들을 미혹케 하는 것은 명백한 배도 사상이다. 성경은 일률적으로 성도의 휴거는 환난 후에 있을 것임을 분명히 하고 있으며, 또 그렇게 믿고 따르는 것이 성경의 바른 교훈임을 잊어선 안 될 것이다.

빈 마음으로 환난 전 휴거의 뿌리를 찾아가 보면 사탄숭배자들이 앉아 있음을 알게 될 것이다.

제21장
신화적 종교와 기독교

우리 기독교는
과연 신화나 타 종교를 모방한 것일까?

망령되고 허탄한 신화를 버리고 오직 경건에 이르기를 연습하라

(딤전 4:7)

일본의 '호리' 교수가 쓴 '불교와 그리스도교'라는 책과 우리나라의 '윤청광' 작가가 쓴 '불경과 성경, 왜 이렇게 같을까?'라는 책에는, 성경과 불경의 비슷한 내용을 다음과 같이 기록하고 있다.

번호	내용	출처
1	붓다는 49일 단식 때 마라라는 악령의 시험을 받았다.	불경 상응부전
	예수는 40일간 단식 때 사탄에게 시험을 받았다.	누가복음4장
2	붓다는 12제자를 모든 계급의 사람에게 파견했다.	아함경
	예수는 12제자를 파견했다.	마태복음 10장
3	붓다와 제자가 물 위로 걸어간 이야기	아함경
	베드로가 물 위를 걷다가 믿음이 약해 물에 빠지는 것을 예수가 건져 주었다.	마태복음 14장
4	음식 기적 이야기	아함경
	예수는 보리떡 5개와 물고기 2마리로 5000명을 먹이고도 남았다.	마태복음 14장

5	붓다는 과부의 두 냥 헌금이 더 값지다고 했다.	잡보장경
	예수는 과부의 한 냥 헌금이 더 값지다고 했다.	누가복음 21장
6	사기꾼이 인도하면 개천에 빠진다.	무 문자설경
	소경이 인도하면 둘 다 구덩이에 빠진다.	누가복음 6장
7	아시타가 천사들을 목격한다.	본생경
	목자들이 천사를 본다.	누가복음 2장
8	열반과 재물을 동시에 추구할 수 없다.	무문자 설경
	하나님과 재물을 동시에 섬길 수 없다.	누가복음 16장
9	아버지의 재산을 상속받아 타향에서 방탕하다 거지가 되어 돌아온 아들을 아버지는 오히려 환대하며 돌보는 장자궁자 이야기	법화경 신해품
	아버지의 재산을 상속받아 타향에서 방탕하다 거지가 되어 돌아온 아들을 아버지는 오히려 환대하며 돌보는 돌아온 탕아 이야기	누가복음 15장

이상의 내용 외에도 예수님과 부처의 탄생 이야기, 세례받는 배경, 고향에서의 푸대접, 아난다라는 부처의 수제자가 마아탕가라는 처녀를 우물에서 만나 도를 전하는 이야기와 사마리아 여인의 이야기, 불교의 말법 시대와 기독교의 말세 등등의 이야기들을 서로 비교하고 있다. 그러면서 성경(신약)은 불경의 가르침을, 예수님이 시대의 배경과 장소를 달리하여 약간 변형했을 뿐, 예수님의 모든 가르침은 불경 즉 부처가 설법한 내용과 다른 것이 없다 하여 예수님을 부처의 제자로 만들거나 아니면 불교와 기독교는 그 근본이 하나라는 식으로 오도하고 있다.

그리고 이집트의 호루스 이야기는 다음과 같이 전해지고 있다.

• 기원전 3천 년 12월 25일 탄생
• 이쉬 메리라는 동정녀에게서 탄생

- 탄생 시 동방의 별이 지켜보았고, 탄생 후 3명의 왕에게 경배를 받았으며, 별을 따라온 3명의 점성술 예언가 동방박사(발다살, 메키오르, 가스파르)들에게 경배를 받았음
- 12세에 신성한 지도자가 되었으며
- 30세에 아누프라는 성직자에게 세례를 받고 성직 생활을 시작함
- 12명의 추종자와 함께 방황하며 물 위를 걷는 등의 기적을 행함
- 타이폰의 배신으로 십자가에 못 박혀 죽은 뒤 3일 만에 부활함

또 그리스의 아티스라는 신의 이야기는 다음과 같다.

- 나나라는 처녀 수태
- 기원전 1200년경 12월 25일 출생
- 십자가에 못 박히고
- 3일 후 부활함

그리고 역시 그리스의 디오니소스 신의 이야기다.

- 기원전 500년 처녀 수태
- 12월 25일 출생
- 물로 포도주를 만듦
- 알파와 오메가로 불리고
- 왕 중 왕, 신의 아들로 불림
- 죽은 뒤 부활함

인도의 신 크리슈나에 관한 이야기다

- 기원전 900년 데바키 처녀 수태
- 동방의 별이 그를 인도
- 제자들과 기적을 행함
- 죽은 후 부활

예수님 당시 로마의 종교로서, 신으로 숭배받던 페르시아의 미트라에 관한 내용은 다음과 같다.

- 처녀 수태
- 기원전 1200년 12월 25일 출생
- 12제자와 함께 기적을 행하고
- 죽은 뒤 3일 만에 부활
- 빛, 진리 등으로 불리었음
- 이를 숭배하는 날이 일요일임

현대는 인터넷 문화가 우리의 지식과 삶을 이끌어 가고 있다. 예전에 알 수 없었던 수많은 지식을 인터넷을 통해 습득하고 있다. 그 내용의 진(眞), 위(僞)도 판별하지 못하거나 할 수 없는 지식들이 방대하게 널려있는 실정이다. 성경적으로 바른 가치관이나 세계관을 가지지 못하고 성경에 대해 올바로 알지 못하면, 거짓 가르침에 물들거나 잘못된 지식에 쉽게 빠지게 된다.

필자가 처음 교회를 다닐 때는 초등학생이었기 때문에, 아무것도 모르고 그냥 교회에서 가르치는 대로 따르며 신앙생활을 했다. 교회를 다니며 중·고등학교를 지나면서 나도 모르게 신앙생활 중에 생긴 무서운 습성이 나오기 시작했다. 그것은 나와 맞지 않는 신앙을 가진 많은 사람들을 정죄하는 습성이었다. 어떻게 해서 그렇게 되었는지는 전혀 알 수 없었으나, 그냥 나를 보니 그렇게 되어 있었다.

필자는 대한 예수교 장로회 합동교단에 속한 교회에서 신앙생활을 했는데, 당시에는 장로교 외엔 모두 이단인 줄 알았다. 내 친구가 성결교에 다녔는데 그게 이단이라 하였고, 침례교에 다니는 친구에게도 그 교회는 잘못되었다고 했다.

토요일 밤 12시부터 주일 밤 12시까지가 주일이기 때문에 철저히 시간을 지켜 주일성수를 하였고, 그렇게 하지 않는 사람은 모두 비정상적인 신앙인처럼 보였다. 술, 담배를 하는 사람은 지옥 가는 줄 알았다. 그리고 교회에서 세상적인 이야기를 하거나 교회 피아노에서 찬송가 외에 다른 노래를 치면, 속으로 저주를 하곤 했다. 무엇 때문에 내가 그렇게 되었는지는 나도 잘 몰랐다. 이렇게 신앙생활 하는 것이 옳은 줄 알았고, 그것이 하나님을 잘 섬기는 자의 자세인 줄 알았다.

신학을 전공하고 목사가 되어, 부족하지만 성경에 대한 눈이 조금 열리면서, 이러한 나의 신앙이 올바르지 못함을 깨닫게 되었고, 율법적 형태의 신앙에서 믿음과 은혜 중심의 올바른 모습으로 변화되고자 많은 노력을 했다.

목회자로서 성경을 바로 가르쳐야 성도가 잘못되지 않는다는 실제적 경험을 내가 했기 때문에, 무엇보다도 성도들에게 성경을 바로 알 수 있도록 최선을 다해 지도하며 안내하고 있다. 그러나 성경만으로 부족하여 여러 매체를 통해 올바른 성경 지식을 습득하고 알아 가던 중, 인터넷을 통해 우리 기독교를 반대하는 사람들의 냉철하면서도 이성적인 논리에 의해 상당히 심적으로 도전을 받곤 했다.

그리고 신앙생활을 하는 많은 청년들 중에는 인터넷이나 책자를 통해 우리 기독교를 그 어떤 신화나 다른 종교의 아류 정도로 확신하게 되어 교회를 떠나는 사람도 많이 있음을 보았다.

성경과 불경을 비교한 위의 내용만 보더라도, 성경을 올바로 알지 못하는 많은 분들이, 우리 기독교가 불교의 가르침을 그대로 가져왔거나 혹은 약간의 변형을 가한 것에 불과하다는 확신을 갖게 될 만큼 그 내용이 매우 위력적이다.

러시아의 언론인 니콜라스 노도비치는 예수가 13세 때 인도로 건너가서 17년간 인도, 네팔, 티벳 등지에서 승려 생활을 하고 29세 때 이스라엘로 돌아왔다고 주장하였다. 이후 수십 명의 사람들이 인도와 티벳을 방문하여 이를 탐사하였는데, 그것들을 종합하여 1984년 엘리자베스 C. 프로펫트가 '예수의 잃어버린 세월'을 발간하면서 세계적인 화젯거리가 된 것을 우리는 잘 알고 있다.

이후 계속된 연구에서, 예수가 인도에서의 승려 생활 후 유대로 돌아와 그 가르침을 전하다 보니 불경과 신약성경에서의 예수의 가르침이

거의 일치할 수밖에 없다는 결론을 내려, 예수님을 부처의 제자로 만들어 버리는 어처구니없는 일이 벌어지기도 했다.

현재 이 문제는 연구가 더 진행되어 거의 해결이 되었으나, 예수님의 가르침과 불경의 가르침의 유사점에 대해서는 대체로 침묵하고 있는 분위기다.

인도라는 세계를 떠나 이집트를 보자. 호루스에 대해선 웬만한 성도들은 아마 그 이름 정도는 들어봤을 것이다. 목회자로서 호루스에 대하여 전혀 알고 있지 못하다면, 참 애석한 일이다. 이시스와 오시리스의 아들인 호루스는 이집트 사람들에게 있어 승리의 상징이며, 그리스에서는 아폴로라 하여 태양신으로 받들고 있는 신이다. 이집트의 왕들인 파라오들은 호루스를 자신과 동일화하는 경향이 뚜렷했고, 호루스의 상징은 그의 눈인 전시안에 있다. 전시안을 통해 모든 것을 보고 있고 모든 것을 알고 있다는 의미이다. 호루스의 눈인 전시안은 우리 주변에 수도 없이 많으니, 조금만 주의를 기울이면 쉽게 찾아볼 수 있을 것이다.

불경보다 더 공격적인 것이 이집트 신화에 나타나는 호루스에 관한 내용이다. 불경보다 예수님에 대한 내용에 있어 흡사한 부분들이 더 많이 나타나고 있다. 그리스의 아티스, 디오니소스, 인도의 크리슈나, 페르시아의 조로아스트, 미트라 등의 이야기들도 역시 마찬가지다.

신화나 경전에서 예수님과 비슷한 이야기들이 많이 나오는 이유가 도대체 무엇일까? 성경이 신화나 다른 경전을 모방한 것일까? 아니면 수많은 신화나 종교들이 있지만, 성경이 그 모든 것들의 잘못됨을 지적하면서 올바른 종교나 신에 대해 안내하고 있는 것일까? 예수님에 대한 수많은 유사한 이야기들이 동서고금을 막론하고 등장하고 있는 이유가 무엇일까?

불경이 성경과 유사해 예수님이 불자였다면, 불경보다도 예수님과 더욱더 유사한 내용이 있는 다른 지역의 신화 속에 등장하는 신들의 내용은 무엇인가?

부처는 B.C 2600여 년 전의 사람이다. 이런 부처의 가르침이 로마나 그리스로 흘러가서 그 내용들을 각색해 이들이 신화에 적용하여, 예수님이 그 신화의 내용을 일찍 배워서 자신만의 새로운 종교로 기독교를 만들었다는 말인가?

조로아스터교(배화교)

기원전 6세기경 페르시아에서는 한 유명한 종교적 인물이 태어난다. 그 사람이 조로아스터(자라투스트라)라는 인물이다. 조로아스터는 선과 악을 분명히 나누어, 이 세상을 선의 세력(아후라 마즈다)과 악의 세력(앙그리 마인유) 간에 투쟁의 장소로 보았다. 최후의 승자는 선의 세력으로 악의 세력을 멸하고 새로운 세상을 여는 것으로 마무리한다.

조로아스터교는 유일신인 아후라 마즈다의 계시를 발판으로 삼고, 아후라 마즈다는 하나의 성령(Spenta Mainyu) 및 불멸의 신성(Amesha Spenta)이라 불리는 신성한 행동을 통해 자기의 뜻을 표현하고, 구세주인 샤오샨트가 와서 인류를 구원할 것이라는 삼위일체적 개념을 분명히 하고 있으며, 천사, 천국, 지옥 그리고 연옥의 개념, 최후의 심판 등의 가르침들을 복합적으로 가진 종교다.

조로아스터교는 예수님 당대나 초대교회, 그리고 교부시대에까지 많은 영향을 주었다. 로마의 미트라교도 조로아스터교의 한 분파이며, 영지주의 또한 조로아스터교의 영향을 많이 받은 사상이다. 한때 죄의 문제로 고민하던 어거스틴이 마니교로 빠져 방황하였는데, 이 마니교 또한 조로아스터교의 영향을 많이 받은 종교이다.

예수님과 비슷한 부분을 보면, 조로아스터는 죽고 3일 만에 부활해 하늘에 올라가 신의 우편에 앉는다. 특히 동정녀에게서 태어나고 12세에 집을 떠나 30세에 강에서 신의 계시를 받고, 열두제자를 이끌고 기적을 일으키며 새로운 메시지를 가르친다. 그들의 구세주인 샤오샨트는 선한 목자이며 구원자이며 진리를 알려주는 이로 나타나고 있다.

이 정도이니 우리 기독교가 정말 조로아스터교의 한 아류 종교에 불과하다고 생각하거나, 아니면 앞에서 살펴본 것처럼 예수님이 부처의 제자로서 부처에게서 배워온 내용들을 자신의 고향에 돌아가 유대에 맞게 약간 수정하여 가르친 것이 아닌가 하는 오해를 충분히 할 수도 있고, 자칫 이런 문제로 고심하거나 실족할 수도 있는 것이 충분히 이해가 된다. 차라리 아무것도 모르고 성경만 알고 믿음 생활을 하면 별다른 의심 없이 신앙생활을 잘할 수 있었을 텐데, 괜한 내용을 알아 시험에 드는 꼴이 될 수 있다.

기독교를 반대하는 대부분의 사람들은 억지가 아니라 나름대로 정확한 자료와 근거를 제시해 반론을 제기한다. 그 반론의 자료들에 대한 신빙성을 따져보지 않은 채, 뭔가 성경을 반대할 만한 근거만 나오면 그것을 무기 삼아 기독교에 대해 무조건적인 대적을 서슴지 않는다.

현재 우리 기독교에 대한 사회적 정서는 호의적 태도보다는 악의적 태도가 주를 이루고 있다. 한 설문 조사에 의하면, 기독교에 대한 불신자의 선호도는 채 10%도 넘지 않는다는 보고가 있고, 청소년 신자는 5% 미만에 불과하다는 무서운 통계가 있다. 이런 추세로 한두 세대(30-60년)만 지나면 우리나라에서 기독교의 뿌리마저 사라질 수 있다.

한때 기독교 국가로 위세를 떨치던 영국의 기독교 신자는 현재 1%도 안 된다. 100년도 걸리지 않아 영국의 기독교는 무너졌다. 수많은 이유들이 존재하겠지만, 가장 중요한 이유는 우리 기독교에 대한 불신이다. 성경에 대한 불신, 예수님에 대한 불신, 기독 신자들에 대한 불신 등이 복합적으로 작용하기 때문이다.

성경에 대한 불신과 예수님에 대한 불신은, 성경과 예수님을 무시하는 다양한 학적 주장들이 성경보다 더 설득력을 얻고 있기 때문이다. 이성과 논리, 그리고 합리적 과학이나 고고학 등으로 성경을 대적하며,

성경은 모순이 가득 찬 책으로 믿을 수 없는 신화적 책에 불과하다고 하는 그들의 주장이 세상 사람들에게 더 정확한 진실로 다가온다. 대부분의 불신자들은 이제 성경은 믿을 수 없는 책으로 인식하기 시작했고, 심지어 우리 기독교 내에서도 성경에 대해 겁 없이 도전하고 있는 실정이다. 성경 내에 나타나는 초자연적인 하나님의 역사나 예수님의 사역을 의심의 눈초리로 바라본다. 에덴동산의 실재, 노아 홍수의 실재, 주님의 동정녀 탄생이나 부활 등의 내용을 거부하는 목회자들이 수없이 많이 있다. 예수님 외의 구원의 길을 외치는 자들의 목소리는 더욱더 높아만 가고 있다.

손바닥으로 하늘을 가릴 순 없다. 우리가 아무리 아니라 하더라도 우리는 우리의 현실을 인정해야 한다. 전도를 하다 보면 지나치리만큼 냉소적인 불신자들의 태도에 심한 마음의 상처를 받기도 한다. 지금의 교회를 보고 안도의 한숨을 쉴 것이 아니라, 미래의 우리 교회를 보고 애통해하며 기도해야 한다. 지금부터라도 철저히 준비하지 않으면 우리 미래의 교회는 복음이 사라진 종교적 단체로 남게 될 것이다.

성경과 신화적 종교, 불경(佛經) 그리고 사탄

성경은 구약부터 신약까지 하나의 주된 사상으로 전개된다. 그것은 하나님의 이 세상에 대한 구원 이야기다. 중심적 내용으로 천지만물과 인간의 창조, 인간의 범죄, 이 범죄에 대한 하나님의 심판과 구원의 방법으로서의 메시아 선포, 메시아의 동정녀 탄생(창 3:15), 메시아의 수난과 죽음, 그리고 부활, 승천, 재림 등을 일관성 있게 다루고 있다. 창세기부터 계시록까지 이 중심내용을 전혀 손상하지 않고, 성경은 인류를 향한 하나님의 사랑의 메시지를 보내고 있다.

전 세계에 걸쳐 모든 사람들의 마음속에는 본능적으로 종교에 대한 열망이 존재한다. 이는 신과 인간의 관계가 이미 존재하고 있었음을 알 수 있는 증거가 된다.

인간의 신에 대한 관계는 우리의 시조 아담으로부터 물려받은 본능적 특징으로, 타락으로 인한 인간의 약함과 부족함을 신에게서 채우고자 하는 욕구에서 비롯된 것이다. 그러다 보니 전 세계 모든 나라나 사람에게서 공통적인 종교적 갈구 속에 다양하면서도 비슷한 형태의 가르침이나 의식들이 많이 나타난다.

이는 범죄한 인간에 대한 하나님의 심판으로 인간이 지구의 전 지역에 흩어지고, 그들이 갖고 있었던 종교적 사상이나 의식들이 그들이 머물게 된 지역에 맞게 정립되면서 새로운 형태의 모습으로 종교가 나타나게 되고, 그리고 그 지역이나 종교에 맞는 새로운 의식들이 만들어지게 된 것이다. 그러므로 세계의 모든 종교는 다양한 형태의 모습으로 존재하지만, 그 속에는 인류가 흩어지기 전에 가지고 있었던 종교에 대한 기본적 의식들이 있어서 여러 면에서 비슷한 형태들이 많이 존재할 수밖에 없다.

성경은 이러한 종교의 분화와 인간의 기본적인 종교적 욕구에 대한 정확한 해답을 제시하고 있다.

하나님이 천지 만물을 만드시고 인간을 만들어 그들로부터 찬송을 받고 영광을 얻기를 원하였지만, 인간은 하나님의 뜻을 거역하고 하나님의 대적자인 사탄의 편에 서게 된다. 사탄은 범죄한 천사로서 하나님과 같아지고자 반역을 했던 존재다. 사탄의 영원한 소망은 자신이 하나님과 같아지는 것이다. 그래서 인간을 범죄하게 할 때도 '선악과를 먹으면 너희들이 하나님과 같아진다'는 거짓말로 유혹해 성공을 거두었다.

인간의 타락은 곧바로 하나님의 심판으로 이어지고, 이로 말미암아 영원한 생명을 얻을 수 있었던 인간은 사망이라는 사형선고를 받게 된다.

죄의 시작은 하나님의 말씀을 듣지 않고 사탄의 말을 듣게 된 데서 시작되고, 이 죄로 말미암아 이 땅에 사망이 찾아오게 되었다. 성경은 인간 죽음의 원인에 대해 정확히 안내한다. 왜 인간이 죽게 되었는지. 그리고 그 후의 결과에 대해서도 자세히 안내하고 있다. 죽음 뒤의 인간은 무로 돌아가는 것이 아니라, 육체는 흙에서 만들어져 흙으로 돌아가지만, 그 영혼은 하나님의 심판대 앞으로 가서 심판을 받게 된다. 하나님의 심판대 앞에 선 인간은 살아오면서 지은 죄에 대한 심판을 받게 되는데 그 심판은 지옥의 심판이다. 살아오면서 죄를 짓지 않은 자는 지옥에 대한 심판을 받지 않겠지만, 그렇지 않은 자는 모두 심판을 받게 된다.

우리 인간은 태어나기 전부터 이미 죄에 오염이 된 존재다. 그래서 이 죄의 영향은 갓 태어난 어린 아기에게도 적용된다. 이 말은 어느 누구도 죄로부터 자유로울 수 없다는 뜻이다. 인간의 그 어떠한 선행과 도덕적·윤리적 삶도 죄로부터의 자유를 줄 수는 없다. 아무리 세상과 결별하여 깊은 산 중에 들어가 득도하더라도, 죄의 굴레에서 벗어날 수 있는 인간은 존재하지 않는다. 이는 살아본 사람이면 누구나 인정하는 진리다.

하나님께서는 죄의 심판에서 벗어날 수 없는 인간들을 위해 그 죄로부터 용서받을 수 있는 대안을 제시하고, 이 대안을 받아들이는 자들은 죄의 심판에서 벗어날 수 있다고 선포하셨다. 그 대안이 인류의 구세주인 메시아를 믿는 것이다.

범죄한 인간들을 위해 하나님은 메시아를 보내, 모든 죄에 빠진 인간들을 구원할 것이라는 약속을 하셨고, 이 약속을 믿는 자들에게는 이 땅에 사는 동안 지은 모든 죄를 용서하고 죄에 대한 심판을 하지 않을 것이라는 선포를 하셨다. 이것이 메시아사상이다.

최초로 선포한 메시아사상은 성경 창세기 3장 15절에 나타나고 있는데, 이 메시아는 동정녀를 통해 이 땅에 올 것이며, 사람들에게 버린 바 되어 많은 고난을 당하다 십자가 위에서 죽으시고, 부활하시며, 하늘에 올라가셨다가, 하나님의 백성들을 위해 이 땅에 다시 오실 것임을 성경은 알려주고 있다. 이러한 메시아사상은 아담 이하 그의 모든 자손들에게 입에서 입으로 구전되어 내려온 사상이다.

인류가 흩어지면서 전해져오던 메시아사상이 사라진 것이 아니라, 흩어진 모든 사람들의 마음속에 메시아사상은 항상 남아 있게 되고, 사람들이 사회를 구성하고 나라를 만들면서 그들의 사회와 나라에 맞는 새로운 종교를 만들게 되지만, 그 종교 안에는 항상 메시아사상이 들어가 있다. 이렇게 해서 이 메시아사상은 전 세계의 모든 종교나 사람의 마음속에 본능적으로 자리 잡게 된다.

하나님이 주신 원(原) 메시아사상은, 인류가 흩어져 새로운 사회나 국가를 만들면서 그 사회나 국가 내에 자리 잡은 종교와 결합해 새로운 이름이나 새로운 형태의 메시아사상으로 나타나면서, 하나님께서 처음 주신 메시아에 대한 약속이나 가르침들이 각 종교마다 다르게 각색되어 나타나게 된 것이다. 어떤 것은 신화로, 어떤 것은 종교라는 이름을 빌려 그 지역에 맞게 만들어져 나타나게 된다. 그러므로 메시아사상에 있어 성경과 비슷한 부분이나, 원 메시아인 예수 그리스도와 비슷한 내용들이 나타나는 것은 당연한 일이다.

하나님의 대적자 사탄은 하나님께서 인류를 구원하시고자 하는 그 일에 대해 철저히 대항하는 자다. 사탄은 하나님께서 진행하시는 인류의 구원자 메시아에 대한 하나님의 계획을 알고, 인류의 구원자인 메시아가 이 땅에 오는 것을 철저히 막으려 했다. 수도 없이 하나님의 계획을 막으려 했지만, 하나님은 그때마다 사탄의 세력을 무너뜨리고 자신의 계획을 어김없이 진행해 오셨다.

사탄은 하나님에 대한 사람들의 종교적 심성을 이용해, 하나님의 자리에 자신이 앉아 숭배와 영광을 받으려고 했다. 그렇게 해서 만들어진 것이 이 땅에 나타나는 수많은 신화와 종교들이다. 이 신화와 종교들 배후에는 사탄이 앉아 있다. 진리의 눈을 멀게 만들고, 참된 인류의 구세주인 메시아를 보이지 않게 만들어 놓았다. 그리고 앞으로 나타나게 될 메시아에 대한 수많은 거짓 정보들을 신화와 종교라는 가면 속에 넣어, 참된 메시아가 오더라도 그 메시아를 거짓 메시아로 만들어 인정하지 못하도록 하였다. 사탄이 참된 메시아를 알지 못하도록 메시아사상을 이용한 내용은 다음과 같은 부분들이다.

- 메시아의 동정녀 탄생
- 메시아의 기적의 유사함
- 메시아의 가르침의 유사함
- 열두 제자
- 메시아의 고난과 죽음
- 메시아의 부활과 승천
- 메시아의 재림과 심판

앞에서 살펴보았듯이 불경이나 다른 종교에서 가르치는 많은 교훈 속에 위와 비슷한 내용들이 있음을 우리는 알고 있다. 비슷해도 너무 비슷하고, 같은 내용이 많이 있어 실로 놀라움을 금치 못할 것이다. 그러다 보니 참 메시아인 그리스도가 이 땅에 와도 거짓 메시아로 치부해 버리고, 이미 다른 종교나 신화 속에 등장하는 메시아사상과 너무 비슷해서 기독교도 그것들과 다를 바 없는, 아니면 그 종교들을 각색해 만든 새로운 종교라고 인정해 버리는 것이다.

메시아에 대한 최초의 약속은 하나님에게서 나온 것이다. 수많은 신화와 종교가 만들어지기 전, 석가나 불경이 만들어지기 전, 이미 존재하고 있었던 하나님의 약속이다. 이러한 메시아에 대한 하나님의 계획을 방해하고, 사람들의 눈을 멀게 만들어 메시아사상에 대한 오해나 불신을 조장한 장본인은 사탄이다. 사탄이 만든 종교 또는 세속철학이나 가르침을 통해, 성경에 나타난 모든 메시아사상을 배격하고 거부하며, 참된 메시아이신 예수 그리스도를 보지 못하도록 사람들을 속여 넘겼다.

대부분의 신화나 다른 종교 혹은 경전 속에 등장하는 메시아사상의 유사성은 앞에서도 살펴보아서 알 수 있듯이 이미 사람들의 마음속에 메시아사상이 자리 잡고 있었다는 증거이며, 사탄이 이러한 사람들의 마음을 이용해 앞으로 오실 메시아에 대해 연막을 친 것이다. 성경은 이러한 사실에 대해 올바르게 안내하는 하나님의 말씀이다. 망령되고 허탄한 신화 속에 등장하는 잘못된 메시아관에 대하여 성경은 참된 메시아가 누구이며 정확히 어떤 분인가를 증명해 나타내 보인 것이다.

메시아사상에 대한 간단한 내용을 도표로 정리해 보면 다음과 같다.

	원 메시아사상 (성경 창 3:15)	변질된 메시아사상 (신화나 전승, 종교)
1	인간의 범죄(타락)	없음
2	하나님의 심판	신의 인간에 대한 비슷한 심판의 내용이 나오나, 인간의 범죄에 대한 심판으로 보지 않음 (길가메시 서사시)
3	하나님의 용서의 방법으로 메시아 약속	하나님의 용서가 아니라, 악을 심판으로 멸하는 메시아사상의 전승
4	메시아는 여인의 후손으로 올 것임	여인의 후손으로 오나, 메시아를 여성으로 보는 여신 숭배 사상이 나타남(제롬의 라틴어성경 창 3:15의 번역) 혹은 다른 신적 존재로 등장함 (신화나 종교의 형성)
5	메시아의 동정녀 탄생	메시아의 동정녀 탄생은 인정하나, 이 동정녀를 신격화시켜 여신 숭배 사상으로 전개됨(로마 가톨릭, 많은 타 종교들의 여신 숭배 사상 등)
6	메시아의 신적 능력과 행사	메시아의 신적 능력과 행사
7	메시아의 수난과 죽음	메시아의 수난과 죽음 등이 비슷하게 나타남
8	메시아의 부활	메시아의 부활이 나타남
9	메시아의 이 땅 재림과 심판	메시아의 재림과 심판이 나타남(미래불 등)
10	메시아의 통치	메시아의 통치

붓다의 12 제자, 호루스의 12 추종자, 조로아스터의 12 제자, 미트라의 12 제자, 그리스도의 12 제자들, 이 중 가장 마지막에 등장한 자가 그리스도다. 그러니 그리스도는 앞의 모든 신들의 형태를 본받아 12 제자를 선정해 자신도 신이 되고자 했으며, 그렇게 해서 사람들을

미혹한 자가 아닌가? 이러한 그리스도를 신이 되도록 그들의 제자가 각색해 만든 것이 성경의 복음서들이지 않은가 하는 도전도 충분히 이해할 수 있다.

성경을 잘 모르다 보니 12라는 숫자의 중요성도 알지 못하고, 왜 예수님이 12 제자를 거느렸는지, 그리고 예수님이 12명뿐만 아니라 기록하지 아니한 70 제자들도 있었음을 모르고 있다.

하나님이 세상을 창조하실 때 하늘의 별들도 만드셨다. 태양과 달과 별을, 징조와 일자와 사시와 연한을 알리기 위해 만드셨다고 하셨다. 이 중 하늘의 별은 여러 가지 징조를 알려주는 귀한 역할을 수행하곤 했다.

하나님은 하늘의 별들을 무작위로 만든 것이 아니라, 나름 조화롭게 만드셨는데 그 중 하나가 12 궁성이다. 12 궁성은 12 별자리로, 밤하늘을 살펴보면 12 궁성이 있음을 볼 수 있다. 이 12 궁성을 하나님이 만드셨다고 욥 38:32[93]에 기록하고 있다. 천문학을 연구하는 사람들은 12 궁성의 중요함을 잘 알고 있다.

야곱의 아들들은 모두 열둘이다. 야곱은 그 이름이 이스라엘로 고쳐진 자로, 이스라엘이라는 나라의 시조에 해당하는 사람이다. 이 야곱을 통해 이스라엘의 12지파가 만들어졌다. 그리고 하늘나라의 성곽도 열두 기초석이며, 보석 또한 열두 보석이다. 문도 열두 진주문이요, 하늘

93) 네가 열두 궁성을 때를 따라 이끌어 내겠느냐 북두성과 그 속한 별들을 인도하겠느냐

나라 생명나무에도 열두 가지 실과가 맺힌다고 성경에 기록하고 있다. 이외도 열둘이라는 중요한 숫자는 성경 여러 곳에서 많이 등장한다.

열둘, 12라는 숫자는 하나님 편에서 아주 중요한 숫자다. 이 숫자는 완성을 의미하는 영적 숫자로서, 예수님이 제자들을 12명 택한 것은 아주 중요한 의미가 있는 것이다. 이미 하나님께서 하늘의 별을 만들 때도, 그리고 이스라엘이라는 나라를 구성할 때도, 성전의 기구[94]를 만들 때도 모두 12라는 숫자를 사용하고 있다. 부처가 이 땅에 태어나기 전, 그리고 여러 신화가 만들어지기 전부터 12라 숫자는 성경에 수도 없이 나타나고 있다. 사탄도 12라는 숫자의 이러한 중요성을 알고 있다. 사탄은 이를 충분히 이용할 수 있는 존재다.

예수님은 12라는 숫자에 대해 누구보다도 잘 알고 계신 분이시다. 그래서 제자를 12명을 택하여 사역을 하신 것이다. 예수님에 앞서 12명의 제자를 거느렸다고 하는 신화의 주인공이나 타 종교에서는 이러한 사실을 알고 12제자를 거느렸겠는가? 그럴 수 있을 수도 아닐 수도 있을 것이다. 그러나 중요한 것은 예수님이 이들을 모방해 이들처럼 되고자 12명의 제자를 택한 것이 아니라는 사실이다. 철저히 하나님의 뜻을 따라 그분은 12명의 제자를 선택하셨다.

이렇게 말하면 억지처럼 들릴지 모르나, 사탄의 능력을 무시하면 안 된다. 사탄은 그리스도의 복음의 광채를 희미하게 하기 위해 그리스도

94) 솔로몬 왕이 여호와의 전을 위하여 만든 두 기둥과 한 바다와 그 받침 아래 있는 열두 놋소 곧 이 모든 기구의 놋 중수를 헤아릴 수 없었더라(렘 52:20)

가 이 땅에 오시기 전에 이미 연막을 쳐 두었다. 그것은 메시아사상에 대한 핵심적 내용이 되는 동정녀 탄생, 사역, 12제자 선택, 수난과 죽음, 부활, 재림 등에 대한 연막이다. 이미 많은 신화나 종교 속에 등장하는 주인공들을 동정녀 탄생으로 둔갑시켰고, 그들의 사역 가운데 여러 기적이나 가르침들을 유사하게 만들었으며, 심지어는 죽음과 부활, 재림까지도 완벽히 복제해 두었다.

우리의 구주인 예수 그리스도는 이러한 연막 가운데 탄생하신 분이시고, 이런 연막 가운데서 활동하신 분이시다. 이렇게 활동하신 그리스도는 사람들의 신화나 종교 속에 존재하신 분이 아니라, 이미 하나님께서 우리에게 약속하신 분으로 구약성경 전체에서 안내한 메시아이시다.

그리스도는 사람들에 의해 만들어진 가공인물이나 이미 다른 경전 속에서 만들어진 인물이 아니라, 최초로 인류가 범죄할 때 하나님께서 우리 인간들을 위해 약속하신 그 메시아다.

그리스도는 하나님의 약속의 성취로 이 땅에 오신 분이시다. 비슷한 많은 신화들과 종교들이 존재하는 것은, 이 약속된 메시아이신 예수 그리스도의 오심을 방해하거나 아니면 그분의 존재를 믿지 못하도록 한 사탄의 무서운 음모임을 알아야 한다.

구약성경은 이런 메시아가 오실 것에 대한 예언을 일관되게 유지하며, 모세를 통해, 수많은 선지자들을 통해, 때로는 왕들을 통해 이 사실을 알리고 있는 책이다.

우리 인간이 살아가는 육적 세계는 현재, 과거, 그리고 미래가 존재하는 시간의 제약을 받는 세계이다. 그러나 영적 세계는 그렇지 않다. 영적 세계는 시간과 공간의 모든 것이 멈춰진 곳이다. 항상 현재의 시간으로 흘러가는 곳으로, 과거가 현재이며, 현재가 과거이고 또한 미래가 될 수 있다. 2000여 년 전에 오신 그리스도는 우리에게 과거의 그리스도이지만, 그분은 현재 영적으로 우리와 함께 계시는 분이시다. 그분의 십자가의 죽음은 과거의 일이지만, 그 일은 영적으로 현재 일어나는 일이다. 그러므로 우리가 믿는 그리스도는 현재 나를 위해 십자가 위에서 죽으신 분이시다.

사탄은 하나님의 모든 일을 모방해 활동함에 있어 천재다. 그는 하나님처럼 되고 싶었으나 실패한 존재다. 그러나 하나님의 모든 일들을 모방해 자신의 것인 양 속인다. 그리고 자신을 따르도록 하여 그리스도의 복음의 광채를 가려 버린다.

신화나 다른 종교 속에 존재하는 그리스도의 모형을, 우리 기독교에 접목해 기독교의 실체를 위협한 것은 어제오늘의 일이 아니다. 초대교회 때부터 있어 왔던 일이다. 바울의 경고를 기억하라.

딤전 1:4 신화와 끝없는 족보에 착념치 말게 하려 함이라 이런 것은 믿음 안에 있는 하나님의 경륜을 이룸보다 도리어 변론을 내는 것이라
딤전 4:7 망령되고 허탄한 신화를 버리고 오직 경건에 이르기를 연습하라

오늘날 우리나라에 있어 기독교는 심각한 위협의 도전에 직면해 있다.

전 세계적으로 그리스도(성경)에 대한 가르침을 정면으로 거부하고, 심지어 기독교 내에서도 이러한 일들이 심각하게 일어나고 있다. 마지막 시대에 나타나는 배도의 시대에 들어온 것이다.

기독교를 반대하는 많은 지식인들의 가르침 속에서 성경은 믿을 수 없는 책이라는 확신을 심어주고 있으며, 예수 그리스도를 신화의 한 인물이나 신화를 모방한 그 어떤 교주로 인식시키고 있다. 이러한 사상은 이미 젊은 층에서는 상당한 호응을 얻고 있으며, 수많은 그리스도인들이 미혹되어 가고 있다. 안타까운 것은 여기에 대한 교회의 교육이 부재하다는 것이다. 올바른 성경공부나 신앙교육이 젊은 층에서 일어나지 않는다. 교회는 이 일에 대해 너무 안일한 듯한 인상을 지울 길이 없다.

곳곳에 솟아 있는 십자가는 이제 불신자들에게는 경멸의 대상이 되고 있다. 그리고 교회는 이런 경멸에도 아랑곳없이 더욱더 외적 성장에만 눈이 멀어있다. 내 시대만 넘어가면 된다는 그런 안일함으로 안주하고 있다. 이미 늦었다는 생각이 들지만, 이제부터라도 교회는 철저한 성경 중심의 교회로 돌아와야 하고, 어린 세대들에 대한 강력한 신앙교육을 해야 한다. 그렇지 않으면, 한국교회는 30년 안에 참된 교회들을 찾아보기가 어려워질 것이다.

성경은 신화를 모방한 책이 아니다. 비록 비슷한 내용이 많이 등장하는 것은 사실이다. 그러나 이런 이유로 성경이 신화를 모방한 책이라고 인정하며 성경을 거부하는 것은 성경을 일부분만 아는 무지에서 나온 결과이다.

대부분의 경전들은 서로 비슷한 점을 많이 공유하고 있다. 이것은 인간에 대해 가르침을 주는 것이기 때문에, 그 가르침에 있어 비슷한 점은 충분히 있을 수 있다. 이러한 이유로 성경 또한 다른 경전과 다를 바 없는 것으로, 그리고 예수도 그러한 인물 중 하나로 치부하는 것은 성경의 전체적인 가르침을 올바르게 알지 못해서 하는 일이다. 부분이 같다 하여 전부가 같은 것으로 매도하는 것은 어리석은 자가 하는 짓이다. 몇몇 사건이 비슷하다 하여 성경이 다른 경전을 베꼈다고 주장하는 것은 악인의 우기는 말에 지나지 않는다.

성경은 초지일관 변함없이 하나님의 뜻을 인류에게 전하고 있다. 예수 그리스도의 오심과 사역, 고난과 죽음, 그리고 부활과 승천, 재림으로 이어지는 성경의 가르침은 처음부터 끝까지 일관성 있게 하나님의 뜻대로 진행되고 있다. 무지한 인간의 지식으로 하나님의 뜻을 가리는 자가 되어선 안 된다. 그리고 이러한 자들의 가르침을 좇아서도 안 된다.

나이 든 그리스도인들은 이러한 세속적 가르침의 도전에 대해 크게 요동하지 않는다. 그런 내용을 접할 기회가 많이 없기 때문이다. 그러나 젊은 층들은 다르다. 곳곳에 이들을 미혹하는 암초들이 놓여 있다. 이들은 이성적 합리주의와 논리정연한 과학주의에 익숙해져 있고, 성경의 가르침도 이해되지 않으면 단지 믿음만으로 받아들이지 않는다. 그래서 이러한 신화나 경전에 나타나는 성경과의 유사한 점들을 그냥 믿음만으로 넘어가려고 하지 않는다. 이들은 좀 더 분명하고 정확한 내용을 알려고 한다. 그런데 교회는 이러한 젊은 층들의 내적 욕구는 모른 채 시대의 탓만 하고 바르게 가르치려고 하지 않는다.

젊은 세대들이 교회를 떠나는 것은 시대의 탓이 아니라, 교회의 올바른 신앙교육의 부재 때문이다. 시대에 맞는 신앙적 가르침을 주지 못하기 때문이다. 눈에 보이는 외적 성장만을 지향하다 보니, 물질과 세속적 부에 관심을 둔다.

우리 목회자나 성경을 가르치는 지도자들이 무지해선 안 된다. 무조건 믿으라는 식의 강압적 가르침은 이 시대엔 통하지 않는다. 좀 더 성경을 바로 아는 일에, 그리고 성경에 도전되는 많은 사상들에 대해 심각히 연구하고 공부해야 한다. 그래서 영적인 바른 교훈들을 성도들에게 전해야 한다.

지금 우리 한국교회를 보라. 그리고 우리 성도들을 보라. 우리 신앙의 핵심적 의식(儀式)인 예배가 무너지고 있지 않은가? 주일 낮 예배 한 번만 드리면 모든 예배의 의무를 다한 것으로 생각하고, 오후 예배나 수요 예배는 아예 관심도 가지지 않는다. 물론 예배는 주일 낮 예배 한 번 드린다고 해서 틀린 것은 아니다. 그러나 예배에 대한 의식(意識)의 문제다. 잘 드리고 있던 오후 예배, 수요 예배는 이제 예배가 아닌 것 같은 생각들을 하고 있는 것이 문제다. 예배드릴 수 있음에도 불구하고 의식이 달라져, 이제는 예배보다 자기의 시간, 자기의 일을 우선하는 그러한 의식으로 전환되어 버렸다. 그러다 보니 주일 예배도 자기의 일이 없을 때나 시간이 허락하면 드리려고 하는 형태로 굳어져 버린다. 목숨 걸고 지키던 주일성수 문제도 이제 옛말이 되어 버렸다.

지난 2024년 10월 27일 수많은 교회가 주일날 차를 빌려 기독교에서 주관하는 차별금지법 반대 집회에 참석하는 일이 있었다. 주일성수에 대한 의식의 변화 때문이다.

이제 주일 예배도 자신의 여가를 위해 아침 일찍 드리는 교회를 찾아 적당히 드리고, 나머지 시간은 가족과 함께 나름 여유를 찾으며 여가를 즐기려는 교인들이 급속히 늘어나고 있다.

바울은 마지막 시대의 배도에 대해 경고한다.[95] 무서운 세속적 철학, 신화와 신비적 행위들, 기독교와 로마 가톨릭의 연합, 이에 동조하는 수많은 교회와 기독교 단체들, 거짓 신비주의에 미혹되어 성경을 성경대로 믿지 않는 수많은 성도들, 동성애 등등, 그리스도의 구원 사역을 막으려는 사탄의 마지막 승부수인 배도가 전 세계에 만연하고 있다.

세속과학의 도전도 무섭다. 배아복제, 인간복제, 유전자변형 인간, 유전자 치료, 트랜스 휴먼, 트랜스 젠더, 인공지능, 사이보그, 컴퓨터 칩 등등, 미래에 일어날 일들이 두렵기만 하다. 이 모두가 하나님에 대해 도전적이며, 배도의 행위들로 이어질 것이다.

그리스도를 모방한 거짓 신화, 종교들은 모두 사탄이 만들어 놓은 연막이다. 그리스도의 올바른 복음의 광채를 보지 못하도록 한 사탄의 무

---

95) 누가 아무렇게 하여도 너희가 미혹하지 말라 먼저 배도하는 일이 있고 저 불법의 사람 곧 멸망의 아들이 나타나기 전에는 이르지 아니하리니(살후 2:3)

서운 전략이다.[96] 이러한 거짓 가르침이나 교훈에 우리 그리스도인들은 미혹되어선 안 된다.

갈수록 더욱더 무서운 세속적 도전과 신비주의적 가르침들이 우리 성도들을 미혹할 것이다. 자연스레 우리를 배도의 자리로 안내할 것이다. 이럴 때일수록 더욱더 성경을 가까이하고 성경을 바로 알아, 이러한 도전을 잘 이겨내는 신실한 그리스도인이 되기를 기도한다.

96) 그 중에 이 세상 신이 믿지 아니하는 자들의 마음을 혼미케 하여 그리스도의 영광의 복음의 광채가 비취지 못하게 함이니 그리스도는 하나님의 형상이니라 (고후 4:4)

신약을 마무리하면서

이 시대는 그리스도의 재림이 얼마 남지 않은 시대로 보인다. 곳곳에서 난리와 난리의 소문들이 계속 들리고 있으며, 세상은 하나님을 향한 대적의 수위를 높여가고 있다.

교회는 배도의 늪으로 점점 더 빠져가 헤어 나오지를 못하고 있고, 성도들은 이를 좋아하고 있는 현실이다.

이런 현시대에 성도가 성경을 바로 알지 못하면 이 세상을 이겨 내기 어렵다. 수많은 거짓 가르침을 분별하지 못하고, 자기의 생각과 맞는 사람을 좇아간다. 그러다 사탄의 덫에 걸려 물질과 시간을 사탄을 위해 사용하는 기이한 현상이 생긴다.

구약과 신약에서 우리가 오해하기 쉬운 내용들과 도움이 될 만한 일부의 주제를 가져와 부족한 글로 나름 정리해 보았다.

쓰다 보니 내용이 너무 길어져 다루고 싶은 몇몇 주제들은 다루지 못했다. 좀 아쉬운 면이 있지만, 다음 기회가 주어진다면 그때 다루어 볼 생각이다.

우리는 오랫동안 성경을 봐 왔지만, 많은 부분에 있어 성경보다 교리나 교회의 가르침에 익숙해져, 올바른 성경의 안내를 받지 못했을 수도 있다. 하나님 앞에 모든 것을 내려놓고 겸손한 마음으로 성경을 천천히 그리고 자세히 다시 보면서 성경의 바른 가르침을 따라가는 주의 자녀가 되길 기도한다.

이 책이 나오기까지 많은 도움을 주신 우리 성경바로알기운동학회 회원님들께 감사한다.

주의 도움이 아니면 그 어떠한 것도 할 수 없는 존재임을 느끼며 여기에 쓰인 모든 글 또한 주의 도우심이 없었다면 이루어질 수 없는 일임을 안다. 도와주시고 인도해 주신 존귀하신 우리 삼위 하나님께 영광을 올려 드린다.

혹 내용 중 여러 의문점이나 여기 언급되지 않은 성경 내용에 대해 좀 더 알기를 원한다면 유튜브 성경바로알기 TV나 성경바로알기 다음 카페를 활용할 수 있다. 또한 성경바로알기운동학회 회원으로 함께 하면 좀 더 깊은 성경 공부와 더불어 현시대에 대한 준비와 주님 오심에 대한 중요한 안내를 받아 이 시대를 함께 준비하며 이겨갈 수 있을 것으로 생각한다.

이 책을 접한 모든 독자님들께 언제나 주의 은총이 함께 하길 기도하며, 주의 오심에 대한 믿음의 준비를 잘 갖추어 가시길 당부 드린다.

2024년 11월

부록 I
성경을 바로 알기 위한 안내

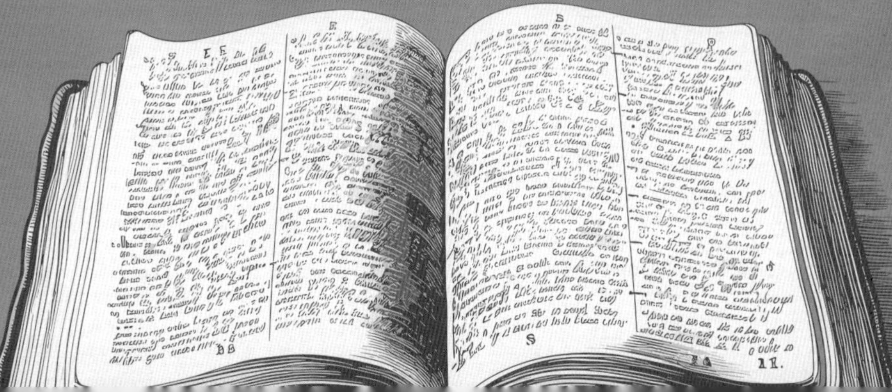

들어가면서

하나님의 말씀인 성경이 무섭게 도전 받는 시대에 들어왔다. 누구나 언제든지 접할 수 있는 하나님의 말씀이지만, 이 말씀이 하나님을 대적하는 자들에 의해 무참히 짓밟히고 있다.

악인의 형통함과 의인의 고통에 아파했던 아삽의 절규처럼, 오늘 우리는 악인들이 무너뜨리는 하나님의 말씀에 절규한다. 신적 권위와 위엄이 무너지고 하나님은 그 어디에서도 역사하지 않으시는 것 같은 침묵 속에서 악인들은 외친다. "성경이 어디 하나님의 말씀이냐, 성경은 오류로 가득 찬 허구에 지나지 않는다. 하나님이 살아 있다면 우리에게 보여 달라." 하는 교만한 외침이 의인들의 마음을 짓누른다.

인간의 교만한 지식으로 주님의 귀한 말씀인 성경을 판단하고, 하나님을 판단한다. 인생들이 어느 때까지 성경을 판단하고, 하나님을 판단할 수 있겠는가? 해 아래 존재하는 모든 것은 때가 되면 그 왔던 곳으로 돌아가고 인생은 하나님의 처분 아래 놓이는데, 인생의 연수가 100년을 넘길 것 같은가? 영원의 한 점에 불과한 시간을 사는 인생들이 감히 영원을 지배하고 다스리는 하나님을 향해 큰소리치는 꼴이다.

우리 성도들은 하나님의 말씀에 대해 무지해선 안 된다. 믿음은 들음에서 오며, 들음은 주님의 말씀으로부터 온다. 주님의 말씀에 대한 무지는 곧 올바르지 못한 믿음을 갖게 만든다. 이는 주님에 대한 확신을 결여하게 하며, 하나님의 실재하심에 대한 회의가 생기게 한다. 주님의 귀한 말씀을 바르게 이해하면, 세상의 모든 실체가 드러난다. 하나님을 대적하는 무리들의 허무함을 알게 되며, 잘못된 세상 지식의 무너짐을 알게 된다.

말씀에 대한 올바른 이해와 확신은 세상이 감당치 못하게 한다. 신앙을 파괴하고자 하는 그 어떠한 도전도 말씀의 검으로 무너뜨린다. 부족하지만 이 한 권의 책이 우리 성도들에게 성경에 대한 이해의 폭을 조금이라도 넓히는 계기가 되기를 간절히 기대해 본다.

성경 해석의 유의점

성경을 바로 안다는 것은 성도에게 있어 생명과 같은 것이다. 주님은 내가 곧 유일한 길이요, 진리요, 생명이라 말씀하셨다(요 14:6). 이 유일한 길과 진리와 생명 되신 주님이 '말씀'이라고(요 1:1), 이 '말씀'은 하나님이시며 인간의 육신을 입고 이 땅에 오셨다고(요 1:14) 성경은 증거한다. 하나님이 육신의 몸을 입고 이 땅에 오신 분이 예수 그리스도다. 이는 곧 유일한 길과 진리와 생명과 말씀은 하나라는 말이며, 모두 예수 그리스도를 지칭한다. 그러므로 성경을 바로 아는 일은 말씀이신 주님을 바로 아는 일이 되며, 이 주님을 바로 알 때 우리는 생명을 얻게 된다.

성경을 바로 안다는 것은 주님을 바로 안다는 것이며, 이는 생명을 얻게 된다는 말씀이다.

성경을 바로 알기 위해선 거쳐야 할 작업이 많이 있다. 무조건 성경을 읽는다고 성경이 알게 된다면 정말 좋은 일이겠지만, 실상은 그렇지가 않다. 하나의 성경으로 무수히 많은 이단들이 생기고 수많은 교단들이 발생한 것은 모두 성경 해석상의 문제에서 기인한다. 성경 해석의 결과에 따라 발생하는 수많은 문제들은 우리 성도들에게 많은 혼란을 가져오고, 때론 서로 간에 적대감을 만들기도 한다. 이러한 문제들은 쉽게 해결이 될 수 없는 성질의 것으로, 아마 주님이 이 땅에 오시기 전까지는 계속 있을 것이다. 그러나 우리가 조금만 노력을 기울인다면, 우리의 생명이 되는 하나님의 말씀을 좀 더 바르게 알 수 있을 것이다. 노력하지 않고 하나님의 말씀을 바로 알려고 하는 어리석은 성도가 되어선 안 된다.

이제 우리는 성경을 바로 알기 위한 간단한 작업들을 먼저 해보고, 성경 상에 나타나는 여러 사건이나 내용들을 좀 더 구체적으로 살펴보면서 성경을 바로 아는 일에 한 걸음 더 나아가도록 하자. 성경을 올바로 해석하기 위해서는 우선 다음과 같은 점들에 유의해야 한다.

1. 성경은 윤리나 도덕 교과서가 아니다.

비록 성경은 윤리나 도덕적 내용이 많이 기록되어 있지만, 윤리나 도덕을 가르치기 위한 책이 아니다. 그래서 때론 인간의 관점에서의 비윤리적, 비도덕적 행위들이 하나님의 관점에서는 별문제 없이 지나치는 경우도 많이 나타나고 있다. 간단한 예로 구약성경에 나타나는 일부다처제나 롯과 그 딸들의 사건, 유다와 며느리의 사건, 모세가 이방 여인을 취한 사건, 다윗과 솔로몬의 사건 등의 일들이 될 것이다.

2. 성경은 어떤 가설을 도입하여 사실을 논증하려는 책이 아니다.

성경은 사실이 아닌 내용을 진화론처럼 먼저 가설을 정해놓고 그 사실을 입증시키려는 책이 아니다. 성경은 처음부터 사실을 기록한 책이다.

3. 성경은 우리의 마음을 편하게 해주려는 위로서가 아니다.

많은 사람들이 성경을 통해 마음의 위로를 받으려는 경향이 있다. 그러나 우리는 성경을 통해 위로를 받을 수 있지만, 때로는 성경을 통해 심각한 도전을 받을 때도 있다. 오히려 성경을 통해 하나님의 진노에 대한 무서움이나 심판에 대한 두려움을 느끼는 경우도 많이 있음을 부인할 수 없다. 단지 마음의 평안을 얻기 위해 성경을 대한다면 이는 잘못된 태도이다.

4. 성경은 하나님과 사탄의 세계에 대한 장엄한 투쟁의 역사이며, 사탄의 세력 아래 마땅히 멸망 받아야 할 인류에게 구원을 제시하는 영적인 거룩한 말씀이다.

비록 성경은 인간이 기록했지만, 이 성경은 하나님의 감동으로 기록된 책이기 때문에 육적인 내용이 중심되는 것이 아니라, 육적인 여러 내용 이면에 나타나는 영적인 내용을 알려주기 위해 기록된 책이다. 성경은 우리에게 영적 세계의 존재, 우리 인간의 영적 존재성, 죄로 인한 하나님과의 영적 단절(영적 사망), 이 단절로부터의 해결점(구원) 등을 알려주는 거룩한 하나님의 영적 말씀이다.

5. 성경의 전체 내용을 분명히 이해하고 각 권의 책들의 내용을 전체와 연결해야 올바른 해석이 나온다.

성경을 올바르게 이해하기 위해서는 성경 각 권의 내용도 잘 알 필요가 있겠지만, 우선은 성경 전체에서 가르치는 하나님의 원 의도를 알아야 한다. 성경은 각각의 책들이 모여 한 권의 성경으로 구성되어 있지만, 그 전체에서 가르치는 하나님의 의도는 하나로 통일된 놀라운 책이다. 그러므로 성경 전체에서 가르치고자 하시는 하나님의 원 의도를 올바로 이해하고 각 권의 내용을 알아가야 한다. 그래야 성경을 잘못 이해하지 않게 된다.

6. 다 그런 것은 아니지만, 성경의 많은 사건이나 내용은 우리의 구원에 대한 하나님의 의도를 나타내고 있음을 기억해야 한다.

성경에서 가르치는 하나님의 의도는 아주 단순하고 간단하며 쉽다. 수많은 사건과 복잡한 일들이 수도 없이 나타나지만, 그중 많은 사건들이 인간을 구원하고자 하시는 하나님의 의도를 보여주는 모형, 상징 또는 그림자로서 나타나고 있으며, 인류 구원에 대한 하나님의 뜻을 기록된 당시의 시대적 상황이나 사건을 고려하여 기록한 것이다. 따라서 하나님의 인류 구원이라는 맥락에서 성경을 이해해야 하며, 구약과 신약의 모든 연속성은 결국 하나님의 인류 구원으로 연결됨을 발견해야 한다. 그렇지 않으면 풀 수 없고 이해할 수 없는 수많은 사건들을 접하게 될 것이다.

7. 성경을 읽거나 해석할 때 반드시 하나님이 주시는 영적인 교훈을 찾아야 한다.

성경이 비록 육적 언어와 인간의 수단으로 기록된 책이지만, 하나님의 영적 의도를 기록한 책이기 때문에 하나님께서 주시는 영적 교훈을 잘 찾아야 한다. 그렇다고 모든 말씀을 영적으로만 해석해선 안 된다. 특별한 영적 의미가 있는 경우도 있지만, 인간의 삶 속에서 자연스럽게 해석되는 부분도 많이 있기 때문이다.

8. 설교자나 성경을 가르치는 자는 성경을 자신의 감정과 사상을 가르치는 도구로 사용해서는 안 된다. 성경은 인류에 대한 하나님의 말씀으로, 하나님의 뜻을 전해야 한다.

대부분의 사람들은 자신이 살아온 배경과 환경을 무시할 수 없다. 개인의 지식과 경험, 가정의 교훈, 나라의 전통, 종교적 가르침, 다양한 독서 등에 의해 자기도 모르게 개인적 철학이 만들어져 자신의 삶에 바탕을 이루고 살아가게 된다. 그러다 보니 비록 그리스도인이 되어 성경을 가까이하고 공부하지만, 많은 경우에 있어 자신이 이미 가지고 있는 철학적 바탕에 성경을 접목시켜 조화를 이루고자 하는 실수를 하게 된다. 이는 의도된 것이라기보다 비의도적인 경우가 많은데, 성경을 바로 알지 못할 때 일어나는 현상 중의 하나이며, 혹은 성경을 알더라도 자신의 철학적 사상에 대한 확신이 너무 강해 성경을 자신의 사상으로 일치시키려는 시도를 하게 된다.

설교자나 성경을 가르치는 교사들 혹은 성경을 읽으면서 공부하는 모든 자들은 자신이 가진 모든 철학적 사상을 내려놓고 성경을 대해야 한다. 그래야 하나님의 원 말씀의 의도를 발견할 수 있다.

9. 설교할 때는 주어진 본문에서 하나님께서 하고자 하시는 말씀을 찾아야 한다.

설교는 성경을 통해 하나님의 뜻을 전달하는 인간적 행위이다. 예배에 있어 가장 핵심 부분을 차지하는 설교에 있어, 설교자는 성경을 통해 하나님의 의도를 분명히 전해야 하는데, 성경 전체에 나타나는 하나님의 의도는 너무 광범위하므로 설교자는 설교를 위한 본문을 택해 그 본문에서 말씀하시고자 하는 하나님의 의도를 정확히 찾아야 한다. 본문을 벗어난 설교는 자칫 자기 생각을 하나님의 말씀이라 하여 성도들에게 전달하는 실수를 할 수 있으므로, 설교자는 이 점에 유의해야 한다.

10. 교리나 전통적 해석만 주장해서는 안 된다.

자신이 속한 교단의 교리가 그러하기 때문에, 과거로부터 이렇게 해석해 왔기 때문에 나도 그렇게 해석해야 한다는 것은 일장일단의 양면성을 가지고 있다. 다행히 올바른 교리나 해석으로 그대로 진행된다면 별문제 없겠지만, 그렇지 못한 경우도 많이 있기 때문이다. 그러므로 교단에서 가르치는 교리나 과거의 전통적 해석으로 이해하고 받아들여야 할 경우도 있지만, 이로 인해 올바른 성경의 가르침을 놓칠 수도 있으니 올바른 성경의 가르침을 찾기 위한 노력이 꼭 필요하다.

11. 여러 가지 신비한 경험적 해석도 배제해야 한다.

경험은 삶의 아버지란 말이 있듯이, 경험을 통해 인간은 다양한 삶의 지혜를 체득해 간다. 경험을 통해 확신도 하게 되고, 경험을 통해 자신의 주장을 어필하기도 한다. 우리가 믿음 생활을 하다 보면 다양한 영적 경험을 하게 된다. 기도 중의 여러 영적 체험들, 환상, 영적 은사, 영적 꿈, 신유 체험 등등, 이 모든 일은 우리가 신앙의 여정 가운데 체험할 수 있는 영적 현상들이다. 그리고 이러한 경험의 중요성은 새삼 말할 필요도 없다. 여러 영적 체험들을 통해 하나님에 대한 더욱 강한 확신, 믿음의 성장 등이 확실히 일어나기 때문이다.

그러나 문제는 이러한 영적 현상들은 우리 기독교가 아니어도 종교를 가진 모든 사람에게 다 일어날 수 있는 현상들이라는 것이다. 그러므로 자신이 경험한 신비한 체험이 절대적으로 하나님이 주신 것이라는 섣부른 확신은 조심해야 한다. 그리고 이러한 신비한 영적 경험들을 아무런 검증 없이 마구잡이로 간증이나 설교, 혹은 성경 공부를 하면서 이야기해서는 안 된다. 성경에 대한 올바른 지식이나 이해 없이, 이러한 영적 체험을 하게 되면 자칫 사탄의 덫에 걸려들 수 있다. 따라서 영적 체험들은 반드시 성경에 의해 지지를 받아야 하며, 성경적으로 문제가 없어야 한다. 그렇지 않고 자신이 경험한 영적 체험을 성경 해석에 그대로 적용한다면 신비주의로 넘어갈 수 있다.

12. 해석하기 어렵거나 설명할 수 없는 내용은 믿음으로 믿고 넘어가야 한다. 자칫 잘못된 사상을 주장하고 가르치게 된다.

성경의 모든 내용을 모두 정확히 알기란 불가능하다. 그러므로 정확한 것이 아니면 섣불리 해석하거나 이해하려고 해선 안 된다. 시간이 지나 신앙의 성숙 정도에 따라 이해하지 못했던 부분이 이해되는 경우도 많이 있다.

현재 자신에게 어려운 많은 내용들은 때론 믿음으로 해결할 수밖에 없는 경우도 있다. 따라서 억지로 성경을 풀려는 시도는 하지 말아야 한다(벧후 3:16).

13. 성경을 읽을 때 아는 내용이라도 자세히 읽는 습관을 가져야 한다.

잘 알고 있는 내용이라도 성경을 자세히 보는 습관을 들여야 한다. 잘 안다는 것과 바로 안다는 것은 차이가 있다. 성경은 잘 알기보다는 바르게 알아야 한다. 성경을 대충 봐 버리면 성경에서 찾을 수 있는 해석적 내용도 발견하지 못하는 경우가 많이 있다. 성경을 좀 더 자세히 읽다 보면 올바르게 해석할 수 있는 내용이 성경 자체 안에 들어있는 경우가 많이 있으니, 잘 알고 있는 내용이라도 성경을 자세히 보는 습관을 기르는 것이 중요하다.

14. 몇 가지의 성경을 같이 검토해 나가야 한다.

현재 우리나라에 번역된 성경은 모두 10종[97]이다. 우리가 원어 실력이 있으면 원어를 보는 것이 좋겠지만 대부분이 그렇지 못하기 때문에 번역본을 볼 수밖에 없다. 현재 우리가 사용하는 개역성경도 좋은 성경이지만, 때론 번역의 의미를 제대로 파악하기 어렵거나 문제가 있는 부분도 있는 것은 주지의 사실이다. 그래서 다른 번역본은 어떻게 번역해 놓았는지를 살펴보면 좀 더 쉽게 이해되는 부분들도 있고, 내용을 파악하는 데 있어서 많은 도움을 받게 되는 경우도 있다. 개역성경, 개역개정성경, 킹제임스 성경, 바른 성경, 공동번역, 새번역 등의 성경을 서로 비교해 보면서 읽어 가면 좋을 것이다. 그러나 가장 좋은 번역은 원어에 충실한 번역이라는 사실을 기억하고, 원어의 원 의미를 바르게 찾는 노력이 필요하다.

15. 성경을 바로 알고 이해하기 위한 중요한 서적들을 반드시 읽어보라.

우리가 성경만 가지고 모든 해석이 이루어질 수 있다면 그 이상 좋을 수 없다. 그러나 성경만을 가지고 성경의 모든 내용을 정확히 해석한다는 것은 현실적으로 불가능하다. 그러므로 성경을 바로 해석하기 위해서는 여기에 도움을 줄 수 있는 여러 서적을 읽어봐야 한다. 특히 성경의 다양한 역사적 내용을 좀 더 폭넓게 알 수 있도록 도움을 주는 성경의 역사에 관한 책이나 성경 기록 당시의 시대적 상황을 묘사

97) 개역 성경, 개역개정 성경, 공동번역 성경, 표준새번역 성경, 한글 킹제임스 성경, 현대인의 성경, 현대어 성경, 쉬운 성경, 우리말 성경 등이다.

한 성경 배경에 관한 책들은 필수적으로 봐야 한다. 좀 더 노력한다면, 성경의 형성과정과 올바른 의미를 찾아가는 사본학에 관련한 서적들도 도움이 될 것이다.

하나하나 좀 더 많은 예와 설명이 필요한 부분들이지만, 차츰차츰 이 문제들을 해결해 가도록 독자들 스스로가 노력을 많이 하길 바란다. 성경을 읽으면서 성경을 자칫 자기의 생각이나 철학에 맞추어 이해하려고 하는 시도는 위험하며, 언제나 성경 전체에서 가르치는 교훈을 근거하여 자기 생각을 성경에 맞추어야 한다. 혹 어려운 내용은 섣불리 결론 짓기보다는 좀 더 공부를 해보는 것을 권한다. 만약 성경 해석이 잘못되면 다음과 같은 무서운 일들이 일어날 수도 있다.

- 개인의 영적 성장에 문제가 생긴다.
- 자신뿐만 아니라 다른 사람들에게도 좋지 못한 영적 영향을 미치게 된다.
- 다양한 교파나 교단이 만들어져 기독교는 분열된다.
- 기독교가 분열됨으로 성도들 간에 여러 면에서 신앙적 격차를 느끼게 한다.
- 잘못된 하나님, 예수님, 성령님을 믿게 된다.
- 올바른 신앙과 신학이 무너진다.
- 이단이나 사이비가 나오게 된다.
- 극단적 태도를 취하게 된다.
- 성경을 바로 알지 못한다.
- 목회자는 잘못된 설교를 하게 된다.

성경 해석의 보편적 적용과 제한적 적용

성경을 읽거나 공부하다 보면 때로 아주 곤란한 문제에 부딪히기도 한다. 해석의 적용에 대한 문제다. 과연 이 해석이 현시대 우리에게 그대로 적용해도 괜찮은 것인지 아닌지에 대한 어려움이라고 할 수 있다. 대부분의 성도들이 나름 이 문제들에 대한 해답을 알고 있다고는 하나, 여전히 혼란스럽기는 하다.

먼저 우리가 알아야 할 것은 성경 해석의 적용에는 보편적인 적용과 제한적인 적용이 있다는 것이다. 보편적 적용은 전 시대, 전 인류에게 보편적으로 적용할 수 있는 내용을 말하고, 제한적 적용은 특정한 인물이나 국가, 특정한 시대에만 적용이 가능한 내용을 말한다.

하나님께서 성경을 기록하게 하실 때, 하나님의 말씀이기 때문에 언제나 모든 사람이나 모든 국가가, 모든 시기에 그 말씀을 한결같이 지키도록 의도하신 것은 아니다. 성경을 기록할 당시의 인물이나 나라, 시대적 배경을 최대한 활용해 성경을 기록하게 하셨기 때문에, 반드시 특정한 시기와 나라, 특정한 인물들에게만 적용해야 하는 말씀도 많이 주셨다는 것을 알아야 한다. 이는 현시대, 모든 나라, 모든 사람에게는 전혀 적용할 수 없는 말씀도 많이 있다는 뜻이다. 그러므로 성경의 보편적 적용이나 제한적 적용에 대한 문제를 잘 이해하고 성경을 해석해야 하는데, 이 문제는 그렇게 간단한 것은 아니다. 전체적 성경의 가르침 가운데 나타나는 하나님의 원 의도를 잘 알고, 하나님께서 어떤 의도로 이 말씀을 기록하게 하신 것인가를 제대로 파악해야 올바른 판단을 할 수 있다.

일단 구약성경은 단순하게 보면 전 세계의 주인이신 하나님에 대한 안내이며, 이스라엘이라는 한 민족에게 주어진 특별한 말씀으로 이스라엘 민족의 역사책 혹은 그들만의 법이라 볼 수 있다. 그러므로 구약의 모든 말씀은 이스라엘이라는 나라를 중심으로 이루어진 말씀과 법들이기 때문에, 일차적으로 구약성경의 대부분은 이스라엘민족을 중심으로 적용되는 특별한 말씀이다. 십계명이나 구약의 모든 율법들이 여기에 해당한다. 이러한 이스라엘 민족에게 주어진 계명들을 성경이 하나님의 말씀이라 하여 현대의 구원받은 우리도 하나님의 말씀대로 행해야 한다면서 구약의 율법대로 행한다면, 이는 무서운 결과를 초래하게 된다.

구약성경은 하나님이 특정 국가인 이스라엘이라는 하나님의 백성들을 위한 지침서로 주신 것이기도 하지만, 이스라엘이라는 한 민족을 통해 오실 인류의 구원자 예수그리스도에 대해 안내하고 그리스도를 통한 전 인류의 구원에 대한 하나님의 의도를 전달하기 위한 목적으로, 한 나라를 선정해 자기 백성으로 삼으시고 그 백성들의 지침서로 주신

법적 규약이기 때문에, 구약성경의 내용은 이스라엘이라는 특별한 민족에게 제한적으로 적용해야 하는 것이 대부분이다. 그러나 이러한 제한적인 구약의 대부분의 내용은 그리스도를 통한 인류 구원의 그림자로 안내하는 성격을 가지고 있으므로, 구약의 모든 내용은 그리스도를 통해 재해석 되어야만 올바른 성경 해석의 결과를 가져올 수 있다. 그래서 그리스도는 내가 율법을 폐하러 온 것이 아니라 율법을 이루기 위해 왔다(마 5:17)고 하셨고, 구약의 율법서, 시가서, 선지서 등은 모두 자신을 증거하기 위한 책(눅 24:44, 요 5:39)이라 하셨다.

성경을 읽고 올바르게 해석해야 하는 우리는 성경의 적용에 있어 제한적 적용의 내용을 보편적 적용으로 받아들여서는 안 된다. 하나님의 백성이라 성경대로 살아야 한다고 하면서, 이스라엘 민족에게 주어진 율법의 내용을 오늘날에도 그대로 지켜야 한다고 주장하면 아주 곤란해진다. 율법을 어길 경우 죽이라는 내용이 주를 이루고 있는 모세오경의 법들을 이 시대에 그대로 시행하다가는 우리는 모두 살인자가 된다. 이러한 법들은 당시의 시대적 상황을 반영한 것으로 특정한 민족이나 특정한 시기에 주어진 제한적 성격이 강한 말씀들이다. 그리고 이러한 법 이면에는 항상 그리스도의 구원이라는 하나님의 의중이 담겨 있다. 법 아래 죽어 마땅한 우리이지만, 오직 그리스도의 은혜로만 법 아래의 모든 죽음으로부터 구원을 얻을 수 있게 된다는 하나님의 의도가 구약의 법 이면에 나타나 있으므로, 결국 구약의 모든 법은 하나님의 사랑과 연결된다. 온전하게 법을 지킬 수 없고 법 아래 멸망 받아야 할 인류에게 있어, 법 아래의 모든 형벌을 그리스도에게로 지우시고 그를 죽임으로 구약의 모든 법이 완전하게 되고, 그리스도를 통해 하나님의 용서와 구원이 이루어지게 됨을 암시하는 것이 구약의 율법적 내용이다. 그렇다고 구약의 모든 법적 내용을 제한적으로만 받아들여, 이 시대는 구약의 율법은 필요 없는 시대라 하면서 구약의 법을 무시하는 것도 올바르지 못한 행동이다. 비록 구약의 모든 법은 폐지되었지만, 그 정신과 가르침은 보편적 적용에 있어 꼭 필요하기 때문이다.

또한, 신약에서 제시하는 보편적 적용의 가르침들을 제대로 이해하기 위해선 구약의 율법적 내용에 대한 올바른 이해가 꼭 필요한데, 이는 구약의 제한적 성격의 여러 법이 신약을 통해 보편화되는 경향들이 많이 있기 때문이다. 구약의 제사들이 오늘날의 예배로, 구약의 할례가 오늘날의 세례로, 구약의 안식일이 오늘날의 주일로 변경된 것 등은 구약의 안내 없이는 우리가 알 수 없는 내용이다. 그리고 구원에 대한 올바른 이해도 구약의 내용에 대한 이해 없이는 결코 이를 수 없는 신비한 것들이다.

우리는 이러한 적용의 성격을 잘 알고 성경의 올바른 해석을 위해 노력을 해야 하고 성경을 바로 알기 위한 경주를 해야 한다. 성경을 읽어 가면서 이 점을 주의해서 읽어 간다면 성경을 좀 더 바로 아는 것에 한 걸음 더 다가설 것이다.

성경 해석의 7대 원리

이러한 사실을 염두에 두고, 이제 성경을 바로 알기 위한 기본적 성경 해석의 원리들을 살펴보자. **성경 해석의 7대 원리**로 기억하면 좋을 것이다.

1. 문자적 해석 원리

별문제가 없는 한 기록된 문자 그대로 성경을 해석하라.

문자적 해석이란 성경에 기록된 그대로 이해하고 받아들여야 한다는 것이다. 이는 성경 해석에 있어 제일의 원리라 볼 수 있다. 성경은 우선적으로 기록된 그대로 믿어야 한다. 성경의 내용은 우리의 학문, 철학, 이성적 사고 등을 통해 재해석하거나 주관화하는 것이 아니라, 기록된 그대로 해석하는 것이 원칙이다. 가벼운 예로, 하나님께서 세상을 6일 동안 창조하셨다고 성경은 기록하고 있다. 그렇다면 우리는 여기에 대한 별다른 해석을 암시하는 다른 성경적 지지가 없는 한, 하나님이 세상을 창조한 기간을 6일로 인정하고 받아들여야 한다.

고고학이나 과학적 수단에 의해 지구의 연대를 수십억 년 이상까지 거슬러 올라가는 세상의 학문과 조화를 이루기 위해, 하나님의 6일간의 천지 창조에 대해 의문을 가지고 이 6일을 달리 해석해선 안 된다. 이 6일을 오늘날의 하루와 다른 날로 계산한다거나, 어떤 시대를 하루로 표시해 창조 당시의 하루는 우리가 알 수 없는 긴 시대를 말한다는 시대설, 태양과 달과 별이 만들어진 4일째부터는 오늘날과 같은 정상적인 하루이지만, 해, 달, 별이 만들어지기 전 그 앞의 3일간의 하루는 우리가 알 수 없는 긴 시대에 해당한다는 이상한 말을 해선 안 된다. 성경에서 하나님의 천지 창조 기간이 6일이라 말씀하시면 6일 그대로 믿어야 한다. 하나님께서는 6일이 아니라 더 짧은 시간에도 모든 것을 만드실 수 있는 분이다. 성경에서 별다른 암시가 없는 한 기록된 문자 그대로 우리가 인정하고 받아들이며 믿어야 한다. 성경에 나타난 수많은 기적이나 이적과 같은 내용 모두가 그러하다. 기록된 그대로 믿어야 한다. 이것이 문자적 해석이다.

2. 영적 해석 원리

문자적 해석이 어려운 경우 영적 해석을 하라.

그러나 모든 성경이 다 문자만으로 해석될 수 있는 것은 아니다. 문자적으로 기록된 이면에 나타나는 영적 의미가 있는 말씀들도 많이 있으므로, 문자적으로 해석이 어려운 경우 영적 해석이 필요하다. 마태복음 10장에 나타난 영적 전쟁에 관련한 부분도 그러할 것이다. 마 10:34-36의 말씀을 보면 다음과 같이 기록되어 있다.

내가 세상에 화평을 주러 온 줄로 생각지 말라 화평이 아니요 검을 주러 왔노라. 내가 온 것은 사람이 그 아비와, 딸이 어미와, 며느리가 시어미와 불화하게 하려 함이니, 사람의 원수가 자기 집안 식구리라

(마 10:34-36)

만약 이 내용을 문자 그대로 해석하게 되면, 그리스도가 이 땅에 오신 것은 검, 즉 전쟁을 위해 온 것이며, 가정을 파괴하기 위해 온 가정파괴범 같은 그런 내용이 된다. 위의 말씀은 문자적으로는 해석이 불가능한 말씀이며, 전후 문맥을 고려해 볼 때 이 세상에 대한 영적 전쟁, 가정에 대한 영적 전쟁을 알려주는 내용으로 복음 전파를 통한 사탄과의 영적 전쟁을 언급한 것이다.

일반적으로 구약의 선지서들이나 신약의 예언서 등의 내용은 영적 상징을 언급한 부분들이 많아서, 반드시 영적 해석이 따라와야만 하는 경우가 많이 있다. 그러다 보니 선지서나 예언서의 해석에 있어 많은 주석가들이 해석의 차이를 보이는 것도 사실이다.

영적 해석을 함에 있어서는 자칫 잘못된 개인의 지식이나 사상, 철학적·주관적 사고에 의해 의도적으로 잘못 해석될 소지가 다분히 있으므로, 반드시 성경 전체와의 조화를 이룰 수 있도록 해야 한다. 자신의 지식적 수준이나 철학적 가치관으로 인해 개인의 생각대로 영적 해석을 시도해서는 안 된다.

영적 해석에 있어 선구자는 3세기경 알렉산드리아 학파 교부였던 오

리겐으로 거슬러 올라간다. 클레멘트의 제자였던 오리겐은 성경의 모든 내용은 문사 이면에 숨겨진 영적 의미가 있다고 보았기 때문에, 대부분의 내용을 문자적으로만 받아들이지 않고 영적 해석의 한 부분[98]인 풍유적 해석으로 성경의 해석을 시도하였다. 많은 부분에서 좋은 해석들도 있지만, 이단적 성격의 해석 또한 많이 나타나고 있다. 그리스도의 신성에 대한 문제와 더불어, 성경을 도덕률 중심으로 받아들이는가 하면, 환생설과 만인 구원론, 그리고 영혼선재설 등을 주장하기도 했다. 더 나아가 만유내재신론의 사상을 가진 뉴에이지적 사상(당시의 영지주의 사상) 또한 받아들였는데, 이는 그가 사상 면에서 헬라철학과 영지주의적 사상을 많이 받아들였기 때문인 것으로 보인다.

영적 해석은 꼭 필요하지만, 자칫 잘못된 개인적 생각으로 성경을 해석할 가능성이 많기 때문에 조심해야 할 것이다. 문제점들은 다음과 같다.

- 해석이 주관적으로 흐를 수 있다.
- 개인적 경험에 의해 해석을 시도할 수 있으며, 경험 중심의 해석을 결론화할 수 있다.
- 성경 전체에 대한 통찰력 없이는 영적 해석을 하기가 어렵다.
- 신비주의적으로 흐를 수 있다.
- 본문에서 말하는 원 의도를 벗어날 가능성이 크다.
- 성경 자체가 영적인 책이기 때문에 전체를 영적으로 보는 것은 나쁘지 않으나, 성경 안에 나오는 모든 내용을 영적화 시켜버리는 위험이 있다.

98) 영적 해석에는 풍유, 상징, 비유, 계시(꿈, 환상, 음성 등)적 해석 등이 있다.

3. 문맥적 해석 원리

반드시 문맥을 확인하라. 문맥은 해석의 왕이다.

문맥이란 문장과 문장이 이어지면서 전달되는 중심적인 의미나 논리적 연관 관계를 말한다. 성경 해석뿐만 아니라 모든 글의 해석과 이해에 있어서 문맥은 그 중심에 있다. 이렇게 문맥을 올바르게 파악하여 성경을 해석하는 것을 문맥적 해석이라 한다. 문맥적 해석은 성경 해석 원리의 왕이라는 말이 있을 정도로 그 중요성은 크다. 시가서 중 시편, 잠언, 전도서, 아가서 등을 제외한 대부분의 성경은 독자적 문장으로 나오는 것이 아니라, 앞뒤의 문맥과 연결되어 있다. 그래서 앞뒤의 문맥을 무시한 채 어떤 특정한 구절만을 가지고 해석하게 되면, 자칫 문맥과 맞지 않는 결과를 얻게 되고, 성경이 가르치고자 하는 원 의미를 놓쳐 버리기 쉽다. 문맥을 무시한 해석은 원 저자의 의도를 흐리게 하거나 아주 곡해하여 잘못 해석하게 되는 오류를 범하게 한다. 따라서 성경을 올바르게 해석하기 위해서는 반드시 문맥에 대한 관찰이 있어야 한다.

문맥은 바로 앞의 문장과 연결되어 나타나는 근접적 문맥(빌 4:13)과 먼 거리서부터 연결되어 오는 원접적 문맥(롬 12:1-2)으로 나눌 수 있으며, 이 둘 모두를 포함하여 연결된 부분도 있다. 우리는 로마서 12장 1-2절의 내용을 잘 알고 있다.

그러므로 형제들아 내가 하나님의 모든 자비하심으로 너희를 권하노니 너희 몸을 하나님이 기뻐하시는 거룩한 산 제사로 드리라 이는 너희의 드릴 영적 예배니라. 너희는 이 세대를 본받지 말고 오직 마음을 새롭게 함으로 변화를 받아 하나님의 선하시고 기뻐하시고 온전하신 뜻이 무엇인지 분별하도록 하라.

(롬 12:1-2)

여기 나오는 접속사 '그러므로'는 앞의 문장이나 내용을 연결하는 순접 접속사이다. 롬 12:1-2의 말씀을 올바로 해석하기 위해서는 롬 1-11장에 나타나는 전체적인 내용에 대한 충분한 이해가 필요하다. 그렇지 못하면 롬 12:1-2에 나타나는 올바른 의미를 파악하기 어렵다.

사도바울은 여러 교회에 서신을 보내면서 아무런 형식 없이 편지글을 써간 것이 아니라, 일정한 형식을 갖추고 편지글을 써 보내었다. 그 형식 중 하나로 바울서신 전반부 대부분은 교리적인 면을 취급하였고, 그리고 후반부에는 성도의 생활인 실천 편을 다루면서 성도의 삶의 태도를 기록하였다. 이 점을 고려하여 롬 12:1-2을 살펴보아야 한다.

로마서는 구원에 대하여 아주 체계적으로 우리에게 가르쳐 주는 서신이다. 1-3장에서는 인간들은 허물과 죄로 죽어 마땅하고, 모든 사람이 다 죄인이라는 사실을 강조하고 있고, 4-7장에서는 이러한 죄인은 그 어떠한 노력과 행위로도 결코 구원받을 수 없는 절망적 존재라는 사실을 밝히면서, 8-11장을 통해 허물과 죄로 죽은 인간이라 할지라도 그 모든 죄는 그리스도 예수를 통해서 용서받아 구원받을 수 있으며, 이러한 구원은 하나님의 절대적 주권 안에 있다는 사실을 설명하고 있다. 이어 12장 1절에 들어와 '그러므로'라는 단어로 시작하고 있는데, 이는 "허물과 죄로 죽어 마땅한 인간들이 그리스도 예수를 통해 구원받은 존재가 되었다. '그러므로' 이제 구원받은 너희들은 어떻게, 어떻게 살아야 한다."라는 신앙인의 실천적 권면을 12장부터 16장까지 이어간 것이다.

따라서 롬 12:1-2의 내용과 이후 나타나는 여러 내용을 올바로 이해하기 위해서는, 반드시 1-11장의 내용에 대한 충분한 이해와 아울러 접속사 '그러므로'가 연결되는 문맥적 상황을 고려하여 해석해야만 올바른 해석이 나오게 된다.

누가복음 18장 8절에 다음과 같은 말씀이 나타나고 있다.

> 내가 너희에게 이르노니 속히 그 원한을 풀어 주시리라 그러나 인자가 올 때에 세상에서 믿음을 보겠느냐 하시니라
>
> (눅 18:8)

학생 때부터 위의 말씀을 인용한 많은 이야기들을 듣곤 했다. 기억으로는 주님이 세상에 다시 오실 때 믿는 자들을 보기가 어렵다는 그런 말씀이었다. 주변에 계신 성도들 대부분이 믿는 자들을 보기 어렵다고 하였기 때문에 나도 그런 줄 알았다. 그런데 말씀을 자세히 보면 '믿는 자'가 아니라 '믿음'임을 알 수 있다. '믿는 자'와 '믿음'은 분명히 다르다. 인자가 올 때에 세상에서 '믿는 자'가 아니라 '믿음'을 보기 어렵다

는 말이다.

이 본문을 통해 믿음에 대한 많은 설교들이나 교훈들을 들어 왔을 것으로 여겨진다. 보는 관점에 따라 차이는 있을지라도 거의 대부분이 믿음에 대한 내용을 언급한 것으로 여기며, 믿음에 대한 이야기를 하는 것이 당연한 것처럼 받아들여지는 부분이다. 주님이 다시 이 땅에 올 때 믿음을 보기 어렵다고 강조하며 반드시 믿음을 가지고 살아가야 한다고 많은 분들이 그렇게 배워 왔다. 그러나 이 부분은 주님이 믿음을 이야기하고 싶어 하신 말씀이 아니다. 그리고 우리가 일반적으로 믿고 있는 믿음이라든지 아니면 그 어떤 추상적인 믿음에 대해 말씀하신 것도 아니다.

위의 내용은 18장 1절부터 봐야 하는 말씀이다. 이는 문맥을 고려해 보라는 말이다. 주님께서 위의 8절 말씀을 하신 이유를 1절에서 밝히고 있다. "항상 기도하고 낙망치 말아야 될 것을 저희에게 비유로 하여"라고 기록하고 있다.

불의한 재판관에게 억울한 과부가 재판관이 힘이 들 정도로 자신의 억울함을 계속 하소연하게 되어 그 재판관이 귀찮아서라도 과부의 억울함을 들어준다는 비유를 통해, 하나님의 백성은 주님이 오실 때까지 낙망하지 말고 기도하면 하나님이 반드시 응답해 주신다는 내용을 말씀하신 것이다. 그러면서 8절의 '믿음'을 언급하신 것이다. 문맥을 잘 이해하여 8절 말씀을 해석하면, 이 내용은 '믿음'에 관련된 내용이 아니라 '기도'에 관련한 말씀임을 쉽게 알 수 있다. 주님께서 8절에서 믿음에 대해 말씀을 하신 것은 주님이 이 땅에 다시 올 때 많은 성도들이 기도 응답에 대한 확신이 없이 형식적이고 외식적이며 맹목적으로 그냥 기도만 하는 모습을 책망하시면서, 기도할 때는 반드시 응답된다는 믿음을 가지고 기도하라는 의도인 것이다. 주님이 이 땅에 오실 때가 되면 믿는 자들은 많이 있을지 몰라도, 기도에 대해 확신하는 믿음을 가진 성도는 얼마 없을 것임을 탄식하는 말씀이다.

문맥을 고려하지 않고 성경을 해석하면, 성경의 내용을 인용하고, 성경의 내용을 이야기하기는 하나, 자칫 하나님의 의도와는 전혀 다른 엉뚱한 내용으로 대신할 수 있다. 위의 예처럼 말이다. 더 심하게 나아가면 이단이 될 수도 있는 무서운 해석까지 나오기도 한다. 대표적인 예가 요일 3:8의 말씀으로, '그리스도가 나타나신 것은 마귀의 일을 멸하러 온 것이다'라는 이 말씀을 잘못 이해하여 '우리도 마귀를 이길 수 있고, 마귀를 쫓아내는 것이 성도의 권세이기 때문에, 성도는 사탄을 대적해야 한다'는 사탄 대적설 등의 이상한 용어까지 만들어졌다. 물론 우리 성도는 주님의 거룩하신 이름으로 마귀를 대적하고 귀신을 쫓을 수 있다. 그러나 요일 3:8 말씀을 통해 이렇게 주장하면, 심각한 문제의 소지가 있다. 이 말씀은 사탄대적설의 근거가 되는 내용이 아니라, 1절부터 보면 죄에 대한 문제를 지적하면서 이 죄를 가져온 자는 마귀며 주님은 이러한 마귀를 멸하러 이 땅에 오셨다는 것이다. 죄를 가져온 마귀의 일을 멸하러 주님은 이 땅에 오셨고, 이 죄 문제를 해결한 그리스도를 통해 우리도 죄를 이길 수 있으며 죄로부터 구원을 받게 된다는 말씀이다.

올바른 성경 해석에 있어 문맥에 대한 이해는 필수적이다. 성경을 읽을 때나 연구할 때 반드시 문맥을 고려해 읽고 해석하려고 노력해야 한다.

4. 배경적 해석 원리

기록된 내용의 배경을 철저히 살펴라.

성경이 기록된 시대와 사람, 언어, 문화 등의 모든 것들은 현대와는 아주 다르다. 그래서 성경을 연구하고 해석할 때 성경이 기록된 시대의 여러 상황이나 배경에 대해 올바로 알아야 성경에서 가르치고자 하신 하나님의 원 의도를 제대로 이해할 수 있는 경우가 많이 있다는 것은 모두가 인정하는 사실이다.

창세기 22장에 보면, 하나님께서 아브라함에게 독자 이삭을 제물로 바칠 것을 명하고 있다. 성경에서는 단지 하나님께서 아브라함을 시험하기 위해서라고 말씀을 하고 있지만, 그러나 아브라함에게 아들 이삭을 바치라 명하신 하나님의 인신 제물에 대한 시험은 상식적인 선에서 납득하기 어려운 부분이다. 하나님께서는 다른 여러 가지 방법으로도 충분히 아브라함의 믿음을 시험하실 수 있기 때문이다. 그런데 하필이면 왜 이러한 방법을 택하셨을까?

우리들의 믿음이 좋아서인지, 아니면 잘 몰라서인지 우리는 너무 쉽게 아무런 이유나 분석도 없이 이 본문을 받아들인다. 하나님의 인신제 요구를 말이다. 단지 아브라함의 믿음만을 강조하면서…. 그러나 만약 우리가 그때 당시의 시대적 배경을 면밀히 살펴본다면, 이러한 하나님의 요구는 전혀 무리가 아니며 아주 타당하다는 사실을 발견하게 된다.

고대의 이방신을 섬기는 사람들에게 있어서 신에 대한 최고의 충성과 봉사의 표현으로 자기 자녀를 바치는 행위는 매우 일반적인 것이었다. 특히 아브라함 시대에 아브라함이 살던 그 지역에서는 이러한 행위가 아주 보편적으로 행해졌던 것으로 나타나고 있다. 아브라함도 아마 여기에 대한 충분한 지식을 가지고 있었을 것이다. 그래서 하나님의 이러한 요구에 아브라함은 그 어떠한 변명이나 반항 없이 순종할 수 있었으며, 자기 아들을 바치라는 하나님의 요구를 정당한 것으로 받아들였던 것이다. 물론 이러한 행위 또한 믿음의 뒷받침 없이는 전혀 할 수 없다는 것은 사실이다. 하나님에 대한 철저한 아브라함의 믿음과 충성, 그리고 헌신이 있었기 때문에 이러한 일들이 가능한 것이다.

배경을 올바로 알고 난 뒤 아브라함에 대한 하나님의 인신제 요구를 이해하면 쉽게 성경의 내용을 알 수 있는 것처럼, 많은 부분들에 있어 배경에 대한 이해를 먼저하고 성경을 본다면 좀 더 쉽게 성경에 다가갈 수 있을 것이다. 배경에 대한 여러 연구는 우선적으로 시대적 배경이 반드시 따라와야 하며, 민족에 대한 배경, 문화에 대한 배경, 사상에 대한 배경, 성경 각 저자에 대한 배경, 그리고 서신서는 서신서를 받는 사람이나 교회에 대한 배경 등등 살펴봐야 할 부분들이 많이 있다. 이런 부분들에 대한 공부를 하면서 성경을 보면, 우리가 이해하기 어려웠고 알지 못했던 많은 부분들에 대한 해석이 가능해질 것이다. 연구해 볼 만한 내용은 바벨탑 사건, 성찬식 문제, 여자의 머리 수건 쓰는 문제, 교회 내 여자들의 문제, 여자 목사 문제, 구원에 대한 문제, 짐승의 수(666)에 대한 문제, 은사에 대한 문제, 술에 대한 문제, 고린도 교회에 나타나는 음행이나 제사음식, 결혼 등등 아주 많은 부분들이 있지만, 배경에 대한 약간의 지식만 가지게 되면 흥분될 정도로 감격스럽고 놀라운 성경적인 결과를 도출해 낼 수 있을 것이다.

5. 원어적 해석 원리

때로는 원어적 의미를 반드시 살펴야 한다.

성경이 기록된 언어는 구약의 경우 일부에 아람어(창 31:47의 두 단어, 스 4:8-6:18, 7:12-26, 렘 10:11, 단 2:4-7:28)가 있으나 대부분이 히브리어로 기록되었고, 신약은 코이네 헬라어[99]로 기록되었다. 그래서 올바른 성경 해석을 위해서는 원어적 연구가 필수적이다.

오늘날 번역 성경에 있어 성경 전부에 대한 원어적 해석을 다 할 필요는 없으나, 번역의 어려움이나 실수, 혹은 자의적 오역, 원 의미와 다른 잘못된 번역, 번역 삭제 및 첨가 등으로 인해 원어적 해석이 꼭 필요한 경우가 있다. 그렇다고 원어적 연구를 통한 해석이 완벽한 것은 아니다. 왜냐하면, 아무리 원어를 깊이 연구해도 성경이 기록된 시대의 원어를 완벽히 재현한다는 것은 쉽지 않기 때문이다. 그 언어가 기록된

99) 당시 일반인들이 보편적으로 사용하던 헬라어를 코이네 헬라어라 한다.

당시의 배경이나 관습, 시대의 다양한 언어사용에 대해 알아야 하기 때문이다.

성경이 기록될 때의 히브리어는 지금은 사어(死語)로 존재하지 않으며, 오늘날 유대인들이 사용하는 히브리어는 근대의 히브리어이다. 그리고 원본 성경이 존재하지 않기 때문에 원어 성경 사본이나, 그 사본을 다시 번역한 번역본들을 원본 성경의 언어로 정확히 재해석한다는 것은 실제로 불가능한 일이다. 우리는 그렇다고 해서 성경의 정확한 의미를 찾기 위한 원본적 연구를 포기하면 안 된다. 우리는 최선의 노력을 다해 성경에서 가르치는 정확한 의미를 찾아야 하며, 이를 위해 필수적으로 원어적 연구도 반드시 따라와야 한다. 이러한 연구를 위해 우리는 원본 성경에 가장 가까운 사본을 찾아야 하고, 원본에 가장 가까운 사본을 통해 번역된 번역본을 가지고 올바른 성경 해석에 다가가야 한다.

한글 개역성경은 1961년 대한성서공회에서 번역, 발간된 후로 한 번도 개정을 거친 적 없이 지금까지 우리나라 성경의 최고의 권위로 자리 잡고 있었다. 지금은 새로 나온 개역개정을 사용하고 있으나, 개역이나 개역개정 모두가 사도들이 쓴 원문에서 직접 번역을 한 것이 아니다. 알렉산드리아 헬라어 사본을 영어로 번역, 이 영어 성경을 중국 한자어로 번역하여, 중국어 한자 성경을 다시 한글로 번역한 것이 우리가 지금까지 사용해 왔던 개역성경이다.

현재 한국의 전 교단이 사용하는 개역개정은 우리 개역성경의 여러 가지 문제점을 알고, 좀 더 원문에 충실한 번역을 하기 위해 10년 이상의 오랜 세월을 거쳐 번역을 완성하여 개역성경을 대체하였으나, 오히려 이전에 우리가 사용하던 개역성경보다 더 많은 오류를 범하고 있음이 증명되고 있다.

아무튼 이러한 일련의 번역 과정을 거치면서 현재 우리가 쓰고 있는 개역 혹은 개정 한글 성경은 원문과의 심각한 차이를 가지고 있는 경우도 있으며, 혹은 여러 부분에서 의미 전달이 불확실한 경우도 많이 있다. 우리 한글 성경 최초의 번역자였던 로스 선교사도 성경을 번역함에 있어 축자 번역이 아니라 **의미 번역 – 우리나라 말의 의미에 유념하여 그 뜻을 그대로 살리는 번역 – 으로** 번역하였다고 고백하고 있다.[100] 그러다 보니 많은 부분에서 의미 전달의 문제나 번역의 오류 문제가 있음을 우리는 인정해야 한다.

원어의 잘못된 번역으로 말미암아 혼동을 일으키는 예는 한두 개가 아니다. 우리의 구원에 대한 문제뿐만 아니라, 재창조설, 이중아담론, 행위 구원 등과 같은 이단적 주장들을 뒷받침하는 근거로도 사용이 된다.

창 1:28의 '충만'을 '재충만'으로 번역하는 예, 창 2:7의 '살아 있는 혼'을 '살아 있는 영'으로 번역한 예, 전 3:21을 통해 짐승에게는 혼만 있고 영이 없다고 번역한 예, 요 3:36의 믿음을 순종으로 번역한 예, 히 6:6의 배반, 배도, 반역을 타락으로 번역한 예, 계 2:10의 믿음을 충성으로 번역한 예 등이 있다.

---

100) 안유섭, 원어로 여는 성경(서울: 도서출판 프리셉트, 1999), p.14.

6. 시대적 해석 원리

특정한 시대가 와야만 해석이 되는 내용도 있다.

성경은 1,600년여 동안 36(37)여 명의 사람들에 의해 기록되다 보니, 성경이 기록될 당시의 시대적 상황을 이해하지 못하면 올바른 성경 해석은 불가능해진다. 하나님의 말씀인 성경은 전 시대를 걸쳐 통용·적용되는 원리를 갖고 있지만, 각각의 시대를 무시하지 않고 기록되었기 때문에, 성경이 기록된 당시의 시대적 상황에 대한 파악은 올바른 성경 해석을 위해서 꼭 필요한 작업이다.

시대적 원리란 성경 본문을 해석하기 위해 그 어떤 시대적 상황이 이루어지지 않은 경우 전혀 해석을 할 수 없고, 반드시 본문을 올바르게 해석하기 위한 시대적 정황이 이루어져야 해석을 가능케 한다는 원리이다. 이러한 **시대적 해석의 원리는** 아직 이루어지지 않은 예언서에 집중되어 있다. 이루어지지 않은 예언들을 우리가 올바르게 해석하기 어려운 것은, 미래에 이루어질 예언이 적용될 시대가 어느 시대가 될지 현재의 우리로서는 알 수 없기 때문이다. 그러나 현시대의 시대적 상황이 이루어졌음에도 불구하고 그 해석을 무시하는 현상 또한 심각히 고려해 봐야 할 사항이다.

시대적 원리는 과거 시대적 원리(제사 및 의식, 제한된 국가), 현대 시대적 원리(윤리, 도덕, 그리스도), 미래 시대적 원리(상황, 윤리, 도덕, 그리스도), 전 시대적 원리(공통적 윤리, 도덕, 그리스도) 등으로 구분할 수 있다.

간단한 예로는, 단 12:4의 지식의 급증함과 사람들의 왕래가 빨라지는 일들은 인쇄술이 발달하고 인터넷이 확산되며 교통이 발달한 현대에나 가능한 일이다. 마 24:6에서 주님은 마지막 시대에는 난리와 난리의 소문을 듣게 된다고 하였는데, 이 또한 인터넷과 통신수단의 발달로 현대에 이루어진 일이다. 그리고 계 13:16-18에 등장하는 사람의 이마나 손에 박는 짐승의 표(666) 또한 생체공학과 인터넷 기술이 발달하여 사람의 몸에 직접 칩을 박는 일들이 가능해진 현대에 와서야 그 해석이 가능해진 일이다.

시대적 상황이 이루어지지 않았는데도 해석하기 힘든 내용을 억지로 풀다가는 자칫 실수할 수 있으니, 이런 본문은 항상 유념하여 성경을 보아야 한다.

7. 조화적 해석 원리

가장 중요한 원리는 조화적 원리이다.

성경 해석에 있어 가장 중요한 원리가 될 수 있다. 문자적, 영적, 문맥적, 배경적, 원어적, 시대적 원리 등의 노력을 통해 올바른 성경 해석을 시도하여 좋은 해석을 가져올 수 있는 것은 사실이나, 자칫 그 해석이 성경 전체에서 가르치는 내용과 배치된다면 이는 무서운 결과를 가져올 수 있다. 그러므로 여타의 성경 해석 원리를 적용하여 성경 해석을 가져올 때는 반드시 성경 전체와의 조화를 이루어야 하는데, 이를 조화적 원리라 한다. 조화적 원리의 무시는 올바른 성경 해석을 가져올 수 없으며, 자칫 주관적 해석으로 치우쳐 이단적 사상을 도입, 지도할 수 있는 심각한 문제를 야기할 수 있다. 대부분의 이단들이 나름의 성경 해석을 시도하여 교리를 확립하였지만, 이들의 공통적 특징은 성경 전체와의 조화를 무시한 해석을 하였다는 것임이 분명하다.

성경 전체와의 조화로운 성경 해석을 위해선 다음과 같은 일들이 필수적으로 따라와야 한다.

- 하나님이 성경을 기록하게 하신 목적을 분명히 알아야 한다.
- 성경 전체를 이해하고 볼 수 있는 안목을 길러야 한다. 이는 숲을 보고 나무를 보는 훈련이 필요한 것과 같다.
- 성경 전체에 흐르는 핵심 사상을 간파하고, 모든 성경이 그 사상을 지지 또는 증거하기 위해 기록된 것임을 알아야 한다.
- 따라서 성경의 핵심적 인물과 사상을 분명히 알고, 그 기초 위에 전체 성경이 해석이 따라와야 한다.

조화로운 성경 해석을 위해 우리가 알아두면 좋은 성경의 핵심 내용은 다음과 같다.

- 온 우주와 세상의 창조자는 하나님이시며, 하나님이 온 우주를 다스리신다(창 1:1).
- 하나님이 자신의 형상을 따라 인간을 만드셨다(창 1:26-27).
- 인간은 하나님의 말씀을 어겨 죄를 지었다(창 3:6).

• 죄에 대한 대가는 사망이며 지옥의 형벌이다(창 2:17, 롬 6:23, 히 9:27).
• 하나님은 인간이 범죄한 순간 그 죄로부터 용서받을 수 있는 원리를 만드셨다(창 3:15, 창 3:21).
• 하나님이 정하신 죄로부터의 용서는 다음과 같다.

1) 인간 스스로 그 죄를 가리거나 없앨 수 없다. 이는 인간의 노력과 행위로 죄를 없앨 수 없다는 사실을 암시한다(무화과 나뭇잎으로 죄를 가리려고 함).

2) 하나님이 직접 그 죄를 가려주어야 하며(가죽옷), 그 죄를 가려주기 위해(가죽옷을 만드심) 희생된 어린양이 필요하고 그 양은 희생됨으로 피를 흘려야 했다. 여기서 우리는 하나님의 3대 속죄 원리를 알 수 있다.

가. 죄 용서는 하나님만 할 수 있으며, 인간의 어떠한 노력과 방법으로도 죄를 용서받을 수 있는 길이 없다.

나. 죄 용서를 위해 희생제물이 꼭 필요하다.

다. 그 희생제물은 피를 흘려 죽어야 한다.

3) 이러한 하나님의 속죄 원리는 구약의 제사를 통해 나타났으며, 이 제사는 앞으로 오시게 될 메시아(창 3:15)에 대한 그림자로 하나님이 제정해 주셨고, 이는 예수 그리스도를 통한 하나님의 구원 섭리의 방법을 제시한 것이다.

• 하나님의 죄 용서 방법은 여인의 후손을 통해 완전히 해결됨을 제시하였고(창 3:15), 이 여인의 후손은 위의 하나님의 3대 속죄 방법을 완전히 이룸으로 죄용서 즉 구원을 완성하셨다.
• 이 여인의 후손이 바로 예수 그리스도이시며, 그리스도의 본체는 하

나님이지만 인간 구원을 위해 이 땅에 육신의 몸으로 오셨고, 그 육신의 몸이 십자가 위에서 희생되어 그 피를 흘려주심으로 하나님의 구원을 완성하셨다.

- 이러한 사실을 믿고 받아들이며 예수 그리스도를 자신의 구주로 인정하는 자는 인간의 행위와 상관없이 구원받는다(요 3:16, 요 5:24, 행 16:31, 엡 2:8).
- 성경 전체는 이러한 메시아, 예수 그리스도에 대한 그림이며, 그를 통한 구원의 길을 안내하는 책이다.
- 성경은 다음과 같이 증거하고 있다.

가라사대 미련하고 선지자들의 말한 모든 것을 마음에 더디 믿는 자들이여 그리스도가 이런 고난을 받고 자기의 영광에 들어가야 할 것이 아니냐 하시고 이에 모세와 및 모든 선지자의 글로 시작하여 모든 성경에 쓴 바 자기에 관한 것을 자세히 설명하시니라

(눅 24:25-27)

빌립이 나다나엘을 찾아 이르되 모세가 율법에 기록하였고 여러 선지자가 기록한 그이를 우리가 만났으니 요셉의 아들 나사렛 예수니라

(요 1:45)

너희가 성경에서 영생을 얻는 줄 생각하고 성경을 상고하거니와 이 성경이 곧 내게 대하여 증거하는 것이로다

(요 5:39)

내가 너희를 아버지께 고소할까 생각지 말라 너희를 고소하는 이가 있으니 곧 너희의 바라는 자 모세니라. 모세를 믿었더면 또 나를 믿었으리니 이는 그가 내게 대하여 기록하였음이라

(요 5:45-46)

이상의 원리 외에도 문법적 원리, 인물적 원리 등의 원리들도 있으며, 이러한 성경 해석의 다양한 원리들을 잘 이해하고 활용해 성경 해석을 시도하면, 놀라운 감격을 맛볼 수 있고 하나님의 말씀에 조금 더 가까이 다가감을 느끼게 될 것이다. 성경의 기초적 해석을 위해 조금 어렵더라도 앞에서 제시한 몇 가지의 원리들을 잘 이해하고, 스스로 노력하여 우리에게 주신 귀한 하나님의 말씀을 바르게 아는 데 최선을 다해야 할 것이다.

성경바로알기운동학회와 함께하는 교회

- **부산비전중앙교회** | 부산시 기장군 기장읍
- **부산엘림교회** | 부산시 동래구 안락동
- **수원비전중앙교회** | 경기 수원시 장안구 영화동
- **대구무지개교회** | 대구시 달성군 옥포읍
- **군산토브교회** | 전북 군산시 수송동

이상은 성경을 바로 알기 위해 노력하며 철저히 성경 중심으로 지도하는 교회들이다. 또한 백신을 거부하고, 시대를 깨우며 주님 오심을 준비하는 교회들이다.

주님 오심에 대한 준비를 성경적으로 안내하는 교회를 찾고 있다면 도움을 줄 수 있을 것으로 생각된다. 가까이 계신다면 함께 믿음 생활을 해도 좋을 것이다.